海南省哲学社会科学规划课题（HNSK13-133）
海南师范大学学术专著出版项目资助

基于CDIO国际工程教育理念的创新型IT人才培养模式探索与实践

吴丽华 ◎ 主编
何书前 张学平 张仙锋 ◎ 副主编

Exploration and Practice of Training Mode of Innovative IT Professionals Based on the Concept of International CDIO Engineering Education

人 民 邮 电 出 版 社
北 京

图书在版编目（CIP）数据

基于CDIO国际工程教育理念的创新型IT人才培养模式探索与实践 / 吴丽华主编. -- 北京 : 人民邮电出版社, 2014.12
ISBN 978-7-115-37395-3

Ⅰ. ①基… Ⅱ. ①吴… Ⅲ. ①IT产业－人才培养－培养模式－研究 Ⅳ. ①F49

中国版本图书馆CIP数据核字(2014)第243431号

内容提要

本书是作者近年来在创新教育理念、IT 类专业创新型人才培养教学改革与实践方面探索的、系统性研究成果。全书从工程教育、人才培养模式和课程体系等多视角研究创新工程科技人才的培养问题，不仅涵盖宏观层面的最新教学理念剖析和理论研究，而且结合微观层面对具体专业人才培养问题进行了分析和研讨，并尽可能地给出其行动或教学实施方案，因此具有很强的指导性和操作性。

全书分为理念篇、探索篇和展示篇三个部分。其中理念篇是培养创新工程人才的核心教育理念，共4章，内容包括创新教育和创新人才培养、CDIO 国际工程教育模式、创业教育和创业型大学、中国工程教育改革与“卓越工程师计划”（“卓越计划”）；探索篇是创新型 IT 人才培养模式研究，共 4 章，内容包括电子商务与信息服务业、软件工程专业、计算机专业和教育技术专业的人才培养；展示篇是具体的实践教学与解决方案。

本书为高等学校领导、教学管理人员、广大教师和现代企业工程科技人才，以及工程教育的研究者们提供了有价值的参考和借鉴。

◆ 主　　编　吴丽华
　副 主 编　何书前　张学平　张仙锋
　责任编辑　邹文波
　责任印制　沈　蓉　彭志环

◆ 人民邮电出版社出版发行　　北京市丰台区成寿寺路 11 号
　邮编　100164　　电子邮件　315@ptpress.com.cn
　网址　http://www.ptpress.com.cn
　北京铭成印刷有限公司印刷

◆ 开本：787×1092　1/16
　印张：17.25　　　　2014 年 12 月第 1 版
　字数：390 千字　　　2014 年 12 月北京第 1 次印刷

定价：59.80 元

读者服务热线：(010)81055256　印装质量热线：(010)81055316
反盗版热线：(010)81055315

本书编委会

主　编　吴丽华

副主编　何书前　张学平　张仙锋

编　委:（按姓氏笔画排序）

文　斌　方云端　邓正杰　冯义东　冯建平

刘晓文　吴洪丽　宋春晖　张秀虹　张　瑜

林　松　罗志刚　罗自强　韩　冰　蒋永辉

序言

Preface

人类文明源自创新，没有创新就没有生命力。创新是人类的最高本性和需求。从人类认知发展的角度来看，培养具有创新精神和创造能力的人是我们教育的最高境界和最终目的。在科技进步和社会发展中，工程科技（Engineering Technology）是人类改造世界最直接、最重要的工具，工程科技人才是推动技术创新、产业变革以及经济发展的能动力量，是国家核心竞争力的关键要素。我国教育法已明确规定，高等教育的任务是培养具有创新精神和实践能力的高级专门人才，发展科学技术文化，促进社会主义现代化建设。因此，在当前建设创新型国家和走新型工业化道路的背景下，着力培养和提高大学生的创新能力，造就一支适应未来挑战的高素质人才队伍是新世纪赋予高等工程教育的重任。

近 20 多年来，世界各国都在积极推进工程教育改革，探索创新型工程科技人才的培养模式，优化工程教育模式与教学方法，提高毕业生的综合能力。面对社会发展全方位、多层次的挑战，世界发达国家的工程教育也在系统和综合的视野下从观念、目标、教育内容到教育方法进行整体的不断改革和创新，如德国“面向实际、面向应用”的高等工程教育模式，美国“构思、设计、实施、运行”（CDIO）之麻省理工 MIT 理念和“大挑战学者计划”之五体架构，以及我国台湾“奖励大学教学卓越计划”等国际先进的人才培养方案。其中，美国麻省理工学院（MIT）发起的 CDIO 工程教育改革就是其中一个成功的案例。CDIO 作为近年来国际工程教育改革的最新成果，代表构思（Conceive）、设计（Design）、实施（Implement）、运行（Operate），CDIO 以培养学生具备在现代工程环境下生存和成长的工程技术基础知识、个人能力、人际团队能力和工程系统能力为主要目标，倡导“做中学”的教育理念。CDIO 工程教育的先进性、可行性已被国内外工程教育改革实践所证明，适合工科教育教学过程各个环节的创新改革。

长期以来我国计划经济背景下的工科专业教育模式虽然能够培养专业对口的工程师，但知识与能力过于狭隘，其弊端早已被人们认识。多年来我国工科教育的人才培养还存在不少问题，如重理论轻实践、强调个人学术能力而忽视团队协作精神、重视知识学习而轻视开拓创新的培养等问题。我国目前的高等工程教育简单地“拓宽基础，扩大培养口径”已不能满足产业界的要求。21 世纪以来，中国现代企业需要的工程科技人才不仅要求具备专业技术能力，同时更强调社会责任感、组织能力、协作能力和团队精神。2005 年 10 月，Mc. Kinsey Global Institute 在发表的一份报告中指出，我国毕业的约 60 万工程技术人才中适合在国际化公司工作的不到 10%，其中的主要原因被认为是“中国教育系统偏于理论，中国学生几乎没有受到项目和团队工作的实际训练”。

CDIO 模式以产品、生产流程和系统从研发到运行的生命周期为载体，通过系统的产品设计培养学生专业技术知识、个人能力、职业能力、团队协作和交流能力，培养在企业和社会环境下对产品系统进行构思、设计、实施、运行的能力等综合素质。中国高校引入 CDIO 国际工程教育模式，有利于解决当前我国工程教育实践中存在的教学瓶颈问题，特别适合我国工程教育教学过程中各个实践环节的改革。2008 年，教育部批准成立《中国 CDIO 工程教育模式研究与实践》课题组，首届中国“CDIO 工程教育模式研讨会”在汕头大学召开，我国部分高校开始将 CDIO 理念引入课堂教学。如清华大学、汕头大学、北京交通大学等国内重点大学都在积极学习、引入和探索 CDIO 工程教育模式，特别是积极推动工程教育改革的三大战略“做中学、产学合作和国际化”。2010 年，教育部开始实施“卓越工程师教育培养计划”，中国高等工程教育的迫切任务是尽快培养与国际接轨的中国优秀工程师。因此，CDIO 工程教育模式已在中国工程教育领域产生了积极作用和影响。

教学改革实践证明，CDIO 工程教育培养模式实施了一体化课程计划。该计划是培养个人能力、人际交往能力以及产品、过程和系统的建造能力的系统方法，同时加强了理论与实践之间、课程与课程之间的联系。我们认为 CDIO 模式既是一种工程教育实施方案，也是一种开放的工程教育理念，CDIO 的创新要本土化，在实践中可以参照 CDIO 模式，但又要结合我国特点和每个学校、每个专业的不同特点，在理论和实践两个方面加强探索，构建富有成效的工程教育新模式和实际案例应用。我们通过对当前我国高等工程教育中创新型人才培养存在的问题分析，特别是针对当前 IT 类应用型本科专业人才的工程实践能力和创新能力严重不足的现象，遵循 CDIO 国际工程教育先进理念、评估标准和培养模式，探索将 CDIO 与创新教育融合起来的新型人才培养体系及模式。以 IT 类各专业课程模块中实践教学改革为切入点，整合和优化了现行的实验教学内容，构建了一体化的工程实践教学体系和“产学研用”多元合作推动机制。实践表明该教学改革模式取得了较好的实际效果。

本书是作者近年来在创新教育理念、IT 类专业创新型人才培养教学改革与实践方面探索出的系统性研究成果。全书从工程教育、人才培养模式和课程体系等多视角研究创新工程科技人才的培养问题，不仅涵盖宏观层面的最新教学理念剖析和理论研究，而且结合微观层面对具体专业人才培养问题进行了分析和研讨，并尽可能地给出其行动或教学实施方案，因此具有很强的指导性和操作性。同时，本书无论从思想观念、还是内容组织形式，与以往的此类书籍相比都有较大突破，强调教学实践、反思和创新。本书可以为高等学校领导、教学管理人员、广大教师和现代企业工程科技人才，以及工程教育的研究者提供有价值的参考和借鉴。

最后需要特别说明，本书是作者多年来教学改革实践经验的总结，是海南师范大学信息学院全体课题组成员集体智慧的结晶，在此对他们的努力和贡献表示衷心的感谢！本书的撰写与出版是由海南师范大学学术著作出版基金（2013）、海南省哲学社会科学规划课题（HNSK13-133）等项目资助。

我们常说，有希望才有前进的目标和动力，才有投入的热情和获得的进步。我们的目标是一切为了学生的成长和成才。当今国际竞争，关键在人才，百年大计，教育为本，教育振兴是国家振兴的重要标志。本书只是我们研究创新教育的一个新的起点，研究工作的广度和深度还不够，错漏和不足之处敬请读者批评指正。让我们一同携手，密切合作，为把 CDIO 国际工程教育模式改革引向深入，引向中国高等工程教育领域，为中国高等工程教育的发展做出贡献！

吴丽华
Lihuawu63@163.com
2014 年 10 月 27 日于海口

目录

Contents

理念篇　创新教育与CDIO国际工程教育模式

探索篇　创新型 IT 人才培养模式研究

展示篇 实践与解决方案

理念篇

创新教育与 CDIO 国际工程教育模式

第 1 章　创新型教育和创新人才培养

21 世纪是知识经济的时代，知识经济是以高新技术产业为支柱的经济，一个国家发展知识经济的关键是建设好自己的创新体系，这个创新体系的主要功能包括知识创新、技术创新、知识传播和知识应用。钱学森生前曾多次提出疑问：为什么我们的学校总是培养不出杰出人才？“钱学森之问”如何解答？“十一五”期间我国经济快速发展，人才培养也呈现出跨越式发展，但人才的创新性却成为制约国家核心竞争力的关键因素。我们生产了很多高科技产品，但拥有自主知识产权的东西却很少；我们的东西卖到世界各地，却只能挣取加工费；我们拥有很多硕士、博士，却没有人获诺贝尔奖。

高等院校是贯彻国家自主创新战略、建设创新型国家的重要力量，在建设创新型国家的过程中担负着培养人才的重大使命。高等学校在谋求发展和教学改革过程中，应该大力加强创新教育研究，改革人才培养模式，积极探索培养创新型人才的有效途径，尽快建立起与其相适应的创新人才培养体系，这既是建设创新型国家的客观要求，也是大学谋求自身发展的必然选择。

1.1　创新教育的内涵

1.1.1　创新概念的阐释

创新是以新思维、新发明和新技术为特征的一个概念化过程。它原意有三层，第一，更新；第二，创造新的东西；第三，改变。创新是人类特有的认识能力和实践能力，是人类主观能动性的高级表现形式，是推动民族进步和社会发展的不竭动力。人具有极大的可塑性，善于通过生产、活动、实践获取经验与知识，从而发展自己，改造世界，进行创新。

创新作为一种理论，形成于 20 世纪。奥地利经济学家熊彼特（J.A.Schumpeter）是国际上公认的创新理论奠基人。1912 年，时任哈佛大学的教授熊彼特第一次把创新这个概念引入了经济领域。换句话说，是他从经济的角度提出了创新。1934 年熊彼特在出版的英文《经济发展理论》一书中，首次使用了“创新”一词。1939 年熊彼特在出版的《商业周期》一书中比较全面地提出了创新理论。熊彼特的观点认为，所谓“创新”就是“建立一种新的生产函数”。也就是说，把一种从来没有过的关于生产要素和生产条件的“新组合”引入生产体系，这种“新组合”包括 5 种情况：引进新产品，引用新技术或者新的生产方法，开辟新市场，控制原材料的新供应来源，实现企业的新组织。

20 世纪 60 年代，管理学家们开始将创新引入管理领域，形成了管理创新。美国的现代管理大师彼得·德鲁克（Peter F.Drucker）在《动荡年代的管理》一书中发展了创新理论。他认为，创新的含义是有系统地抛弃昨天，有系统地寻求创新机会。创新是赋予资源以新的创造财富能力的行为，任何使现有资源的财富创造潜力发生改变的行为，都可以称之为创新。他还在《创新与创业精神》一书中提出，创新是企业家的特定工具。他们利用创新改变现实，作为开创其他不同企业或服务项目的机遇。

现代人们对于创新概念的理解一般有狭义和广义两个层次。狭义的创新概念，立足于把技术和经济结合起来，即“创新”（Innovation）是一个从新思想的产生到产品设计、试制、生产、营销和市场化的一系列行动。广义的创新概念，力求将科学，技术、教育等与经济融会起来，即“创新”表现为不同参与者和机构（包括企业、政府，学校、科研机构等）之间交互作用的网络。在这个网络中，任何一个节点都可能成为创新行为实现的特定空间。创新行为因而可以表现在技术、体制或知识等不同层面。

随着创新理论的发展，“创新”向更为广泛的范围应用和扩展，不仅包括科学研究和技术创新，也包括体制与机制、经营管理和文化的创新，同时覆盖自然科学、工程技术、人文艺术、哲学、社会科学以及经济和社会活动中的创新活动。在这些领域，“创新”一词所表达的内涵应该是其原词本义。

1.1.2 创新教育的含义及本质

“教育”（Education）是以知识为工具教会他人思考的过程，思考如何利用自身所拥有的财富创造更高的社会财富，实现自我价值。在教育学界关于“教育”从不同的角度和不同的层次有多种定义。一般来说，人们是从社会和个体这两个不同的角度给“教育”下定义的。从社会的角度可以把“教育”定义为不同的层次：（1）广义的定义，凡是增进人们的知识和技能，影响人们的思想品德的活动都是教育。（2）狭义的定义，指个体精神上的升华。这种定义方式强调社会因素对个体发展的影响。从个体的角度来定义“教育”，就把“教育”等同于个体的学习或发展过程。

教育的作用由低到高可分为三个层次：一是使受教育者知道世界是什么样的，成为一个有知识的人；二是使受教育者知道世界为什么是这样的，成为一个会思考的人，一个有分析能力的人；三是使受教育者知道怎样才能使世界更美好，成为一个不仅敢于探索和创造，而且具备创新能力的人。

“创新教育”（Innovative Education）就是依据创造学的理论、方法并将其运用于教育实践，开发学生的创造力，培养和造就大批创新型人才的新型教育。因此，创新教育是以培养人们创新精神和创新能力为基本价值取向的教育，凡是有利于培养学生的创新精神，激发他们的创新思维，增长其创新才干，开展创新活动而进行的教育都可视为创新教育。为此，创新教育的本质是培养学生具有以下四个方面的意识和能力。

- 创新意识（Innovative Sense）：渴求创新、勇于创新的欲望和思想素质。

- 创新思维（Innovative Thinking）：打破常规思维方法处理问题。
- 创新能力（Innovative Ability）：察觉、发现与分析新问题并提出新思路。
- 创新品质（Innovative Quality）：人的创新勇气、创新情感、创新人格。其中，创新人格是形成和发挥创新能力的底蕴，包括独立性、个性、自信心、好奇心、表现欲和协作精神等。

创新教育不是一个新名词，随着时代的变化和发展，时代赋予的内涵与外延却不尽相同。同时，创新教育要适应未来社会的发展需要，开拓学生的智力存储和思维潜能，培养学生的创新能力和人文精神，使他们不仅具有良好的心理素质、知识素质和人文素质，而且善于在实践中将这些素质以高度综合的形式加以升华和应用，并转化为生气勃勃的创新精神与创新能力。

创新教育的实施应包括教育模式创新、教育内容创新、教育方法创新、教育评价创新和教育教学制度的创新，它是一项宏大的社会系统工程，需要教育领域和全社会的共同努力来完成。改革开放以来，虽然我国的政治经济都发生了巨大的变化，处处充满了创造性，教育也取得了非常大的进步，但由于教育发展固有的滞后性和经久不衰的应试压力，我们的教育仍然是传统守旧，创新不足，难以满足中国特色社会主义现代化建设和建设创新型国家对大量创新人才的需求。

现阶段，我国开展创新教育对传统教育具有巨大的冲击力：首先，创新教育提出了一系列关于人才、教育、教学、教师、学生以及学校的新理念，冲击了陈旧的人才观、教育观、教学观和师生观，会直接引发教育观念的创新；其次，创新教育特别强调为学生的怀疑、提问、发言、创新营造一个宽松的氛围，倡导学术面前无权威，真理面前人人平等，开创教育民主化的新时代，这将极大地冲击中国师道尊严的旧传统；第三，创新教育，包括创造教育，经过多年的研究和发展，已经在教育管理制度、课程编制与实施、教育教学方法等方面形成了一系列有效的理论和措施，这些优秀经验的教研成果运用在教育教学中能够加速我国教育的创新。

1.1.3 创新教育的目标定位：创新精神和创新能力

创新教育的目标定位主要包括两个方面：一是创新精神，二是创新能力。大学生的创新精神和创新能力是不可分割的一个整体，是学生的智力因素（创新能力和技能）和非智力因素（动机、情感、意志）的综合体现。

1. 创新精神

创新精神是创新人格特征，是主体创新的内部态度与心向，它包括创新意识、创新情感和创新意志三个方面。

（1）创新意识（Innovative Sense）

创新意识是个体追求新知的内部心理倾向，这种倾向一旦稳定化，就成为个体的精神与文化。“创新意识”即是推崇创新、追求创新和以创新为荣的观念和意识。它以思想活跃，不因循守旧，富于创造性和批判性，具有敢于标新立异，独树一帜的精神和追求为主要特征。经验性的研究表明，具有创新意识的人常常不满足于现实和自我，即有强烈的批判态度、持续的超越精神、积极的反思能力、探索求真的精神，也有竞争合作的精神、强烈的好奇心、旺盛的求知欲、丰富的想象力和广泛的兴趣。

（2）创新情感（Innovative Emotion）

创新情感是个体追求新知的内部心理体验，这种体验的不断强化，就会转化为个体的动机与理想。经验性研究表明，有创新情感的人常常情感细腻丰富，外界微小的变化都能引起强烈的内心体验；人生态度乐观、豁达、宽容，能比较长时间地保持平和、松弛的心态；学习和工作态度认真，条理性强，有强烈的成就感；对世间的所有生命都有同情心和责任感，愿意为改善他们的生存状态而努力奋斗。

（3）创新意志（Innovative Will）

创新意志是个体追求新知的自觉能动状态，这种状态的持久保持，就会成为个体的习惯与性格。经验性的研究表明，有创新意志的人常常能排除外界的各种干扰，长时间地专注于自己的活动；工作勤奋，行为果断，对自我要求较高，对工作要求较严；善于沟通与协调，组织能力强，有较强的灵活性，为达到目的愿意变换工作的途径和方法；有较强的独立性和自制力。

2. 创新能力

创新是指以现有的知识和物质，在特定的环境中，改进或创造新的事物，并能获得一定有益效果的行为。而创新能力是人的创造意识的一种体现，它是人类所特有的能力，是人的各种能力中最宝贵的、最高层次的能力，是人的智力核心和精华，其本质是创造出“新”的事物。“创新能力”（Innovative Ability）就是人类产生新认识、新思想和创造新事物的能力。有人认为，创新能力是一个人多种能力的综合体现，是推动个体顺应环境、挖掘潜力、走向成功的内在动力。创新能力就是提出新问题、解决新问题的能力，也就是创造新东西的能力。也有人认为，创新能力是一个人产生新思想、新思路的能力，或者创造性地解决问题的能力，是人类在创造性的活动中表现出来的各种心理素质和能力的总和。

创新能力是创新的智慧特征，是主体创新的活动水平与技巧，它包括创新思维和创新活动两大方面。

（1）创新思维（Innovative Thinking）

创新思维是个体在观念层面新颖、独特、灵活的问题解决方式，它是创新实践的前提与基础，如果想不到是不可能做得到的。经验性的研究表明，具有创新思维的人常常感觉敏锐，思维灵活，能发现常人视而不见的问题并能多角度地考虑解决办法；理解深刻，认识新颖，能洞察事物本质并能进行开创性地思考；思维辩证，实事求是，能合理运用发散与辐合、逻辑与直觉、正向与逆向等思维方式，能把握事物的中间状态等。

（2）创新活动（Innovative Activities）

创新活动是个体在实践层面新颖、独特、灵活的解决问题方式，它是创新思维的发展与归宿，经不起实践检验的思维是无价值的。经验性的研究也表明，具有创新活动能力的人常常实践活动经历丰富或人生经历坎坷，经受过大量实践问题的考验；乐于动手设计与制作，有把想法或理论变成现实的强烈愿望；不受现成的框框束缚，不断尝试错误、不断反思、不断纠正；愿意参加形式多样的活动，乐于求新、求奇，乐于创造新鲜事物等。

关于创新教育我们需要特别强调认识上的几个误区。

一是，“创新”并不仅仅是重大发明创造，创新能力的培养可以从一定的知识积累的基础上训练出来，启发出来。创新源于实践，我们的创新教育强调对学生进行创新能力的培养，并不是要求学生在校期间都能够做出创造性的贡献，而是要培养他们的创新精神、创新意识和创新能力。

二是，“创新教育”是素质教育的重要组成部分，它以挖掘人的创新潜能、弘扬人的主体精神、促进人的个性的和谐发展为宗旨，关键是在传授学生知识的同时，注重思想、方法的传授，教会学生如何去发现问题、提炼问题、抽象问题和解决问题。只有这样，学生才能养成不断思索的“习惯”，从而形成创新的强烈意识，树立创新精神。

三是，创新育人的基点应放在“学生”，应放在挖掘、开发学生的内在潜力上，要激发和调动学生内在的积极性，也就是学生内因的启动、调动和开发。高等教育以育人为本，其最佳的育人方法是激励，这不仅仅是讲育人方法，更重要的是讲育人的根本指导思想，即育人的理念。

1.1.4 创新教育、创造教育与素质教育之间的关系

1. 创新教育与创造教育之间的关系

“创新”它既有革新、创新之意，也指新观念、新方法、新发明、新手段等。创新的立足点在于“新”，它是一种通过改造现实、满足时代需求的创造，具有时代的特征。从词源学的角度比较分析，“创造”指创造前所未有的事物，强调的是“首创”性，而从时代特征和实践意义上分析，创造较多的指实践中的发明创造，它的产品既可能满足现实的需求，也可能不合适宜。因此，创新并不等同于创造，创新的概念包含着创造。人们通常所说的创造，属于最高层次的创新。

我们要特别强调，创新教育的重点不仅是在操作层面上搞小发明、小制作，或在学科教学中仅仅培养发散思维能力就可以了，除了考虑这些操作层面上的问题外，更要考虑适宜创新人才成长的土壤、良好的环境。所以，创新教育与过去的创造教育固然有继承关系，但决不是沿袭过去的东西。创新教育是创造教育在新的历史条件下的发展和升华。

2. 创新教育与素质教育之间的关系

广义的素质指的是教育学意义上的素质概念，通常又称为素养，主要包括人的道德素质、智力素质、身体素质、审美素质、劳动技能素质等。素质教育是我国教育界在 20 世纪 80 年代末提出的一个本土化概念。作为一种教育思想或教育价值观念，经过多年的研究和讨论，教育理论界对素质教育、素质的内涵和特征等问题已达成了一些共识。素质教育是一个开放的体系、发展的体系，素质教育的目标是培养成功的人格和素养。本质特征是促进学生全面发展的教育，是面向全体学生的教育，是促进学生健康成长的教育。

深化教育改革全面推行素质教育就是要以培养学生的创新精神和实践能力为重点，创新教育是素质教育的灵魂和核心内容，而创新教育把素质教育推向了一个新的台阶。素质教育要提高全民族的素质，提高全民族的创新能力，它同创新教育追求的目标是一致的。实施素质教育必须在一系列问题上创新，包括教育观念、教育思想、教育制度、教育内容、教育方法都要创新。如果不创新教育改革，素质教育就很难实施。所以从素质教育追求的目标来看，创新教育是为了使素质教育能够真正得到贯彻实施。

1.1.5 高校实施创新教育的软硬件环境

马克思主义环境理论认为，人类在改造环境的同时，环境也在深刻地影响着人类。每一个学校都要爱护和培养学生的好奇心、求知欲，帮助学生自己学习、独立思考，保护学生的探索精神、创新精神，营造崇尚真知、追求真理的氛围，为学生的禀赋和潜能的充分开发创造一种宽松的环境。可见，要把学生的创新潜能转化为现实的创造力，必须注重环境和氛围的营造。

1. 实施创新教育的“硬环境”

国家中长期教育改革和发展规划纲要（2010～2050 年）中特别强调创立高校与科研院所、行业、企业联合培养人才的新机制，强化实践教学环节，支持学生参与科学研究，支持与境外高水平教育、科研机构建立联合研发基地。这一指导性的意见在目前高校大多只重视科研而轻视教学的状态下，有着特殊的重要指导意义。实施创新教育现代大学不可或缺的“硬环境”为①课堂、图书馆：提供学习书本知识；②Internet 校园网络覆盖：提供数字化知识信息；③多功能实践、实验基地：创新能力，动手实践能力的培养基地；④构建多层次的产学研基地，服务于师生教学与科研。

在现有环境条件基础上，按照培养创新教育目标的要求，应建设高标准的创新教育硬件环境。创新教育的硬件环境可以包括以下内容。

（1）建设 3G 移动 Internet 数字化校园，推动教育教学的创新。

网络技术的发展与完善客观上要求实行开放式教学，建立自己的互联网，为开展多层次、多角度的信息技术沟通，启发师生的创新意识提供广阔的市场空间，创造有利于培养学生创新意识、增强创新能力、参与创新活动的精神环境，消除知识生产、传播和应用上所受到的传统时空限制。

（2）建设多功能实践基地，为培养学生创新意识与实践能力创造良好的条件。

实践基地包括校内实践基地和校外实践基地，基地建设要高标准、高起点、高质量。校内实践基地建设首先要功能齐全，在仪器的添置上既要注重基本训练的常规设备，又要注重专业技能、技术应用与创新能力的训练设备。

（3）建设具有院系学科特色的大学生创新实践基地。

高校应定期投入维持经费和发展经费，充分发挥基地的作用，营造良好的软环境氛围，建立创新创业教育良性运行机制。

（4）建立大学生创造发明室、多媒体技术创新研究室、数学建模创新研究室、IT 技术创新研究室、电子技术创新研究室、创业研究室、创新学术交流室等多种形式的大学生“学研产”联合体机构。

（5）依托与企业和科研院所联合，本着“校企互利双赢”的模式，建设“产学研”相结合的大学生创新、创业实践基地。“产学研”基地不仅为专业实践教学提供了保障，也为优秀的拔尖创新人才提供了高质量的就业机会。还应积极探索其他形式的“产学研”合作教育有效途径，如校企共建实习基地、实验室，聘请企业界专家授课、参加课程设置等，培养基础扎实、专业精深的合格人才，全面提高人才培养质量。同时，高校应根据各个“产学研”基地在科学研究或认知实习等功能方面的不同重点，统筹规划和指导产学研基地的综合建设，使其达到相互支撑和促进的作用，实现资源的最大利用，共同培养适应时代需要的创新人才。

（6）创立“学研产”结合的科技公司，努力营造交叉学科融合、教育与社会结合的良好环境和氛围。

2. 实施创新教育的“软环境”

创新教育的改革概括为六大方面①理念：培养学生自主创新学习的能力；②管理：不断进行体制和机制创新；③教学：把时间还给学生，把方法教给学生；④课程：多样化、选择性、有特色；⑤研究：基于教学、为了教学，让学生多元优质发展；⑥教师：在专业化道路上成为优秀教育家。

中国高校要实施教育创新，具体应包括以下几个方面。

（1）建立先进的创新教育文化。

文化观念对人才培养具有非同寻常的影响力。而创新包含着否定，包含着批判，也蕴含着超越，而追求服从与统一，是对创新的反动。因此，培养创新型人才首先必须敢于从价值态度和文化情感上去超越这些阻碍创新教育的传统文化，即需要在大学里建立一个有利创新型人才培养的宽松、活跃、积极向上的校园人文环境。

（2）改进教师的教育观念、教学方法和手段。

首先，要改变教师“知识定位”的思想，从教学生学会知识转变到教“学生学会判断、学会选择和学会生存”；其次，运用现代教育技术，创造适宜的教学环境，调动学生积极参与，自主学习，自主体验，帮助学生形成主体精神和意识，培养创新能力。

（3）构建教学与科研相融合的创新型人才培养体系。

培养创新型人才需要构建与之相适应的培养体系。当前，我国的高等教育还不能完全适应创新型人才培养的需要。构建创新型人才培养体系，必须进一步推动深层次的教育教学改革，即实现教学与科研的有机融合，充分发挥大学的科研优势，使之成为创新教育取之不竭的优质资源和环境。

首先，教师要教学科研并举。现代大学兼具知识传授、知识创新和知识应用功能。教师只有积极投身于科学研究，才能把在科技创新活动中获取的知识和创新的知识不断融入到课程体系和教学之中，才能有效地用科技创新的思维培养学生获取知识的能力和解决问题的本领。

其次，需要构建科教结合的创新平台和优化的课程体系。创新人才的培养不能仅仅依靠本科阶段，更多的时候需要经历本科、硕士、博士甚至博士后等教育过程来完成，但本科教育是重要基础。本科阶段需要加强通识教育、实践能力和独立自主能力培养，因此必须重视创新平台建设和知识结构优化，努力实现由“灌输式”教学向“启发式”教学的转变，使学生由被动地接受知识转变为主动地获取知识。

最后，改革传统的课程设置，建立创新课程体系。根据市场教学需求变化，组织有丰富教学经验的教师编写有职业学校特色，有利于培养学生创新意识与实践能力的模块化教材，从不同的职业技能模块角度培养学生的创新意识与实践能力，从知识创新与实践能力的关键出发，合理组织课程设置和形式，让学生真正主动、自觉地参与到创新与实践教学中来。具体的办法有：①改革课程体系，加大选修课和实验课的比重，文理学科相互渗透。文学科的学生必须适当选修自然科学的课程，理工科学生要选修人文社科类课程，文理学科应相互渗透弥补学生在单一学科知识上的缺陷，完善学生的知识结构，使他们的思维既活泼又严谨，既浪漫又富于理性。形成学科间知识的相互相通，使人文精神和科学精神相互渗透；②注重学生动手能力的训练，理论课少讲精讲；③借鉴国内外的先进教学改革成果，增加灵活多样的考试方法，构建多元化的评价体系，力争最大限度发挥学生的创造性和想象力。

此外，创新型人才培养体系还应该包括人文精神和科学精神的培养和熏陶。人文精神和科学精神不仅是一个人成功的基础，也是大学的灵魂所在。培养创新型人才，必须重视在教学和科研实践中培养学生正确的人生观、价值观和科学观。因此，要重视大学的创新文化建设，努力为师生提供一个良好的精神家园。

（4）营造有利于创新人才培养的制度环境。

创新人才的培养还有赖于制度创新。创新教育要求解放学生的个性，实行开放式的管理，形成宽松和谐的氛围以利于创新人才的脱颖而出。与发达国家相比，我国高等教育传统的管理方法特色在于“管”，目的在于培养学生服从的个性。具体的解决办法有：①从制度建设着手，变革旧的教育管理制度和人才培养模式，积极构建有利于创新人才成长的制度体系；②要突破体制性制约，创新大学的学术组织，以实现教学与科研的有机结合与互动，以高水平的科研带动高水平的教学；③要在招生、培养等环节进行综合改革，不断完善人才的选拔机制和培养模式；④要通过制度保障推动创新教育，促进学生的创造力培养和人格培育。

（5）建立专项奖励基金，构建创新的评价和激励机制。

合理的评价和激励机制是培养学生创新能力的制度保障。首先，在教育评价上，要创新考试评价方法，加大实践能力的考核权重。考虑到学生的爱好和兴趣，在完成必要的基础课程后，允许学生选择专业，选择课程，选择教师，选择学习模式，选择学习进程。只要完成了所需学分，都可以准许毕业。把学生从过重的负担中解放出来，让学生有更多的时间思考、实践、创造。教师要改变以往把考试成绩，通常是一次考试的成绩，作为评价学生唯一的标准，建立一套综合评价体系，将学生的考试成绩、学生在实践中发现问题、分析问题、解决问题的能力以及学生的实践能力都纳入评价体系中，进行综合全面的考核和评价。其次，在激励机制上，一方面要对师资队伍及骨干力量以利益激励，让他们的创新成果得到社会承认和相应回报。同时，建立专项奖励基金，对培养学生创新能力成效特别突出的教师实行专项奖励，并对教师指导学生进行的创新活动提供资金便利。另一方面，通过奖学金、创新基金、奖励学分、创新学分、素质拓展学分等多种措施激励学生开展创新活动，并为学生的创新活动提供经费支持以及导师专业辅导。

（6）广泛开展大学生“科技创新”活动。

强烈的创新欲望是培养创新意识和创新能力的内在动力。目前，不少在校大学生非常缺乏创新欲望。为了克服大学生已经形成的思维惯性，必须以科技创新活动为载体，通过内容丰富、形式多样的活动激发大学生的创新欲望。培养学生的创新思维、创新精神和创新能力；培养学生分析和解决问题的能力；培养学生的动手能力。

1.2 创新人才培养体系与培养模式

高校创新型人才培养是一项系统的协同创新工程。高校应通过体制、机制创新和政策项目的引导，推进先进育人理念与先进育人制度、教师主导地位与学生主体地位、教学内容与教学方法、育人主渠道作用与全员育人机制、校内教育与社会实践、全面发展与个性成长等方面之间的协同作用，以达到培养创新型人才的目标。

1.2.1 创新型人才的基本特征

美国《创新杂志》对创新所下的定义是：运用已有的知识想出新办法、建立新工艺、创造新产品。因此，所谓“创新型人才”（Innovative Talents）是指能够孕育出新观念，并能将其付诸实施，取得新成果的人。从广义上看，创新型人才是指具有创新精神的创造型人才，专指那些思维敏捷、思想解放、思路超前的人和那些敢想敢为的人。也就是那些具有经验、知识、信息，并将其融合运用到实际中，能够对行动目标有效地进行整理、判断、创新的人。综合国内学术界的一些观点，创新型人才应当具有以下基本特征。

（1）对问题具有高度的敏感性。

创新型人才不仅能够很快注意到某一情境中存在的问题，并设法寻求新的解决途径，而且能够在平淡的事物中觉察到一些奇特的、不同寻常的事情，并展开思考。

（2）观念具有高度的开放性。

在相同的环境条件下，创新型人才能够在同样时间内形成较多的观点或想法。

（3）思维具有灵活性。

创新型人才可以摆脱原有的思维定势，根据不同的信息修正自己对问题的认识，具有极强的适应性。

（4）认识具有新颖性。

创新型人才思想活跃，能够经常提出不同寻常且又可以被人们所接受、认可的观点。

（5）人格特征鲜明。

创新型人才具有较强的个性和独立性，有着较强的成就动机，期待取得成功，不唯书、不唯上，只服从真理，在行动上敢于冒险的人。

1.2.2 创新教育的核心理念

1. 遵循“以人为本”“以学生为本”的价值取向

教育必须“以人为本”，这是现代教育的基本价值取向。高校创新教育要做到“以人为本”，就必须打破过去那种要求学生被动接受教育的模式。要求教师创设适合学生发展的教学环境，体现以“学生为本”的教学观，而不是一味要求学生来适应教师所创设的单调、唯一的教学环境。

创新教育要求要把学生作为能动者进行培养，不能把学生视为纯粹的知识储存器，要向启发式、讨论式、研究式的教学方式转变。教师多渠道、多角度引导学生对学习内容的探讨，鼓励争鸣，确立学生在学习中的主体地位。突出体现学生在教学活动中的地位，培养学生的自主学习能力。

2. 实施“因材施教”的教学方法

对于高校大学生而言，由于他们原来中学基础教育的起点不同，对新的知识进行同化或顺应而建构新的认知结构上存在能力的差异，同时学生在思维方式、兴趣、爱好等个性品质上也存在差异。在教学中，要遵循学生多样化发展和个性化成长规律，培养学生的能力多样化和个性品质。鼓励学生独立思考，敢于发表自己的独特的见解。教师要针对学生个性化，因材、因时施教。实行编班教学与个别教学相结合，让每一个学生的学习积极性、主动性、特长得到最大限度发展。如分类教学、小班教学、兴趣班等的教学改革实验，已取得较好的教学效果，学生个性化教育得到全面、和谐、充分的发展。

3. 建构民主化、平等的师生关系

平等的师生关系是培养创新人才的良好平台，教师不应成为学生学习的操纵者、主宰者而应是学生最真诚的合作者，最谦虚的倾听者，教师不再是管理者而是学生走向知识殿堂的引导者，实现教师和学生的平等交流，实现多样化创新式教学。淡化书本、教师的权威性，引导学生发挥想象自主思考，敢于质疑，提出新观念，提倡教与学师生互动式教学，激活学生的思维，提高学习的效率，鼓励学生的个性发展。

因此，在创新教育中要求教师给自己定位是：

- 文化的传播者；
- 潜能的开发者；
- 学习的促进者；
- 发展的伴随者；
- 教育的探究者。

4. 树立终身学习观

"授人以鱼，仅供一饭之需；授人以渔，则终身受益无穷"。教学目的是让学生从"学会知识"变成学生"会学知识"，教师是让学生掌握科学方法，探究解决问题的新思路，教学不应是知识的单一化的传递，而是交给学生一把开启知识宝库的钥匙。学习知识固然重要，但是掌握发现、判断、解决问题的方法、能力更重要。

1.2.3 培养创新能力的有效途径

在我国传统人才培养模式中，受"应试教育"和当前单一评价方式的影响，许多教师课堂上和在实际教学中不敢让学生大胆尝试，主动参与学习，学生的自主性和创造性仍然得不到有效地发挥和培养，学生的创新意识和创新品质受到了极大的限制，出现了高分低能的现象。因此，探索创新型人才培养体系及育人环境，探索培养学生创新意识和能力的有效途径就显得尤为重要。

1. 大学生的创新能力

大学生的创新能力是指大学生在产生新的思想、新的方法、创造新的事物过程中所必备的各种技能、技巧的总和，是大学生的心理活动在最高水平上实现的综合能力，是保证大学生创新过程得以顺利实现的诸种能力和各种个性心理特征的有机结合。大学生的创新能力主要包括：创造性思维能力和创造性想象能力。创造性思维能力表现在创造性地解决问题的过程中思维的新与活。"新"就是要与众不同，在理解上要有自己的见解，在表达上要有自己的语言，在行动上要有自己的独创。"活"就是要灵活机智，透出灵性，在理解、思考、表达、动手操作时思路要宽，手段要多，要善于变换角度，全方位思考，多渠道解决，要善于举一反三。创造性想象能力也很重要，从某种意义上说想象能力比知识本身更重要。因为知识是有限的，而想象则可以包括世界上的一切，可以成为进化知识的源泉。

2. 四种培养模式

创新能力的培养模式是指在一定的教育理念指导下，为实现特定的创新能力培养目标，而采取的教学手段和教学技术的组织形式以及评价与激励机制的运行机制。通过大量考察高校大学生创新能力培养的实践活动，根据培养平台的不同，可以将目前高校大学生创新能力培养的具体做法划分为以下四种模式。

- “教学实践”结合型培养模式。
- “产学研”结合型培养模式。
- 依托“科研项目型”培养模式。
- “分层递进式”培养模式。

每一种培养模式，都有一些成功的案例以及许多可供借鉴的经验和必须吸取的教训，各高校可以根据自身的优势和不足，选择最适合自己的一种或者组合几种大学生创新能力培养模式。

3. 培养的有效途径

（1）学校现代教育思想的树立。

创新教育实施的根本在于学校现代教育思想的树立。其人才观是“承认个性差异，鼓励最大限度完善自我”；教师观是“教师不仅传道、授业、解惑，而且是引导学生就业的教练”；学校观是“立足于职业，着眼于发展，通过学校教育使学生获得前途和职业”；教育观是“引导学生通过学习改造生活”；目标观是“树立终身学习的思想，掌握终身学习的能力。”归根到底，学校与老师奉行的是一种教育的实践主义，主张让学生实践，在实践中发展，在发展中创造。

通过研究分析，大学生是文化素质较高的群体，经过三至四年的系统学习和训练，他们已经掌握了本专业的基本知识、基本理论和基本方法，具备了一定的专业技能和技术，有着较强的适应生活能力、积极创新意识、顽强创造精神。

（2）以就业为导向，创新课程体系。

学校教育一切为了学生毕业后的工作。因此，精心研究课程教材设置，努力将学生毕业后适合个人发展的职业与现在的课程设置相结合，让学生在校期间就与社会有必然的联系。无论是必修课还是选修课都与学生以后的择业紧密相联，学生在老师、家长的帮助指导下，在校就基本确定了择业目标，并在学业期间立足于职业、着眼于发展，为将来就业和岗位工作奠定坚实的基础。

（3）教育资源被最大限度地综合利用与开发。

一是，要延伸“教室”的空间，让学生广泛深入车间、田野，这既是教学手段的丰富，也是教学观念的革命。“教室”既是课堂，又是实验场所；既是车间，又是展览室；既是学生学习的舞台，还是学生的交际场所。主动提供各种岗位让学生实习，为学生认识社会、走向社会打下基础。

二是，要建立大学生“创业园”，充分发挥高等学校的科研优势，选择与各高校各学科相同或相近的企业作为高校的合作单位，采用产学研融合的方式，由教师科研团队带领本学科的学生一起参与企业的创业。这样，既充分利用了高校的人才资源优势，又培养了学生的创新精神、创新意识和创新能力，还可以让学生获得一定的劳动报酬，使学生的知识、能力和素质得到进一步升华。

（4）鼓励学生主动参与实践和勇于创新。

马克思曾说，自由是创造的前提。美国心理学家罗杰斯也指出，有利于创造活动的一般条件是心理的安全和心理的自由。高校应当为学生提供一个充分思考的空间，让学生大胆想象，甚至可以异想天开，课堂上没有心理压力。为学生提供一个充分的自由选择的空间，使学生学习的权利得到充分尊重，使他们的创新能力得到充分的发挥。还要提倡学生发表不同意见，鼓励那些不囿于传统方式来观察和思考的学生，以建立能培养创新思维和创造能力的良好“软环境”。让学生动手实践、主动参与、积极思考、勇于创新这是国外发达国家教育的一个重要法宝。学生全身心投入，在老师提供的资料基础上，自己主动获取有关的各种信息。在这样的学习环境中，学生感觉轻松，兴趣盎然，其主动参与、创造求知的精神都充分挖掘出来。

（5）创设适合学生发展的教学环境。

普遍推行小班级授课形式，使教师与每位学生有更多的交流、合作、帮助机会，使教育面向每一位学生的教育思想变为现实，使不同水平、不同能力的学生自由发展。要求教师要营造宽松的学习环境，创设适宜的教学环境能提高学生创新素质，保证学生全面发展的同时发展他们的创新个性和创新能力。学生的创新素质并不是教师直接给予的，而是在适宜的教育教学环境中，在学习过程中不断形成和提高的。

（6）培养学生“健全完整”的人格。

人格是指人的整体精神面貌。以学生成长成才为目标，通过开展文化主题丰富多彩的校园文化活动，培养学生健全完整的人格。只有人格健全完整的学生才会有积极进取、奋发向上、百折不挠的人生态度，勇于实践、勤学好问、谦虚诚实的个性品质，远大的理想和脚踏实地的敬业精神，这些品质有助于创造潜能的开发。

（7）建设一支“双师型”师资队伍。

高校师资队伍是大学生实践能力与创新能力培养的关键。因此要建设一支既有专业功底、知识广博，又掌握某一专业实际技能的“双师型”教师队伍。要选派教师到生产和管理一线的基层单位调研或实习，再把实践知识带到课堂上传授给学生。同时，还可以从实际工作部门和单位选调既有实践经验又具有较高理论知识的“业界人员”充实高校教师队伍，提高教师队伍的整体水平。

1.2.4 创新人才培养体系的构建

1．“四维一体”的创新人才培养体系

可持续发展教育观认为：知识、能力、素质是构成现代教育三个方面的内容，“知识”处于表层，是基础、是载体；“能力”处于内层，是知识的综合体现；“素质”处于核心，是内化于身心的品质。

创新型人才培养就是培养具有创新素质的人才，创新素质教育主要是强化学生主体意识，培养创新精神，提升创新能力，塑造创新人格。基于上述对创新教育和创新型人才培养的认识，我们通过研究和挖掘创新人才培养的理论体系，突破“基础-专业基础-专业课”的直线教学模式，总结构建了“四维一体”的创新型人才培养体系，如图 1.1 所示。其中，“四维”是指创新型人才培养体系中的四个课程平台（课内教学活动、课外创新活动、校内文化活动和校外实践活动），具体为：

（1）课内实践活动：重点开展项目驱动下的大作业教学、用户需求驱动下的“讲授、模拟、实践”三位一体教学活动。

（2）课外创新活动：重点开展研究课题驱动下的教学与科研互动式、实际问题驱动下的数学建模、创业计划驱动下的创业演练等活动。

（3）校内文化活动：重点开展文化主题驱动下的人格塑造活动。

（4）校外实践活动：重点开展职业需求驱动下的社会实践活动。

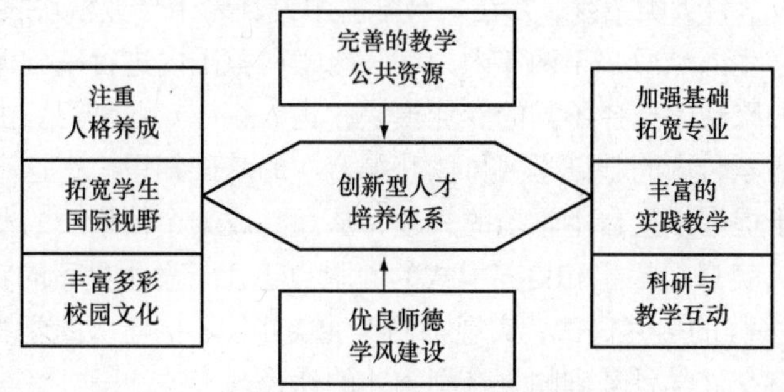

图1.1 “四维一体”的创新型人才培养体系

2. 创新人才培养模式的构建与实现

人才培养模式的构建应该包括两个环节：第一个环节可称为人才“知识结构”的合理配置，在这一环节应包括课程设置、专业结构及知识结构合理的比例搭配；第二个环节是指人才培养目标的“实现环节”，这一环节主要是指在第一环节的基础上通过体制、制度的建立，借助先进的教学方法和技术手段、科学有效的教学管理来实现人才培养目标的过程，即构建人才培养模式支持系统。

（1）“知识结构”的构建。

构建“知识结构”，要在专业结构、课程设置及教学内容的安排上要贯彻以下两个原则。

原则 1：坚持“知识、能力、素质”的辩证统一。为此，要构建科学合理的政治、外语、计算机课程及其他课程的结构比例；基础课、专业基础课和专业课的结构比例；本专业与相关专业的知识结构比例；限定选修和任意选修课的比例。

原则 2：“厚基础、宽口径、强能力、重创新”，努力做到把本学科、本专业的前沿知识以及当代科学发展特征的多学科间的知识交叉与渗透反映到教学内容中来。要培养学生学习的主动性，博览群书，拓展自己的知识面，加深自己的专业知识，构建创新的知识结构，为创新提供丰富的理论源泉，要使学生养成勤学、多思、好问的良好学习习惯，培养自己的记忆力、观察力、想象力、实践能力、信息加工和科学研究的能力，培养学生的良好智能结构；关注学生非智力因素的发展，培养学生的创新人格，良好的个性、好奇心和求知欲，学习的兴趣和热情，树立远大的理想和坚定的信念。

（2）“人才培养模式”的实现。

合理、科学地配置人才培养的知识结构只是人才培养模式构建的第一步，更重要的是强化人才培养模式的过程管理，切实地把人才培养方案付诸实施，达到预期效果。构建科学合理的人才培养模式必须根据区域经济与社会发展对人才的需求，对学校的人才培养目标进行恰当的定位；根据培养目标，制定培养方案；根据培养目标、培养方案，选择培养途径并予以实施。同时，还要接受社会对人才培养模式实施后所反映出来的培养结果的评价，并适时进行反复循环的动态调整。

第 1，实施通识教育基础上的“宽口径”专业培养。

为培养创新型人才，高校要探索实施通识教育基础上的“宽口径”专业培养，按照“加强通识基础、拓宽学科基础、基础教育分层次、专业教育分模块、凝练专业主干、灵活专业适应”的要求，形成以通识基础、学科基础、专业主干为主的理论和实践课程体系。学校可按一级学科大类招生，并在一级学科中设计若干专业模块，提供给学生在二、三年级时选择。学生入学后一至两年内，在一级学科范围内进行基础课的学习，然后再由学生根据自己的兴趣，选择不同的专业模块，进入相应专业学习。由于有共同的学科基础，学生在一级学科内的基础学习可以获得宽广的基础知识，在这个基础上再选择专业模块，更有利于提高学生自主学习的兴趣，从而完成其个体素质的塑造，达到个性化学习的目的。同时，宽口径招生和培养模式的着眼点也在于学生日后的就业。可实施 1+3、2+2、3+1 等灵活多样的培养模式，实现不同专业类别、不同年级跨学科专业的复合，进一步拓宽培养具有交叉学科基础的复合型人才的途径。

第 2，贯彻“因材施教”的人才培养方针。

高校要坚持因材施教，促进优秀人才脱颖而出。一是对基础课和专业基础课进行分层次培养，大学英语、高等数学等基础课程及部分专业基础课程进行分级教学，不同起点层次学生进入不同层次班级学习，加大高起点学生课程内容的深度及广度；二是可开设特色强化班，例如，可选拔 5%左右的优秀学生进校后通过考试进入特色强化班学习，为强化班的学生聘请优秀师资、组织小班教学、强化课内理论基础、强化课外自学要求、引入滚动竞争机制、建立有利于学生个性和创造性发挥的制度，培养学生的创新潜质。

第 3，推进“国际合作、产学研”联合培养。

学校要考虑与其他国家及地区的大学和研究机构签订合作交流协议，并与其中的著名高校联合培养优秀学生。可选派优秀生赴美国、英国、法国等地学习本科专业或攻读硕士学位。考虑制订地区人才培养合作计划，为优秀生跨校选择学习、拓展学习经历提供新的途径。同时，积极拓展“产学联合”培养模式，缩小学校和社会对人才培养与需求之间的差距，利用学校和社会两种教育环境，合理安排课程学习与社会实践，使人才培养方案、教学内容和实践环节更加贴近社会发展的需求，促进学生实践能力和整体素质的提高，增强学生进入社会的竞争力。

1.3 协同创新视角下的研究性学习

每一次大学职能的演变和发展，都对人才培养的方式产生着重大的影响。大学在承担科学研究职能的同时，发展出了探究式的人才培养方式，突出了对大学生创新能力的培养。在当前高校协同创新视角下，研究性学习是高校创新人才培养的重要教学途径。

大学教学过程本质上是教师教学过程和学生学习过程，教师的教学过程对于教学质量具有主导意义，学生的学习过程对于教学质量具有决定意义。广大教师在“创新人才培养”过程中，要实行和推进研究性学习而非灌输式学习。教育部与财政部联合下发《高等学校创新能力提升计划实施方案》，标志着以大力促进和加快推动协同创新为核心内容的“2011计划”正式进入实施操作阶段。在大学协同创新视野下，决定“卓越人才培养工程”教学质量的两大基本构成：一是教学过程的创新;二是学习过程的创新。

“研究性教学”作为一种有效的引导学生自主学习、主动探究、培养学生创新精神和实践能力的教学方式，符合工程能力培养规律和综合素质形成的逻辑，已经成为二十一世纪信息类专业工程教育教学方法和模式改革的方向。2010 年 5 月正式出台的《国家中长期教育改革和发展规划纲要》文本中提出，要倡导启发式、探究式、讨论式、参与式教学，帮助学生学会学习。激发学生的好奇心，培养学生的兴趣爱好，营造独立思考、自由探索的良好环境。教育部发布的《教育部关于实施“卓越工程师教育培养计划”的若干意见》文件指出，高校要以强化工程实践能力、工程设计能力与工程创新能力为核心，着力推动“基于问题的学习、基于项目的学习”等多种研究性教学方法，加强大学生创新能力训练。教育部发布的《关于进一步加强高校实践育人工作的若干意见》强调，高等学校要深化实践教学方法改革。实践教学方法改革是推动实践教学改革和人才培养模式改革的关键。应该把加强实践教学方法改革作为专业建设的重要内容，重点推行基于问题、基于项目、基于案例的教学方法和学习方法，加强综合性实践科目设计和应用。

1.3.1 “协同创新”的概念

协同创新（Collaborative Innovation）是继原始创新、集成创新和引进消化吸收再创新之后，对高校进一步解放和发展科技生产力提出的新命题、新任务。协同创新旨在转变高校科技生产方式，打破高校传统的封闭、孤立的创新模式，形成“政产学研用”一体化的协同机制，激发高校的创新潜能。

因此，要积极推动协同创新，通过体制机制创新和政策项目引导，鼓励高校同科研机构、企业开展深度合作，建立协同创新的战略联盟。

1.3.2 研究性学习的定义

研究性学习（Inquiry Learning）是20世纪80年代以来面对知识经济的挑战，国际社会比较普遍认同和提倡的一种新的学习模式，是指学生在教师指导下，从学习生活和社会生活中选择并确定研究专题，用类似科学研究的方式，主动地获取知识、应用知识、解决问题的学习活动。尽管研究性学习也有“发现法教学”“探究式学习”和“自主式学习”等不同译法，但其概念的定义大体是一致的，都是尊重学生的主体性，重视学习的自主性、独立性、创造性学习。研究实践表明，研究性学习是培养学生创新精神与实践能力的重要途径之一。

常见的研究性学习的定义如下。

定义 1：所谓研究性学习是指学生在教师的指导下，通过选择一定的课题，以类似于科学研究的方式，进行主动探究的一种教学方式。

定义 2：研究性学习是一种积极的地学习过程，主要指的是学生在科学过程中自己探索问题的学习方式。

定义 3：研究性学习是指学生在教师的指导下，通过各种研究性的学习方式，主动地发现问题、分析问题和解决问题，从而在知识学习、能力培养和素质形成方面达到学习目标的过程。

定义 4：研究性学习是在教师的指导下，在学科领域或现实生活情景中，通过学生自主探索的学习研究活动，在已有知识或经验的基础上，经过同化、组合和探究，获得新的知识、能力和态度，发展创新素质的一种学习方式。

综合以上观点，可以将研究性学习定义为：以素质教育为理论依据和方法论指导，以主体性教育观为出发点，以培养学生的创新精神和实践能力为归宿，以类似于科学研究和探究的方式为途径，在教师的指导、支持、帮助下，通过学生自主、独立、创造性的学习，获得知识、能力，形成习惯、品质、信念的特殊的教育实践活动。

1.3.3 研究性学习的特征

现代教育观认为，现成的结论并不是重要的，重要的是得出结论的过程；现成的认识成果并不是最重要的，重要的是人类认识的发展过程。在创新教育中要教学生去掌握已知，探索未知，要教会学生开拓进取，吐故纳新，要增强学生的创新意识，要充分发展学生的创造力，使他们成为新世纪的创新型人才。研究性学习为了进行问题探究、案例讨论和项目研究，学生必须以自学的方式获得教学内容之外的知识，这种自学能力的培养是通过自我摸索、教师指导和同学间的合作而逐渐完成的。

1. 探索性

研究性学习的探索性表现在研究的课题是非预定的、未知的，结论的获取也不是由教师简单传授或从书本上直接得到，而是学生查资料、做实验，通过假设求证，最终解决问题来得出的。探索性虽然是研究性学习最突出的特征，但是，研究性学习的这种探索不是严格意义的科学探索，而是一种模拟的探索，体验式的探索。它不规范严谨，只是科学研究的思维方式、研究方法和研究过程在学生学习活动中的具体运用。

2. 自主性

研究性学习是建立在主体性教育观的理论基础之上的，学生创新潜质的开发，创新精神、实践能力的培养，必须是学生主体能动性的充分发挥。因此，研究性学习的整个过程，就是一个学生充分发展自己的主体能动性，自主、独立、创造性的学习过程。在这一过程中，学生从选题到制定计划、收集资料、最后的成果呈现，都渗透着他们创造性劳动和积极的创新思考。研究性学习以自主性为本质性特征，不是把现成答案交给学生。因此，教师的作用只是研究性学习过程中的组织者、指导者、参与者和评价者。

3. 创新性

与传统的学习方式相比，研究性学习表现出两方面的创新：一是自身形式的创新，突破了课堂、教材和学生年龄的限制。它让学生自己选择课题，自己制定研究方案，自己进行研究，自己对研究成果进行总结和评价；二是培养目标上的创新，它鼓励学生能够提出与众不同的新思路、新方法、新见解；善于直觉思维和非理性思维，从而让学生通过研究性学习培养自己的创新意识、创新思维、创新人格、创新精神和创新能力。但是，研究性学习的创新不等同于科学研究中的创新，它只是学生对已有的科研成果的“再发现”或创造性的运用，它更多地表现为一种创新体验。

4. 开放性

研究性学习的开放性主要是指学习方法、学习内容和学习时空的开放。一是，研究性学习在学习方式上还具有多样性、兼容性和差异性。它因研究内容、研究时空、研究者自身的情况而异，同一个课题可以有不同的研究方法和方式。研究方法和方式上的开放性可以使学习者更加自主、独立、创造性的学习。二是，学习内容不受教材上的限制，可以是教材外的；可以是学校生活，也可以是社会生活。只要是学生感兴趣的、有一定研究价值的，都可以成为研究性学习的课题。三是，研究性学习还打破了课堂、学校、时间的限制，鼓励学生走出课堂，走出学校，走向社会，利用图书馆、网络，利用课内和课外的时间、空间，用自己的亲自感受认识世界并改造世界。

5. 合作性

研究性学习的合作性指的是研究性学习不仅重视学生之间的差异、个人能力，鼓励学生发挥特长，相互竞争，而且也重视师生之间、学生之间的合作。在研究性学习过程中提倡教师不仅是研究性学习主要的组织者、最佳的指导者，同时也是直接的参与者、平等的合作者，教师要与学生平等合作。提倡学生既要在研究性学习过程中培养能力，提高素质，又要学会交往，学会合作。研究性学习的合作性还表现在课题组之外的合作，如学校、家庭、社会的合作。一个课题确定以后，就需要提供必不可少的时间和空间，提供信息资源，提供精神支持和物质支持，所有这些都离不开与学校、家庭、社会的合作。

1.3.4 研究性学习的作用

研究性学习的作用可以归纳为四个方面：一是知识的获取、应用和创新；二是工程能力的培养和提高；三是社会能力的培养和提高；四是综合素质的养成和提升。只有充分认识和理解这些作用是如何在研究性学习过程中产生的，采用研究性学习的教师才能根据不同层次卓越工程师培养的要求，选择好工程问题、案例和项目，设计和组织好课程教学，使研究性学习的作用得到充分发挥。

1. 知识的获取、应用和创新

研究性学习是将知识学习作为一种课题研究，引导学生对其进行分析和探究。学生获取的学科知识是源于研究性学习过程中对学科知识产生的起因和过程的了解以及对工程原理形成和发展规律的剖析，获取到的学科知识是发现和研究过程中的一个既自然又必然的结果。

学生能够应用所掌握的学科知识去研究学科知识产生的条件、适应面和局限性，这不仅培养了学生知识的应用能力，而且为分析问题和解决问题能力的培养奠定了基础。学生能够进行知识创新是因为他们通过对现有知识的质疑和批判性思维，发现不同条件下所学知识可能存在的问题和继续发展的可能性，并通过科学合理的推理和严密的逻辑分析，探讨和构建出新的知识。

2. 工程能力的培养和提高

研究性学习将源于工程实践的具体问题、实际案例以及来自行业企业的设计和研发项目作为载体，将教学内容融入其中，使学生在解决问题、分析案例和研究项目的过程中培养和提高工程能力。学生潜移默化地掌握了工程概念、工程常识和工程原理，学会用工程思维的方法思考和分析各种工程问题，掌握对工程数据进行分析处理和对工程问题进行提炼归纳的手段和技能。因此，研究性学习的过程培养了学生的工程素养。

不论是问题、案例还是项目，研究性学习都是问题驱动的，学生一开始就要面对源于实际的问题，就要学会从全局和系统的角度发现问题的根源、分析问题的特点、研究问题的本质，就要运用创新性思维和批判性思维寻找解决问题的方法和途径，从而最终解决问题。因此，研究性学习使学生不仅在系统性思维和创新性思维能力，而且在发现问题、分析问题和解决问题的能力等方面都得到充分的锻炼和提高。

3. 社会能力的培养和提高

研究性学习将学生之间的合作，将学生与教师之间的互动，将学生为了完成学习任务而进行的各种活动作为一种工作和社会环境，其教学组织形式和教学方式，使学生的各种社会能力得到有效的训练和培养提高。

学生之间的合作和师生之间的互动需要学生学会人际交往、组织管理和团队合作。其一，使学生的交流、沟通和协调能力得到培养；其二，在小组内进行学习专题的分解、学习进度的安排、小组讨论等，这就使学生的组织管理能力得到很好的锻炼。其三，学生的团队合作能力得到培养。学生能充分认识团队合作在现代社会发展中的重要性，学会处理好分工与合作、个人与集体、局部与整体的关系，培养自己的全局意识和集体观念，学会处理好同学之间的矛盾与冲突，学会发挥每位同学的优势，调动大家的积极性，共同实现团队目标。

4. 综合素质的养成和提升

教师在研究性学习过程中可以通过强调学生在工程问题、案例和项目的研究时重视和处理好这些因素，培养学生日后作为一名工程师所必须具备的社会责任感。教师对待工程问题认真负责的态度、工作兢兢业业的精神、工作质量精益求精的追求，将有利于学生工程职业道德、追求卓越的态度和爱岗敬业精神的培养。同时，教师在教学过程中与学生的平等相待、给予学生的无私帮助和指导、对学生获取成绩的鼓舞和激励、对学生不足的宽容、对不同意见的包容等，也将帮助学生学会待人接物和为人处世，提高自身素质，培养健全人格。

1.3.5 研究性学习的学习形式

研究性学习作为一种全新的教学方式和学习方式，学习的程序必须充分体现研究性学习的特征、原则和方法。一般研究性学习的程序和过程，如图 1.2 所示。

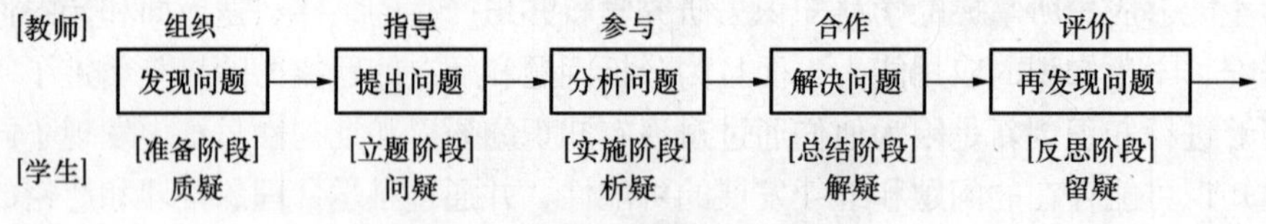

图 1.2 研究性学习的程序和过程

研究性学习强调“基于问题、面向实际，突显自主探究、合作互动”，重点体现在“提出问题、自主研究、讨论互动、批判改进”等核心环节。因此，适应研究性学习方法的教学组织形式是“小班教学+小组活动”。其中以 25～30 人为一个班级的教学能够给予学生更多参与教学过程的机会，有利于充分调动学生学习的主动性，也有利于教师动态地关注学生的反馈，关注学生个体的差异，加强师生间的互动，切实提高教学效果。教师可根据课程教学的需要将一个班级分成若干个学习小组，小组内的学生分工合作，相互学习，共同分析、讨论与研究问题，小组间的学生相互比较相互促进和竞争，从而形成学生自主学习、自由探索，师生互动、同学协作的学习氛围。

研究性学习是一种学习方法体系，按照学习专题的内容或学习对象其主要形式有：基于问题的探究式学习、基于案例的讨论式学习和基于项目的参与式学习。也就是说，教师分别按照问题、案例和项目来组织学生学习的课程内容，在介绍课程内容和核心知识点后，教师通过精心准备和设计的问题、案例或项目，引导学生循序渐进地完成相关知识的学习与研究的训练任务，从而完成课程大纲规定的教学任务和学习目标。

1. 基于问题的探究式学习（Problem-Based Learning，PBL）

学生在学习过程中以问题（Problem）为学习研究对象，通过对问题的了解、探讨、研究和辩论，学会应用和获取知识，辨别和收集有效数据，系统地分析和解释问题，获得解决问题的答案，并进行交流、检验和评价的学习方式。

“基于问题的探究式学习”的程序和过程，如图1.3所示。

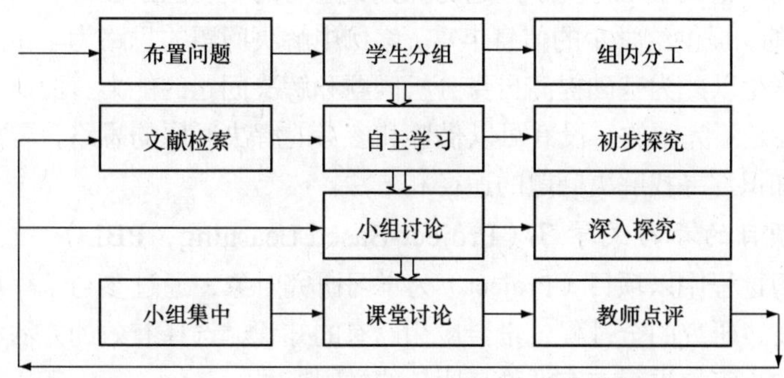

图1.3 “基于问题的探究式学习”的过程

教师按照问题的方式组织教学内容，可以是短时间内解决的问题，如一次课或几次课时间就能解决的单一主题、单一学科的问题，也可以是整个学期解决的多学科的一系列问题，但这些问题都应该来源于具体的工程实践。一个好的问题应能引导学生应用课程的内容和方法，有助于理解基本的概念、原理及过程，也可以引导学生自己去推理并获得新的知识。通过学习，学生能够有效地训练和提高自己获取新知识以及分析和解决实际问题的能力。

2. 基于案例的讨论式学习（Case-Based Learning，CBL）

学生在学习过程中以案例（Case）为分析研究对象，通过对案例的分析和讨论，以及对案例中处理事件的原有方案的研究，对该方案进行评价，在案例发生的原有情境下提出改进思路和相应方案，或在教师假设条件下提出学生自己处理事件的思路和方案，并进行方案比较、交流和评价的学习方式。

“基于案例的讨论式学习”的程序和过程，如图1.4所示。

教师准备的“案例”可以是一个完整的实际案例，可以是真实事件的简化，可以是几个不同事件的组合，甚至可以是一个虚构的案例，但都应该是复杂环境中真实工程实践的反映。完整的案例应该包括：事件本身及其产生的背景，资源和条件的限制，原有处理事件的方案，事件处理的结果及可能造成的影响等。在讨论案例时，学生将了解到作为真正的工程师所将面临的复杂境地和艰难抉择，不仅能加深对知识的理解，而且能掌握知识的应用。通过学习，有助于训练和提高学生在复杂环境下解决实际工程问题的能力和进行决策的能力。

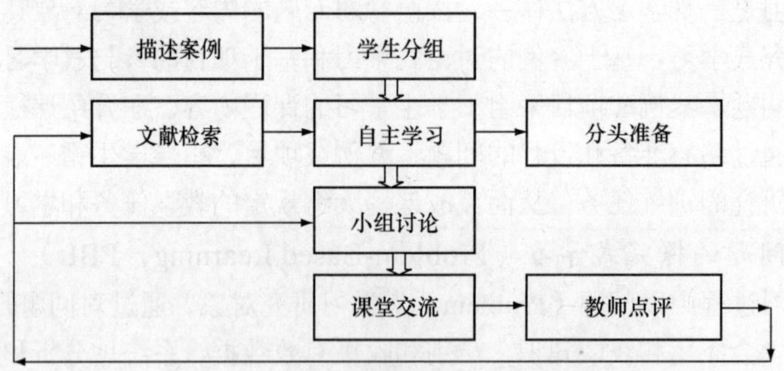

图 1.4 “基于案例的讨论式学习”的过程

基于案例的讨论式学习与基于问题的探究式学习的主要区别在于：前者构造的案例（Case）是完整的，提供给学生的信息丰富，案例中解决问题的思路为学生提供了借鉴和启发，有利于学生以此为基础提高自身分析问题和解决问题的能力；而后者构造的问题（Problem）往往是不完整的，没有可以借鉴和参考的解决问题的思路，要求学生自主获得需要的各种知识，寻找解决问题的途径和方法。

3. 基于项目的参与式学习（Project-Based Learning，PBL）

学生在学习过程中以项目（Project）为学习研究对象，通过参与工程项目或工业产品的设计、开发、研究的全过程，学会应用已有的知识，选择有效的方法和技术，拿出解决项目任务的方案，进行方案评价与比较的学习方式。

“基于项目的参与式学习”的程序和过程，如图 1.5 所示。

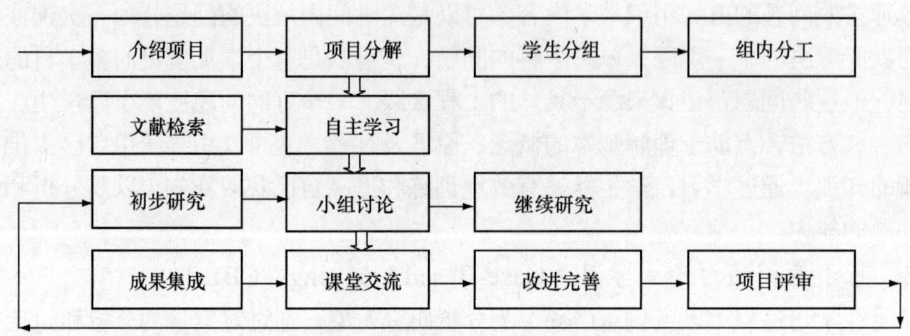

图 1.5 “基于项目的参与式学习”的过程

教师提出的“项目”应该是企业的实际项目或源于工程实际的项目。学生在参与项目的学习过程中，不仅要综合运用所掌握的知识、方法、技术，而且要从系统的角度处理好局部与整体、个人与集体的关系。通过学习，学生不仅对知识理论有更深刻的理解与掌握，认知能力和完成实际项目的能力得到提高，而且能够表现出更好的交流沟通能力和团队合作精神。

基于项目的参与式学习与基于问题的探究式学习的主要区别在于：项目（Project）具有更广的范围，包含更多的问题；项目的难度大，需要更长的时间、教师与学生、学生和学生之间有更多的合作、更深入的研究才能完成；解决问题主要强调的是知识的获取和应用，而完成项目还要注重对已掌握知识的集成和对知识的创新。

4. 其他的学习方式

此外，按照学习的组织方式，研究性学习可以分为自主式学习、合作式学习、参与式学习、互动式学习等形式。其中，自主式学习是最基本的单元，合作式、参与式、互动式学习是以自主式学习为基础的。

- 自主式学习（Autonomous Learning）是指学生在教师的安排和指导下，自主进行学习，主要适用于学生本人能独立完成的学习专题。
- 合作式学习（Cooperative Learning）是指学生被分为若干个小组，每个小组中的学生对研究专题既有分工又有合作，并在合作的基础上完成整个专题内容的研究，主要适用于大而复杂的研究专题。
- 参与式学习（Participatory Learning）是指学生参与教师设计或负责的研究项目，承担项目的部分工作，主要适用于专业性强的专题。
- 互动性学习（Interactive Learning）是指学生与教师通过互动方式达到某专题的学习目的，主要适用于需要教师不断引导的专题。

在选择研究性学习的形式时，教师应该根据课程教学目的、任务和要求，教学内容的性质和特点，学生的实际情况，教学环境，教学时间，教学技术条件以及教师的自身素质等因素灵活选用适合的形式。此外，要从整体角度考虑研究性学习形式，并注意各种学习形式的有效结合。

1.3.6 基于“计算思维”的网络自主学习模式

科学的探究需要有高效思维的正确引导，21 世纪我们要培养出具有创造性的人才，在思想方法上就必须摆脱传统教学的偏见，让学习者运用高效的思维去思考。自然科学领域公认有三大科学方法，即理论方法、实验方法与计算方法。与三大科学方法相对应，便有三大科学思维，即理论思维、实验思维与计算思维。目前，国内外广大学者在教学过程中都大力推进学习者计算思维能力的培养，计算思维在教学和学习中的应用正在深入展开。计算思维具有强大的创新能力，应用计算思维进行创新的方法论，即计算思维创新方法论。

1. “计算思维”概念的提出

2006 年 3 月，美国卡内基·梅隆大学周以真（Jeannette M. Wing）教授在美国计算机权威杂志 ACM《Communication of the ACM》上发表并定义了计算思维。周以真教授指出：计算思维（Computational Thinking，CT）就是运用计算机科学的基本概念去求解问题、设计系统和理解人类的行为，它包括了涵盖计算机科学之广度的一系列思维活动。学会计算思维，是信息社会中创新的需要。她认为，计算思维是每个人的基本技能，不仅仅限于计算机科学家。我们应当使每个孩子在培养解析能力时不仅掌握阅读、写作和算术（Reading，wRiting ，and aRithmctic，3R），还要学会计算思维，犹如印刷出版促进 3 R 的普及，计算和计算机也以类似的正反馈促进了人类计算思维的传播。这种思维在不久的将来，会成为每一个人的技能组合。随即这一概念被国内外计算机界、社会学界以及哲学界的广大学者进行了广泛的研究与探讨。

“计算思维”是当前国际计算机界广为关注的一个重要概念，也是当前计算机教育需要重点研究的重要课题。思维教学的中心是学习者，以培养思维能力为目的，其核心理念是培养聪明的学习者。计算思维能力是形式化描述和抽象思维能力以及逻辑思维方法。

2．国内外研究现状

在国外，“计算思维”得到美国教育界的广泛支持，不仅有卡内基·梅隆大学的专题讨论，更有包括美国计算机协会（ACM）、美国国家计算机科学技术教师协会（CSTA）、美国数学研究所（ATM）等组织在内的众多团体的参与。2008 年，美国 ACM 协会在网上公布对 CC2001 进行的中期审查报告（草案）中，就明确将“计算思维”与“计算机导论”课程绑定在一起，并明确要求该课程讲授计算思维的本质；美国国家 CSTA 协会在网上发布了《计算思维：一个所有课堂问题解决的工具》报告，对什么是计算思维进行了总结，报告得到美国微软公司的大力支持；另外，计算思维还直接促成美国国家科学基金会（NSF）重大基金资助计划 CDI 的产生，CDI 计划旨在使用计算思维，特别是在该领域产生的新思想、新方法促进美国自然科学和工程技术领域产生革命性的成果。CDI 的最终研究成果将使人们的思维模式发生转变。这种以“计算思维”为核心的转变，反映在美国国家自然科学与工程，以及社会经济与技术等各个学科领域，将进一步保持美国在自然科学与工程等领域所具有的世界领先地位。

计算思维不仅影响着美国，也影响着英国的教育。2007 年在英国的爱丁堡大学，人们在一系列的研讨会上探索与计算思维有关的主题。每次研讨会，都有不少专家讨论计算思维对他们学科的影响。现在研讨会上所涉及的学科已延伸到哲学、物理、生物、医学、建筑、教育等各个不同的领域。另外，英国计算机学会（British Computer Socity，BCS）也组织了欧洲的专家学者对计算思维进行研讨，提出了欧洲的行动纲领。

在国内，中科院自动化所王飞跃教授率先将国际同行倡导的“计算思维”引入国内，王教授翻译了周以真教授的《计算思维》一文，撰写了相关的论文《计算思维与计算文化》。他希望能借“计算思维”之东风尽快把中国世故人情的“算计文化”转变成为科学理性的“计算文化”，以提高我们民族的整体素质。孙家广院士在《计算机科学的变革》一文中明确指出：计算机科学界最具有基础性和长期性的思想是“计算思维”。

2008 年 10 月，我国高等学校计算机教育研究会在桂林召开了一次关于“计算思维与计算机导论”专题学术研讨会，探讨了科学思维与科学方法在计算机学科教学创新中的作用。桂林电子科技大学董荣胜教授、中国科学院计算技术研究所李国杰、国防科技大学的朱亚宗教授等学者在这方面都做了一些有益的探索。2009 年 12 月，中国计算机学会青年计算机科技论坛哈尔滨分论坛与哈尔滨工业大学计算机科学与技术学院青年沙龙共同举办了“计算思维”专题论坛的会议。哈尔滨工业大学计算机学院副院长王亚东教授做了题为《计算与计算思维》的报告。报告从科学技术发展的角度出发，讲述了各种计算思维已经和即将对各门学科产生的影响。

目前，无论是国外还是国内，计算思维领域的研究均已取得了一定的成果和进展，最显著的成果就是计算机的设计原理，比如，计算机构成就是五个外部设备（计算器、运算器、存储器、输入设备、输出设备）以及运用二进制和“存储程序”的概念来达到解决问题的目的。但人们目前对于计算思维的概念、基本原理以及在教学中的培养实践等都没有一个统一的认识。计算思维究竟是一种什么样的思维、它具有什么样的原理和特征、如何在教学中培养计算思维能力等问题仍然没有解决方案，还需要我们做进一步研究和探索。

3. “计算思维”的本质特征

计算思维建立在计算过程的能力和限制之上的，不管这些过程是由人还是由机器执行。计算方法和模型使我们敢于去处理那些原本无法由个人独立完成的问题求解和系统设计。计算思维最根本的内容，即其本质是抽象（Abstraction）和自动化（Automation）。计算思维中的抽象完全超越物理的时空观，并完全用符号来表示，其中，数字抽象只是一类特例。与数学和物理科学相比，计算思维中的抽象显得更为丰富，也更为复杂。数学抽象的最大特点是抛开现实事物的物理、化学和生物学等特性，而仅保留其量的关系和空间的形式，而计算思维中的抽象却不仅仅如此。计算思维采用广泛的计算机科学的思维方法：递归，抽象和分解，保护、冗余、容错、纠错和恢复，利用启发式推理来寻求解答，在不确定情况下的规划、学习和调度等。

理卡内基·梅隆大学周以真教授定义的“计算思维”是运用计算机科学的基础概念去求解问题、设计系统和理解人类的行为，它包括了涵盖计算机科学之广度的一系列思维活动。以上是关于计算思维的一个总定义，周教授为了让人们更易于理解，又将它更进一步地定义为：通过约简、嵌入、转化和仿真等方法，把一个看来困难的问题重新阐释成一个我们知道问题怎样解决的方法；是一种递归思维，是一种并行处理，是一种把代码译成数据又能把数据译成代码的方法；是一种采用抽象和分解来控制庞杂的任务或进行巨大复杂系统设计的方法，是基于关注分离的方法（Separation of Concerns，SOC方法）；是一种选择合适的方式去陈述一个问题，或对一个问题的相关方面建模使其易于处理的思维方法；是按照预防、保护及通过冗余、容错、纠错的方式，并从最坏情况进行系统恢复的一种思维方法；是利用启发式推理寻求解答，也即在不确定情况下的规划、学习和调度的思维方法；是利用海量数据来加快计算，在时间和空间之间，在处理能力和存储容量之间进行折中的思维方法。

计算思维具有以下六个特征：

（1）概念化，不是程序化。计算机科学不是计算机编程。像计算机科学家那样去思维意味着远远不能为计算机编程。它要求能够在抽象的多个层次上思维。

（2）基础的，不是刻板的机械技能。基础技能是每一个人为了在现代社会中发挥职能所必须掌握的，机械的技能意味着机械的重复。具有讽刺意味的是，只有当计算机科学解决了人工智能的宏伟挑战——使计算机像人类一样思考之后，思维才会变成机械的生搬硬套。

（3）是人类的，不是计算机的思维方式。计算思维是人类求解问题的一条途径，人类聪颖且富有想象力，我们人类赋予计算机以激情并配置了计算设备，我们就能用自己的智慧去解决那些计算时代之前不敢尝试的问题，但绝非试图使人类像计算机那样地思考。

（4）数学和工程思维的互补与融合。计算机科学在本质上源自数学思维，因为像所有的科学一样，它的形式化解析基础筑于数学之上。计算机科学又从本质上源自工程思维，因为我们建造的是能够与实际世界互动的系统。基本计算设备的限制迫使计算机学家必须“计算性”地思考，不能只是“数学性”地思考。构建虚拟世界的自由使我们能够超越物理世界去打造各种系统。

（5）是一种思想，不是人造物。不只是我们生产的软件硬件人造品将以物理形式到处呈现，更重要的是我们用以接近和求解问题、管理日常生活、与他人交流和互动之计算性的概念。

（6）面向所有的人，所有地方。当计算思维真正融入人类活动的整体以致不再是一种显式之哲学的时候，它就将成为现实。

4. 基于“计算思维”的网络自主学习模型

在网络环境下的自主学习中，强调以学习者自学为主。基于网络的自主学习模式是由网络环境下的教学过程中多个因素相互联系、相互制约的。通常情况下，网络环境下的学习过程中包含四个因素：教学者、学习者、网络教学资源、网络学习环境。

因此，基于“计算思维”的网络自主学习模式可形式化为如下模型：

$$Q_{CT}=F（AT，AS，E_{CT}，R_{CT}）$$

上式中，Q_{CT}表示基于计算思维的自主学习模式，用CT表示计算思维；F（ ）是一个过程函数；AT 是教学者的动作集；AS 是学习者的动作集；E_{CT}表示基于计算思维的教学方法，R_{CT}表示教学者运用计算思维的方法优化网络环境，在基于计算思维的教学方法下，教学者运用计算思维的方法选择合适的网络学习资源。基于“计算思维”的网络自主学习模型，如图1.6所示。

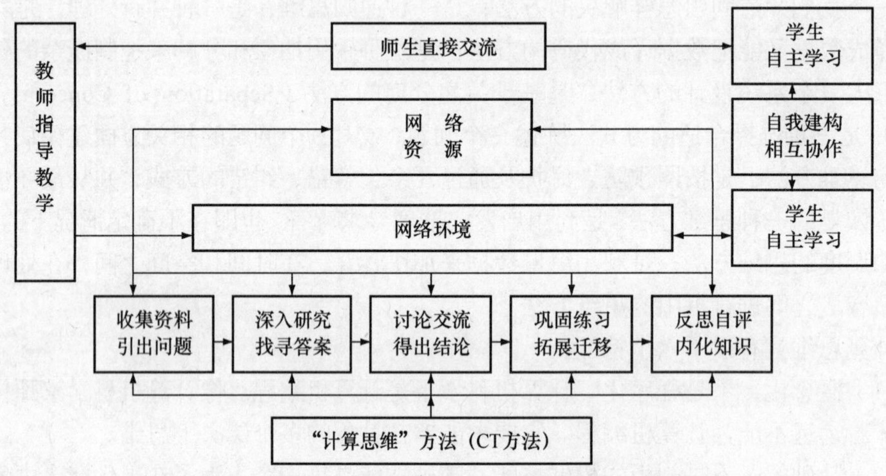

图1.6　基于“计算思维”的网络自主学习模型

图1.6中，网络资源主要指：文字、模型、声音、图片、图形、图像、视频、动漫等；计算思维的一系列方法有：递归，关注点分析，抽象和分解，保护、冗余、容错、纠错和恢复，利用启发式推理来寻求解答，在不确定情况下的规划、学习和调度等。该模型中，将教学者的教学过程和学习者的学习过程通过网络环境与网络资源相综合。结合良好的网络环境以及丰富的网络资源，教学者基于“计算思维”方法对学习者进行直接教学指导的情况下，再运用网络和手段来辅助和引导学习者，进行知识点的构建和学习问题的思考与解决。

在整个学习过程中，所有的学习过程都通过一系列基于“计算思维”的学习方法展开。在良好的网络环境以及丰富的网络资源（文字、模型、声音、图片、图形、图像、视频、动漫）条件下，达到高效收集资料、引出问题，深入探究、找寻答案，讨论交流、得出结论，巩固练习、拓展迁移，反思自评、内化知识的目的。

5. 网络自主学习过程的动态评价、多元评价机制

在网络自主学习过程中，学习者在思维活动中学习，教师评价总是能着眼于学生的“学”，评价和反思始终贯穿教学全过程，并要求学生培养自我评价、自我诊断的能力。在体现动态评价上，注重学习过程的考察，重视对学习过程中思维能力的培养，通过评价，激发学生的学习热情，既让学生充分展示自己的技能与长处，又达到培养学生思维能力目的。因此，网络自主学习过程的教学设计要非常重视学习过程的动态评价，以及重视学习过程的多元化评价方式。

网络自主学习过程的动态评价、多元评价机制，如图 1.7 所示。

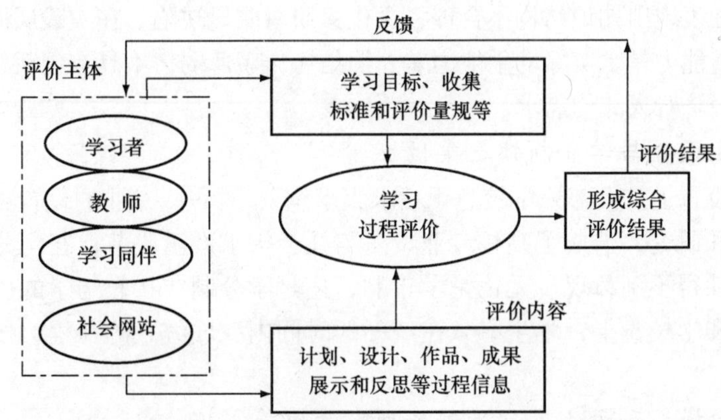

图 1.7 网络自主学习过程的动态评价、多元评价机制

随着现代信息技术在学校教学领域中的广泛应用，网络环境下学习者的自主学习已经成为教育改革的一个重要方向。而现代网络开放教育是构筑知识经济时代人们终身学习体系的主要手段，这是一个全新的学习模式，它使受教育对象扩展到全社会，并有更丰富的教学资源供学习者选用，教学形式由原来的以“教学者”为主变为以“学习者”为主。

美国心理学和教育学家 Robert J. Sternberg 指出：思维教学的核心理念是培养聪明的学习者，教学者不仅要教会学习者如何解决问题，也要教会他们发现值得解决的问题。教学者要为学习者提供足够的思维空间，设法激励和引导学习者自主学习，发现问题所在继而解决问题。以上基于“计算思维”的网络自主学习模式、动态多元评价机制的研究成果，主要依据计算思维方法、思维教学和网络环境下自主学习的特点提出的。这种网络环境下基于计算思维的自主学习模式不仅是计算思维的培养方法、应用方法，同时为“学习者”和“教学者”提供更好的学习方法和教学策略，让学习者运用高效率的学习方法不受时空和地理的限制进行自主的学习，以及合理高效地进行有效的信息筛选和学科知识的建构。

1.4 中国高校创新人才培养的现状与改革

1.4.1 高校人才培养的现状

1. 教育理念滞后

中国高校传统教育的最大弊端就是偏重于记忆和积累，而忽视和淡化学生创造能力

和动手能力的培养。长期以来，我国高校教育的首要目标是学习已有的工业文明成果，注重对知识的传授，把教学过程理解为知识的积累过程，对学生的评价立足于掌握知识的多少，注重对学生基础知识的传授和基本技能的培养，而忽略学生的科研意识和动手操作能力以及实践活动的能力训练。

2. 培养模式单一

我国高等教育长期实行高度集中的办学体制，这种单一培养模式的长期存在，一方面造成我国高校培养的人才在整体结构上“千校一面”，另一方面则是人才的“千人一面”。传统的“专业型”人才培养模式逐渐暴露出它的弊端，突出表现为学生知识面较窄，在理论知识层面表现出知识结构不合理，文化素质有明显缺陷，在实践层面突出表现为适应能力和创造能力差，实际动手能力差、团结协作观薄弱，不具有创新精神和意识，难以适应市场经济对人才的需求。

3. 专业设置与学分制缺乏柔性

在专业设置上，大部分学校急于“求大求全”，对一些专业的设置和建设缺乏科学分析、调查和研究，造成了高校专业设置与社会需求严重脱节；在学分制管理方面，学生的自主性得不到体现。无论是学年制，还是学分制，从教与学的主动权来看，主动权在教师和学校身上，学生必须在统一的时间内完成统一的课程，按统一的年限修完学业。

4. 教学模式和方法不利于创新型人才培养

在传统教育观的束缚下，教师对教学工作的“主导”作用被放大，学生主体地位却得不到应有的重视。教学方法仍以课堂讲授为主，对学生的评价主要看学业成绩。在教学效果和学生评价方面，学校停留在“一刀切”的量化评价阶段，不能有效地反映学生的学习水平和操作能力。

教师在课堂教学中实施创新性教学的突出问题：

（1）从发展的目标来看，缺乏对学生探究精神、批判精神的培养。缺乏对学生想象力、发散思维能力的培养。

（2）从教学组织形式和教学方法来看，单一化，对教学控制得很严。教学方法多以教师讲解为主，很少组织学生交流、讨论，学生自由活动的时间、空间很少。

（3）从实践训练上来看，教师很少有意识地训练学生的想象力、发散思维能力，也很少给学生讲解一些思维的方法和技巧。强调的更多的是思维和答案的集中统一。

（4）从教学观念上看，以教师为中心，权威主义盛行。很少对个别学生的异议或不同于其讲授答案的认识给予鼓励，不少教师对学生的回答几乎不做评论。

1.4.2 大学生创新意识和创新能力分析

课题研究基于对目前海南十几所高校近 1000 名在校大学生进行问卷调查和访谈的基础上，通过自评、互评、师评和社会第三方评价等多种形式，研究分析得出的结论是：（1）教师在课堂教学中实施创新性教学的问题突出；（2）在校大学生在创新意识和创新能力上普遍存在信心不足，知识结构不合理，自然科学知识缺乏，动手能力弱，创新成果少等问题；（3）目前大学生在学校内进行创新的主要困难按选择比例依次为：缺乏教师有效指导（20%）、缺乏实验条件（20%）、没有兴趣和信心（15%）、没有资金和奖励

（15%）、没有时间和机会（15%）和其他（15%）。

中国大学生在创新意识和创新能力上普遍存在以下问题。

1. 具有创新意识和创新动机，但缺乏创新的信心和勇气

很多研究表明，一个人创新能力的强弱在很大程度上取决于创新意识的强弱和创新观念的健全与否。目前大学生普遍具有创新动机，对创新有一定的认识和欲望，在学习中积极寻找新思想、新理论和新方法，但由于学校客观条件的限制和学生自身的局限性，未能把自己的想法和建议及时与教师和同学们沟通和交流，从而限制了学生创新能力的发展。遇到问题时绝大多数学生愿意尝试独自处理，缺乏团队协作精神，不能取长补短，共同把问题解决好。许多大学生自己缺乏行动的信心，没有创新毅力，经常在学习和工作过程中缺乏创新的恒心和意志。

2. 具有创新的知识素养，但缺乏创新的思维方式和洞察力

随着知识和经验的学习积累，大学生的想象力逐渐丰富起来，思维能力和逻辑推理能力有了很大程度的提高。然而他们知识的深度和宽度还不够高，应用知识解决问题的能力还比较低。当今大学生从内心上也想创新，对新鲜事物能够产生好奇心，对旧事物、旧观念也持怀疑态度和叛逆精神，然而随着时间的推移和环境、心情的变化，他们的创新又缺乏深度和广度，不能形成创新的兴趣和动力。

学生的创新思维习惯较差，特别是在倾听、质疑、求新求异、勇于探索等方面习惯的缺乏尤为突出。他们的思维方式往往比较单一，思考问题缺乏灵活性和全面性，处理问题的方式方法比较死板，没有太多的创意和新的突破。在对事物的观察深度和广度、观察的敏锐性和深刻性、观察的严谨性和灵活性等方面，大学生普遍存在着不足。

3. 知识结构不合理，缺乏创新的学习能力和实践能力

物质世界本来就是一个整体。物理学家普朗克在《世界物理图景的统一性》一书中深刻地指出："科学是内在的整体。它被分割为单独的部门不是取决于事物的本质，而是取决十人们认识的局限性。实际上存在着从物理到化学，通过生物学和人类学到社会科学的连续的链条，这个链条的任何一处都是不能被打断的。"这些都告诉人们，要注意科学的整体性，要建立广博的知识系统。

受应试教育的影响，我国大学生的应试能力具有很大的优势，但动手能力与运用创新技术的能力较弱。由于受社会的不良风气的影响，目前大学生急功近利，学习浮躁，片面追求地各类考试成绩和各类证书，如英语四、六级证书、计算机等级证书的获得，不能从根本上提高自身素质，缺乏对自己动手能力和创新技能的培养。不注重知识的整合，理工科学生只懂得自然科学知识的学习和积累，而不注意人文社科类知识的学习；同样，文科学生只关注社科类知识的学习，而对自然科学却不闻不问，造成了文理科相互脱节，这与当代各类学科相互交叉、相互融合的时代潮流格格不入，他们的创新能力严重滞后。

4. 参与的创新实践较多，但形成的创新成果却很少

高校和社会为大学生提供了很多创新实践的机会，如国家级、省部级和校级大学生创新性实验计划和社会实践，许多大学生也得到了相应基金的资助。然而由于目前大学生创新能力普遍低下，不能将课堂知识、书本知识应用到实际中去，也不能从实践中找出课堂上学不到的东西，文科艺术类学生只是做一些简单的社会调查和没有创新意义的

社会参与，理工科学生也只是对一些前人的理论或实验结果做一些形式上的分析和简单的归纳总结。创新成果的形成需要大学生有坚定的信心、顽强的意志和不折不挠的求真探索精神，这正是目前的大学生普遍缺乏的。他们对很多问题都有好奇心，都想去尝试，但往往缺乏恒心和毅力，很少深入钻研下去。尽管学校为学生设立了相关的科研和设计项目，但参加的学生较少，真正形成科学成果的更是寥寥无几。

1.4.3 “2011 计划”总体目标及重大意义

2012 年 3 月，为贯彻落实胡锦涛的重要讲话精神，积极推动协同创新，促进高等教育与科技、经济、文化的有机结合，大力提升高等学校的创新能力，支撑创新型国家和人力资源强国建设，教育部、财政部印发了《关于实施高等学校创新能力提升计划的意见》(简称“2011 计划”)。

“2011 计划”的总体目标是：充分发挥高等学校多学科、多功能的优势，积极联合国内外创新力量，有效整合创新资源，构建协同创新的新模式与新机制，形成有利于协同创新的文化氛围。建立一批“2011 协同创新中心”，集聚和培养一批拔尖创新人才，取得一批重大标志性成果，成为具有国际重大影响的学术高地、行业产业共性技术的研发基地、区域创新发展的引领阵地和文化传承创新的主力阵营。推动知识创新、技术创新、区域创新的战略融合，支撑国家创新体系建设。

“2011 计划”的核心目标是：提升人才、学科、科研三位一体的创新能力。高校要改变考核评价方式，真正注重原始创新，注重解决国家重大需求的贡献度、贡献率并依此评价科学研究。在实施计划时既要瞄准学科前沿和国家重大需求，又要考虑高校人才第一资源和科技第一生产力相结合的可持续发展的需要。提高自主创新能力，建设创新型国家,一方面需要在关系国民经济命脉和国家安全的关键领域中掌握真正的核心技术；另一方面，大学除了支撑国家科技社会的发展，还要发挥自身的特色优势，将服务社会的目标定位于引领社会发展，瞄准行业未来发展需求，支持和服务骨干企业提高自主创新能力，在行业技术创新体系和区域创新体系建设中发挥不可替代的作用。

实施“2011 计划”的重大意义可以概括为：

(1) 实施“2011 计划”是推动我国教育与科技、经济、文化紧密结合的战略行动。长期以来，我国创新力量各成体系，创新资源分散重复，创新效率不高，迫切需要突破自主创新的机制体制障碍，促进社会各类创新力量的协同创新，促进教育与科技、经济、文化事业的融合发展，提高国家整体创新能力和竞争实力。

(2) 实施“2011 计划”是加快创新型国家建设的重要支撑。当今世界，创新已成为经济社会发展的主要驱动力，创新能力成为国家竞争力的核心要素。面对日新月异的科技进步，迫切需要转变创新理念和模式，加快以学科交叉融合为基础的知识、技术集成与转化，加快创新力量和资源整合与重组，促进政产学研用紧密结合，支撑国家经济和社会发展方式的转变。

(3) 实施“2011 计划”迫切需要通过大力推进协同创新，鼓励高等学校同科研机构、行业企业开展深度合作，建立战略联盟，促进资源共享，在关键领域取得实质性成果，实现高等学校创新能力的显著与持续提升。

对于中国高等教育政策来说，“2011 计划”意味着高校要进一步促进内部资源和外部创新力量的有机融合，全面提高教育质量。该计划是对“211工程”和“985工程”的发展和延续，三者是一个整体，相互联系又各有侧重。“211工程”是范围面比较大的学科计划，“985工程”是从“211工程”高校中聚焦国际一流大学的计划，而“2011计划”是国家在向高等教育强国迈进，冲击国际一流的进程中，进行整体提升、聚焦目标的又一重大举措，必将对中国高等教育的发展和创新型国家建设产生重要推进作用。

当前，面临着教育、科技与经济社会发展结合不紧以及科研资源配置分散、封闭、低效等问题，“2011 计划”对于如何突破高校内部以及与外部体制壁垒的问题提供了一个良好的契机。作为科技第一生产力和人才第一资源的重要结合点，大学在这一过程中处于特殊地位。大学的一个重要职责在于根据国家需求和自身特点，发现问题并设计解决方案，而协同创新有其固有的特征和规律，有赖于科教资源网络中多种要素的组合，创新链条上多个环节的衔接，以及服务体系中多元主体的协同。这就要求大学自身要更新理念、抓住机遇，找准自身定位和发展方向，积极推进这一进程。

中国高校要建设成为世界一流大学，其主要任务有两个，一是为创新型国家的发展培养高水平、创新型人才；二是通过高水平的大学为国家的发展、科技的进步、人类的未来贡献高水平的原创性成果。对中国高校来说，“2011 计划”的实施是新的机遇与新的使命。准确把握“2011计划”的内涵，认清高校在当前国家和世界发展中的任务，对接国家重大需求，瞄准学科前沿，把“2011协同创新中心”这个载体建设好，在培养创新型人才、贡献高水平科技成果的同时，提升高校自身的竞争力和影响力，推进我国高等教育向世界一流迈进。

1.4.4 “2011计划”两项重点任务

“2011 计划”提出的两项重点任务分别是：构建协同创新平台与模式、建立协同创新机制与体制。

1. 构建“协同创新”平台与模式

以人才、学科、科研三位一体的创新能力提升为核心，坚持“高起点、高水准、有特色”，充分利用高等学校已有的基础，汇聚社会多方资源，大力推进高等学校与高等学校、科研院所、行业企业、地方政府以及国际社会的深度融合，探索建立适应于不同需求、形式多样的协同创新模式。

（1）面向科学技术前沿和社会发展的重大问题，依托高等学校的优势特色学科，与国内外高水平的大学、科研机构等开展实质性合作，吸引和聚集国内外的优秀创新团队与优质资源，建立符合国际惯例的知识创新模式，营造良好的学术环境和氛围，持续产出重大原始创新成果和培养拔尖创新人才，逐步成为引领和主导国际科学研究与合作的学术中心。

（2）面向行业产业经济发展的核心共性问题，依托高等学校与行业结合紧密的优势学科，与大中型骨干企业、科研院所联合开展组织创新，建立多学科融合、多团队协同、多技术集成的重大研发与应用平台，形成政产学研用融合发展的技术转移模式，为产业结构调整、行业技术进步提供持续的支撑和引领，成为国家技术创新的重要阵地。

（3）面向区域发展的重大需求，鼓励各类高等学校通过多种形式自觉服务于区域经济建设和社会发展。支持地方政府围绕区域经济发展规划，引导高等学校与企业、科研院所等通过多种形式开展产学研用协同研发，推动高等学校服务方式转变，构建多元化成果转化与辐射模式，带动区域产业结构调整和新兴产业发展，为地方政府决策提供战略咨询服务，在区域创新中发挥骨干作用。

（4）面向我国社会主义文化建设的迫切需求，整合高等学校人文社会科学的学科和人才优势，推动与科研院所、行业产业以及境外高等学校、研究机构等开展协同研究，构建多学科交叉研究平台，探索建立文化传承创新的新模式，加强文化对外表达和传播能力建设，发挥智囊团和思想库作用，为提升国家文化软实力、增强中华文化国际影响力、推动人类文明进步做出积极贡献。

2. 建立“协同创新”机制与体制

坚持政府主导与市场机制相结合，突破制约高等学校创新能力提升的内部机制障碍，打破高等学校与其他创新主体间的体制壁垒，把人才作为协同创新的核心要素，通过系统改革，充分释放人才、资本、信息、技术等方面的活力，营造有利于协同创新的环境氛围。

（1）构建科学有效的组织管理体系。

成立由多方参与的管理机构，负责重大事务协商与决策，制订科学与技术的总体发展路线，明确各方责权和人员、资源、成果、知识产权等归属，实现开放共享、持续发展。

（2）探索促进“协同创新”的人事管理制度。

建立以任务为牵引的人员聘用方式，增强对国内外优秀人才的吸引力和凝聚力，造就协同创新的领军人才与团队。推动高等学校与科研院所、企业之间的人员流动，优化人才队伍结构。

（3）健全拔尖创新人才培养模式。

以科学研究和实践创新为主导，通过学科交叉与融合、产学研紧密合作等途径，推动人才培养机制改革，以高水平科学研究支撑高质量人才培养。

（4）形成以创新质量和贡献为导向的评价机制。

改变单纯以论文、获奖为主的考核评价方式，注重原始创新和解决国家重大需求的实效，建立综合评价机制和退出机制，鼓励竞争，动态发展。

（5）建立持续创新的科研组织模式。

充分发挥协同创新的人才、学科和资源优势，在协同创新中不断发现和解决重大问题，形成可持续发展、充满活力和各具特色的科研组织模式。

（6）优化以学科交叉融合为导向的资源配置方式。

充分利用和盘活现有资源，集中优质资源重点支持，发挥优势和特色学科的汇聚作用，构建有利于协同创新的基础条件，形成长效机制。

（7）创新国际交流与合作模式。

积极吸引国际创新力量和资源，集聚世界一流专家学者参与协同创新，合作培养国际化人才，推动与国外高水平大学、科研机构等建立实质性合作，加快我国高等学校的国际化发展进程。

（8）营造有利于“协同创新”的文化环境。

构建自由开放、鼓励创新、宽容失败的学术氛围，倡导拼搏进取、敬业奉献、求真务实、团结合作的精神风尚。

1.5 典型案例分析

案例1 “在实践中学习”的教育计划（美国麻省理工学院）

美国麻省理工学院（Massachusetts Institute of Technology，MIT）是以培养高级科技人才和管理人才为宗旨的综合性研究型大学。经过一百四十多年的发展，MIT现已被誉为与哈佛、剑桥、牛津等老牌大学齐名的、综合性的世界一流大学，并获得“世界理工大学之最”的美名。阿波罗登月计划的导航系统、美国星战计划的高级雷达电子装置、第一台集成电路和磁存储器、世界上第一款电子游戏和第一个玩具机器人都是在这里设计与研制成功的。除此之外，MIT培养了像前惠普公司首席执行官卡莉·费奥丽娜、万维网之父蒂姆·伯纳斯、前联合国秘书长安南等社会精英。

1. “在实践中学习”的教育理念

麻省理工学院的校训是 “Mind and Hand”。“通过实验进行教学”是MIT首任院长罗杰斯的教育信条。罗杰斯强调积极主动的学习，让学生寻找新的信息，从而把个人的经验转化成知识。它反映了MIT的创建者在实践中创新的教育理念，不仅动脑，还要动手，在实践中学习，在实践中创新。在罗杰斯的大力支持下，MIT建立起了美国第一批物理、化学和采矿选矿实验室，至今，MIT建立了许多全美和世界一流的研究中心和实验室，如雷达研究中心和林肯实验室。另外，他们还建立了多个交叉科学实验室。这些实验室的建立不仅仅对于MIT有着积极的作用，而且对于整个美国当时的工程教育都有着很大的影响。MIT从建校时起就很重视从实践角度培养学生，这使得MIT在不断适应社会工业化的教育改革中少走了许多弯路，在很短时间内就跻身全美著名高校的行列，而其人才培养质量也在很短时间内达到世界一流水平。

2. 教育计划的实施过程

MIT开设了大量旨在提高学生实践能力的课程和活动，给学生提供足够的空间让他们在实践中学习。MIT在课程和活动设置上将参与实践置于很高的位置，学生必须参加这些实践性的课程和活动才能得到必需的学分。MIT如此注重理论课程与实践、研究环节相结合，使学生能够将理论学习与实践应用和科学研究有机联系起来。注重实践创新教育环节，给学生充分的综合实践和研究锻炼的机会。

（1）本科生研究机会计划（Undergraduate Research Opportunity Program，UROP）

1969年，美国麻省理工学院实行的UROP计划，即给本科生一个参与科学研究训练的“机会”，UROP最大的特点就是它是面向MIT全校的师生，它给本科生提供广阔的、开放的、作为教师的初级同事参与研究的工作。MIT是第一所制定UROP计划的大学，学校有70%的本科生在大学四年期间参加过这个活动。UROP现在仍是全美大学中最大和最广泛的计划。UROP向所有MIT和威尔斯利学院的学生提供了参与研究的机会，培养并且支持MIT大学生和教职员之间的研究合作。

UROP项目可在学年或暑假的任何时间进行，同时也可在任何系或跨学科的实验室进行。学生可参加研究活动的每一个阶段，提出或发展研究计划、建议、进行研究、分析数据、写作研究结果的书面报告。MIT 的本科生利用他们的 UROP 经历可以熟悉很多教师，学习潜在的专业知识，了解自己兴趣所在的领域。这些学生能够从科研训练中获得他们毕业后工作所需要的实际技能和知识。值得一提的是，UROP 为参与者提供了很好的实践环境、优秀的教授、默契的团队、先进的实验设备等。学生们在这里可以充分地投入到实践之中，学到很多在课堂上学不到的东西。

（2）独立活动期（Independent Activities Period，IAP）

在接近四十年的时间里，IAP 为 MIT 包括学生、教师、职员等所有成员提供一个独特的机会，主办和参加各种各样的活动，包括如何应对会议、论坛、专题讲稿丛集、影片游览、吟诵和比赛。IAP 为学生提供了一个完全独立的时间段，学生们可以在这四个星期内自由安排学习日程，从事一些自己感兴趣而在平日里却没时间顾及的研究项目，不仅可以独立研究课题，更重要的是，作为本科生也可以有机会在 MIT 的 40 多个跨学科实验室与研究中心与老师一起做研究，老师在独立活动期项目中成为真正的指导者与协作者，鼓励并重视本科生在教学中主动地参与过程，建立起以本科生自主研究实践的教学体系，让学生可以参与到各种科研活动中去。

（3）工程实习项目（Engineering Internship Program，EIP）

MIT 强调利用实验室、工厂和计算机资源进行教学，让本科生从事研究活动。受到信条“通过实验进行教学”的影响，MIT 的 EIP 整合了传统的校园学术教育和校外的实际实习经验，EIP 有益于学生参与到公司。EIP 是 MIT 推出的一项旨在促进工程学院的本科生与研究生进行双向互动研究的实践性计划。实施的主要方式是，让学生参与到校外公司或实验室的研究工作，将学校的学术项目与学生的实际工作相结合。在 EIP 中，学生通过参与职业活动获得实践经验，使他们可以更好地学习校内课程、更好地理解职业内涵，为将来的工作做准备。

（4）媒体艺术与科学新生计划（MAS）和实验性学习小组（ESG）实践活动

MIT 还开设了媒体艺术与科学新生计划（Media Arts and Sciences，MAS）和实验性学习小组（Experimental Study Group，ESG）等实践活动。其中媒体实验室是旨在增强沟通与表达的研究中心，其领域根源于通信、计算机和认知科学，并强调设计和艺术表达。而在交叉学科的环境中，ESG 对 50 名一年级学生提供核心课程，同时进行更为人性化和交互式的教学方式。学生们不用参加大的课程和讨论课程，他们从吸引自己的不同学习方法中进行选择。他们还有机会参加教育性实验，包括亲自动手开发、试验性讨论班、在实验室工作和在职员指导下完成项目。学生可以自主安排时间，也可以灵活地选择学习材料以满足自身需要。

3. MIT 办学特色及启示

“在实践中学习”作为 MIT 最大的办学特色，自其创立学校以来就一直受到重视，并结合时代的发展需要不断更新演变，发展成今天如此丰富多样的形式。MIT 致力于给学生打下牢固的科学、技术和人文知识基础，培养创造性地发现问题和解决问题的能力。MIT 在本科生和研究生教育的各种层次的工程教育中，包括课程教学和课外教学在内的全方位教学过程中，都非常注重对学生的创新能力的培养，这已经成为 MIT 的一种传统、一种精神。此外，高度重视人文教育也是 MIT 办学特色的重要体现。MIT 自建校之初就确立了发展人文教育的办学宗旨。经历近一个半世纪的建设，MIT 的人文教育与其工程技术教育一同居于世界前列，成为推动 MIT 发展的强大动力。

据我们调查研究发现，目前国内部分高校把创新人才培养定义为创业人才培养，还有些高校把学生创业作为“创新”教育的最典型成果加以展示，用大学生毕业即创业的案例，来展示创新人才培养的成果，忽视了创新能力与素质并非仅仅体现在创业上，而是更广泛地体现在各个岗位的创造性工作中。而对于大学生竞赛，有的高校更认为参与竞赛获得的成绩，就是展示其本科教育创新的重要指标。因此，这些学校在竞赛开始前一两年时间，就在学生中选拔出一些人才进行针对竞赛强化性训练，以便能获得竞赛好名次。另外，有的高校还把学生参与竞赛活动获奖情况，与教师评优、职称晋升等紧密挂钩，这些做法势必促使教师在教学活动中，将创新教育内容“竞赛化”或“创业化”，而这些都完全背离了创新教育的本质和精神。

针对我国高校目前的实践学习开展问题，MIT 的经验很有借鉴意义。我国高校应结合自身情况，合理借鉴和引进先进的思路，大力发展实践教学，给学生提供在实践中学习的机会，以促进他们的发展。目前国内部分重点高校又十分重视通过开设有关创新类课程、课程设计或毕业设计、课外科技实践、创新设计与制作竞赛等活动，营造创新氛围，使学生在创新的环境中发挥自己的聪明才智。

案例 2 “合作教育计划”（Co-Op Education）项目（加拿大滑铁卢大学）

滑铁卢大学（University of Waterloo）是一所综合性公立大学，位于加拿大安大略省滑铁卢。学校于 1957 年由格里·哈格博士和艾拉·湾·尼德尔斯共同创立。学校有很高的声誉，特别是作为北美地区第一个经认可建立数学系的大学，以及拥有世界上最大的合作办学项目。

滑铁卢大学以数学、电脑、工程科学等学科闻名，学校的代表队曾多次获得 ACM 国际大学生程序设计竞赛的冠军。滑铁卢大学最有特色的教育计划首推“合作教育计划”。合作教育（Co-Op Education）是指大学和社会上的一些单位进行合作对人才进行培养教育的一种方法。合作教育计划规定，学生每隔一定时间（通常为一个学期）交替在工作场地和校园里进行全日制的工作（是与学习内容相关的工作）和学习。这一想法最早是由美国辛辛那提大学工程学院赫曼·施纳德教授于 1906 年提出来的。

在 1997 年加拿大《Maclean's》杂志的加拿大大学排行榜中，滑铁卢大学荣获声誉排行及综合排名冠军，在本科综合教育性类别排名榜中排行第三位。2000 年、2001 年、2002 年和 2005 年 ACM（美国电脑协会）将该校列举为北美地区最优大学之一。滑铁卢大学是一所居加拿大大学最具领导地位、最具有创新力的学校，比起其他大学的学生来讲，本校的学生有相当杰出的表现。Maclean's 形容这所大学为“最强是数学、工程学和计算机科学方面”，并且描述大学为“国际上被认定为空前未有的成功”。滑铁卢大学的数学系是世界上最大的数学和电脑科学教育及研究中心之一。其高标准的教育和研究赢得了世界级的声誉。电脑、数学、会计、工程驰名世界，数学多与商科结合，应用性强。

1. 创新精神

滑铁卢大学以其创新精神和优秀的学术背景闻名世界，尤其在科学和技术领域，其中以计算机科学（Computer Science）最为著名，是加拿大第一个提供计算机学位给学生的大学。同时，学校拥有世界最大的数学系，文学专业是学校最大的专业，大部分学生拥有参加社会实践的机会。

2. 合作教育（Co-Op Education）

滑铁卢大学最为人称道的成就是她创立的Co-Op课程，让电脑系学生在学习的同时有机会在IBM、Nortel、Bell等著名公司获得工作经验，已经为美加大学竞相效仿。近十多年来滑铁卢大学的电脑本科毕业生极为抢手，各大公司排着队聘请。多年来在微软公司工作的滑铁卢大学毕业生比其他任何北美大学都多。微软公司优先录取毕业生的八所美国大学和五所加拿大大学中，滑铁卢大学名列榜首。该校也是“黑莓手机”技术研发地之一。

3. 研究教学

滑铁卢大学为其能将学术成就与社会效益相结合而自豪，它不仅通过优异的教学与科研不断实现着对知识的追求，而且通过对外教学、科技转化和进阶培训等方式服务于社会。合作教育（Co-Op Education）是滑铁卢大学办学的一大特色和强项。雇主和学校共同合作，定向培养。这里是全北美最大的合作教育基地，能提供全年或八个月的合作教育服务。

案例3 “大学生研究训练计划”（SRT计划）（清华大学）

清华大学的大学生研究训练计划(Students Research Training,以下简称“SRT计划”)，是针对在校本科生开展的科学研究训练项目，是在本科教育阶段实施实践教学改革的一项措施。为了更好地提高学生的综合素质，全面推进素质教育，1996年清华大学开始实施“SRT计划”，旨在发挥学校综合科研优势，加强学生创新意识及实践能力的培养，使本科生及早接受科研训练，了解科学研究过程和方法。清华大学SRT计划项目每年第二课堂科技活动项目有1000余项，参加的学生有1/3以上。实践教育在提高学生的综合素质和创新能力方面起着重要作用，SRT计划是培养拔尖创新人才的有效模式。目前已经有众多的国内高校开展了SRT计划。

1. “SRT计划”项目目标

实施“SRT计划”项目的目标如下。

（1）优化本科培养模式。

开展SRT计划是为了进行大学生实践教学改革，培养学生创新意识和创新能力，进一步优化面向社会需要，培养复合型、适应型人才的本科教育培养模式。

（2）增进师生之间的科研交流合作。

通过SRT计划促使教师的教学与科研有机融合，形成师生之间的指导、合作关系。

（3）促进产学研合作。

SRT计划要向社会团体、企业开放，体现产、学、研合作。逐步实现计划的项目来源、经费资助多样化。

2. “SRT 计划”项目的形式

SRT 计划项目的形式是在教师指导下，以学生为主体开展课外科学研究活动。参加对象主要为本科生。SRT 计划实行导师和同学双向选择，学生可以根据自己的情况选择项目。与课堂教学相比，该项目中涉及的知识领域更加广泛。在这个过程中能充分发挥学生的独立工作能力和能动性，培养学生独立思考和敢于怀疑的批判精神。学生能做到“以我为主”，进行调查研究、查阅文献、分析论证、制定方案、设计或实验、分析总结等方面的独立能力训练，导师则发挥其主导作用。完成 SRT 计划的学生可以获得相应的学分和成绩，其中达到一定水平的还可以取代其相关的课程设计乃至毕业设计（综合论文训练）。

SRT 计划的开展已经取得了很好的成效。以清华大学为例，从 1996 年到 2002 年，已设立“SRT 计划”项目近 1800 项，参加学生人数 4000 多人。2002 年，SRT 计划的项目立项数 632 项，参加学生人数达到 1200 多人，项目数和参加人数均已增至 1996 年的 6 倍多。2000 年以来参加 SRT 计划的同学中目前有 1000 多人已经获得课程学分，并涌现了一批优秀指导教师和优秀学生项目，如完成软硬件研制并实际应用获得好评、参加学术会议、发表核心刊物和 SCI 等文章、获得专利、参加“挑战杯”科展及系列赛事活动等。在清华大学的本科生中 SRT 计划的参加比例已经达到了 30%左右。

案例 4 “三三制”本科创新人才培养体系建设（南京大学）

1. 改革背景

当前中国高校中普遍存在人才培养模式过度专业化、教学方法陈旧单一、教学管理模式凝滞僵化、学生创造性和个性缺失等普遍问题，这已成为制约我国拔尖创新人才产生的重大桎梏。针对这些问题，南京大学启动了新一轮教学改革，创新人才培养模式，构建了“三三制”本科创新人才培养体系。

2. 实施过程

2006 年，南京大学开展第四次教育教学思想大讨论。大讨论凝练出“四个融通”的本科教学新理念，其中“通识教育与个性化培养融通”为“三三制”改革定下了总基调：既强调对学生本科基础阶段全面的科学与人文素质教育，促进学生形成高尚的道德素养、宽厚的知识面、敏锐的思维与判断力；又注重对学生个性化的选择和培养，为学生自主构建知识体系和模块搭建平台。在陈骏校长带领下，经过反复研讨，最终形成了“三三制”本科教学改革方案。

2009 年，南京大学正式推行“三三制”，在全校新生中全面实施本科人才培养新方案。“三三制”人才培养方案将本科教育过程划分为“大类培养”“专业培养”“多元培养”三个阶段和“专业学术”“交叉复合”“就业创业”三条培养路径，给予学生多元化培养。“大类培养阶段”强调促进学生科学基础、人文素养和实践能力的全面发展；“专业培养阶段”强调夯实学生的专业能力和专业素质；“多元培养阶段”则根据学生不同的发展需求规划了“专业学术”“交叉复合”“就业创业”三条成才路径，允许学生自主选择路径发展。

3. 成果的创新亮点

（1）设计并全面实施“三三制”方案，建立了个性化、多元化人才培养的有效路径。“三三制”充分赋予本科生专业选择权、课程选择权以及路径选择权，由学生自主构建知识体系和课程模块，将传统“从一而终”的刚性培养模式变革为可定制的自主学习模式，切实保障了人人成才。

（2）构建并实施了由新生研讨课、通识教育课和学科前沿课构成的“三层次批判性思维训练体系”，并培育了大量配套优质教学资源。新生研讨课、通识教育课和学科前沿课有效激发了本科生的质疑精神和创新潜质，促进了教学与科研融合，带动了教师不断审视创新教学方法。

（3）改革支持体系，使全校将办学事业高度聚焦到人才培养。学校对创新人才培养经费实施“上不封顶”的政策，在“985 三期”中设立“本科创新人才培养”项目，包括培养模式创新计划、高水平课程建设计划、教师教学发展计划、改进育人环境计划和教学资源建设计划 5 大类计划 453 项。

4. 实施效果

（1）有力地促进了学生批判性思维能力培养，使人才培养的群体性特征日趋显著。“三三制”改革对学生素质产生了明显的促进作用。2011 年年底，针对改革后本科生学习经历的普查显示，在“分析和批判性思维能力”维度上，受访学生优秀率从入学时的 10.3%升至 25.5%。

（2）有力地促进了教师转变教学理念，提升研究性教学水平，增强了教师投身本科教学的主动性。“三三制”改革有效推动了全校广大教师积极投身本科教学一线，形成了 40 余个以院士、名师、名教授为骨干的高水平教学团队。

（3）有力地促进了管理体制机制创新，使学校办学水平得以整体提升。近 6 年来，南京大学共获国家教学成果奖 10 项（其中一等奖 2 项）、省教学成果奖 26 项（其中特等奖 10 项）。此外，南京大学新增国家级教学名师 5 名、国家级教学团队 12 个、国家级精品课程 35 门、国家级双语示范课程 6 门。

本章参考文献

[1] 陶国富，王祥兴．大学生创新心理[M]．上海：立信会计出版社，2006.

[2] 胡弼成．高等教育质量观的演进[J]．教育研究，2006（11）：24-28.

[3] 冯刚纯. 理工科大学生创新意识和创新能力的调查与思考[J]. 学术交流与动态，2005（8）.

[4] 岳晓东．大学生创新能力[J]．高等教育研究，2004（25）.

[5] 顾秉林，王大中，汪劲松等．创新性实践教育——基于高水平学科建设的创新人才培养之路[J]．清华大学教育研究，2010（1）：1-4.

[6] 张鹏．高校大学生创新能力培养现状及对策研究[J]．大学教育科学，2005（3）：50-53.

[7] 安江英，田慧云．我国高校创新型人才培养模式的探索和实践[J]．中国电力教育，2006（1）：29-32.

[8] 韩建华．我国普通高校创新型人才培养中存在的问题和对策[J]．江西师范大学学报：哲学社会科学版，2007，（5），126-129.

[9] 黄春林．基于创新人才培养的高校教学管理体制创新研究[D]．湖南大学，2005.12.

[10] 林建．面向卓越工程师培养的研究性学习[J]．高等教育研究学报，2011（3）.

[11] 王楠．基于 Living Lab 的大学教育创新生态体系构建[J]．北京邮电大学学报（社会科学版），2012（3）.

[12] 李书婷．麻省理工学院的办学特色及对我国的启示[J]．比较教育研究，2009（133）：171-172.

[13] 秦祖泽，黄俊伟．大学生创新能力培养的阻抗因素及对策[J]．湘潭大学学报，2003（2）：140-143.

[14] 岳晓东．大学生创新能力培养之我见[J]．高等教育研究，2004（1）：85-86.

[15] 辛雅丽．大学生创新能力影响因素的调查研究[J]．心理科学，2003（5）：926-927.

[16] 潘建广，何彗星．试论新形势下大学生创新能力的培养[J]．陕西师范大学学报，2005(1)：225-227.

[17] 蔡卡宁．拓展大学生创新能力的培养途径[J]．中国成人教育，2005（4）：56-57.

[18] 张安富，刘兴凤．实施“卓越工程师教育培养计划”的思考[J]．高等工程教育研究，2010（4）：56-59.

[19] 王辉．浅谈高校大学生创新能力的培养[J]．东北农业大学学报（社会科学版），2006(1)：51-53.

[20] 张建林．大学本科研究性学习的内涵与特征[J]．湖南师范大学教育科学学报，2005（4）.

[21] 罗建国，赵亮．高等学校创新型人才培养与制度创新[J]．大学教育科学，2004（2）.

[22] 赫冀成．教学科研融合 构建创新型人才培养体系[J]．中国高等教育，2005（20）.

[23] 刘蔚如，顾淑霞．清华大学实验室科研探究课培养学生大思维，中国教育报：[EB/OL]．http://news.tsinghua.edu.cn，2009.

[24] 周以真．计算思维[J]．中国计算机学会通讯，2007，3（11）．J.M.Wing．Computational Thinking[J].Communication of the ACM，2006，49（3）：33-35.

[25] 牟琴，谭良．计算思维的研究及其进展[J]．计算机科学，2011，38（3）：10-15.

[26] CS2001 Interim Review[EB / OL]. http://wiki. acm. org / cs2001/index.php?title=mainpage，2008.

[27] Philips P. Computational Thinking:Aprob-solving tool for every Classroom [EB/OL] http://www.csta.org/Resource /sub/ResoureFiles/Computational Thinking.pdf，2008.

[28] CyberC – Enabled Discovery and Innovation(CDI)[EB / OL]. http://www.nsf.gov/crssprgm/cdi/.

[29] 董荣胜，古天龙．计算思维与计算机方法论[J]．计算机科学，2009，36（1）：1-4，42.

[30] 奚志茜．网络环境下学习者自主学习方式研究[J]．中国成人教育，2005（10）：77-78.

[31] 何明昕．关注点分离在计算思维和软件工程中的方法论意义[J]．计算机科学，2009，36（4）：60-63.

[32] 斯滕伯格．思维教学—培养聪明的学习者[M]．北京：中国轻工业出版社，2008.

第2章 CDIO国际工程教育模式

美国加州理工学院、航空工程的先驱者冯·卡门教授说“科学家研究已有的世界，工程师创造未来的世界”。随着工业产业的迅速发展和科学技术的日新月异，工程教育越来越受到世界各国的重视，工程技术人才的培养已成为国家工程技术的水平、发展速度和工业竞争力的直接决定因素。CDIO工程教育模式是近年来国际工程教育改革的新成果，旨在培养全面发展的创新型工程技术人才。它倡导“做中学”的教育理念，其先进可行性已被国内外工程教育改革实践所证明。该模式特别适合我国高校工程教育教学过程中各个环节的改革，有利于解决当前工程教育实践中存在的重理论轻实践、强调个人学术能力而忽视团队协作精神、重视知识学习而轻视开拓创新培养等诸多问题。

2.1 产生国际背景

CDIO 工程教育模式是近年来国际工程教育改革的最新成果，它是符合国际工程教育共识的一整套工程教育改革体系。从2000年起，麻省理工学院和瑞典皇家工学院等四所大学组成的跨国研究获得Knut and Alice Wallenberg基金会近2000万美元巨额资助，经过四年的探索研究，提出并持续发展和倡导了全新的 CDIO（Conceiving-Designing-Implementing-Operation，即构思—设计—实现—运行）工程教育理念和以能力培养为目标的CDIO大纲，并于2004年成立了以 CDIO命名的国际合作组织。CDIO的理念不仅继承和发展了欧美20多年来工程教育改革的理念，更重要的是系统地提出了具有可操作性的能力培养、全面实施以及检验测评的12条标准。

截至2008年年底，CDIO国际合作组织已有包括麻省理工学院在内的36个成员。迄今已有包括美国麻省理工学院、瑞典皇家理工学院、英国利物浦大学、澳大利亚悉尼大学等在内的多所世界各地的著名大学加入了CDIO组织，其机械系和航空航天系全面采用了CDIO工程教育理念和教学大纲，取得了良好效果，按CDIO模式培养的学生深受社会与企业欢迎。CDIO工程教育模式自2000年由美国麻省理工学院和其他世界著名工科大学发起研究和实施以来，取得了显著的成果，为教育界、产业界所瞩目。2011年1月4日，美国工程院宣布授予CDIO模式的创始人和CDIO国际组织领导人、MIT教授Ed. Crawley院士以工程教育创新奖，奖金50万美元，表彰他发起和领导的CDIO工程教育模式研究推广运动在全世界产生的影响和取得的成就。这一奖项充分说明了这一运动的重要性和各国的重视程度。

近 20 年来，世界发达国家的工程教育面对社会发展全方位、多层次的挑战，都在不断地从观念、目标、教育内容到教育方法进行整体的改革和创新。以美国为例，美国一直不断地进行工程教育改革，抢占工程科技战略制高点，确保美国在全球范围内继续保持工程科技的领先优势。从1986年开始，美国国家科学基金会（NSF）逐年加大对工程教育和研究的资助。2005年8月由美国科学院、工程院和医学科学院共同组成的美国科学、工程和公共政策委员会发表了标志性的报告《迎接风暴》，此报告提出的四项任务中的一项为“保证美国在世界创新中处于领先的地位”。此报告导致了布什总统于 2006 年 2 月签署了《美国竞争力计划》（或称 ACI）报告。作为对 ACI 计划的回应，美国自然科学基金委员会发表了《2006—2011 战略计划》，该战略计划指出，科学的发现和发展极大地加速了科学和工程在所有领域的急速扩展，开拓了全新的探索领域，同时带来了巨大的冲击。应对这一挑战的两大方面是支持转换研究（Transformational Research）和促进科学、卓越的工程教育，从而激励创新、刺激经济、改善生活质量。

2.2 CDIO 含义及工程教育理念

2.2.1 CDIO 的含义

CDIO 代表构思（Conceive）、设计（Design）、实现（Implement）和运作（Operate），它是现代工业产品从构思研发到运行乃至终结废弃的全生命过程，它以产品研发到产品运行的全过程（生命周期）为载体，培养学生的工程能力，包括个人的工程科学和技术知识，学生的终身学习能力、团队交流能力和大系统调控等方面的能力。CDIO 改革是基于 CDIO 理念而建立的国际工程教育改革合作计划，包括 CDIO 理念和与之相适应的学习目标（教学大纲）、实现与评估标准以及一系列的规划、设计、实施，评估理论和实践资源。CDIO 改革的愿景是为学生提供一种在实际系统和产品的构思—设计—实施—运行的背景环境下强调工程基础的工程教育，使学生能够：掌握深厚的技术基础知识，领导新产品和新系统的开发与运行，理解工程技术的研究与发展对社会的重要性和战略影响。

2.2.2 CDIO 模式的特点

CDIO 模式以产品、生产流程和系统从研发到运行的生命周期为载体，通过系统的产品设计培养学生专业技术知识、个人能力、职业能力、团队工作和交流能力，培养在企业和社会环境下对产品系统进行构思、设计、实施、运行的能力等综合素质。CDIO 工程教育模式注重培养学生掌握扎实的工程基础理论和专业知识，并在此基础上将教育过程放到工程领域的具体情境中，培养学生的综合素质能力。

CDIO 工程教育模式有以下四个特点：

1. 大工程理念。CDIO 模式下的工程不局限于技术，更重视工程与社会发展、市场规律、管理模式、历史文化、价值观念、心理、审美等的紧密结合。CDIO 的培养目标不仅强调所培养工程师的从事产品系统开发的能力，同时强调工程师的社会责任。

2. 注重综合素质的培养。CDIO 不仅注重专业知识和实践能力，还注重合作沟通等社会能力，强调对综合素质的培养。

3. 与产业密切联系。CDIO—构思、设计、实现、运行，即企业的产品开发流程，反映出 CDIO 以产业需求为导向，以培养适应产业发展的合格的工程人才为目标的密切联系产业的特点。CDIO 模式密切联系产业，注重综合能力的培养，从一个宽广的视野解读工程，使工程与社会发展、市场规律、管理模式、历史文化、价值观念、心理、审美等紧密结合。

4. CDIO 模式既是一种工程教育实施方案，也是一种工程教育理念。在实践中可以参照 CDIO 模式，但又要切合我国特点和每个学校、每个专业的不同特点，在理论和实践两个方面加强探索，构建富有成效的工程教育新模式。

2.2.3 CDIO 工程教育的理念

CDIO 工程教育的理念是：充分利用大学学科齐全、学习资源丰富的条件，以尽可能接近工程实际，涉及技术、经济、企业和社会的团队综合设计大项目为主要载体，结合专业核心课程的教学，使学生在 CDIO 的全过程中不断地在理论知识、个人素质和发展能力、协作能力和对大系统（集社会、历史、科技为一体）的适应与调控能力四个方面得到全面的训练和提高。构思、设计、实施和运行包含了对概念和实践的理解和创新，对科技和非科技的各种制约条件的理解与妥协，对实践能力的培养和对产品的改善提高以及对社会、历史、环境的反思和对服务的创新。

基于 CDIO 教育理念的教学改革主要包括：确定教学目标，建立教学计划、教学方法和学生评估体系相协调的教育构架并辅以现代学习和实践的环境。

1. 教学目标

培养目标确定后的教学目标要根据工程人才职场工作所需要的能力、素质、知识和技能来确定。基本上是由产业界和教育界根据职场要求来共同确定，再由企业专家、教师和学生来认定。这个教学目标大纲的制定要成为设计课程体系的依据，要成为今后评价教学效果（包括学生学习和专业评估）的标准。

2. 教学计划

增加丰富的实践项目并辅以工业实习，利用课堂和现代学习场所或者实验室使计划具有活泼的、实践的、团队的特色。及时与外界沟通，通过广泛评估与评价不断改进计划。

在此需要说明的是：制定课程体系和教学大纲要落实能力大纲中每一条要求，这就是所谓的“能力本位的教学体系”（Competence-baced Curricula）或“目标导向的教学体系”（Outcome-based Curricula）的建立。与传统的学科导向的课程体系和基础课堂讲授的教学方法不同，其先进的教学方法是“做中学”或称基于项目的研究型学习、基于问题的研究型学习，其本质是将产业中的工程项目（包括产品流程、系统和服务）生命全周期引入到教学中作为教学的环境使学生边实践边学习。将理论和工程实践集成在一个过程中以形成各种能力（获取知识、应用知识、共享知识、传播知识、发现知识的能力）提高学习的效率。教学中引入的工程项目都是要以具体的工程项目作载体，通过基于项目的学习，使学生“学会学习、学会做事、学会合作、学会做人”。在这方面中国的工程教育相对于世界先进国家差距较大。

3. 教学方法

学习的主动性能极大地提高学习效率，应增加主动学习和动手实践机会；强调分析问题和解决问题的能力；增强概念方面的学习；加强学习反馈机制。

4. 实践场所

将构思、设计、实现和运行经验融于 CDIO 学习环境中，设立支撑 C、D、I、O 活动的实践场所。

5. 学习评估

不同的能力用不同的方式进行考核，专业知识可用试卷或口头测验，而 CDIO 相关的能力则可采用记录、报告、自评、互评等形式进行考核，考核方式的多样化促使学习方式广泛化，并能建立更完整可靠的评价系统。

在此需要说明的是：评估是教育成败的关键环节。评估的机制要保证评估的客观性和准确性，为此必须建立评估的客观机制，也就是要在教育系统外部评估教育系统的状态和表现，而不应是封闭在教育系统内部。专家队伍要包括产业界（用人单位）、政府、教师和学生的代表。评估要重证据，评估的证据，结论和改进措施要向教育利益相关者报告，他们包括产业、政府、教师、学生、家长。最后，评估的指标体系要符合教育培养目标，要能反映教育的效果和效率。

2.3 CDIO 培养大纲及标准

为满足经济全球化形势下的产业发展对工程人才的需求，针对工程教育改革，联合国教科文组织产学合作教席主持人提出了三项战略：“做中学”、产学合作和国际化。“做中学”是教学的方法论，产学合作是办学机制，而国际化是面向经济全球化的工程教育战略目标，这三者是相关联的。CDIO 是“做中学”的一种模式。在 CDIO 的十二项项标准中，有七项是关键和基本的，它们体现了 CDIO 方法论区别于其他教育改革计划的特点；另外五项为补充标准，它们极大地加强了 CDIO 方法论并反映了工程教育中的有效实践。

2.3.1 CDIO 的培养大纲

1 个愿景：培养有专业技能、有社会意识和有企业家敏锐性的工程师。

1 个大纲：对学生四个层面的能力要求：

（1）复杂的工程系统（专业能力与素质）。

（2）有成熟思维的个体（技术能力与推理）。

（3）基于工程环境的现代团队（团队合作与沟通能力）。

（4）构思—设计—实现—运作（产品，过程及系统构建能力）。

CDIO 以产品研发到产品运行的生命周期为载体，让学生以主动的、实践的课程之间有机联系的方式学习工程。CDIO 培养大纲将工程毕业生的能力分为工程基础知识、个人能力、人际团队能力和工程系统能力四个层面，大纲要求以综合的培养方式使学生在这四个层面达到预定目标。

2.3.2 CDIO 的十二条评估标准

2005 年，瑞典国家高教署（Swedish National Agency for Higher Education）采用这 12 条标准对本国 100 个工程学位计划进行评估，结果表明，新标准比原标准适应面更宽，更利于提高质量，尤为重要的是新标准为工程教育的系统化发展提供了基础。

标准 1 以 CDIO 为基本环境

技术知识和能力的教学实践在多大程度上以产品、过程或系统的生产周期作为工程教育的框架或环境？这一标准明确指出，采用产品和系统生命周期的开发及使用（CDIO）

这一工程教育方法论是强调它作为知识和能力培养的载体及环境，即知识和能力之间的关联，而不是具体内容。

需要强调的是，标准1作为CDIO方法论的哲理提出的，是非常重要的。对于关联原则理解是否正确关系到实施 CDIO 的成败。这个原则强调工程项目实践全生命周期的教育，是着眼于能力、知识的教学做过程的关联（Context），而不是专注在具体工程项目的知识内容（Content）。这可从来两方面来理解：CDIO工程教育模式是要学生结合某些具体工程项目来学习实践以得到通用的能力，进而能够处理解决一般的工程项目全生命周期产生的许多问题；也就是说，“做中学”当然是要通过具体的工程项目来实施进行，但得到的结果是从具体工程对象实践中抽象出来的能力和方法。从另一方面来说，如果有若干工程实践项目，内容各不相同，在其中选哪个项目开展 CDIO 模式的教学都是一样的，因为无论做哪个项目，最终的结果都是要得到一般的方法和能力的提高，而不是着眼于掌握该项目所涉及的具体知识。这就是“做中学”通才教育的本质。因此，CDIO的第一个标准阐明了在工程学科教育中结合工程项目生命周期，“做中学”要强调“关联”而不是“内容”。

标准2 学习目标

从具体学习成果看，基本个人能力、人际能力和对产品、过程和系统的构建能力在多大程度上满足专业目标并经过专业利益相关者的检验？专业利益相关者是怎样参与学生必需达到的各种能力和水平标准的制定的？

标准3 一体化教学计划

个人能力、人际能力和对产品、过程和系统的构建能力是如何反映在培养计划中的？培养计划的设计在什么程度上做到了各学科之间相互支撑，并明确地将基本个人能力、人际能力和对产品、过程和系统构建能力的培养融于其中？

需要强调的是，这一标准阐明CDIO方法论必须将教学大纲的设计与培养目标和产业对学生素质能力要求逐项具体挂钩。这种素质能力要求不仅包括技术专业知识的学习（类型1），而且包括学生自身能力（类型2，如认知与学习热情、工程推理和问题求解能力、试验和发现新知识能力、系统性批判性及创新性思维能力、职业道德等），团队合作能力（类型3，如团队工作能力、交流沟通互动能力、领导力等），产品和系统建造能力（类型 4，如结合社会、企业和业务的需求来构思、设计、建造和运行系统）。这种对素质和能力培养的需求要经过专业化的工程师组织、已毕业的校友和产业界用人单位的审核与认可，并在具体要达到的水平、成绩标准方面得到他们的指点和帮助。这种培养目标的建立使学生可获得未来工作所需要的必要基础，因此要由专业工程师组织、产业界、工程教育认证机构和其他评价机构对工科毕业生关键素质和所需掌握知识及能力的确认。这一标准也要求工程教育和产业的紧密合作，否则制定的需求脱离产业界的需要，成为大学主观制定的需求，则教学大纲的设计无法保障学生可学到应有的知识技能和能力，毕业后无法满足产业的需要。

标准4 工程导论

工程导论在多大程度上激发了学生在相应核心工程领域的应用方面的兴趣和动力？

标准5 设计-实现经验

培养计划是否包含至少两个设计——实现经验（其中一个为基本水平，一个为高级水平）？在课内外活动中学生有多少机会参与产品、过程和系统的构思、设计、实施和运行？

标准 6 工程实践场所

实践场所和其他学习环境怎样支持学生动手和直接经验的学习？学生有多大机会在现代工程软件和实验室内发展其从事产品、过程和系统建构的知识、能力和态度？实践场所是否以学生为中心，方便、易进入并易于交流？

标准 7 综合性学习经验

综合性的学习经验能否帮助学生取得学科知识以及基本个人能力、人际能力和产品、过程和系统构建能力？综合性学习经验如何将学科学习和工程职业训练融合在一起？

标准 8 主动学习

主动学习和经验学习方法怎样在 CDIO 环境下促进专业目标的达成？教和学的方法中在多大程度上基于学生自己的思考和解决问题的活动？

标准 9 教师能力的提升

用于提升教师基本个人能力和人际能力以及产品、过程和系统构建能力的举措能得到怎样的支持和鼓励？

标准 10 教师教学能力的提高

有哪些措施用来提高教师在一体化学习经验、运用主动和经验学习方法以及学生考核等方面的能力？

标准 11 学生考核

学生的基本个人能力和人际能力，产品、过程和系统构建能力以及学科知识如何融入专业考核之中？这些考核如何度量和记录？学生在何种程度上达到专业目标？

标准 12 专业评估

有无针对 CDIO12 条标准的系统化评估过程？评估结果在多大程度上反馈给学生、教师以及其他利益相关者，以促进持续改进？专业教育有哪些效果和影响？

2.4 CDIO 办学机制：产学研合作

2.4.1 “产学研合作”的目标定位

高等教育产学研合作的目标定位是由经济社会发展的需要、学校自身条件和发展定位来确定的。我国《高等教育法》明确规定 “高等教育的任务是培养具有创新精神和实践能力的高级专门人才，发展科学技术文化，促进社会主义现代化建设”。这就十分清楚地说明，高校实行产学研合作的共同目标就是实现培养高级专门人才、发展科学技术和服务社会三大任务。

从我国产学研合作形成背景与实施状况来看，由国家经贸委、国家教委和中科院于 1992 年共同组织实施的“产学研联合开发工程”，其初衷就是期望通过国有大中型企业与高等院校、科研院所之间建立密切稳定的交流合作机制，改变当时高等院校、科研院所大量科研成果躺在实验室睡大觉的状况，促进科研资源的合理流动和配置，促进科技成果转化为社会生产力。

综上所述，高等教育产学研合作的主要目标是：培养适应企业与社会需求的高技能人才，高校在与企业形成的合作体中居于主体地位。结合我国当前高等教育结构与分布的实际情况，高校应按照“产为依托，学为中心，研为纽带”的产学研原则，积极实践与探索高职教育产学研合作办学之路。

案例：新加坡南洋理工学院“教学企业”的模式。“教学企业”是南洋理工学院的注册商标，是由学院院长林靖东先生提出的一个先进的办学理念和模式，它 是 在 校 园 内 将实际的企业环境引入教学中的一个培训平台，教导学生实用的有关课目，使学生在真实的企业环境中汲取经验，学习终身可用的技能以加强学生的市场竞争力，为学生学习到真正的商业经营方法和企业家精神打好基础。它是以学院为本位，在现有的教学系统（包括理论课、辅导课、实验课和项目安排）的基础上设立的，全方位营造企业实践环境。它不是英式的“三明治”课程安排，也不是德式的“双元制”课程安排，它是企业实习、企业项目与学校教学的有机结合。

2.4.2 “产学研合作”的模式

由于主要目标与具体需求不同，高等普通院校在开展产学研合作的实践探索中形成了不同的合作模式。围绕着实现技术研究开发、科技成果转化与社会效益的合作主要目标，高校与企业形成三类主要技术开发合作模式：

（1）第 1 类：以合约为基础的合作模式，包括技术服务、技术转让、合作开发、相互兼职、联合培养人才等。

（2）第 2 类：以共建科技经济实体的合作模式，包括企业与普通高等学校、科研机构共同建立合作研究中心、实验中心、研究开发公司和高新技术企业等。

（3）第 3 类：以科技人员创办科技型企业及大学园区的合作模式，是以人为载体实现技术转移，使研究开发与科技成果转化环节得到统一，更好地利用高校、科研机构的人才、技术与成果优势。

目前，围绕着培养生产第一线实用型人才的产学研合作主要目标，高校与企业主要形成五类主要人才培养合作模式。

1. “工学交替”结合模式

校企双方共同参与育人全过程的“工学交替”结合模式，主要特点是：根据教学需要，安排学生多次到企业实习或顶岗工作，学生在校理论学习和在企业生产实践交替进行。

2. “2+1”产学研合作模式

双向参与、分段培养的“2+1”产学研合作模式，主要特点是：三年教学中两年在校内一年在企业进行，校内教学以理论为主，并辅之以实验、实习等实践教学环节，学生在企业的一年时间以顶岗实习为主，同时学习部分专业课，结合生产实际选择毕业设计题目，并在学校、企业指导老师的共同指导下完成毕业设计。

3. “实训—科研—就业”一体化合作培养模式

以学生就业为导向校企合作“实训—科研—就业”一体化合作培养模式，通过优质课程与有效实训的整合，以项目开发或技术服务等科技活动为媒介，重在培养学生技术应用能力和发展能力。

4．“订单式”培养模式

“订单式”培养模式，学校和企业共同制定人才培养计划，签订用人合同，并在师资、技术、办学条件等方面合作，双方共同负责招生、培养和就业全过程，分别在学校和企业进行教学和生产实践，学生毕业后直接到企业就业的一种产学研结合人才培养模式。

5．“产业实习”模式

比利时鲁汶工程联合大学是其中一个典型案例。该校董事会30%的成员来自工业界和金融界董事，他们在学校发展的大政方针和教育过程的重大问题上都有发言权和决策权。该校学生从一年级开始每年都要有时间到产业学习。大多数毕业论文都是企业的真实项目，由企业工程师和学校教授联合指导，答辩时由双方组成评判委员会。一个典型的毕业论文工作是 14 个学生利用一年的时间研发制造了比利时有史以来第一辆太阳能赛车，学生自己组织、自己管理，从筹款、研发、设计、制造，一直到参赛联合了 60 多家公司一起工作，最后在世界大赛取得优异成绩。

2.4.3 产学合作教育（Co – Op Education）

产学合作教育是指面向社会和产业开门办学的机制，对于培养高质量的工程人才，是非常必要的。产学合作教育的核心是将工程人才职场工作环境引入到学校作为工程教育的环境。产学合作办学有多种模式，其中最严谨的一种叫做合作教育（Co—Op Education），就是将学生在校学习和在产业实习的时间规范地交替进行。产学合作教育之所以可以反映一个国家高等工程教育竞争力，是因为它可以使学生通过真实的产业环境的实践和学习，获得真才实学以及专业人士的成熟和自信，实现教育和产业人力资源的无缝连接，有利于学生就业；可以培养大批有创新能力的高素质工程人才，满足产业界的需要. 可以使学校吸引优秀生源，提高知名度和教学质量；可以使高等工程教育与产业的共同研发得到加强，实现从知识创新到产业创新的集成。这些都能提高高等工程教育的国际竞争力。

欧美发达国家在产学合作教育（Co – Op Education）方面已有上百年的持续发展历史，积累了丰富的经验和成熟的机制、模式、制度和操作规程。如，德国西南部的巴登—沃特伯格大学与 8000 个公司合作办教育，该校 2.1 万名学生在校期间每 3 个月在学校和公司之间轮流学习和实践。这些公司在大学的教育活动中起到了关键作用。它们在大学所有的决策委员会中都是平等的伙伴，如联合考试委员会、学校两院议会中央专家委员会，理事会、学术委员会等，由于机制的保障，公司在学校课程设置和教学组织方面持续不断地施加重要影响。该校为产业界培养了大量的既有理论又有实践经验的人才，深受产业界的欢迎。目前，国际上有 43 个国家的 1500 多所大学设有合作教育项目，包括很多一流大学。美国把这种教育模式看作是高技术时代有战略意义的培养年轻一代的有效教育方式，并通过法案拨专款支持。现在美国有 20 万学生在 12 万雇主支持下在此模式中学习。

中国在 20 世纪五六十年代曾建立过“半工半读班”，但由于缺乏科学方法和社会种种因素，该方式没有坚持下来。近 20 年来个别学校在引进合作教育模式方面做了一些尝试，取得较好效果，但由于合作教育严格地实施在校学习和产业实习轮换制度，大大提高了教育和产业管理的复杂性，提高了教育的成本，贯彻起来有相当的难度。因此，这种模式在中国推广条件还不成熟。

根据联合国教科文组织产学合作教席的研究，产学教育应贯彻精细实施的原则：一方面合作要给学校和企业双方带来效益；另一方面平均每个企业接受的实习生人数不要多。根据所研究的案例，大到国家、小至学院平均每个企业接受实习的学生数不到4人。因此，在产学合作的教育机制指标下，学校的产业合作伙伴数量、学生中参与校企合作学习的比例和时间长短都是表征的重要数据。

2.5 中国CDIO教育模式的研究与发展

近10年来，中国政府为支持国家经济和产业的发展，大力推动高等职业教育和软件工程教育，先后建立了109所示范性高等职业院校和37所示范性软件工程学院并制定了明确的方针政策，即，求职导向、产学合作、工学结合。这些院校以满足产业需求为办学目标，在课程体系开发、师资队伍建设、授课及实训实习开展、专业评估等方面与产业开展了紧密的合作，培养了大量产业需要的有国际竞争力的工程人才，就业率和就业质量高，取得了令人瞩目的成就。如北京交通大学软件学院，贯彻“需求导向、产学合作、做中学和国际化”的办学模式，连续4年毕业生就业率达100%，50%以上的学生在跨国公司就业，表现出了很强的职场竞争力。这些示范院校的实践完全证明了产学合作办学模式的正确性和在中国实现的可行性，他们不仅可以向同类型和同层次的院校示范，其共性模式还可以向所有的专业教育进行示范。

2.5.1 中国推进CDIO工程教育模式的重大意义

1. 培养大学生创新精神和实践能力的有效途径

瑞士洛桑国际管理开发研究院（IMD）的Fischer教授在他的题为《预期中国的未来—联想潜在的问题》中提出，中国要想成为设计者和国际知名品牌的生产者，至少应该在两个方面获取竞争力：创新能力和国际市场管理能力。如果中国获得创新发展竞争力，中国将会成为创新领导者，并成为环球标准的潜在制造者。同样，如果中国获得国际市场竞争力，可能会成为一个活跃于新兴工业发展市场的区域市场领导者。那么，如果她在这两个方面同时取得竞争力，那么她将成为一个能与欧美竞争并在多个方面超越欧美的环球领导者。

CDIO的工程教育模式要求：毕业工程师在工程组织（基于现代团队的环境）里工作的同时，正确看待工程过程（构思、设计、实现和运作），能为开发工程产品（复杂增值的工程系统）做出贡献，而隐含的期望就是作为大学毕业的工程师必须发展成为完整的、成熟的、有思想的个体，掌握相应的技术知识与推理的基础。为了在现代团队的环境中工作，必须培养学生团队协作与沟通的人际技能；学生必须了解如何在企业和社会背景下构思、设计、实现和运作，以达到最后创建和运作该系统的技能。CDIO强调综合的创新能力，与社会大环境的协调发展，同时更关注工程实践，加强培养学生的实践能力。CDIO工程教育模式中国化的实践将会取得不同于以往教学改革的实质性的成效，将成为培养大学生创新精神和实践能力的有效途径。

2. 全面促进我国高等工程教育改革

我国现行的工程教育脱胎于前苏联的专业教育模式，该模式与现代社会要求不相适应之处在于：其一是适应计划经济要求的专业定向培养，专业的定向培养造成学生的知识面狭窄，毕业生缺少竞争力；学科教育没有使学生的自主性、创造性、学习能力和适应能力得到充分发展；其二是对学生能力发展的培养与与工业实践脱节，学生在现代工业生产中赖以生存和成长的团队精神、交流能力和多学科、大系统掌控能力方面几乎得不到任何发展；其三是我国目前的工程教育与产业创新脱节，脱离社会需要，缺乏顾客和市场观念，这些问题会影响到毕业生质量。

然而，CDIO 模式对学生质量的要求是直接参照工业界的需求而制定的。CDIO 培养模式大大加强了工程实践环节，通过“基于项目的学习”培养了学生获取知识的能力、运用知识解决问题的能力、总结实践经验发现新知识的能力、团队工作的能力、与人沟通和交流的能力以及创新的能力，培养学生的专业素质，较好地解决了工程教育的质量问题。目前我国的工程教育改革大多是不系统、不全面的，以前的工程教育改革大多是“头痛医头、脚痛医脚”的部分改革，CDIO 工程教育模式则是从理念到课程到教学到评估的整体教育改革，借鉴 CDIO 工程教育模式将全面促进中国工程教育的改革，提高工程人才培养质量。

3. 有利于中国高等工程教育国际化

经济全球化和知识经济时代已经来临，如何应对这一发展趋势，是世界各国和各领域所关心的核心问题。中国工程教育向国际化发展正是顺应经济全球化而提出的，是世界经济一体化进程的必然产物。我国高等工程教育的迫切任务是尽快培养与国际接轨的中国工程师，然而我国工程教育的实践中还存在不少问题，缺乏对个人发展能力、人际沟通能力和系统设计能力的培养，而这些方面恰恰是一个成功的国际化公司对一个合格的工程师所要求的。

因此，当前我们面临着巨大的挑战，为了迎接未来发展对工程师的要求，必须借鉴 CDIO 国际经验进行工程教育改革，对现有的培养计划进行全面和彻底的改革。同时，CDIO 工程教育在我国的实践将会加速我国工程教育与国际接轨的步伐，将更好地满足 WTO 背景下社会对国际化工程人才的需求，提高我国工程人才和工程教育在国际上的地位。

2.5.2 教育部《中国 CDIO 工程教育模式研究与实践》课题

我国高等工科教育的迫切任务是尽快培养与国际接轨的中国工程师，然而，我国工科的教育实践中还存在不少问题，如重理论轻实践、强调个人学术能力而忽视团队协作精神、重视知识学习而轻视开拓创新的培养等问题。Mc.Kinsey Global Institute 在 2005 年 10 月发表的一份报告中称，2005 年我国毕业的约 60 万工程技术人才中适合在国际化公司工作的不到 10%，其中的原因，他认为，中国教育系统偏于理论，中国学生几乎没有受到 Project 和团队工作的实际训练，相比之下欧洲和北美学生能以团队方式解决实际问题。

国内外的经验都表明：CDIO“做中学”的理念和方法是先进可行的，适合工科教育教学过程各个环节的改革。为进一步在中国推广这种模式，2007 年 11 月，教育部组织召开了2007中国高等工程教育改革论坛和 CDIO 国际合作组织会议两个大型会议，香港大学、清华大学、Royal Institute of Technology（Sweden）、University of Liverpool（UK）、Massachusetts Institute of Technology（USA）、Calgary University（Canada）等40多所国内外高校的专家学者，对高等工程教育存在的热点问题进行了热烈的讨论，反应强烈，普遍认识到工程教育改革的紧迫性与必要性。

中国自 2006 年开始这项工作以来，已有近百所大学在不同范围，不同程度地开展了CDIO工程教育模式改革的研究和实验，已取得长足进展。

2008年5月，由教育部高教司理工处和汕头大学联合主办的“2008年中国CDIO工程教育模式研讨会”在汕头大学隆重举行。会议成立了《中国CDIO工程教育模式研究与实践》课题组，课题组的任务为：研究国际工程教育改革情况和CDIO工程教育模式的理念及做法；对我国工程教育改革情况进行调研并指导有关院校开展CDIO工程教育模式试点工作；组织开展CDIO工程教育模式的研讨与交流活动。

2008年9月，教育部CDIO工程教育模式研究与实践课题组第二次工作会议在北京交通大学召开。CDIO 工程教育模式的创建人之一美国麻省理工学院教授、美国工程院院士 Ed.Crawley 教授出席了会议。在会议上课题组成员汇报了CDIO课题组半年工作进展情况，并讨论了今后三年CDIO工程教育改革实施方案。

2010年3月，国内高校机械类、电气类教育部CDIO工程教育模式研究与实践课题组试点工作组高校成员名单如表2.1所示。

表2.1　国内首批试点大学的名单

序　号	高校名称	进行试点的专业类别	备　注
1	广州大学	机械类、电气类、化工类、土木类、电气类	第一批试点单位
2	北京石油化工学院	化工类	第一批试点单位
3	北京邮电大学	电气类	第二批试点单位
4	长春工程学院	机械类、土木类	第二批试点单位
5	长春工业大学	化工类	第二批试点单位
6	成都信息工程学院	电气类	第一批试点单位
7	大连东软信息学院	电气类	第二批试点单位
8	大庆石油学院	机械类	第二批试点单位
9	佛山科学技术学院	机械类、电气类、土木类	第一批试点单位
10	福建工程学院	机械类、电气类、土木类	第一批试点单位
11	福建师范大学协和学院	电气类	第二批试点单位
12	北京科技大学	电气类	第二批试点单位
13	哈尔滨理工大学	化工类	第二批试点单位
14	海南大学信息科学技术学院	电气类	第一批试点单位
15	合肥工业大学	机械类、化工类	第一批试点单位
16	河北工程大学	机械类、电气类、土木类	第一批试点单位
17	黑龙江工程学院	机械类、电气类	第二批试点单位
18	湖北工业大学	机械类	第二批试点单位

续表

序号	高校名称	进行试点的专业类别	备注
19	华南农业大学	电气类	第一批试点单位
20	江南大学	化工类	第二批试点单位
21	昆明理工大学	电气类	第二批试点单位
22	广东石油化工学院	机械类、电气类、化工类	第二批试点单位
23	南京工程学院	机械类、电气类、化工类	第一批试点单位
24	南京理工大学	机械类、电气类	第二批试点单位
25	南京理工大学泰州科技学院	机械类、电气类、化工类、土木类	第二批试点单位
26	宁波工程学院	机械类、化工类、土木类	第一批试点单位
27	山东理工大学	机械类	第二批试点单位
28	汕头大学	机械类、电气类、土木类	第一批试点单位
29	上海第二工业大学	机械类、电气类	第二批试点单位
30	上海电机学院	机械类、电气类	第一批试点单位
31	上海应用技术学院	电气类	第二批试点单位
32	深圳大学	机械类、电气类、土木类	第一批试点单位
33	五邑大学	机械类、电气类	第一批试点单位
34	武汉理工大学	机械类	第二批试点单位
35	燕山大学	机械类、电气类	第一批试点单位
36	浙江大学城市学院	机械类、土木类	第一批试点单位
37	浙江工业大学	机械类	第一批试点单位
38	浙江万里学院	电气类	第二批试点单位
39	中国民航大学	电气类	第二批试点单位

2011 年 5 月，CDIO 区域性国际会议在北京召开。本次会议由北京交通大学主办，由清华大学、北京航空航天大学、汕头大学、北京石油化工学院等单位协办。这是中国工程教育界的一次盛会。来自中国、美国、俄罗斯、新加坡、马来西亚、新加坡、日本、比利时、越南等国家和中国台湾地区的 100 多所大学、20 多家企业的 430 多位代表参加了大会，其中包括国内外大学的校长、副校长 60 余位。同时参会人员中还包括 10 多位企业的负责人，大家在大会期间共同探讨交流了产学合作、做中学、国际化的战略、方法与实施经验。这次大会是实践、总结、交流、展示、合作、推进 CDIO 工程教育模式的重要活动和里程碑。除了 4 天的会议活动外，在会前和会后还组织了一系列教学研究和实践活动，特别是组织各大学的学生小组开展“教师指导、学生驱动、利用先进 ICT（信息通讯技术）的基于项目的主动学习”活动，而会议是整个工程教育改革动态过程的一个重要环节。这次会议的举办，对于贯彻实施中国“中长期教育改革发展纲要”，落实教育部“卓越工程师计划”，进一步推动工程教育的改革，培养大量符合产业发展和升级所需要的卓越工程人才具有重要意义。

2.6 典型案例分析

案例1 EIP-CDIO培养模式（汕头大学工学院）

2008年4月，教育部高等教育司成立“CDIO工程教育模式研究与实践课题组”，课题组的任务是研究国际工程教育改革情况和CDIO工程教育模式的理念及做法。汕头大学工学院提出了全新的EIP-CDIO培养模式。EIP-CDIO就是注重职业道德与诚信、与构思—设计—实现—运作进行有机结合、以培养高级工程专业人才为目标的高等工程教育新模式。

鉴于我国在职业化和职业道德方面教育的欠缺，汕头大学决定在CDIO改革的同时其工学院提出了全新的EIP-CDIO培养模式。EIP-CDIO培养模式，EIP（Ethics，Integrity，Professionalism）是指讲道德、讲诚信和职业化，强调做人与做事相结合，做人通过做事体现，做事通过做人保证，并在培养过程中注重人文精神的熏陶，从而使培养出的工程师具备优秀的职业道德，正直、富有责任感。培养目标是使学生具有较强的项目开发、设计和建造的能力；较强的创新能力；较强的团队精神和领导能力；较强的沟通能力；较强的英语语言表达能力。汕头大学计划经过5年左右的改革实践，到2011年取得华盛顿协议的认证，让他们的毕业生同国际知名大学的毕业生站在同一起跑线上。

2006年，“EIP-CDIO高等工程教育改革研究”项目获得广东省高等院校学科建设教改项目立项；2007年，EIP-CDIO工程教育模式创新实验区被教育部、财政部批准为2007年度人才培养模式创新实验区建设项目；2008年1月，“联合国教科文组织产学合作教席/汕头大学CDIO教育模式示范基地”挂牌。汕头大学的工程教育改革已经在国内外产生了较大的影响，受到工程教育界和政府相关的部门的极大重视。

1. 紧密结合中国工程教育实际

学校借鉴CDIO教育模式，创新性地提出了建立EIP-CDIO培养模式：即注重职业道德、诚信和职业素质并与构思—设计—实现—运作进行有机结合的工程教育新模式。将EIP即职业道德（Ethics）、诚信（Integrity）和职业素质（Professionalism），与CDIO有机结合，强调做人与做事相结合，做人通过做事体现，做事通过做人保证，并在各个培养过程中注重人文精神的熏陶，从而使培养出的毕业生具备优秀的职业道德，正直、富有责任感。通过这几年的实践，取得了较好的效果，得到了国内外同行的认可。

2. 思想先导，实验推广

2005年改革之初，汕头大学工学院首先成立了CDIO工程教育改革委员会，组织全院教师多次集体学习和研讨CDIO理念，CDIO培养大纲、教育框架和标准。对照大纲，找出差距，针对实际，明确目标。在2006级正式执行EIP-CDIO教学计划之前，在各专业2003、2004级选择8门试点课程进行初步探索，之后又在2004、2005级选择16门课程深化EIP-CDIO教学改革。为了评估试点课程的效果，对学生做了问卷、访谈调查。同时，CDIO工程教育改革领导小组、教学委员会和试点课程任课教师还经常就学生反映的问题进行研讨和总结。

3. 以项目设计为导向

CDIO 是一种以工程项目设计为导向、工程能力培养为目标的工程教育模式。工程项目设计是工程实践的精髓所在。功能、技术、经济以及环境、社会乃至历史的要求及其限制都要在项目设计的过程中得到反映，CDIO 培养模式就是通过项目设计将整个课程体系有机而系统地结合起来，所有需要学习和掌握的内容都围绕项目设计这个核心。

CDIO 项目分为三级：一级项目为包含本专业主要核心课程和能力要求的项目；二级项目为包含一组相关核心课程、能力要求的项目；三级项目是为单门课程而设的项目。整个培养计划是以一级项目为主线、二级项目为支撑、三级项目与核心课程为基础，将核心课程教育与对专业的整体认识统一起来，并结合项目训练对学生的自我更新知识的能力、人际和团体交流能力以及对大系统的掌握、运行和调控能力进行整体培养。

4. 调查中国工程实际，制定 EIP-CDIO 课程大纲

在调查中国工程领域的实际情况和专业协会反复探讨的基础上，参照 CDIO 大纲，汕头大学工学院制定了 EIP-CDIO 课程大纲。大纲包括：工程师职业道德；基本理论知识；个人能力和职业技能；人际交流与合作能力；在企业和社会环境中构思、设计、执行和使用各种系统的能力。与过去相比，新大纲突出了工科学生的工程师职业道德意识、基本理论知识、个人综合能力的培养。新大纲以课程群的方式将全部专业核心课程有机结合起来，避免相关课程之间的重复，学生能以多元因素合理联想的方式掌握专业知识；新大纲也将项目实施的主线贯穿课程教学的全过程。

5. 以教师的教和学生的学为核心

在教学方法上，EIP-CDIO 培养计划要求教师更新教学观念，树立“以学生为中心”的新观念，引导学生“主动学习”。教师要预先明确所授课程在本专业知识结构中的地位和作用，以及学生学习本课程应该掌握的基本知识和能力，要特别强调相关知识和能力在实践中的有机联系；应从实际或已有知识中发现和提出问题，引导学生思考，应用所学知识探究规律和致力创新；教学中要安排丰富的设计性和综合性实验，尽量让学生亲自动手和全身心投入；要引导学生主动学习，提供更多的动手实践机会，增强概念学习，强调发现问题、分析问题和解决问题能力的养成，建立和加强学习反馈机制。

在学习效果评估方面增加项目报告、设计评估等形式，鼓励多学科综合、创造性和创业精神的培养，让学生通过自评、互评改变对学习和生活的态度并逐步形成相应的工作技能。CDIO 以记录、报告、自评、互评等形式进行考核，考核方式的多样化促进了学习方式的多样化，也有利于建立和完善评价系统。同时，在学习构架上，建立教学计划、教学方法和考核方法之间的互相支持、良性互动的构架。

6. 加强人才培养环境支持体系建设

在改革中，学校注意加强硬、软件环境建设，为 EIP-CDIO 的全面实施创造条件。按照 CDIO 教学计划的要求，2006 年投入巨资，对教学实验室进行全面改选，建立了 CDIO 工作空间；同时建成 CDIO 创新实践中心，目前拥有结构与金工实验室、计算机综合应用实验室和电子设计综合实验室三大功能区，并且配备了先进的设备，创新中心实行团队项目负责制，师生共同管理，培育了一批跨学科、跨年级的综合项目。同时特别注重各种软环境的建设。教师方面，进行教育思想讨论，提高教师 CDIO 教学技能，引进新人才，完善教学规章制度；学生培养方面，举办世界工程师论坛、成长沙龙、

EIP-CDIO 素质拓展训练营、社会实践等多种活动环节，增强学生综合素质。

汕头大学已获 CDIO 国际组织授权，成立东亚区域中心并成为该中心的总部（现有北美、北欧、西欧和大洋洲四个区域中心），编写 CDIO Implementation Manual。在与国际国内高等工程教育界合作交流中，深化 CDIO 工程教育模式的理论与实践研究，促进我国高等工程教育的改革。

案例 2 “3+1”创新教育模式（江西理工大学）

2003 年起，企业家周立功发起了“3+1”创新教育模式，江西理工大学率先开展了这一 CDIO 性质的教学模式。

2007 年，组建了全国高校“3+1”创新教育联盟，并计划在全国发展 100 所高校进行改革实践。2008 年 4 月，首届高校“3+1”创新教育联盟研讨会在江西理工大学召开，推广江西理工大学的模式与运行经验，研讨各个学校改革与发展的问题，与会人员高度评价了创新教育改革的重大意义及所取得的成果。

联盟高校立志高举改革大旗，与企业联手共同推进“3+1”创新教育事业的发展，并将秉承在实践中创新，在创新中谋求发展的理念，资源共享、交流合作、互惠互利，让更多的学生受益，培养更多的国家所需的创新型、复合型、应用型人才。“3+1”创新教育联盟，期望通过校企合作、勇于创新与艰苦努力，成为全国高等工科教育改革的先锋。“3+1”创新教育模式的主要优势可概括为：

1. 良性循环、可持续发展的模式

“质量工程”就是要让学生受益，因此“3+1”创新教育的根本理念就是“要把学生视为学校最重要的资产”，尽可能使他们在校期间受到良好的教育。

那么，源源不断的学子将为学校带来从办学条件到企业支持度、从学风传承到社会影响力方面的巨大回报。如两届实验班毕业生刚毕业不久就对母校和“3+1”事业表达了感恩之情，捐赠了 6 万余元的计算机教学设备。一方面说明“3+1”创新教育在人才培养方面的成功，另一方面证明“3+1”创新教育的良性循环机制是事业能够持续发展的可靠保证。

2. 与国际工程教育理念接轨

“3+1”创新教育通过理论结合实践，启发式、互动式、网络化、全方位教学方式和与时俱进的教学体系，培养“零适应期”的本科生。

“3+1”创新教育摆脱传统教育模式的桎梏，给苦苦跋涉于嵌入式征途上的学子指明了发展方向。

“3+1”创新教育的发展过程就是脚踏实地、与时俱进、不断创新的过程。

“3+1”创新教育模式是和国际高等工科教育的发展理论接轨、独具中国特色的“CDIO”（国际高等工科教育新模式）。

3. 星星之火可以燎原

在江西理工大学创立并迅速发展的“3+1”创新教育模式以其先进性、实效性与优越性，被更多的学校认识与接受，被更多的企业认同。从 2007 年起，先后有宁波大学、长沙理工大学、西安邮电学院、成都信息工程学院、东华理工大学 5 所高校加入“3+1”

创新教育改革的行列。2008 年起有不少企业慕名来“3+1”创新教育实验班招聘，前两届实验班毕业生就业率 100%，毕业生以其扎实的理论知识、过硬的技术能力与良好的综合素质获得企业的高度评价，学生进入企业后能够直接进入研发，实现了“零适应期的”培养目标。

案例 3 TOPCARES-CDIO“八大能力”的教学理念（大连东软信息学院）

大连东软信息学院基于“教育创造学生价值”的理念，在继承 CDIO 的基础上，创造性地将 CDIO 中国化，在充分考虑学生、教师、产业和社会等利益相关者的需求基础上，结合中国高等教育的实际和 IT 行业的人才需求标准，针对学院 IT 专业的设置情况，对 CDIO 能力培养大纲做了继承基础上的创新，构建了具有东软特色的 TOPCARES-CDIO“八大能力”指标体系。

“TOPCARES”作为大连东软信息学院人才能力培养的最高关注，其每一个字母代表一种能力，分别是：

- Technical knowledge and reasoning（技术知识与推理能力）
- Open minded and innovation（开放式思维与创新）
- Personal and professional skills（个人职业能力）
- Communication and teamwork（沟通能力与团队工作）
- Attitude and manner（态度与习惯）
- Responsibility（责任感）
- Ethical values（价值观）
- Social contribution by application practice（应用创造社会价值）

TOPCARES-CDIO 的核心是一体化教育，是对传统教育理念和模式的一次突破。比如，在课程设置方面，传统的培养思路是，要培养什么能力，就增加哪门课程。而 CDIO 强调的是一体化，是把学生要培养的这些能力和提升的素质贯穿于四年学习的各个方面。

大学人才培养的瓶颈在于与社会脱节，缺乏对学生实践能力的培养。在大连东软信息学院的教学改革中，学校要求所有课程都要以具体的实践项目贯穿教学，让学生在项目实践中循序渐进系统掌握八大核心能力。实施“面向职业岗位的课程体系设计的反向推导流程”，即根据市场对 IT 人才的能力结构需求确立培养计划及目标，制定模块化的课程体系。

案例 4 “理论教学+实践教学+自主研学”的三元教学模式（南京大学工程管理学院）

为适应新形势下对创新型人才的需求，加强学生的能力和素质培养，南京大学从 21 世纪人才观的转变，即从以前的个体单角度审视转变为个体、团体、组织和社会的多角度、全方位审视的特点出发，借助于 CDIO 教育理念，并在其工程学科培养目标能力结构框架思想的指导下，结合我国的具体实际和南京大学的学科背景及南京大学工程管理学院的特点，确立了本科教育的培养理念和目标，构建了相应的培养体系，并在此基础上进行了理论和实验教学方面的大胆改革和实践。如图 2.1 所示。

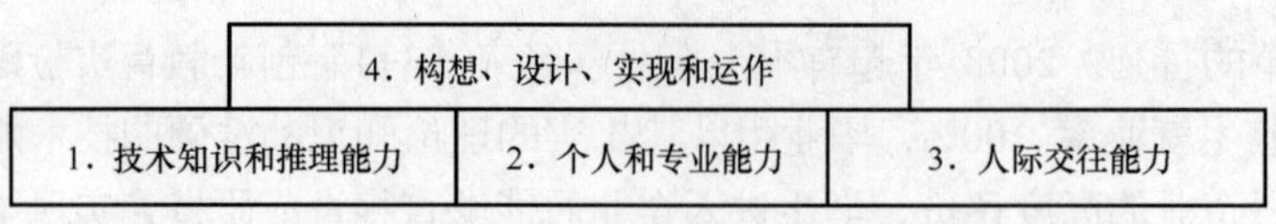

图 2.1　CDIO 能力结构

1．工程教育改革思路

南京大学工程管理学院（以下简称学院）建有三个具有工科特色的本科专业：自动化、工业工程和信息工程。根据 21 世纪对人才能力需求的转变，按照 CDIO 教育理念，学院认真贯彻落实学校办学指导思想，以本科教育为立院之本，以提高人才培养质量为目标，遵循教育规律，并据此确立了本科教育的培养理念“国际共识、中国国情、南大特色、学院文化”。具体来讲，“国际共识”就是根据 CDIO 所提出的培养具有系统观念和综合能力的新型人才的理念，使培养的人才具有国际化的系统观念，并能在实际工作中综合运用各方面的知识和经验；“中国国情”就是立足我国已成为全球制造业中心的国情和改革开放以来科技和经济迅速发展的实际，使培养的人才具有创新思维和人文精神；“南大特色”就是依据南京大学“诚朴雄伟、励学敦行”的校训，依托南京大学百年树人的教育积淀和深厚的文理底蕴，使培养的人才具有扎实的文理基础；“学院文化”就是按照“学道酬实，至任于群”的院训，根据学院交叉融合的学科特点和强大的科研实力，使培养的人才具有厚实的专业基础和全面的专业技能。

按照新的本科教育理念，学院确立的本科教育目标是：“国际视野、人文精神、综合能力、领导才能”，即培养具有开放视野和远大胸怀、奉行“诚信、道德、奉献、责任”精神，具备学习、决策、创新的个人能力和沟通、协调的团队能力的，不仅能从事本专业技术工作，而且能胜任组织、决策的领导岗位的全面型、复合型人才。在这一人才培养目标下，确定的专业培养目标是：“培养视野开阔、人格健全、情操高尚、基础扎实、知识面广、工程实践能力强、能够跟踪本领域新理论新技术、具有创新精神的复合型高级工程技术和管理人才”。

学院依据新的人才培养理念和培养目标，借鉴国内外成功经验，结合南京大学的具体实际，建立了全新的本科人才培养体系，如图 2.2 所示。该体系以师资队伍建设、科研优势和教学条件的完善为支撑，以管理队伍建设、完善的教学管理制度和教学质量监控制度为保障，以学习辅导、心理辅导、文体活动和职业规划等作为促进，完成了专业知识教育体系的建构。而在专业教育的具体实践中，同样也采取创新的教学模式。

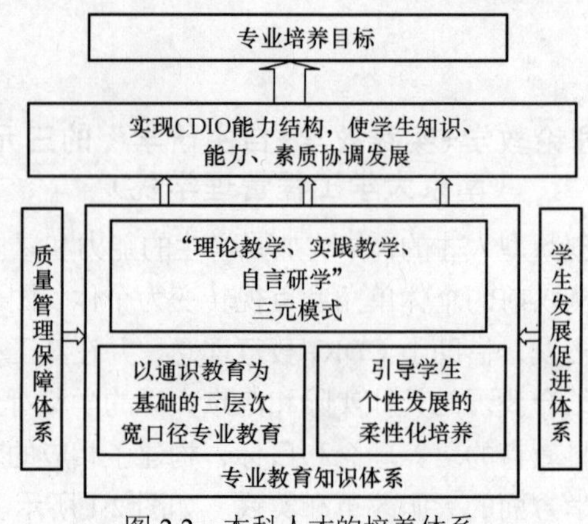

图 2.2　本科人才的培养体系

2. 工程教育改革内容

设想打破不同专业之间的壁垒，在以系统工程的理念进行专业的纵向教学体系设计的同时，进行专业横向交叉与渗透，如工业工程与信息工程专业的学生掌握了自动化专业的控制理论与知识，可以更好地理解和实践工程的设计与管理；而自动化专业的学生掌握了工业工程的相关理念和方法，可以从一个更高、更系统的层次解决自动化领域的专业技术问题。因此，在专业教育知识体系的具体建设和实施中，坚持以宽口径专业教育为出发点，积极引导学生个性发展，柔性化培养，采用"理论教学、实践教学、自主研学"的三元化教学模式，使学生知识、能力、素质协调发展。

学院按照国际上先进的工程类本科学生培养模式（CDIO 模式）构建本科专业的教育知识体系，即通过 CDIO 强调工程教育的预期成果，详述个人的、人际的、产品（系统）建造的学习成果。

（1）个人学习成果主要指学生个体的认知和感性发展，如工程推理和问题解决能力、实验与知识发现能力、系统思维能力、创造性思维能力、批判性思维能力和职业道德。

（2）人际的学习成果是指关注个人和团体的互动，如团队合作、领导能力和沟通交流；产品（系统）建造的学习成果是指关注在企业、行业和社会环境中构思、设计、实现、运作产品（系统）的能力。

可以看出，CDIO 强调的是从个体能力到综合能力的培养体系，而无论是个体能力还是综合能力的培养都离不开基础知识的积累，特别是综合能力更需要学生具有宽广的基础知识；再结合我国和南大当前的本科专业教学特点，以基于通识教育的宽口径专业教育为出发点，着眼于为学生未来的个性发展和柔性化培养打下坚实的基础；按照学科融合和交叉的思想确定教学计划、课程体系，明确课程与知识、能力、态度培养之间的关系，从而建立起较为完整的专业教育知识体系。

专业教育体系在本科教育中的具体实现需要有合适的教学模式相对应，为此，学院根据三个本科专业的特点，确定了理论教学、实践教学和自主研学三者相结合、相促进的"三维教学模式"，并将其与课程体系相结合，不仅保证了教学模式的先进性，也保证了教学模式的可操作性。如图 2.3 所示，为确定的三维教学模式和对应课程体系关系。

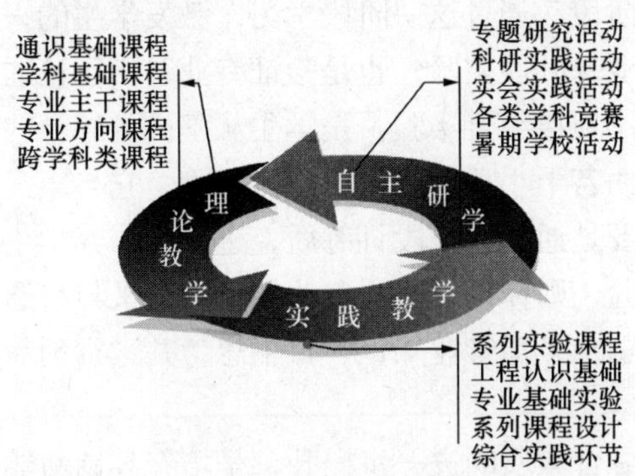

图 2.3　三维教学模式和对应课程体系关系

（1）理论教学

教学内容与课程体系是理论教学的基础，它决定着学生的知识和能力结构，决定着向社会输送的人才质量。为此，学院秉承办学理念，在课程体系设计中坚持厚基础、宽口径的思路，依托学院优势资源，在各专业的课程体系设计中充分体现学院的办学特色，并时刻关注分析社会需求和学生情况的变化，适时调整课程体系，不断优化课程结构，更新教学内容，加强课程之间逻辑衔接。通过几年的努力，学院建设了具有自己特色的合理的理论课程体系，即以单个课程为基础，形成课程群，再通过课程群对应于能力培养的理论要求。

（2）实践教学

学院的三个本科专业是属工程类的，实践教学尤为重要，它是增强学生感性认识，培养学生动手能力、实践能力和解决问题能力的重要教学环节。为保证并不断提高实践教学的质量和效果，学院按照学科交叉渗透、理论实践融合、资源优化共享的实践教学理念，根据“基础—提高—创新”三阶段实验教学体系，将实践教学细分为阶梯状的 5 个不同层次，构建了如图 2.4 所示的实验教学体系。

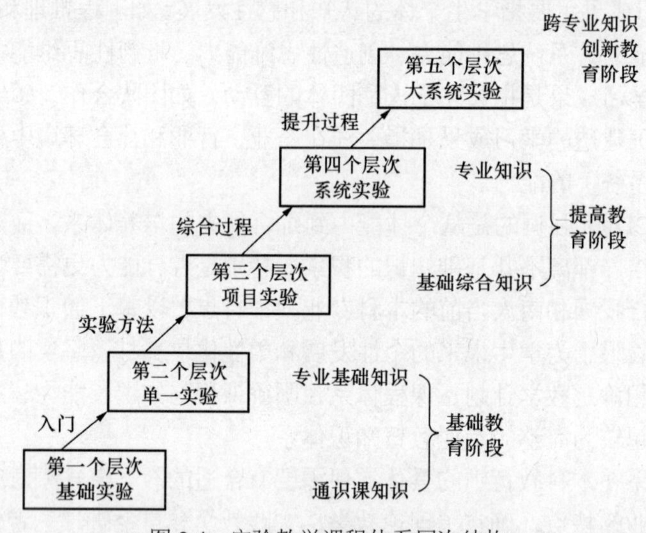

图 2.4 实验教学课程体系层次结构

图 2.4 中所示五个不同层次实验教学所发挥的作用是不同的：第一层次是入门阶段，也是通识课程基础实验阶段，通过这一阶段学习，激发学生的兴趣并使其认识到实验的重要性；第二层次是专业基础性实验，也是验证专业基础理论的实验；第三层次是在前两个阶段基础上进行的小项目综合实验，是学生从基础到综合的一个过渡阶段；第四层次是系统性的实验，是由若干小项目组合的综合实验，它与第三层次一起构成了实验教学的提高教育阶段，主要是通过前阶段训练后，进一步培养学生的综合和设计能力；第五层次的大系统综合实验，则体现了不同专业知识的交叉与渗透，是实验教学的创新教育阶段，主要培养学生融合多项专业知识、自主思考并进行创新性研究的能力。

（3）自主研学

自主研学是对学生综合素质的进一步提升，是培养其创新能力和科研技能的关键环节。教学中注重倡导学生的研究性学习，通过专题项目、科研和社会实践以及各类综合性竞赛活动等，培养学生综合运用专业知识进行创新性研究的能力和科研协作能力。在具体实施上，学院为学生的自主研学提供便利的条件，并以鼓励、引导为主，包括全方位开放各类实验室、设立“大学生创新实验研究基金”、引导大三年级的学生进入导师的科研，并坚持与企业的联合，充分利用社会资源为学生的能力培养服务。

3. 工程项目教学法

项目教学法是通过实施一个完整的项目来达到教学目标的方法，其目的是在教学中把理论与实践有机结合，培养学生的创造能力和解决实际问题的综合能力。南京大学工程管理学院是一个管理学科与工程技术学科相融合的学院，项目教学法一直以来在管理类教学和工程类教学中都是一种典型、有效的教学方法，其中在工程类课程教学中，结合了工程对象和工程应用背景的项目教学法就是工程项目教学法。

工程项目教学法由以教师为中心转变为以学生为中心，由以课本为中心转变为以“项目”为中心，由以课堂为中心转变为以实际经验为中心，其实在一定程度上就是CDIO教育理念所提倡的在工程基础知识、个人能力、人际团队能力和工程系统能力四个层面上进行综合培养的教学模式。而学院则在工程教学法的基础上，按照CDIO教育理念进一步深化和系统化，使学生在掌握专业知识的同时，切实培养其动手能力、综合创新能力和团队协作能力。工程项目教学法包括对象认知、理论学习、科技创新和综合设计四个阶段的教学模式，并以实践学习贯穿始终，在课堂实践教学中取得了良好的教学效果。

本章参考文献

[1] 查建中. 面向经济全球化的工程教育改革战略：“做中学”、产学合作与国际化[J]. 高等工程教育，2008（1）.

[2] Edward F. Crawley，查建中，Johan Malmqvist，Doris R. Brodeur. 工程教育的环境[J]. 高等工程教育研究，2008（4）：13-16.

[3] 顾佩华，沈民奋，李升平. 从CDIO到EIP-CDIO：汕头大学工程教育与人才培养模式探索[J]. 高等工程教育研究，2008（1）：12-20.

[4] Zhao Hongbo. Teaching Innovation of Geotechnical Engineering Based on CDIO [C]. 2010 International Conference on Optics，Photonics and Energy Engineering，2010：75-78.

[5] Yang Liu，Chunting Yang，Xiaoyan Yang. Teaching Reform and Innovation Based on CDIO[C]. International Conference on Education Technology and Training，2009：301-304.

[6] 陶勇芳，商存慧. CDIO大纲对高等工科教育创新的启示[J]. 中国高教研究，2006（11）：81-83.

[7] 张慧平，戴波，刘娜等. 基于CDIO教育理念的自动化课程的改革与实践[J]. 电气电子教学学报，2009，（31）：138-141.

[8] 朱张青，赵佳宝. 以学科渗透思想建设自动化专业的创新实验体系[J]. 中国科教创新导刊，2009（1）：44-45.

[9] 张璇，李彤. 结合CDIO教育理念与案例教学进行教学探索与实践[J]. 教育与教学研究，2008（24）：155-157.

[10] 王刚. CDIO工程教育模式的解读与思考[J]. 中国高教研究，2009（5）：86-87.

[11] 邹晓东. 科学与工程教育创新：战略、模式与对策[M]. 北京：科学出版社，2010.

[12] 曾开富，王孙禺. “工程创新人才”培养模式的大胆探索——美国欧林工学院的广义工程教育[J]. 高等工程教育研究，2011（5）：20-31.

[13] 陈冬松，孙阳春. CDIO 工程教育模式下的工科院校人才培养途径[J]. 现代教育管理，2011（11）：34-37.

[14] [美]克劳雷（Edward F.Crawley）. 重新认识工程教育：国际 CDIO 培养模式与方法[M]. 北京：高等教育出版社，2010.

[15] 陶勇芳，商存慧. CDIO 大纲对高等工科教育创新的启示[J]. 中国高教研究，2006（11）：81-83.

[16] 何向荣，黄专途. “科技创新服务型”的高职产学研合作模式探析[J]. 中国高等教育，2006.2.

[17] 游文明. 高职教育“产学研结合”的内涵及特征研究[J]. 扬州职业大学学报，2005.12.

[18] 陈解放. 从产学研结合的类型和特征看高职院校产学研结合的定位取向[J]. 中国高教研，2004.8.

[19] 谭界忠，高职教育产学研合作机制研究[M]. 北京：中国农业科技出版社，2008.

[20] 李焱炎，叶冰等. 产学研合作模式分类及其选择思路[J]. 科技进步与对策，2004.10.

[21] 刘复国. 高职院校产学研结合的理性思考[J] . 中国高教研究，2004.8.

[22] 孙诚，牟信妮，郝晓秀. “校会合作、校企合作”高职教育人才培养模式探索，以天津职业大学印刷工程系产学研实践[J]. 职教论坛，2011（33）.

[23] 陈春林，朱张表. 基于 CDIO 教育理念的工程学科教育改革与实践[J]. 教育与现代化，2010（01）.

第 3 章　创业教育和创业型大学

当前，我国高等教育由精英教育向大众教育转变，创业教育成为了国内外教育理论研究和教育实践探索的一个崭新领域。“十二五”期间，创业教育正在成为当前高校教育教学改革的热点。创业型人才培养要实现跨越式发展，应当在规模扩展和内涵提升有机统一的基础上逐步实现三个转变：从提高大学生就业率向提升就业层次的战略高度转变；从传统粗放式的创业教育向培养“专业+创业”复合型人才转变；从培养自主创业者为主向“培养岗位创业者”为主转变。

创业教育是培养创新型人才和解决当前就业问题的有效途径，被赋予了与学术教育、职业教育同等重要的地位，它是适应知识经济发展、拓宽学生就业门路和构建国家创新体系的长远大计，也是高等教育功能的扩展。创业教育是一个新兴的教育领域，我国创业教育的人才培养定位和发展模式，教学方法和培训模式，教学资源开发，创业实践教学体系建设等问题都有待深入的研究和探讨。

提升大学服务国家经济社会和行业发展的能力是一项系统工程，大学在深入思考自身办学方向和目标、办学类型和层次、办学水平和特色等因素的基础上，要联合相关行业、企业创建协同创新机制与体制，积极参与构建与经济社会发展相适应、与产业发展相衔接的创业型大学，从而真正成为自主创新、造福社会的中坚力量。创业型大学要在服务国家经济社会发展中不断提升自身的能力与水平，为创新型国家建设做出贡献。

3.1 创业教育的内涵

3.1.1 创业概念的阐释

"创业"在中国《辞海》中的解释是"创立基业"。《现代汉语成语辞典》对"业"有如下解释：学业、业务、工作；专业、就业、事业和家业等。在英文中"创业"（Venture）被赋予了"冒险创建企业"这一新的特定内涵。创业是一个跨学科、多层面的复杂过程，这一特点使得这一领域既引人注目又显得复杂。在过去的几十年里，创业领域引起了国内外许多学者的关注，不同学科都从其特定的研究视角、运用本领域的概念和术语对其进行观察和研究，这些学科包括经济学、管理学，心理学，社会学、人类学等。但对创业的定义学术界迄今并未能达成共识。

20 世纪 70 年代中期以来，美国的经济体系发生了深刻的变化，从"管理型"经济转向"创业型"经济。创新和创业精神也日益成为全球理论界和实业界关注的新热点，专家学者此时从创业本质出发，重新审视管理理论，谋求创新，使得创业与创业管理成为理论界和实践界共同面对的具有时代特征的研究课题。

结合国内外学者对创业教育的研究，创业（Venture or Enterprise）可以被定义为，通过必要的时间和努力发现与把握商业机会，通过创建企业或企业组织结构创新，筹集并配置各种资源，将新颖的产品或服务推向市场，从而最终实现企业经济价值和社会价值的过程。当然，从更广泛的意义讲，创业就是创造事业，是最高层次的就业。一般而言，创业能力，一是指对社会经济发展趋势的分析判断能力；二是指捕捉商机的能力；三是指合法综合利用各种资源的能力；四是指项目运作的能力；五是指财务知识及应用能力；六是指团队合作沟通协调能力。随着经济社会的发展，创业者不断开创新的产品、产业和市场，促进了社会的进步，创业活动已成为推动社会发展促进国家财富增长的重要力量。当今社会创业变得十分重要，其主要原因有以下几点。

1. 创业是经济发展之源

美国创业最为活跃的硅谷所在的圣地拉拉县。假设其是一个独立的经济体，1996 年的 GDP 排到全球第 11 位，出口排到第 9 位。我国创业最为活跃的长三角地区，2009 年江浙沪三地 GDP 总额历史性地超过 1 万亿美元，长三角地区相当于全世界第十一大经济体，超过韩国和印度。

2. 创业是民族富裕之源，也是一种民族精神

我国历史上有浙商、晋商之说。以现在的浙商为例，2007 年温州市财政收入 40 亿元，老百姓的收入 400 亿元，这其中自然来自于当地创业的活跃。

3. 创业是培育新兴产业之路

美国西北大学科技园罗纳德·C-吉塞克在《科技园对地区经济的影响》中谈到，"如果没有斯坦福科技园在加州南部集聚一批科技公司，能有硅谷吗？硅谷企业从事的都是新兴产业"。

4. 创业是缓解就业困境的有效途径

自 1990 年以来，美国麻省理工学院（MIT）毕业生和教师平均每年创建 150 个新公司。目前该校校友开办了 4000 家公司，年销售收入达 2300 亿元，仅 1990—1994 年创建

的公司就雇用了110万人。我国目前面对着巨大的就业压力，2008年全国需就业人数2200万人，实际有1100万岗位；2009年全国失业人口1200万人，实际就业岗位不足一半，因此我们也需要通过创业来创造就业岗位，即以创业促就业。

3.1.2 创业教育的概念

创业教育的概念最早由世界经济合作和发展组织的专家Colin Ball在1988年提出。

1989年11月，联合国教科文组织在北京召开"面向21世纪国际教育发展趋势研讨会"。会议报告在论述21世纪的教育哲学问题时首次提出了一个全新的教育概念—"创业教育（Enterprise Education）"，其中指出：创业教育是指充分挖掘学生潜能，以开发学生创业素质，培养学生创业综合能力为目标的教育。联合国教科文组织提出了继文化知识证书、职业技能证书之后的"第三本教育证书—创业教育证书"的概念。创业教育也有狭义、广义之分。狭义地讲，创业教育是一种培养学生从事商业活动的综合能力的教育，目的是使学生从单纯的求职者转变为职业岗位的创造者。

1998年10月，在巴黎召开的世界高等教育大会通过的《21世纪的高等教育：展望与行动世界宣言》中指出：高等学校必须将创业技能和创业精神作为高等教育的基本目标，为了方便毕业生就业，高等教育应主要关心培养创业技能与主动精神，毕业生不再仅仅是求职者，首先将成为工作岗位的创造者。1999年4月，联合国教科文组织在韩国汉城举行的第二届国际职业技术教育大会，突出强调要加强创业教育，着重培养学生的创业能力。创业教育概念的提出，为世界各国政府和教育组织进一步认识和思考创业教育的重要作用，开发和实施创业教育奠定了思想基础。

创业教育包括三个层面的教育：第一，是普及商业知识、规律，提高学生商业意识、适应商业环境和从事经济活动的基本能力；第二，是培育企业家精神，成功的企业家需要具备创新精神、冒险精神、团队精神和敬业精神等；第三，是创业职业教育，把创业真正作为自己的一份职业，这是比就业要求更高的职业形态。创业活动要求大学生具备自主、自信、勤奋、坚毅、果敢、诚信等品格与创新精神，要求大学培养未来创业者与领导者的成就动机、开拓精神、分析问题与解决问题的能力。开展创业创新教育的根本目的在于培养人，在于让学生体会到创造的价值，并挖掘自身的创造潜能。《创业教育中国报告（2010）》显示，各层次的创业教育均能够有效地培养受教育者的创业精神、提升受教育者的创业技能，而高校创业教育的效果更加明显。96%的高校创业教育接受者认为，创业教育能够培养自身的创业精神；95%的高校创业教育接受者认为，创业教育能够提升自身的创业技能。它不仅传授关于创业的知识与能力，更重要的是，要让学生学会像企业家一样去思考。创业需要创业教育提供基础，即要经过严格的学术训练和知识准备，使未来创业者具备战略眼光、良好的沟通协调能力、营销能力和决策能力，并具备较好的情商。一项调查显示，表现最优秀的上市公司与高新技术企业老板有86%接受过创业教育。

关于创业教育需要强调以下几点。

（1）创业教育的目标是提升创业能力。作为高等教育重要组成部分的大学生创业教育，目标是提升学生的创业能力，核心是培育创业精神。必须通过有效的创业教育模式，培养学生的创业精神，强化创业意识，锻炼创业意志。创业教育要帮助学生具备善于把握市场机遇、勇担社会责任、积极迎接挑战、有效化解风险、具有科学管理运营的素质和能力，从而走向事业成功。

（2）提升学生创业能力的关键是强化创业实践教育。高校在加强创业教育工作中，应把强化创业实践作为创业教育中的重要内容；同时还应充分利用好大学科技园等资源，设立大学生创业孵化基地，优先为创业者提供办公经营场所和相关创业后续服务。

（3）高校应为大学生创业和创业教育提供良好的文化条件。这些文化条件既包括崇尚创业、鼓励创业、宽容失败的文化氛围，也应包括支持创业和创业教育的体制机制条件，还应有组织支持和资源保障的工作环境。高校应从统筹规划、组织协调、队伍建设、条件保障等方面为创业教育工作提供切实有效的支持。

3.1.3 创业与创新之间的关系

创业和创新之间的关系在各种文献中已被讨论多年。创新理论的奠基人经济学家熊彼特（J.A. Schumpeter）也曾对创业进行过研究。熊彼特在创新理论中指出，创新来源于创业，创新应该成为评判创业标准。他认为，企业家的职能就是实现创新，而创业活动则是创造竞争性经济体系的重要力量。熊彼特把“新组合”的实现称为创业，把以实现新组合为基本职能的人称为企业家。在现有众多文献里，创业和创新也是被视作是一对密切相关的词汇。近几年国内外很多文献都侧重于研究创业和创新之间本质上的无法分割的关系，并努力探索创业与创新之间的联系及其本质上的渗透与融合。

综合国内外许多管理学者的研究观点，关于创业与创新之间的关系我们可以有以下的描述：

1. 创新与创业有各自明确的研究边界

创新不等同于创业，创业也不等同于创新。创新是建立一种新的生产函数，引进生产要素的“新组合”；而创业则是这种“新组合”的市场化或产业化的实现过程。

2. 创新与创业并非相互独立甚至对立，而是有着不可分割的内在联系

创业的关键在于创新，创新是创业的源泉，创新的价值在于创业。持续创新必然推动和成就创业，创新成果的商品化、市场化依靠创业，因而创业使得创新的经济价值、社会价值得以实现。

3. 创新和创业相互交叉、渗透与集成融合

创新和创业相辅相成，两者的交集表现为相互交叉、渗透与集成融合。在信息化、经济全球化大环境中，两者正呈现出越来越显著的、动态的集成与融合趋势，并表现为正相关关系。两者的动态融合以及相互影响对于创业成功和企业成长至关重要。

4. 创业和创新的融合是一个动态整合、集成与优化的过程

创业和创新的融合是一个动态整合、集成与优化的过程，并非只发生在新企业启动或创建阶段，而是伴随整个创业和企业成长的过程。在这一过程中，创新精神、创业能力和市场意识始终是创业成功和企业持续成长的内在动力。

3.2 创业型大学的内涵及特征

3.2.1 概念及产生背景

创业型大学（Entrepreneurial University）作为一个新的词汇，刚刚进入中国高等教

育研究者和管理者的视野，而在国外，创业型大学已经经历了长期的演化和发展，并拥有自己的运作模式。创业型大学实质上是学术的市场化和知识的资本化，即它利用自己的知识创新成果，引资创办高科技公司，加速原创性科技成果的转化、孵化、催生、兴办新的产业，创造经济效益和社会效益，为国家经济发展做贡献，同时使学校实力和办学水平能够快速提升。这是 20 世纪 80 年代以后欧美发达国家大学转型创新产生的新的发展模式，已引起世界各国政府和中国高等教育界的高度关注。近年来，创新创业在我国日益得到重视，而大学作为新思想、新科技的培育者，在创新创业活动中的作用也日益凸显。

1998 年，美国教育家伯顿·克拉克在其著作《建立创业型大学：组织上的转型途径》中认为，创业型大学的使命除了教学、研究外，还要服务于区域经济和社会的发展。具体来说，一所创业型大学一般具有以下三个特征：大学自身作为一个组织具有创业性；大学的成员（教师、学生、普通雇员）一定程度上能转变成创业者；大学和周围环境的互动遵循创业模式。

创业型大学是从传统大学演变而来。一般来说，创业型大学的产生受以下因素的影响。

1. 受到政府方面的影响

（1）政府减少大学财政拨款促使大学创业。

20 世纪中叶，西方国家大学 90%以上的办学经费来自政府的资助。随着大学发展黄金时期的过去，政府对大学的投入日益减少，大学不得不面临办学经费不足这一问题。为解决经费不足问题，许多大学采取“省一半、赚一半”的政策。经过几年的探索，这些大学发现通过创业所获得的资金，不仅能弥补收入的不足还能保证大学正常运转。

（2）政府鼓励科研竞争促使大学创业。

在对大学的态度方面，政府不但实施财政削减政策，还改变对大学科研经费的发放政策，即不再将科研经费直接平均分配给每所大学，而是将这些经费交给国家科学研究委员会，由国家科学研究委员根据学校的科研实力，有选择性地分配。为获取科研经费，许多大学从为学术而学术转向更为实际的工业研究。同时，大学在一定程度上加大对产学研相结合的办学力度，并且鼓励和支持教师及学生与产业界进行合作研究。

（3）政府不断提高人才规格标准促使大学创业。

政府除了不断减少对大学的财政拨款和鼓励大学通过竞争获取科研经费之外，还不断提高大学的人才培养规格标准：大学不仅要培养出能纵观国际形势、促进国家进步的政治型人才，还要培养出能在商场上独当一面、在贸易竞争中运筹帷幄的经济型人才，更要培养出能有效地解决社会问题的实用型人才。为使培养出来的人才达到政府的要求，许多大学通过创办工业园或与产业界建立友好关系等方法，为学生提供实习基地，加强学生的动手能力，培养学生应对突发事件的能力等，这无形中促使大学去创业。

2. 产业界需求更多的应用型人才

为保持国际市场竞争力，产业界急需寻求新技术和开发出新产品。因此，它们需要的是拥有娴熟的操作技能和敏捷的思维能力的技术开发人员及产品革新人员，如电信工程师、建筑工程师、机械工程师、企业高层管理人才等。并且，大多数企业还要求聘用的人才具有一定的工作经验，他们无需接受岗前培训就能为企业服务。因此，大学在为学生提供前沿理论指导的同时，还为他们提供专业的技能训练。为满足产业界对学生实践操作能力的要求，一些大学会选择通过与企业合作等方式为学生提供实习基地，帮助学生将学到的理论知识融会贯通到实践应用中去。

（1）产业界需求更多的回报促使大学创业。

大学的办学经费有相当一部分来自产业界的资助。但是，越来越多的企业在注资大学时提出附加条件，希望可以获得开发大学所“孵化”出的高深知识的优先权，要求大学给它们带来基金回报或是声誉上的回报，要求大学为它们开发出低成本、高利润的科研产品。为满足企业的要求，许多大学选择建立专门的研究中心来保证科研成果的商业价值，这些研究中心不仅实现了为企业增值的目标，而且还为大学创造了额外收入。

（2）产业界对实习学生的态度促使大学创业。

一般情况下，产业界不愿意接受实习学生，即使接受了这些学生，也会提出苛刻的附加条件。因此，为解决这个问题，很多大学自己开办“教学工厂”。一方面，这可以为学生提供实习的场所，另一方面，大学也可以利用现有的资源获取额外资源。例如，沃里克大学通过创办沃里克制造业集团，为理工科学生提供了实践基地。它还利用学校剧院、会堂和展览馆，让戏剧、音乐、舞蹈等艺术类学生进行演出，锻炼学生的能力。值得一提的是，这些演出每年能吸引25万名以上观众来欣赏，这为沃里克大学带来了一笔数量可观的收入。

3. 大学自身转型成为综合性大学

许多大学为提升综合竞争力，并且靠更多的学科吸引学生来就读，越来越向综合性大学靠拢。要成为一所综合性大学，必须建立更多的校舍和聘请更多的优秀教师。因此，一些大学选择利用自己独有的学术资本来创业，如开办公司、校企合作、专利转让等。

（1）成为新知识的引领者促使大学创业。

当前，大学只有与瞬息万变的市场结合起来，才能成为新知识的引领者。与产业结合，就意味着大学在创业，借此获取更多的发展资金。

（2）拥有更多的在校生促使大学创业。

大学只有具备一定的教学科研能力，才会吸引更多学生前来就读，而学生人数的增加对于较为年轻或是知名度较低的大学而言，是其发展壮大的必要条件之一。因为生源的增加就意味着要用更多的钱，建更多的院系专业，同时聘请更多的优秀教师。为获取更多的办学资金，许多大学将目标投向了创业活动。

3.2.2 创业型大学的组织特征

相对于传统大学而言，创业型大学发生了一系列行为上的变化，最集中地体现为组织制度和动力机制上的变革。学者伯顿•克拉克多年的观点认为，创业大学的组织特征包括以下五个方面。

1. 强有力的驾驭核心（A Srengthened Seeringcore）

传统的欧洲大学长期以来表现出较弱的院校控制力，较强的政府控制力。随着大学复杂性的增强和改革步伐的加快，大学驾驭自己的能力变得更加虚弱，迫切需要更为有效的管理能力。虽然那些在自己国家高等教育系统中处于优势地位的旗舰或精英大学能够依靠良好声誉和政治影响取得资源保障和优势竞争地位，及能够比其他大学更为长久地忽视虚弱的驾驭能力，但是有抱负的大学却不安于边缘地位，不安于薄弱的驾驭力，而是要关注自己的生存能力，灵活应对日益增强的变革需求，以更有组织的方式重新塑造。因此，对于创业型大学来说，强有力的驾驭能力不可或缺，高效率的行政领导和驾驭核心不可或缺。需要说明的是，这种强有力的驾驭能力并不单指学校核心行政或上层行政群体，也包括系与教师群体等的学术基层单位。

2. 扩宽的发展周边（The Expanded Developmental Periphery）

创业型大学在大学传统结构的周边出现许多更大更复杂的运行单位，这些单位较之传统的系或学院更容易跨越旧大学的边界，与外部利益结合。这些单位运行的形式大体分为两大类别：一类是专业化的校外联结组织，负责向外推广，从事与产业界的联系、知识转让、知识产权开发、咨询和服务、继续教育、资金筹集以及校友事务；另一类是跨学科研究项目导向的研究中心，这是一种规模比较大而且比较基本的形式，与学院、系并肩成长。伯顿・克拉克认为，大学将会发展成“双元性”组织，即传统的重视学术本位、重专业知识的学院、系所仍为学术核心单位；以跨学科研究项目为导向的研究中心是发展的另一重点，成为组织学术工作的第二个主要方式。前者可扮演纯学术的角色，而后者则以应用性或解决问题为重点。

3. 多元化的经费来源（The Diversified Fundingbase）

伯顿・克拉克认为，大学财政来源主要有三个渠道：一是来自政府对大学的拨款；二是通过争取补助和合同筹措经费；三是所有其他来源的自由资金，包括从工厂企业、地方政府各部门、慈善基金会、学生学费、捐赠的收入，以及知识财产的版税收入、校办产业所获得的利润、校园服务的收入等。 事实上，来自政府的资金不断在减少。创业型大学认识到这种趋势，从而努力从第二个和第三个收入来源取得资金，特别是不断拓宽和加深第三个收入来源渠道。尤其是，第三个来源代表着真正的财政多元化，并且这种趋势因“创业精神”的激励而在加速发展。

4. 激活的学术中心地带（The Stimulated Academic Heartland）

学术中心地带是一所大学运行的基础，包括传统的以学科为中心的学术基层如院系以及新的跨学科的研究中心，它们是从事学术工作最多的地方。由于不断拓宽的发展周边的学术单位的出现，以及学校财政资助的多元化，使得变革以强烈不均衡方式在学术中心地带产生影响，使得“科学和技术”方面的院系和研究中心更为容易获得主动特性。但是，创业型大学并不只是意味着“科学与技术”功能。伯顿·克拉克通过对欧洲一些创业型大学的分析和研究指出，传统科学，如物理、化学、数学、经济、社会、文学等，在当前市场逻辑及“应用性”的需求中，虽然无法获得较多的资源，但是在“企业化精神”的刺激下，如果能改变价值观，采取有效策略，加强合作意识，也都可以争取更多的资源，从而增强其竞争力和发展特色，强化其学术研究的地位。此外，为了激活学术中心地带，还应加强跨院系的合作，加强整合型研究。

5. 整合的创业文化（The Integrated Entrepreneurial Culture）

创业型大学很像高科技行业中的企业，开发一种追求创新的文化。这种新的文化可能开始是作为相对简单的制度变革的理念，后来经过详细的说明而形成一系列信念，这些信念在学术中心地带广泛传播，变成了一种整个校园的文化或灵魂。也就是说，强有力的文化根植于强有力的实践，观念和实践相互影响，大学的文化和价值体系在培育大学个性和具有特色的声誉中相当重要。伯顿·克拉克认为，良好的文化可以产生对组织的认同，并形成最大的决心来实现组织的目标。而一种新的企业文化精神的产生，是学校中有形与无形的因素、正式与非正式关系的综合，需要在管理人员、广大师生当中普遍存在着创业精神。

3.2.3 创业型大学对人才培养模式的作用

当大学走出校园承担起服务社会职能的时候，大学的课堂也延伸到了生产实践之中，使大学生实践能力的培养受到了高度重视。创业型大学的诞生和实践，必然会带来人才培养方式新的变革。

1. 使学生直接参与到创业过程中，从而成为培养人才的新平台。

创业型大学的科研活动往往是以现实为导向，课题常常以项目的形式出现，更多地采用工作组和部门相结合的矩阵式的组织结构，工作过程是以解决问题和成员参与为核心的。真正的工作主体是团队，由不同学术领域的人员组成，围绕各类重大问题开展创新性研究，不同领域的成员可以互相交流信息，提供解决问题的不同视角和研究方法，促使新观点和新思维的产生。

创业型大学的科研工作一方面可以促进教学，另一方面这种科研活动本身也离不开学生特别是高年级本科生和研究生的参与。学生在项目工作组或研究团队中和其他成员共同开展研究，完成科研任务，一开始就置身于一个良好的学习、研究环境并融入其中，不仅可以获得丰富的知识；还有研究的方法、带有批判精神从事研究和工作的态度以及可能影响其一生的生活方式。这类经验一般很难通过正规的以教师、书本和课堂为中心的教育渠道加以传递和掌握，在很大程度上只能通过实践中的个体摸索、顿悟以及同行之间在科学活动中大量随机的相互交流和切磋来获得。正是在这种研究和学习中蕴藏着“创造性能量”，这样的教学是我们传统大学中难以实现的。事实上，学生走出传统的课堂和狭窄的实验室，在这样的跨学科平台中经受锻炼，可以为今后的自主创新创业奠定良好的基础，可以有效弥补大学课堂教学在培养创新创业人才方面的不足。

2. 创业文化的培育，将对人才培养产生深远的影响。

不同于一般高校的创业活动，创业型大学的最大特点在于：学校的教师和学生对“知识成果转化或大学加强与企业的联系”都抱有普遍接受的态度，进而以一种更为积极的方式参与其中，最终形成共同的学术和创业共存的价值观念、习惯和行为方式。学术的资本化是创业型大学的组织特性，在以学术资本化为内在推动动力的创业型大学中，源自于企业等组织的创业精神已经成为一种新的精神气质。这种新的文化将对大学生产生重要的影响。麻省理工学院鼓励学生要拥有企业家精神，在学院举办的创业比赛中，几乎每年都有新企业从比赛中诞生，同时许多创业计划被附近的高新技术企业购买。大学开展创业教育与创业实践是就业教育的一种提升，是一种反映时代要求的先进文化。

3.2.4 美国创业型大学的历史演化及特征

知识经济是以知识为基础的经济，是“建立在知识和信息再生产、分配和使用基础上的经济”。大学的使命正是生产、传承、扩散和利用知识。大学的未来以及大学在未来的创新活动中的角色问题，已经引起世界各国的重视。作为重要的知识生产机构，一些大学在未来国家与地区的经济与社会发展中的作用将日益增强，以至于成为创新系统的领先性机构，具有组织创新活动的条件和能力。

波士顿银行 1997 年发表了一份研究报告：MIT：The Impact of Innovation，说明了研究型大学对国家经济发展的重大影响。该报告指出：与麻省理工学院相关的公司已在美国 50 个州设有 8500 多个工厂和办事处，MIT 的毕业生和在校教师已在全球创建了 4000 多家企业，就业人数 110 万，年销售额高达 2320 亿美元。充分利用研究型、创业型大学实现军事、经济与社会发展目的，是美国科技产业乃至经济跨越式发展的真正法宝。

总体说来，美国大学发展历程是线性的，经历了一个由教学型向研究型、又从研究型向创业型转化的发展道路，即经历了一个“教学—研究—创业”的线性发展过程。这两次重要变化被概括为第一次大学革命和第二次大学革命。以麻省理工学院和斯坦福大学为代表的一些大学已摆脱了远离“世俗”的“象牙塔”形象，使大学从次要的社会支撑机构发展为促进产业乃至经济发展的社会主要机构。这不仅表征了大学社会地位的提高，而且意味着一个“大学—产业—政府”三螺旋创新模式的形成。美国创业型大学在知识经济中起着绝对重要的作用，它们是衍生新公司和新产业的母体，同时又是合作创新的主体，是推动经济与社会发展的不竭动力。

1. 美国创业型大学的历史演变

在美国，第一次大学革命发生在 19 世纪中期，开始于一些较老的教学型大学，如哈佛大学和哥伦比亚大学等。这些大学中的许多教授都是从德国留学回来的，他们深受自己在德国的博士导师们的启发，积极寻求开展研究工作和高层次学位授予工作。然而当时缺少实现这一目标的可用资源。由于没有足够的资金可以利用，越来越多的从欧洲取得博士学位的美国学者的研究志向无法实现，他们只得自己设法解决研究资金问题。于是，博士研究生教育应运而生，它创造性地缓解了大学财政紧张问题。当作为教师被雇用的学者获得少量资金购买研究材料和雇请学生进行研究的时候，研究活动超越了个体事业的范围，成为大学的使命与特征。

发生在 19 世纪后期的第一次大学革命之后，大学将它的使命确定为研究与教学两个方面。随着大学在经济与社会发展中的作用的凸显，它不仅经历了规模和范围的变化，而且也被赋予了新的使命，为经济与社会发展服务，发生了第二次大学革命。它的核心活动是：将大学实验室的科学发现转化为产品，并拿到市场上出售。这需要一系列的中间步骤才能完成，从获得发明成果一直到销售出去产品以及发布发明成果。在这些情况下，组织及个人都作为企业家在起作用。在 1963 年，时任加州大学伯克利分校的校长克拉克·科尔从他所在学校的近期历史进行推断，阐明了对大学未来的看法。他认为未来大学是包括大量不同活动的多功能大学。

大学不仅是知识的生产者和传播者，同时也成为知识产权的出售者及其衍生公司的风险资本家。与法国、意大利调整大学与产业关系的最新法律比较而言，大学专利在美国是一个自下而上过程的结果。研究型大学进化为创业型大学的过程深受《贝耶-多尔法案》（Bayh Dole Act）的影响。这个法案为大学知识产权的出售和转让提供了制度保障，大大促进了技术转移工作，使大学得以顺利以知识服务于政府与产业，形成大学的第三使命。在战后期间，当联邦政府成为大学研究的主要投资者时，产生了大学知识产权问题。于是，大学及其在小企业共同体里的同盟四处游说，成功地使美国国会通过了由参议员贝耶和多尔提出的《贝耶-多尔法案》，也称“大学、小企业专利程序法案”。《贝耶-多尔法案》是解决咨询、专利和公司形成过程中的矛盾冲突的产物，它是制度化和协调起源于大学研究的技术的市场交易的一条法律，是大学研究知识产权得到保护和大学知识产业化的法宝。

2. 美国创业型大学的主要特征

美国创业型大学模式的主要特征是在大学教授的科学研究的基础上扩展，进行创业活动，进而形成一系列衍生的高技术公司。这些高技术小公司与大公司相比，与大学的创业活动更加相关。一所大学是否是创业型大学，或者是否具有创业型大学特征，可以用下述五个方面的标准特征来衡量。

（1）知识资本化：知识被创造和传播，既是为了具体学科的发展，也是为了知识的商业化应用；由于知识资本化成为经济与社会发展的基础，因而大学在社会里起着越来越重要的作用。

（2）相互依存性：创业型大学与产业、政府密切作用；它不是一所与世隔绝的象牙塔大学，它要与其他机构彼此相关、相互依存。

（3）相对独立性：创业型大学是一个相对独立的学术机构；它不是为另一个机构范围从属的东西。

（4）混合形成性：在互相依存和彼此独立原则之间的张力的消除是同时实现这两个目标的混成组织形式产生的动力。

（5）自我反应性：当大学与产业、政府的关系发生变化时，它的内部结构有一个持续不断的更新；当产业与政府、大学的关系发生变化时，它的内部关系和结构也要发生变化。

这里应当强调的是：创业型大学在它的战略方向上要有相当多的自主权。创业型大学这个“独立性特征”的术语本身意味着一个既不在政府掌管之下又不在产业控制之下的独立机构。当大学从事与知识资本化相关的创业活动时，现有产业可能同时既把它看作是竞争者又把它看作合作伙伴。当然，并不是每一所大学都适合于创业型模式。有些大学主要集中在教学或科研方面。尽管如此，还是存在着把各种大学（教学型或研究型、综合性或理工科大学等）转变成创业型大学的全球化运动。

创业型大学不是狭隘地仅仅把它自己的研究商业化，而更重要的是，它是一所大学，有很强的确定自己战略方向的自主性，在平等的基础上与其他机构范围相互作用，为经济与社会发展提供发展战略与合作计划，特别是在区域层次上。如果一个大学系统像过去在瑞典那样地运行，即由高等教育部决定每年在每个学科要录取多少学生，那么就几乎不可能有足够的自主性作为基础来建立创业型大学。第二个要件是它必须与其他机构范围有密切的相互作用，它不应当是一个孤立于社会之外而存在的象牙塔，这意味着大学不仅自身要发展，而且还要从战略的高度发展与产业、政府等部门的潜在合作者的关系。因而，一所大学要成为创业型，必须要有相当程度的独立性，它既要独立于政府和产业存在，又要与这些机构范围高度地相互作用。一方面大学与外界社会的关系发生了变化，另一方面大学系统内部结构与功能也需要更新。教学功能是大学的最初功能，一直是大学最初的干细胞，是建造大学的基础。在美国和爱尔兰至今仍然存在着经典的教学型大学。创业型大学应当是具有教学、研究和服务功能的多功能开放性大学。

3. 结论及启示

现代美国大学已经发展为社会主要机构，与产业、政府一起形成“大学—产业—政府”三螺旋创新模式。三螺旋创新模式即大学、产业、政府三方合作，共同创新，但各方又都保持自己的独特身份的一种创新模式。美国大学的进化使社会创新朝这一理想的模式发展。给中国大学以很多启示。其中有三个方面是不可忽视的。

（1）美国大学的历史演化经历了“教学—研究—创业”的线性发展过程，可以说这是大学作为社会机构的演化过程，也是大学功能的进化过程。正是由于研究基础，才使美国知识产业的发展需要大学的知识生产。因而，应当更加努力地加强研究型大学的基础建设，建立知识创新平台，为大学走向创业积蓄力量。而目前，中国大学绝大多数都不具备衍生公司和支撑产业的能力。

（2）随着美国大学的进化，大学内外联系日益加强。在走向创业型大学道路的过程中，许多相应的混合机构被生成，如大学联络办公室、技术转移办公室、孵化器、科技园等。它们为加强大学与产业的关系，为创业型大学的形成提供了组织保证。中国大学应在加强研究实力的同时，强化依托政府基金项目与产业合作的意识，尽快衍生出第三使命——为区域经济与社会发展服务。形成“大学—产业—政府”三螺旋创新模式，促进区域乃至国家经济与社会协调发展。

（3）美国创业型大学在积极与产业、政府联系、合作的同时，仍然保持自己独有的身份。它必须有足够的决策自主性和研究自由度。中国还应当更多地放权给大学，逐渐解决大学办学自主权问题，改变计划教育体制为社会主义市场经济体制，形成真正平等、自由竞争的局面。只有这样，才能尽快尽早建设成功世界一流大学。

3.3 国外创业教育的开展及启示

国外的创业教育主要是由三类机构推动实施的，一是大学的商学院；二是市场化的培训机构，包括 E—learnning 形式的教育培训平台机构；三是一些国际劳工组织推动“KAB 创业教育拓展计划”。我们这里仅讨论国外大学的商学院创业教育发展中的典型案例。

3.3.1 发达国家的创业教育：以美国大学为例

国外的创业教育最先起步在欧美发达国家，至今已有近 60 年历史。有些学校甚至专注于创业研究和教学，将创业教育作为学校的策略重心及竞争优势。有学校甚至将商科学生必修的“管理学”改为“创业管理学”。西方发达国家的创业教育以美国为先驱。

1. 美国大学的创业教育

哈佛大学 1947 年开始创业教育. 斯坦福大学 1949 年开始创业教育，百森商学院 1967 年开始创业教育，UCLA1970 年开始创业教育。美国大学的创业教育位于全球前列。据《美国新闻和世界报道》（U.S.News & WorldReport5）2004 年 4 月的创业教育排名，百森商学院连续 11 年位列第一，哈佛商学院位列第三，斯坦福大学位列第四，UCLA 位列第五。另外，仁斯利尔理工大学的创业教育据《创业者》（Entrepreneur）2004 年 5 月刊报道，依据校友评分确认，排在全美第八。

美国百森商学院是一家规模很小的私立学校（师生人数甚至不如中国的市级师范学校）。该校声称自己“集中于创业教育”，1967年开始开设了第一门创业课，1979年创建了创业专业及创业中心。百森学院的MBA创业教育项目在全球多年名列第一，本科的创业教育也是多年蝉联第一。排第二、第三的常常是哈佛大学和沃顿大学。百森商学院全职MBA项目第一学年的课程与整个“新企业创立”的核心课程完全吻合。为研究生和本科生都开设的三门核心课程是“新企业的创立”“成长型企业的管理”“创业企业融资”。该学院还设有“创业强化项目”，对于那些未来办公司的MBA学生而言，该项目是一个具有高度可选择性、完整性、实用性的项目；对于本科生而言，该项目是一个完整的选修项目。百森商学院要求讲创业的教师必须有企业的经验，或是创业投资家、创业家和实业家，或者是新创立企业的高管（我们的商学院教师多数没有企业的经验，但却是自娱自乐）。

2. 仁斯利尔理工大学的创业教育

仁斯利尔理工大学是一所私立大学，创业教育开始于20世纪70年代末期。1980年建立企业孵化器，1983年开始开发和建设大学科技园，1985年开设第一门创业课程。该学院设立了“技术创业中心”。与教授创业课程相关的全职和兼职人员总共19人，其中5人教授与创业有关的课程，14人教授创业活动领域之外的其他课程，同时也邀请一些创业家来校任教一学期，还有12名编外人员。该学院创业教育的主要任务是培养未来的企业领导者，这些领导者将带领他们的组织把技术、创意转化成为新的企业、产品、工艺和系统。前些年，该学院要求学生必选“创业原理”“新企业的创立”“工业营销”“技术创业”4门课程中的3门。近年来，该学院新的创业教育大纲要求，学生必修的两门课程是“创业原理”和“新企业创立”；学生必须选“启动一个新企业”“技术创业实验”中的一门（实验）课；必须从“发明创新和创业”“金融市场和机构”“工业营销”“技术创新管理”“创新设计”“研发管理”6门课中选修2门；所有创业的学生（包括所有MBA），必须选修以下核心的创业课程，即设计制造营销、设计开发建立高绩效组织、技术与竞争优势、战略技术和创业、财务管理与公司评价。

总体上看，美国大学创业教育较多开设的课程主要是：新企业的创立、企业成长管理、创业企业融资、连锁经营授权和分销途径、组织内部的创业、家庭企业管理学、经营和税务课程、兼并收购、创业型企业营销、风险投资和成长资本、创业相关法律等。相对而言，百森商学院、哈佛商学院、斯坦福大学、哥伦比亚大学等的创业教育是综合性的；麻省理工学院、伯克利分校、仁斯利尔理工大学等的创业教育是面向高科技创业的；印第安纳大学Bloomington分校、Svracuse大学、科罗拉多大学Boulder分校的创业教育偏重于新企业的创立和创新；路易斯安纳州立大学BatonRouge分校偏重的是家族创业、连锁经营及妇女创业；华盛顿大学圣路易斯分校的创业教育偏重于生命科学应用、大型机构创新和创业。

3. 美国大学的创业教育特点

归纳总结起来，美国大学的创业教育有十个特点。

（1）创业教育内容丰富，注重培养学生的创业意识，引导学生把“被动适应社会”转变为“主动适应甚至挑战社会”。

（2）把创业教育拓展为创新创业教育。由于创新与创业天然的内在联系，即便某个学校言明自己某个计划是“创业教育”，但在教学内容上实质上还是“创新创业教育”。

（3）注重开发系列课程（如美国大学创业教育系列课程）。

（4）将创业教育细分化，诸如家族创业、新技术创新与创业、妇女创业、大型机构创新和创业。

（5）教学内容多采用案例教学，教学方法采用讨论式教学. 教学组织多采用学生分组结合项目进行，同时鼓励学生深入到企业中结合实践学习。注重通过模拟、实验使学生获得创业的感性体验，其中创业竞赛尤为突出。1983 年美国奥斯汀德州大学举办了首届大学生创业计划大赛，接着麻省理工学院、斯坦福大学等十多所大学每年都举办这类竞赛，并逐渐波及到世界其他国家的大学。

（6）创业教育以厚实的学术研究为支撑。如美国 MIT 设有创新创业中心，美国百森商学院、滨州大学、斯坦福大学、克雷顿大学等都设有创业研究中心。正是创业教育直接诱发了师生的创业活动。以美国 MIT 为例，该校毕业生和教师平均每年创建 150 个新公司，为美国特别是麻省的经济发展做出了重要贡献，仅 1994 年这些公司就雇用 110 万人，创造 2320 亿美元的销售额。

（7）学校一般设有创业教育中心，专门从事创业教学和研究。中心聘请创业经验丰富的教授从事教学，同时还聘请企业管理人员、风险投资专家等参与教学活动。

（8）创业教育得到了社会各界支持，尤其成功后的创业者的赞助。高成长性公司的创立人、天使投资人、风险投资家、法律专业人士、财会专业人士都积极地参与到学校的创业教育活动中。

（9）美国大学创业教育的重点，从专业看主要是商学和管理学学生，从层次看主要是研究生教育和职业教育、继续教育等方面。这一方面是由管理学、商学等专业的培养目标所决定的，另一方面是因为美国本科生的就业压力不大，而高等教育中职业技术教育和继续教育所占比重较大。

（10）美国大学都设有创业教育基金，基金来源一般是企业或校友捐款、学生的创业研究成果的转化等。另外，美国一些学校为学生提供直接的创业资金支持。如百森商学院设立了“种子基金”，为学生创业提供启动资金，有志于创业的本科生创业团队和研究生创业团队都可以申请到 5000 美元到 20000 美元不等的创业基金。该学院在校学生第一年的创业课程，要求学生以团队形式向学校贷款 3000 美元，启动一家公司且必须返回本金和利息。教师会指导学生如何制订创业计划、如何管理公司并实现盈利。公司在学年结束时清算。除去原始资本的利润成为下一级学生开办的慈善事业的基金。

3.3.2 新兴国家的创业教育：以印度和新加坡大学为例

在新兴工业化国家中，印度和新加坡大学的创业教育最具特点。美国硅谷初创企业里有印度移民创始人的占 15%，他们都是与美国本地人共同创业的。这些印度移民企业家未必都在印度大学里接受过专门的创业教育，但是他们都受过印度创业教育的某些影响。

1. 印度的大学创业教育

印度的大学创业教育有以下几个特点。

（1）在新兴国家中创业教育起步较早。印度早在 1966 年就提出了“自就业教育”

概念。“自就业教育”鼓励学生毕业后自谋出路，要求大学毕业生“不仅是求职者，还应是工作机会的创造者”。

（2）理工科院校的创业教育尤为凸显。以印度加尔各答管理学院和印度理工学院创业教育为例。两个学院主要都是通过体系化的课程设置、辅助课程计划、创业项目孵化等系列机制来实施创业教育的。加尔各答管理学院是亚洲最好的商学院之一，有硕士、博士和高层经理培训三个层次的培养计划。三类计划共同的目标是帮助学生建立关于经济、技术、文化、商业环境的全球视野，并把创业作为优先发展领域，多方式地培养学生的创业意识与精神。他们在主流学科战略管理、财务管理、社会学等之下，开设了创业管理、创业财务服务、企业文化创新、企业家研讨等与创业相关的主干课程；同时，在学生创业协会的支持下，设立了创业辅助课程，诸如每年举办亚洲最大的创业计划大赛、创意实施大赛，先后有200多所国内外大学参与竞争。开设“主干课程+辅助课程”的目的，即在于培养未来领导者的创业精神和实战能力。印度加尔各答管理学院的毕业生中30%的学生后来成了创业者。

印度理工学院是亚洲著名理工院校之一。该校1998年设立KanwalRekhi信息技术学院，办学密切与工业界互动，把教育教学重点置于创业领域，目标是培养既懂技术又会管理的企业和行业领导者。该院围绕信息技术及其产业发展开设了一些创业课程，诸如信息产业创业、企业资源计划、有效的创业沟通等。开设这些课程之外，该学院还建立了学生创业与创新社团，以促使学生、教员和校友积极参与相关创业活动。校方的目的在于促进学生创建具有潜在价值的企业，激励学生的创新精神和创业意识，促进知识的创造、创新与学生的创业活动，为大学生播下创业的种子。KanwailRekhi信息技术学院特别重视实践性创业教学，设置的实践性课程占总学分的60%左右，如研究开发实践课程，学生在教师指导下从事科研工作，要求学生参与工业企业资助的研发项目。

（3）开设创业类课程的学校基本都设有创业中心。创业中心十分关注为学生创业者提供相应的创业服务，诸如创业初期的企业孵化、建立必要的硬件设施和企业孵化的支持系统、促进网络资源的发展，甚至提供创业辅导教师、咨询专家及顾问公司。在帮助学生创业的同时，还帮助教师和学生把自己的科技成果转让给企业。

2. 新加坡的大学创业教育

新加坡南洋理工大学把创业教育原模原样地搬到了中国。“创业与创新中文硕士课程”是针对近年来华人世界对创业教育的需求而开设的中文创业学硕士课程计划，所有课程内容与同名英文课程相同，但以中文为教学语言，在创业生态圈构建上纳入了华人创业所需要的元素，同时安排学生深入海内外市场考察创业环境。该计划涵盖创业学的6个教学模块，教学内容涉及“创业运筹、创业营销战略、创业融资及财务管理、创业中的知识产权和技术转让、创业家战略管理、新企业的设立”等。

该计划通过相关课程教学和演练活动，力图使学生将所学习的相关知识用于未来可能的创业活动。其中，“创业运筹”主要讲授如何捕捉创业的灵感，发现和鉴别商业机会，筹划公司的创立，组建创业团队，创业资源的整合，商业计划的撰写；“创业营销战略”主要讲授市场分析与新产品的设计，目标市场的确立，市场细分与定位，营销整体业务流程设计，品牌的创立，创业环境中的营销战略实施；“创业融资及财务管理”主要讲授企业财务报表的理解，财务预测与计划，预算的编制，比率分析，融资渠道，融资条款及洽谈，企业的财务监控和退出计划；“创业中的知识产权和技术转让”主要讲授品牌战略，特许经营，知识产权，专利，技术评估，专利许可和协议；“创业家战略管理”主要讲授管理原则与管理工具的使用；“新企业的设立”主要通过电脑模拟为学生提供仿真的市场环境，学生可借此进行创业模拟，分析市场环境，制定企业战略，进行营销方案策划，调度资金，协调公司各部门的功能和运作，争取竞争优势。全过程有专家指导，辅以决策分析，教学形式生动形象，效果显著。

为开展创业教育，南洋理工大学 2001 年与新加坡国家经济发展局联合创办了南洋创业中心，其主要任务是创业教育、创业咨询和创业研究。力图通过相关创业教育课程和活动，培养并促进学生的科技创业精神；提倡教师、学生、校友、风险投资人及企业家之间的交流和合作；为学生创业者提供咨询、知识和信息。该中心自创立以来，已有35%的毕业生建立了自己的公司。

3.3.3 国外创业教育对于我国的启示

1. 高度重视创业教育

创业是经济发展之源，是民族富裕之源，是一种民族精神，是培育新兴产业之路，是缓解就业困境的可能途径。一个社会中创业的活跃需要大量的创业者，因此，我们需要大力发展创业教育，要通过创业教育培养学生从事商业活动的综合能力，使高校毕业生从单纯的求职者转变为职业岗位的创造者。正如 1999 年 4 月第二届国际职业技术教育大会所强调的那样，“为了适应 21 世纪的挑战，必须革新教育，注重培养学生的创业能力。创业能力是一种核心能力，必须通过普通教育和技术与职业教育来培养”。

2. 将创新的内容融入到创业教育之中

按照创新理论的奠基人、美籍奥地利经济学家熊彼特的观点，“创新”就是“建立一种新的生产函数”，把一种从来没有过的生产要素和生产条件的“新组合”引入到既有的生产体系之中。在现代市场经济中，仅仅那些具有创新内涵的创业活动才是可持续的。也只有这样的创业企业才有可能生存下来，并且有所发展。因此，在大力发展创业教育的过程中，我们也需要向其中融入创新的内涵。所谓在创业教育中融入创新的内涵，即在培养学生的创业意识、创业技能的同时，也要注意培养学生的原创精神、创新能力和创新技能。

3. 创业教育要有一定的分类

创业教育旨在培养学生的创业精神、意识与技能，国外学校就此也根据学生类型而有一定分类。其中，对于本科生的创业教育，偏重于创业精神、创业意识的培养；对于研究生特别是 MBA 的创业教育，以及职业教育和继续教育中的创业教育，则是全面的创业精神、意识与技能的培养。可见，就创业教育而言，国外不是有教无类，而是区别对待，根据教育对象的不同，教育目的有异、开设的课程也不同，这一点对我们很有参考价值。

4. 加强创业教育中的实践性教学

除了在工商管理研究生教育和职业教育、继续教育中创业教育往往是专业教育、专业课程外，在本科生及跨专业研究生教育中，创业教育都仅仅占教学课时中很少一部分。要在很少的课时中使学生对创业的相关知识有所理解和把握，课内课时都是不够的。再加上创业教育很难在实验室里进行，国外学校普遍重视实践性教学。这一点也是国内开展创业教育需要借鉴的。

3.4 美国高校创业教育的发展与实践

3.4.1 创业教育理念的认知和形成

美国高校的创业教育理念的认知和形成与社会经济的发展密切相关，对创业精神本质的认识是顺应社会经济发展的一个动态过程。1947年哈佛大学商学院开设了第一门创业课程——新创企业管理。但此后的20多年里，美国大学中的创业学科并未得到较快的发展。这是由于当时的美国正处于大工业时代，经济高速增长，大公司繁荣发展，而小企业则不断减少，创业教育缺乏成长的契机。

从1969—1976年，美国的中小企业创造了美国经济中81%的就业机会，1980年以后95%的财富是由新兴的中小企业创造的。与中小企业快速成长相适应的是美国创业教育的发展。从1968年美国百森商学院在本科教育中开设了创业方向开始到1979年为止，美国已有127所本科院校开设了创业教育课程。由于创业教育的发展是基于就业压力引起的，当时的创业教育是作为一种“功利性”的教育改革内容提出来的。这个时期的创业教育在价值取向上带有明显的功利性，以“企业家速成”作为创业教育的目标。创业教育以课堂教学为主，开设的创业课程比较零散，没有形成系统的理论体系。

20世纪80年代以后，西方经济增长幅度放缓，对人才的需求从量的发展转向质的提高，美国高校对于创业教育的理念认知也发生了变化，开始认识到“创业教育既是一种理念，也是一种实践”。1983年美国得克萨斯州大学奥斯汀分校创办了世界上第一届商业计划大赛，此后，麻省理工学院、斯坦福大学等学校也相继举办了颇具影响力的创业计划大赛，创业教育由原来的以课堂教学为主的模式转变到关注综合实践能力的培养。随着创业教育的发展，人们逐渐认识到“功利性”创业教育的片面性，“非功利性”创业教育成为国外创业教育的主要特征。这一阶段中，创业教育不仅仅只是传输创业的专业知识和培养操作性的能力，而且形成了一个系统性的教育活动，它揭示了创业的一般规律，把创业教育看作是一个培养大学生个性品质、心理意识、创业技能、专业知识等全方位、多领域素质的整合性活动，目的是使受教育者具备创业意识、创业个性心理品质和创业潜力，以适应社会经济的发展。

3.4.2 百森（Babson）商学院的创业教育哲学

美国百森商学院将创业作为一种生活方式，认为创业精神的核心是创造或识别机会，并抓住机会的能力。在该理念的指导下，百森商学院开展循序渐进的、基于模块的本科生和MBA创业教育项目；以全球的视野开展卓越的创业研究；通过多样化的外延拓展活动，构建学生与创业者沟通的平台，培养具有创新视野的全球创业教育师资，形成了独特的“百森创业教育哲学”。

一般人都认为，百森商学院是一所专门学习创业的学校，在百森商学院“创业不仅仅是一门学科，它还是一种生活方式”。百森商学院认为，创业精神是一种思维、推理及行动方式，其核心是创造或识别机会，并抓住机会的能力。从1919年建校开始，创业教育就与百森商学院的发展息息相关。由于其创办者、杰出创业者罗杰·百森的远见卓识，百森商学院在将近90年的发展历程中，每个阶段都深深打下了创业教育的烙印。1967年，百森商学院向研究生提供第一门创业教育课程，标志着创业教育发展进入新的阶段。

目前，百森商学院引领美国乃至全球创业教育的发展。《华尔街日报》在2001年将百森商学院的“毕业生技能”列为第一，并称百森是所有商学院中亟待挖掘的最佳的“深山美玉”。2007年，百森商学院的本科生创业项目共提供39门创业课程，95%的教师是创业者，7%的毕业生创办了自己的企业，共有12个学生创业俱乐部。百森商学院以其独特的教育理念、课程设计以及多样化的外延拓展活动位列美国《创业者》杂志排名第一；同时，其研究生创业也十分卓越，位列《创业者》杂志排名第二。百森商学院通过教学、研究和外延拓展活动，激发所有学生的创业型思维方式，培养其创业领袖精神，领导全球创业教育和实践进步。

循序渐进的本科生创业教育项目。百森商学院于1968年开办创业学专业，为具有创业兴趣和潜质的学生提供全面和综合的创业课程，循序渐进地帮助学生形成创业型思维，以适应任何环境的变化。作为世界上第一个本科生创业学专业，它集中关注机会识别、评估和实现。目前，百森商学院拥有世界上最大的创业教育师资队伍，这是创业教育顺利实施的保证。12位专注的终身教职教授和22位拥有实践经验的创业者一起，向学生提供学术哲学和现实生活经验相平衡的创业教育。完善的课程是创业教育顺利开展的关键，百森商学院在创业教育、被誉为“美国创业教育之父”的杰弗里·蒂蒙斯的领导下，开发出一套富于创新的、完整的创业教育课程体系。该课程体系既为学生提供广泛的创业知识和技能，又为学生在特定的商业系统中取得成功定制特殊路径，如创办新企业、特许经营、公司创业、社会创业以及家族创业等。针对不同学习阶段的学生，百森商学院提供循序渐进的创业教育项目。

3.4.3 美国大学开展的创业教育课程

美国的第一个创业教育课程诞生于1970—1980年。第一个本科创业教育专业诞生在百森商学院、贝勒（Baylor）大学和南加州大学。1979年至1986年间，中小企业与创业课程迅速成长，并蓬勃发展。如今，美国至少有400个学院和大学提供一种或多种创业课程，许多顶尖大学现在提供创业方面的课程和学位。著名的哈佛商学院亦在这一股潮流压力下，将必修的“一般管理学”改为“创业精神管理学”，加州大学洛杉矶分校的创业相关课程更是高达24门，其他如芝加哥大学、麻省理工学院、斯坦福大学等著名大学，目前都在倾力专注于这一领域，以求在新经济的趋势中站稳脚跟。伴随着大学课程的增加，由私人咨询公司、社区和行会提供的创业研讨班也蓬勃发展起来。

美国大学教育中开展创业教育的方式灵活多样，举行“校园创业计划”大赛就是其中的一种。1983年美国德州大学奥斯丁分校首次举办，此后，斯坦福大学、麻省理工学院等大学每年都举办此类活动。Yahoo公司就是在斯坦福大学校园创业氛围中诞生并迅速成长起来的。

据统计，到2004年，开设创业课程的美国大学和学院已超过1100所，其中50%以上开设并提供了至少4门创业方面的课程。美国在探索和实施创业教育过程中，逐步形成了自己的创业教育特点。

（1）注重学生就业观点的转变，促使学生将被动的就业观念转变为主动的创业观念。

（2）注重创业教育有关内容的体验，使学生体验获得创业的感性认识。

（3）注重对教师的培训，要求教师具备一定的创业体验、创业知识和创业技能。

（4）创业教育组织非常活跃。

（5）创业教育得到了社会部分资金的资助。

目前，世界上不少国家都很重视创业教育。除了美国，还有26个国家也开展了类似教育。在澳大利亚，大学里的创业教育已经开展了40多年。

3.5 中国高校创业教育的现状与问题

3.5.1 中国高校创业教育的发展历程

从2002年4月，教育部确定清华大学等9所高校为首批创业教育工作改革试点高校，到2012年8月教育部《普通本科学校创业教育教学基本要求（试行）》文件的颁发，创业教育在我国高校已经整整走过了十年的发展历程。这段发展历程分为萌芽期、探索期、拓展期和成熟期四个阶段，总结经验教训，以期为我国高校今后的创业教育发展提供借鉴和参考。

创业教育在我国的开展大致可以分为两个阶段：第一阶段是高校创业教育自主探索阶段（1997—2002），在这一阶段中，清华大学、复旦大学、华东师范大学等许多高校都做了有益的自发性探索；第二阶段是高校创业教育起步发展阶段（2002年至今），这一阶段创业教育在政府引导下进入多元化发展时期，各类院校分别通过不同的方式对创业教育的开展进行了实践性的探索。

第一阶段（1997—2002）：自主探索阶段

1997年，中国高校创业教育以清华大学开展第一届创业计划大赛为开端。1999年，教育部《面向21世纪教育振兴行动计划》中提出：加强对教师和学生的创业教育，采取措施鼓励他们自主创办高新技术企业。教育部早在2002年就提出在高校开展创业教育试点，当时9所院校参加了试点，尝试了创业课堂模式，创业实践模式，以及把课堂理论学习和实践提高结合起来的模式。当时，教育部就确定中国人民大学、清华大学、北京航空航天大学、上海交通大学等9所高等学校作为开展创业教育的试点高校，并于同年6月召开“教育部首届高校创业教育研讨会”商讨创业教育开展的路径和方式。

早在20世纪末，上海交通大学就开设了创业课程，并且逐渐形成了“教师、讲师、导师”三位一体的创业教育机制，通过高强度的创业计划大赛、创新与创业大讲堂、创业沙龙等活动，把企业请进来；让风险投资家、创业校友等各方人士与学生接触，把学生推到创业前台。江苏大学提出要让100%毕业生接受创业教育，10%在校生获得创业精英培训，5%的毕业生在就业过程中实现自主创业。

第二阶段（2002年至今）：起步发展阶段

2003年由团中央、全国青联发起的中国青年创业国际计划，独创“资金支持+导师辅导”的模式。迄今仅在上海就批准发放 235 个创业项目，建立 22 个服务站和 10 个创业实训基地。

2005 年，共青团中央、全国青联和国际劳工组织合作，引进国际劳工组织的创业项目 KAB，在全国十所高校试点，在中国大学生中开展 KAB 创业教育中国项目。高校创业教育的开展引起了政府和大学的积极关注。

2008 年，国内有 11 所高校获得教育部“创业教育类人才培养模式创新实验区建设”项目。近几年来，在教育部的大力倡导下，各个高校为改变这种现状，都大力开展了大学生的实践能力和创新精神的培养。国内各大学积极开展了大学生科技训练计划（Scientific Research Training Project，SRTP）、国家大学生创新性实验计划等活动，探索建立以“问题”和“课题”为核心的教学模式，提高其创新实践的能力。其中，SRTP（大学生科技训练计划）是为在校本科生设计的一种科研项目资助计划。SRTP 采取项目化的运作模式,通过设立创新基金和本科生自主申报的方式确定立项并给予以资金支持，鼓励学生在导师指导下独立完成项目研究。SRTP 的核心是支持本科生开展科研训练，学生参与 SRTP 的过程本质上是在进行研究性学习。它注重学生参与研究的学习过程，而并非期望本科生创造出多少原创性成果。SRTP 为学有余力的大学生提供直接参与科学研究的机会，引导学生进入科学前沿，了解社会发展动态。学生们通过发现问题、激发创新思维、独立完成课题等过程，积极主动地探索新的知识领域，从而体验到一种全新的研究性学习的乐趣。

2010 年 4 月，随着我国高等教育体制改革和人事制度改革的不断深入，大学生就业难问题已经由学校和学生家庭问题转变为一个社会问题，近年来由于大学生就业困难而引发的一些社会问题不断发生，已经引起了社会的极大关注。教育部 2010 年 4 月召开了全国高校创业教育视频会，并下发了《大力推进高等学校创新教育和大学生自主创业工作的意见》，意见指出，创新创业教育是适应经济社会和国家发展战略需要而产生的一种教学理念和模式，应在高等学校中大力推进创业教育。随之成立了全国创业指导委员会，在全国高校中全面开展创业教育。

由此可见，提升高校创业教育质量，使学生“具备创业意识，创造就业机会”，已成为当代中国大学教育的重要组成部分。这个过程也见证创业教育正在日益被重视，将成为中国建设创新型国家和人力资源强国的重要基础、高等教育改革的重要抓手、学生未来个人职业生涯发展的极佳切入点和选择。由此可见，提升高校创业教育质量，使学生“具备创业意识，创造就业机会”，已成为当代大学教育的重要组成部分。创业教育作为近年来我国高等教育改革和发展过程中的一种教育理念，越来越受到重视和关注。

上海高校的创业文化建设走在全国前列。据统计，上海 66 所高校中有 90%的学校开展了创业教育，开设了 100 多门创业教育课程，建立了各种规模的创业基地。上海在全国率先成立了大学生科技创业基金会，出台了一系列创新举措，有力地促进了大学生创业。其中，华东理工大学提出的“基于 CSSO 的全程创业教育新模式”于 2008 年被教育部批准为创业类人才培养模式创新实验区。CSSO 就是由“构思（Conceive）、策划（Scheme）、模拟（Simulate）、运作（Operate）”四个环节构成的全程创业教育新模式。激发创业意识，培养创业精神被界定为当代大学生创业教育体系的基础。经过近两年的讨论和探索，学校作出了首先在低年级大学生中开展创业精神普及教育的决定。从2010年起，华东理工大学开设了覆盖所有本科生的“创业精神导论”课程。

2009年5月，清华大学通过新成立的“创业教育创新实验区”，根据该实验区规划，清华大学将在教育部的支持下，集校内多个部门和院系之力，从创业启蒙、专业知识训练、创业赛事、创业实践等多个环节入手，为清华学生提供体系更为完整、资源更为丰富、培养更具针对性的创业创新教育。

总体来说，我国高校创业教育起步较晚，处于初始探索阶段，新的形势要求高等教育大力推进创业教育，从而使创业教育在高等教育中处于重要的地位，让未来的大学生都具备“三本教育护照”（学术性的学历证书、职业性的职业资格证书、创业教育）。创业教育在欧美发达国家已归入国民教育系统，但国内还没有形成完善体系，专门的创业教育亟需研究与实践，这样才能保证政府部门、有志于创业的青年人之间实现资源整合和无缝对接。

3.5.2 大学生创业教育存在的问题

当前我国大学生创业教育仍然存在着不可忽视的问题。

1. 创业教育意识理念不明确

目前很多高校的创业教育仍局限于实务层面，主要组织学生开展“创业大赛”，参与“创业设计活动”等。然而事实上这种没有深入到学生思想中、没有上升到理论层面的“实务”教育并不能从根本上思想上让学生得以吸收，大部分学生仍停留在活动好玩与否，精彩与否层面，而没有意识到创业教育理念的重要性，导致出现学生激情有余涵养不足、精英化痕迹明显、大部分学生只是“看客”的情况。事实说明，这样的教育模式是难以让高校创业教育取得实质性成果的。

2. 创业教育课程开设不合理

开展创业教育，大多数高校的做法是加开几门与创业教育相关的课程。其实，这样的做法是不能使创业教育从根本上得以落实的，关键是将其纳入教育环节，渗透到各类教育课程，渗透到学生培养的方方面面，使之与创业教育环环相扣，这就牵涉到教育部门和学校的教学改革问题，涉及学生培养模式的改革问题。

3. 创业教育管理体制不完善

当前国内大多数高校都将创业教育交由学工部、就业指导中心、团委等负责，因为这些部门主要负责大学生的就业指导工作，这就看起来像为就业而管理，让学生有为就业而就业的感觉。这种缺乏系统的创业教育是较难获得理想效果的。

4. 创业教育师资队伍建设有待提高

师资问题也是制约高校创业教育的重要因素。教师是创业教育的主导者，课程的开设也是依靠老师，因此，老师自身的教育水平深深地影响着教育的发展。而就目前现状来看，大部分高校教师担任创业教育任务还有困难，其主要原因是：一方面，创业教育课程仍处于摸着石头过河的阶段，没有规范统一的官方教材，教学内容和教学方法难以把握，教师难以做出切实正确的指导；另一方面，创业教育是实践性很强的教学任务，这需要教师本身具有一定的创业经历，接受过正规的创业教育训练，显然现在的教师还难以达到。

3.5.3　推进创业教育的主要措施

目前，我国高等院校要注重增强学生的实践能力、创造能力和就业能力、创业能力。开展创业教育是我国高校就业形式的需要。创业教育已经成为就业能力培养的一种新途径，把单纯的就业指导变为就业与创业教育并举，让学生树立就业观念，由被动地就业向主动创业转变，提升就业能力。为此，高校和政府需要在以下六个方面加强改进。

1. 倡导创业精神，转变教育理念

社会应形成对自主创业的认同感，倡导创业精神，形成一个尊重创业、支持创业的社会氛围，这对坚定学生创业信念、走创业之路，具有非常重要的意义。同时更新理念，用先进的指导思想指导创业教育的发展。更新的理念应包括：以人为本的教育观念；以学生为主体的教学观念；促进学生全面发展的教育质量观念；培养创新创业人才的教育价值观念。

2. 完善培养体系，推进课程改革

创业教育的培养需要系统、全面、正确的体系来推进，现行的教育体系与创业教育相互融合，真正推进创业教育的实施。创业教育作为学校教育课程，应建立以创业教育为价值取向的课程体系及配套措施，形成全员参与、多突进实施创业教育的局面，构建中国特色创业教育理论体系与框架。

3. 提高师资水平，优化教师结构

教师要进行角色的转变，由教学过程中的“主导”作用变成“引导”作用，开发创业潜能，培养学生的创新能力。教师要加强实践锻炼，积累创业经验，同时可以聘请一些企业家、成功的创业者、技术创新专家，提高创业教育的师资水平，优化整个教师结构。

4. 加强校风建设，营造创业氛围

将创业教育作为教育指导思想，融入校风建设之中，时刻以创业教育为理念，鼓励支持大学生创业的想法与行为，开展各种有关创业教育的活动与讲座，营造一个创新创业的学校氛围，为社会主义和谐社会的建设做出贡献。

5. 发挥政策优势，弘扬全民创业

响应政府有关创业教育方针的号召，发挥政策方面的优势，鼓励和支持大学生和各阶层创业，弘扬全面创业的精神，创建全民创业的氛围。

6. 搭建实践平台，打破教育瓶颈

高校需搭建多层次创业实践平台，打破创业教育实践环节薄弱的瓶颈制约。一是积极开展各种创业计划竞赛，为大学生创业进行热身；二是创建校外创业见习基地；三是积极创建大学生创业园，挑选有详实创业计划并有一定实践基础的学生创业工作室进驻创业园，孵化进入创业园的学生创业项目。高校通过建设创业平台，开办自主创业公司，营造创业教育的良好氛围；而学生则通过参加各种社会实践，获取市场信息，扩大自己的社交圈，为创业打下初步基础。

3.6 典型案例分析

案例1 创业教育创新实验区项目（清华大学）

清华大学是国内最早开展创业教育的高校之一，在创业教育的理论和实践方面进行了积极的探索，在全国高教界发挥了重要的辐射和引领作用。

1998年5月，清华大学成功举办了亚洲第一个创业计划大赛——清华创业计划大赛，在社会上引起强烈的反响和关注，并催生了“挑战杯”全国大学生创业计划大赛。1999年，清华作为第一个亚洲成员被邀请并加入了全球商业计划竞赛联盟（Global Start-up Workshop）。2000年，以清华大学经管学院技术经济与管理系为基础，成立了中国创业研究中心，致力于开展创业管理和创业投资的教育、学术研究、管理和政策咨询及相关实践项目，积极促进中国高技术企业的成功创建和成长，推动创业投资业的发展。清华大学的创业教育培养了一批具有创业精神和创业技能的创业人才，推动创建了视美乐、Fanso、慧点、瑞福、奇乐无限等数十家创业公司。

清华大学创业教育实验区的工作主要包括以下几个方面。

1. 创业教育理念

清华大学的人才培养目标是“高素质、高层次、多样化、创造性”的拔尖创新人才。清华大学的创业教育侧重于机会型创业，把培养学生的科学技术研究能力与技术创新和创业能力结合起来，着重提升学生对市场、产业、资源整合和企业家的理解和认识。培养既具有较强的专业技术背景，又熟悉商业运作规律的复合型人才，这些人才能对促进科技成果转化、尤其是高新技术产业化，推动我国产业结构的转变和优化发挥重要作用。

2. 创业教育研究

清华大学依托经济管理学院技术经济与管理系，于2000年成立了清华大学中国创业研究中心，旨在研究创业理论、把握创业需求和指导创业实践；清华大学还拥有教育部人文社科重点研究基地——清华大学技术创新研究中心。该中心开设创业和创新教育相关课程10门，其中《创业管理》被评为国家级精品课程。中心多次主办、承办和合办国内外重要创业教育会议和创新创业学术会议。中国创业研究中心从2002年参加全球创业观察研究项目，迄今已完成2002年、2003年、2005年、2006年度报告，以及2006年和2007年中国城市创业观察报告等学术著述，并办有学术期刊《创新与创业管理》。学校团委在举办全校创业计划大赛以及组织学生参加全国大学生创业计划大赛等实践活动中，积累了创业教育的丰富经验，不断探索创业教育的规律，形成多篇工作论文，并出版《清华园中的创业教育》一书。清华大学创业教育研究的不断深入为创业教育的开展奠定了深厚的理论基础。

3. 构建创业教育体系

经过长期的不断探索，清华大学逐步形成了“创业启蒙—创业课程—创业赛事—创业实践”创业教育模式，学校多个相关部门有所侧重地开展工作并形成合力，构建起一个比较完整的创业教育体系。从创业启蒙、专业知识训练、创业赛事、创业实践等多个环节入手，为清华学生提供体系更为完整、资源更为丰富、培养更具针对性的创业创新教育。其中，创业启蒙环节通过讲座、培训等形式，实现创业基本概念和知识的普及，以及创业兴趣及灵感的启发；专业知识训练环节依托第一课堂的课程教育，帮助学生获得政策法规、创业素养、创业管理等创业所需要的各方面专业知识；创业赛事环节以竞赛的形式训练学生挖掘市场需求、制定创业计划、实践创业设想的素养和能力；创业实践通过在企业（尤其是初创企业）中实习的方式使学生获得企业运行的直接经验，并进而帮助创业团队进行孵化。通过这一系列举措，来实现 4 方面的教育目标：激发学生的创新创业精神和潜力，树立开拓创新的意识；培养素质全面、知行统一，具有开拓能力的优秀人才；培养既具有较强的专业技术背景，又熟悉商业运作规律的复合型人才，这些人才能对促进科技成果转化、尤其是高新技术产业化，推动产业机构的转变和优化发挥重要作用；扩大学生的创业资源网络。

（1）创业启蒙教育

创业启蒙教育旨在普及创业的基本知识，激发学生的创业兴趣和意识。创业启蒙教育主要依托清华大学校内众多相关的学生组织开展，通过各类创业论坛、创业沙龙、创业辅导及俱乐部活动，给学生传达最基本的创业知识和理念。清华大学学生创业者协会是开展创业启蒙教育的重要力量，他们活跃在校园里，传播创业的相关知识，具有较强的影响力，他们组织的主要活动包括：

- 创业论坛：主题定位于创业理念和经验的共享。此外，学校其他有影响力的重要论坛活动经常邀请商界名家、创业精英演讲，与学生交流。有的论坛还设有创业板块。
- 创业者沙龙：以咖啡厅聊天模式，邀请初创企业负责人与同学进行近距离的经验分享。

（2）创业课程体系

创业课程是学生系统学习创业理论与知识的主要渠道，清华大学的创业课程主要依托经济管理学院开设。近年来，经管学院不断加大创业课程的建设，逐步形成体系。2005 年，经管学院与微软中国研究院合作开设了《技术创业——未来企业家之路》，选课人数达到 226 人；2006 年，开设《创业机会识别和商业计划》，选课人数超过 150 人；2007 年，开设《创业领导力》，在经管学院能容纳 300 人的教室举行。创业课程受到学生的广泛欢迎，教室常常爆满，很多同学站在教室后面和过道上听课。

在创业课程的设计中，体现一个基本的教育思想是：用创新的教学安排，反映创业课程的特色，有效地提升学生的创新能力和创业能力。为贯彻这一思想，强调创业课程体现三个基本原则：一是多元化背景的教师联合授课；二是让学生直接接触企业、企业家和投资家，获取丰富的经验和领先的实践知识；三是构建以课程为核心的创业教育资源网络，使学生不仅学到书本知识，而且更重要的是融入社会实践、激发内在动力，学到接触和获取资源的能力。

（3）创业赛事平台

创业计划是技术创新与风险投资相结合的产物，“创业计划大赛”是借用风险投资的实际运作模式，要求参赛者组成优势互补的竞赛小组，提出并围绕一个具有市场前景的技术产品或者服务创意，以“获得风险投资家的投资”为目的，完成完整、具体、深入的商业计划。在社会的广泛关注、学生的积极参与和学校的大力支持下，清华创业赛事架起了投资家、企业家与青年创业者之间的桥梁，给学生提供了一个参与创业实践的平台。

首创于 1998 年的“清华大学学生创业计划大赛”是亚洲第一个创业比赛，也是清华大学校内最主要的创业教育赛事平台，举办十届以来，累计已有500余支创业团队、数千名同学参加。通过大赛，学生得到了一次系统全面的创业教育，在与一个团队共同努力的过程中，真实地参与市场调查、争取投资，并在几近真实的商业考验中，锻炼自己的思维与执行能力。大赛评委由创业专家、风险投资家和业界成功人士组成，通过酒会、沙龙、培训课程等形式，参赛者可以很好地扩大自己的资源网络，结识志同道合的团队和伙伴。

在举办校内赛事的同时，学校鼓励学生团队参加校外、国外的相关比赛。在过去五届"挑战杯"全国大学生创业计划大赛上，清华大学团队累计取得11金3银1铜的成绩，高居全国各高校榜首。2003年10月，在新加坡举办的全球商业计划大赛中，清华代表队获第四名；2004年4月，在美国旧金山举办的2004 USF国际商业计划大赛中，清华代表队获得"最佳国际商业奖"；2005年，清华安能团队在美国University of Texas举办的第三届国际技术商业化大赛中获得二等奖；2006年，清华SIGN团队在2006 Global Competition中获工程类第三名。

（4）创业实践

创业实践是指创业的个人或团队真正开办企业。依托清华创业园的企业孵化服务，创业团队可以提高创业成功率，更好地集成校内外各种资源，促进产品、技术的创新。清华创业园成立于1999年8月，是一个面向以高校师生为主体的创业企业孵化器，多年来有力地支持了清华学生的创业活动。

创业企业可以在创业园获得三个层次的服务：

① 基本商务服务：获得基本办公和开发场所。

② 中介增值服务：园区内拥有高水平的咨询公司、律师事务所、财务审计公司和资产评估事务所等中介机构。这些中介机构将对创业企业的组建、组织架构设计、技术开发和管理、法律、财务等方面提供全过程的咨询服务。

③ 融资咨询服务：争取得到各种基金、风险投资家和上市公司的资金投放。

学校聘请创业园的相关负责人员担任创业课程的兼职教师或创业赛事的评委，为学生的创业活动搭建了一个比较完整和有机的创业教育体系。

案例2　基于CSSO的全程创业教育新模式（华东理工大学）

近年来，华东理工大学提出了"在全面工程教育背景下的创业教育"和"基于CSSO的工科大学全程创业教育"的新模式，于2008年被教育部批准为创业类人才培养模式创新实验区。围绕学生创新创业能力培养，全方位整合各种资源，扩大创业文化传播，科学规划创业教育体系，努力构建CSSO创业教育的新模式，形成了创业精神培养、创业知识传授、创业技能训练、创业实践辅导的一条龙的创业教育机制。

经过多年的建设，华东理工大学创业教育的资源已得到优化整合，形成了涵盖创业知识教育、创业文化传播、创业氛围营造、创业基地建设和创业实战演练等多个维度的全程创业教育体系。近些年来，一大批校友在自己的岗位上建功立业，涌现了数百个成功创业案例，近百名校友成为创业型企业家。

1. 创建了CSSO全程创业教育的新模式

根据工科大学教育的特点以及对创业教育目标任务的认识，华东理工大学提出了"基于CSSO的全程创业教育新模式”。CSSO就是由“构思（Conceive）—策划（Scheme）—模拟（Smiulate）—运作（Operate）”四个环节构成的全程创业教育新模式。其主要思想是大力加强本科教学中创新创业理念的渗透，规范创业教育课程的教学与管理，积极建设创业教育第二专业和辅修模块，完善大学生创业教育的课程教学体系。CSSO自提出以来，得到了国内外相关学者和企业经营者的广泛关注和高度评价。教育部专门在华东理工大学成立了创业教育基地并下拨资金作为支持。

新生进校和第一学期，就必修《创业精神导论》，植下创业的第一粒种子。此后，创业精神普及教育系列、创业专门知识选修系列、创业辅导与实践系列、创业专业系列四个系列的课程，源源不断地给学生输送养分，催生创业的幼芽。而“CSSO”中的“模拟与运作”两个环节，则帮助学生的创业之苗成长壮大。

目前，华东理工大学已经将创业教育课程纳入本科培养方案，从教学运行机制上保证创业教育。创业专门知识选修系列课程将从现有的6门课程逐步增加到20门左右。由商学院开设的“创业管理”第二专业培养方案，2010年起面向全校招生。

2. 系统设计全程创业教育课程体系

激发创业意识，培养创业精神被界定为当代大学生创业教育体系的基础。经过近两年的讨论和探索，学校作出了首先在低年级大学生中开展创业精神普及教育的决定。从2010年起，华东理工大学开设了覆盖所有本科生的“创业精神导论”课程。

学校把大力发展创业教育，科学规划、系统设计了全程创业教育课程体系，着力培养学生的创新精神和创业能力。在课程体系建设中，学校紧扣自身发展实际和国内外创业教育发展趋势，密切联系具体专业情况，坚持理论教材建设和实训教材建设相结合、创业基础知识建设和专业行业课程建设相结合，逐步构建、完善了由必修课、选修课、第二专业这三大系列构成的全程创业教育课程体系。

一是“必修课”，该模块的《创业精神导论》面向全校开放，课程安排在大一的第二学期公开授课，重在对创业精神的诠释和培养。

二是“选修课”，该系列更突出学生的参与性、互动性和实用性，注重创业理论知识和学科专业知识的结合、体验式教学和案例式教学的结合。学校除开设《创业规划》《创业投资》《创业法规与政策》等课程外，还充分利用工科兼职创业指导教师的专业优势，逐步开设了《环境新技术创业》等25门不同专业所在行业的创业知识实训课程，使选修课程基本涵盖学生创业所需要的知识领域。

三是“第二专业教育”，将由商学院面向全校学生开设“工商管理第二专业”，务求通过系统的专业训练，推动学生深度学习创业管理知识，为提升创业能力打下扎实理论基础。

3. 虚实结合开展创业模拟实践活动

“模拟与运行”是CSSO全程创业教育体系的两个重要环节。华东理工大学充分利用各种资源，拓展了一系列实践活动，保证这两个重要环节的落实。

（1）“大学生创业计划大赛”项目

“大学生创业计划大赛”是华东理工大学传统项目，从2006年起，参加该赛事的同学就可以获得相应的创新学分。目前，该赛事两年举办一届，已经成为校内影响最广的学生活动之一。2007年，该活动吸引了近千名大学生参加。

（2）“大学生创业实战赛”项目

学校每年7月举办“大学生创业实战赛”，并提供创业启动资金开展创业实践活动。“大学生创业实战赛”分创业策划、创业模拟、创业实战联动三大板块。在创业策划板块，选拔200名优秀学生举办创业训练营，邀请创业导师培训、指导完成实地创业策划书。在创业模拟板块，组织100名优胜学生的异地创业策划书进行计算机沙盘模拟，邀请专业教授对创业策划书进行指导与修改。在创业实战板块，遴选20位晋级学生赴异地开展为期11天的创业实战环节，实地实践创业策划书的具体内容。

“大学生创业实战赛”，在创业实践活动形式上、内容上、组织上都取得了新的突破，在社会上引起了较大反响。迄今已成功举办十届的大学生创业实践大赛，报名参与人数也从最初的几十人达到近千人，参加的学生从一年级到三年级，成为华东理工学生时期社会实践的品牌项目。与此同时，学校涌现了一批成功创业的代表，在实践中激发了学生的潜能，提升了自我发展的信心和能力，树立了服务社会的职业理想和创业意识。

（3）大学生“创业见习资助项目”

学校于2009年起开始实施大学生“创业见习资助项目”，成为学生创业实践的又一个平台。学校联合企业建立创业见习基地，每学期组织创业成长性明显的企业提供能了解和熟悉企业全面经营管理的见习岗位，面向诚信守法、品学兼优、能够按时完成学业、具有创新创业精神、勇于挑战自我的大三、大四本科生及在校研究生，由企业和大学生“双向选择”确定“创业见习资助项目”。创业见习期限一般在4个月左右，时间不少于50天。学校提供一定的见习补贴并为每位学生购买一份人身意外伤害保险。

（4）大学生创业服务中心

华东理工大学创业教育研究中心与校产业处合作建立了大学生创业服务中心。目前，已有50余支创业团队接受了中心的创业辅导，有近20支创业团队在中心的指导下进行了创业尝试，正式注册的企业已有10家。创业教育研究中心还在奉贤校区建立了专门的“创业实践基地”，可同时容纳30余名学生进行创业实践。

（5）商务管理协会（MBA）和创业俱乐部

商务管理协会（MBA）和创业俱乐部是华东理工大学直接参与创业实践活动的社团。多年来，学校积极扶持和帮助商务管理协会和大学生创业俱乐部逐步成长与发展，指导他们通过开展头脑风暴、创业沙龙、创业讲座、创业实习等活动团结和发现创业型人才，借助沙盘和经营模拟软件开展创意实践和企业模拟运作。

4. 专兼结合的师资队伍

在CSSO框架下，学校来自思政教师、经济管理教师、其他学科教师和社会兼职教师四个方面的师资队伍在“构思（Conceive）—策划（Scheme）—模拟（Simulate）—运作（Operate）”这四个阶段扮演着不同的角色，他们以“矩阵式”的方式参与到创业教育的全过程当中。在构思阶段，主要由前三者参与，而在模拟阶段，除了思政教师和经济管理教师之外，还需要来自政府部门、企业等方面的社会兼职教师的参与。在运作阶段，需要所有师资力量的参与，指导学生在真实的市场环境下进行创业尝试，争取完成创业孵化。

为满足全面创业教育课程建设需要，学校逐步建成一支包括30名专业师资、50名校内创业导师和50名校外创业导师的专兼职教师队伍，为创业模拟与创业实战提供指导和支持。

5. 统筹兼顾，构建全程创业教育的体制机制

华东理工大学注重统筹兼顾，整合多方资源，把建立有利于全程创业教育的体制机制，作为构建科学发展长效机制的重要部分，切实抓紧抓好。

一是，依托“基于 CSSO 的全程创业教育新模式”项目，成立了创业教育工作领导小组，由分管本科教学的副校长和分管学生工作的党委副书记为组长，包括教务处、学生处、团委、产业处、商学院、国际合作和交流处、党委宣传部、高等教育研究所等相关部门，大力促进创业教育资源的优化配置，全面统筹协调全程创业教育的实施工作。

二是，专门成立了创业教育研究中心，作为常设机构具体负责全程创业教育工作的组织、实施、管理和研究，努力提升创业教育的科学化、专业化、规范化水平。

三是，设立了上海市大学生创业基金会华理分基金会，一批大学生创业企业在基金会的资助下陆续创立，成功塑造了一批学生创业典型，推动了创业教育工作不断向创业实践延伸。

四是，着力加强创业教育师资队伍建设。一方面充分整合教师资源，从商学院教师中挑选创业基础课程专任教师，从常年指导学生创新创业活动的辅导员队伍中挑选师资，从创业教育基地、机构中引进企业导师和校外专家，并积极引导工科教师组建学生创业活动专业导师队伍；另一方面加大师资培训力度，和 KAB 教育中心合作，定期培训负责全程创业教育的授课教师。

案例 3　人才培养全过程的“融入式”创新创业教育模式（黑龙江大学）

1. 创新背景

黑龙江大学始终将提高教育教学质量和人才培养质量，培养具有创新精神、创业意识、实践能力与社会责任感的高素质专门人才视为首要任务。2002 年，学校成为教育部 9 所创业教育试点院校之一，在 1998 年实施的“创新工程”“读书工程”等五个工程基础上全面实施面向全体、基于专业、贯穿人才培养全过程的“融入式”创新创业教育。推进“融入式”创新创业教育不仅有利于促进学生全面发展，还有利于促进教师教育观念转变，更有助于促进人才培养质量提升。

2. 实施过程

（1）明确“融入式”创新创业教育理念定位。

“融入式”创新创业教育坚持“面向全体、基于专业、分类培养、强化实践”原则，以“提升学生社会责任感、创新精神、创业意识与实践能力”为核心，将创新创业教育理念与内容融入本科人才培养方案。

（2）将创新创业教育融入本科人才培养全过程。

学校以创新创业教育理念为引领，在专业教学主渠道的教学计划设置、教学内容更新、教学方法改革、教学建设管理等各环节融入创新创业教育理念与内容。

（3）建立与专业核心课程相融合的创新创业教育课程体系。

该体系涵盖通识创新创业课程模块、专业创新创业课程模块和跨专业创新创业课程模块，并以“显性课程”的形式体现于人才培养方案的教学计划之中。

（4）该体系由项目训练、基地实践和竞赛活动构成，并以隐性课程形式体现于本科人才培养方案教学计划中。

（5）建立与素质教育相一致的创新创业教育保障体系。

该体系由组织、制度、指导、师资、经费保障等构成，为创新创业教育融入人才培养全过程提供多元保证。

（6）建立潜在创业者培养"三点联动"机制。

学校建立"创业实验班－初级孵化器－高级孵化器"三个基点联动机制，为具有创业兴趣与愿望、激情与潜质的学生提供创业基础知识、基本理论与基本流程的学习资源，服务于不同学生群体对创业的合理定位与期待、亲身体验与感悟的个性化需求。

（7）开设创新人才培养实验班。

3. 成果的创新亮点

（1）率先提出创新创业教育理念，最先设置专门组织机构。

（2）开创构建"三位一体"创新创业教育体系，首次确立"三点联动"培养机制。

（3）最早建设学生科技文化创业园。

（4）首先开设创新人才培养实验班。

（5）自主开发创业管理教材。

4. 实施效果

黑龙江大学面向全体、基于专业、贯穿人才培养全过程的"融入式"创新创业教育模式，使11万余名学生受益，成效显著。一是，学生创新意识不断增强；二是，学生就业创业成功率不断提高；三是，学生社会责任感不断提升；四是，人才培养模式不断创新；五是，学校示范引领作用不断深化；六是，学校创新创业教育成果不断丰富。

案例4 "紫金模式"的校企深度合作教育联盟（福州大学）

1. 创新背景

2007年6月，紫金矿业集团股份有限公司和福州大学联合成立福州大学紫金矿业学院，同年9月开始招收首批学生，目前共有资源勘查工程、采矿工程、矿物加工工程这三个专业。为培养具有扎实理论和较高实践能力的人才，满足对高级矿业人才的急切需求，福州大学紫金矿业学院组织实施"卓越工程师教育培养计划"改革创新，实行特有的"紫金模式"。

2. 实施过程

在实施教育改革创新过程中，主要采取以下措施：

（1）校企双方成立理事会共建校企合作平台，更好地为学生提供实践上的学习机会，将理论知识运用到实际操作当中。

（2）企业参与制订并实施专业人才培养方案，着重培养社会所需的专业性人才，提高学生专业素质，使学校培养的人才更能符合企业的需求。

（3）校企双方联合建设实践教学基地，在提升学生的实操能力的同时，为企业输送优秀人才。

（4）校企双方共同探索建立实践教学基地管理机制。

（5）校企双方着力打造"双师型"教师队伍。

（6）毕业实践环节实施"产学研"合作教育模式。

3. 成果的创新亮点

福州大学实施工程教育的“紫金模式”，即“由企业支持办学建设、由企业参与办学过程、由企业检验办学成效”的模式，打造校企深度合作教育联盟，双方联合成立理事会、共同制订并实施专业人才培养方案、联合建设实践教学基地、着力打造“双师型”教师队伍、改革创新毕业实践环节，在校企合作培养人才方面创立了一种全新的工程教育模式。

4. 实施效果

“紫金模式”改革取得了积极的改革成效，集中体现在：

（1）实施特有的校企合作模式——“紫金模式”，即“由企业支持办学建设、由企业参与办学过程、由企业检验办学成效”的全新校企深度合作培养人才的模式，并在实践中得到成功检验。

（2）积极探索国家工程实践教育中心的管理运行机制。

（3）积极探索“双师型”教师队伍的培养机制。

（4）专业、学科建设与教学改革工作形成良性互动。

（5）毕业生的培养质量得到社会、企业的充分认可。

本章参考文献

[1] 周春彦，亨利・埃茨科威兹，美国创业型大学的历史演化及主要特征，中国教育科研网[EB/OL]. http://www.edu.cn/，2006-8-26.

[2] 刘动菊. 开展创业教育，构建大学生创业人才培养模式[J]. 扬州大学学报，200711（2）：67-70.

[3] 莫光政. 全球创业教育的勃兴与高等教育发展的新变革[J]. 东南亚纵横，2008（1）：87-90.

[4] 钟运动. 高校创业型人才及其培养途径[J]. 高等教育与学术研究，2006，（3）：51-54.

[5] 郑翘楚. 高校的创业型人才培养模式[J]. 经营与管理，2008（1）.

[6] 李时椿，刘冠. 关于创业与创新的内涵、比较与集成融合研究[J]. 经济管理，2007，16（29）：76-80.

[7] 刘军仪. 创业型大学：美国研究型大学发展的新动向[J]. 全球教育展望，2008（12）.

[8] 向春. 创业型大学的理论与实践[J]. 高等工程教育研究，2008（4）：72-75.

[9] 熊华军，杨雯静. 创业型大学的产生、特性及其发展[J]. 黑龙江教育（高教研究与评估），2011（8）.

[10] 王钟斌. 国内创业型大学研究综述[J]. 北京电力高等专科学校学报，2011（12）.

[11] 季学军. 美国高校创业教育历史演进与经验借鉴[J]. 黑龙江高教研究，2007（2）.

[12] 李俊. 基于美国经验的中国大学创业教育思考[J]. 外国教育研究，2008（11）.

[13] 卢丽华. 美国大学实施创业教育的特点及启示[J]. 外国教育研究，2007（5）.

[14] 联合国高等教育文件《21世纪的高等教育：展望与行动世界宣言》[c]，1998.

[15]《面相21世纪教育振兴行动计划》[EB/OL] http://baike.baidu.com/view/486181.htm.

[16] 徐晓洲，夏晓军．创业教育[M]．杭州：浙江教育出版社，2009.

[17] 徐华平．试论我国高校的创业教育[J]．中国高教研究，2004.

[18] 沈蓓绯，刘明霞．美国高校创业教育特色分析[J]．教育发展研究，2010（5）.

[19] 黄和平，殷乾亮．姚冠荣等．创业型人才培养教学研究述评[J]．中国科教创新导刊，2010（4）.

[20] 马云．浅析高等院校创业教育课程设置[J]．考试周刊，2010（1）.

[21] 陶宏. 我国大学生创业教育现状及对策探析[J]. 山东省农业管理干部学院学报，2009（5）.

[22] 周红霞．中美大学生创业教育比较研究[J]．中国大学生就业，2009（10）.

[23] 李涛，张立红，陈吉明．创新与创业课程体系的构建研究[J]．洛阳理工学院学报（社会科学版），2009（2）.

[24] 郑伟，王茜．以项目为导向的高职创业教育课程设计探讨[J]．职业教育研究，2009（3）.

[25] 梅伟惠．美国百森商学院的创业教育哲学[J]．高等农业教育，2009（2）.

第4章　中国工程教育改革与“卓越工程师计划”

卓越工程师教育培养计划（以下简称“卓越计划”）是为贯彻落实党的十七大以来提出的走中国特色新型工业化道路、建设创新型国家、建设人力资源强国等战略部署，贯彻落实《国家中长期教育改革和发展规划纲要（2010-2020年）》的高等教育重大计划。该“卓越计划”通过教育和行业、高校和企业的密切合作，以实际工程为背景，以工程技术为主线，着力提高学生的工程意识、工程素质和工程实践能力，培养出一大批工程科技创新工程师，为我国走新型工业化道路和建设创新型国家提供坚实的人才支撑和智力保证。为此，中国高等工程教育的改革要强化主动服务国家战略需求、主动服务行业企业需求的意识，确立“以德为先、能力为重、全面发展”的人才培养观念，创新高校与行业企业联合培养人才的机制，改革工程教育人才培养模式，提升学生的工程实践能力、创新能力和国际竞争力，构建布局合理、结构优化、类型多样、主动适应经济社会发展需要的工程教育体系。

4.1　工程科技创新人才的需求分析

根据相关研究表明，我国未来十年发展对工程科技创新人才的需求具有以下特征。

1. 人才需求的普遍性

工程科技创新人才具有普遍性的特点，是指每一个工程科技人员都应具有创新精神和创新意识，都应在工业生产的各个技术环节精益求精，认真负责，同时积极思考提高质量的新技术和新方法，在不影响工程质量的情况下就如何节能、降耗、缩短工期、降低成本等方面进行创新。

2. 人才需求的多层次性

创新并不只是处于宝塔尖的高层次人才或领军人物的责任，也包括在工程科技领域的各个层次和类型中从事创新活动的工程科技人员。当前的重要任务是营造有利于各类创新人才成长的环境和氛围，鼓励不同类型、不同层次的工程科技创新活动。

3. 人才需求的多样化

随着我国科技事业的快速发展，除了传统的学术型（研究导向型）和应用型（专业技术型）两种类型的工程科技人才仍然需要之外，更加迫切需要的是具有多样化特点的工程科技人才队伍、多种类型的人才。

工程技术的发展对人才类型的划分提出了新的要求，分别为：

（1）“理论+技术实践+多专业知识交叉”型，是进行技术交叉、科技集成创新的人才。

（2）“理论+技术实践+创新设计”型，是产品创意设计、开发新产品的人才。

（3）“理论+技术实践+创业与市场能力”型，是工程管理与经营人才。

4. 人才结构满足产业结构的调整需要

中国工程教育的科类专业结构、层次结构和布局结构要适应本国自主创新的需要、产业结构调整的需要、可持续发展的需要、国际格局变化的需要。高水平大学尤其要双接轨、双结合。预计未来十年，由工业化和信息化融合主导的产业结构发展与变化的趋势将一直持续，传统的农业经济将进一步向现代化、工程化、商品化方向发展，现代服务业正在迅速崛起；产业结构长期严重失调的比例关系也将发生根本改变。因此，工程教育要适应产业结构调整的需要，创新型工程科技人才的培养将进一步以现代农业、信息产业、先进制造业、高技术产业、能源工业、现代服务业为重点，满足产业结构调整与产业优化升级的需要，解决经济可持续发展战略过程的关键问题。

4.2 当代工程科技创新人才的特征分析

经济的发展和现代工程的实践对工程技术人才培养提出了新的、更高的要求。具体体现在知识结构、能力结构、创新素质和创新精神四个方面，如表4.1所示。

表4.1 当代工程科技创新人才的特征

	四个层面	主要包括内容
一	知识结构	科学、工程技术、人文社会知识、专业经验知识
二	能力结构	工程设计能力、集成创新能力、工程实践能力 知识学习能力、分析综合能力、开拓创新能力 创新能力的综合要求
三	创新素质	创新人格、战略视野、市场意识、创造思维
四	创新精神	热爱献身精神、科学求实精神、团队协作精神、勤奋敬业精神

1. 知识结构

创新型工程科技人才要具备扎实的科学、工程技术、人文社会知识和专业经验知识。工程师不等于应用科学家，他所从事的工程创新既基于自然科学，又基于社会科学，更要基于所积累的实践经验。与传统的观念不同，其创新能力的形成过程也是积累丰富的科学和技术知识的过程，只有及时掌握最先进的科学知识和技术知识，才能始终站在工程创新的最前沿。创新型工程科技人才的知识结构还应该是一个不断适应、不断创新的动态平衡系统，它能适时地将不同的知识经过系统化、网络化后重新组合，形成全方位、综合、立体、动态的知识结构。

2. 能力结构

创新型工程科技人才的创新能力首先是以创新主体的知识结构、学习能力和创造技能的内在整合为基础，突出创新主体知识结构的复合性和学科交叉性，体现为创新型工程科技人才要具有多元复合的工程设计能力、集成创新能力、工程实践能力以及其他相关的能力和要求。

3. 创新素质

创新型工程科技人才的素质主要包括主体的创新人格、创造思维、驱动创新的战略视野和市场意识。这些素质在组织创新氛围的影响下，通过相互作用促进创意的产生和创新的推进。

4. 创新精神

创新型工程科技人才不仅需要较高的智力因素，也需要较高的非智力因素。从某种意义上讲，非智力因素比智力因素甚至更为重要。经过对大量典型的成功人才成长经历的分析，创新型工程科技人才一般应具备热爱献身精神、科学求实精神、团队协作精神、勤奋敬业精神等几个方面的价值观和精神面貌。做事应有敬业精神，有进取心，有强烈的责任心，能尽个人的最大努力把工作做到最好，并乐于和勇于承担任务。

综上所述，培养中国下一代的创新型工程科技人才，需要同时兼顾其知识、能力、素质以及拼搏奉献精神的全面提升。培养一批高素质的创新型工程科技人才，必须在知识（K）、能力（A）、素质（Q）和精神（S）四个层面做全面的努力，这是中国在培养和造就创新型工程科技人才必须解决的关键问题，如图 4.1 所示。

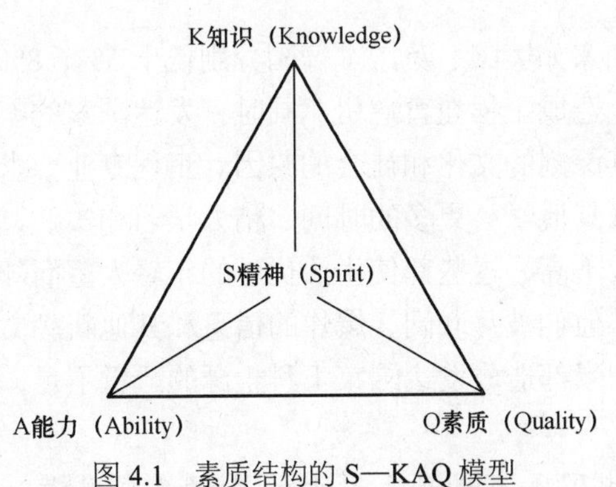

图 4.1　素质结构的 S—KAQ 模型

4.3 中国高等工程教育现状分析及战略

4.3.1 工程教育的现状分析

高等工程教育是高等教育的重要组成部分，高等工程教育的竞争力是代表一个国家经济的综合竞争力的重要指标。我们说工程教育的目标就是培养工程师，这一目标在包括像美国麻省理工学院（MIT）、斯坦福大学这样的世界一流大学从未受到质疑。欧美大学工程专业的毕业生，无论学士、硕士或博士，大部分到产业界担任工程师。然而，在中国这样产业相对落后、迫切需要大量优秀工程师的国家，许多以工科见长的"研究型大学"反而把目标定位在培养"科学家""研究型人才"而不是"工程师"。清华大学在 20 世纪五六十年代骄傲地称自己是"工程师的摇篮"，清华大学为国家建设培养了大量杰出的工程师。但现在中国的重点工科大学，很难找到一所声称自己是"工程师的摇篮"。中国的高等教育必须坚决为工程师正名，让整个社会充分认识到工程师在国家经济和产业发展中的重要作用和地位。

中国近 30 年改革开放的高速经济发展创造了人类经济发展史上的奇迹，但是这 30 年主要是靠加工业为主的低附加值产业。虽然增强了国力增加了资金，同时也带来了严重的环境污染、资源破坏等问题。在经济全球化的形势下，产业发展迅速，想要继续保持高速可持续发展，必须进行产业转型、升级和创新。这对工程人才在数量和质量上提出了新的更高的要求，中国产业链中高端发展需要大量高素质人才。尽管我国高等教育近十年来在规模方面有了巨大的发展，拥有全球最充足的工科生源和巨大的高素质人才需求市场。但是，我国的工科教育从理念、机制、师资、课程设置、教学内容、教学方法到评估体系等众多方面都存在着与产业和社会发展脱节的严重问题。

1. 生源指标：中国拥有全世界最广大的优秀工科生源

尽管改革开放以来中国非理工专业有长足的发展，但工程学科在整个高等教育学生人数上约占 35%以上。2007 年，据统计中国高等教育的毛入学率已达到 23%，远比美、英、法、德等发达国家低很多。尽管如此。由于中国人口数量居世界第一，其工科学生人数占大学生总数比例最高，中国工程教育的生源仍是世界最大。同时，由于中国基础教育的数理化基础普遍较好，拥有全世界最广大的优秀工科生源，成为世界工程教育的宝贵财富和资源。

与此相反，发达国家如美国、英国、德国分别低于 5%、8%和 15%，发达国家的工程学科生源严重不足，造成工程教育危机。同时，发达国家的年轻一代多数对工程教育不感兴趣，这其中有其深刻的文化和社会的原因。工程专业要求学生有较好的自然科学基础，需要付出比很多其他学科更多的时间、精力学习和实践，难度很大，毕业后的工资待遇中等，社会地位不高，这些都使生活优越的年轻人望而却步。特别是 20 世纪 80 年代后期出生的青年，他们被互联网、爆炸的信息和其他新潮文化所影响追求灵活、自由的生活方式，这些因素都造成发达国家工科生源的严重不足，成为他们工程教育危机的首要原因。

2. 规模指标：中国具有世界上最大的工程教育规模

据统计 2007 年以来，中国每年有 80 万本科、100 万高职学生进入工科学习。中国获得工科学士学位的数量远远高于其他国家。2002 年，中国授予的工程学士学位数已经是美国、日本和韩国的总和。2006 年中国培养了 70 万工程师而美国只有 7 万，2010 年中国高等工程教育的本科生 371 万人，研究生 47 万人。中国具有庞大的工科学生数量和最大规模的工程教育。这是中国高等教育国际竞争力的优势，但是规模大并不意味着质量高，如何将工科学生培养成为有国际竞争力的人才是中国高等工程教育发展的战略目标。

3. 工程教育人才的产出指标

（1）工程教育毕业率达到国际人才标准的比例。

全球化经济推动工程教育国际化的发展。其目标是利用全球最优生源和教育资源为国际人力资源市场提供合格工程人才，其核心是按照国际标准来培养工程人才。麦肯锡公司2005年对83个跨国公司人力资源部门经理、人力资源公司和全球资源中心负责人进行调查，结果显示：在大学毕业生中跨国公司可雇用的达到其质量标准的工程师数量与各国求职人数的比例为：中国和俄国为10%，巴西为13%，墨西哥、菲律宾为20%，印度为25%，马来西亚为35%，而匈牙利、波兰和捷克为50%。

我国工程教育存在的系列问题直接反映在毕业生身上。可以归纳为：工科毕业生普遍缺乏对现代企业工作流程和文化的了解；上岗适应慢且缺乏团队工作能力、沟通能力和动手能力；缺乏创新精神和创新能力，缺乏主动工作精神；职业道德、敬业精神等人文素质薄弱。中国的工程教育规模在全世界最大但质量问题严重，大力提高工程教育质量已成为中国高等工程教育刻不容缓的使命。

（2）工程教育创新人才比例指标。

过去 30 年，中国的持续高速发展主要是建立在以加工业为主的制造业基础上，靠的是廉价劳动力。要继续保持可持续高速发展，必须靠产业创新，这就是国家提出建立“创新社会”的背景。中国在产业转型和升级中需要大量的创新型工程人才。据统计，中国有3200万科技人员，其中33%为研发人员，只有0.25%是真正从事原始创新工作的人才。如果说过去中国培养的大量工艺和技能型人才还能基本满足以加工业为主的劳动密集型产业发展的需要，则未来产业转型和升级所需要的创新型人才与过去将有根本的区别。区别之一就是过去的工程人才中只有少数精英创新，而未来的产业发展要求多数工程人才具有创新能力。这必然对中国工程人才培养理念、机制、内容和方法提出了全方位改革的要求。

（3）创业型工程人才的培养指标。

现代产业的发展要求有工程教育背景的人才不仅要懂技术也要懂管理，要有企业家的眼界和能力；敏锐洞察市场的需求，组织团队工作提出有效可行的解决方案为社会提供完整的产品和服务，这就是创业型工程人才的培养目标。中国工程教育在这一指标上相当薄弱。据统计，中国高等教育创业型人才培养比例只有12%，而且教育层次越高这一比例越低，如，高等职业教育毕业生创业型人才比例为1.9%，本科教育为0.85%，而重点本科大学（“211工程”学校）的比例只有0.54%。对比发达国家，如美国和日本都高于20%、30%的创业型人才培养比例。

4. 工程教育国际的排名指标

中国工程技术人员队伍的总体数量逐年提高但质量较差。在瑞士洛桑国际管理学院发表的《世界竞争力年鉴》中，2006—2008年，中国的研究与开发人员连续3年总数占第1位。而在瑞士世界经济论坛的《全球竞争力年度报告》中，中国的企业雇到合格工程师容易程度在2009年和2008年度分别排名第36位和52位。近10年来，这两项排名数字之间的差异基本没有太多变化；2000年中国研发人员数目为第4位、获取合格工程师的容易程度为第47位；2002年为第2位和第49位。这表明，当中国的科技实力向国际前列看齐时，就暴露了高等工程教育系统不能适应国际竞争力发展需要的问题。

综上得出结论：我国拥有全球最充足的工科生源，最大的工程教育规模和巨大的高素质人才需求市场。但是，我国的高等工程教育培养出的人才在质量上还存在着较大差距，不能达到国际人才标准。中国必须实施产学合作和国际化等整体改革战略，大幅提高高等工程教育的国际竞争力，从而为中国经济发展和产业结构调整升级做出更大的贡献。

4.3.2 工程教育改革的战略

为满足我国经济全球化形势下的产业发展对工程人才的需求，针对工程教育改革，联合国教科文组织高等工程教育与产学合作教席主持人、北京交通大学查建中教授提出了三项工科教育的发展战略：一是在“做中学”，掌握正确的学习方法论后，开展工程教育；二是产学合作，政府、产业、教育、学生、家庭共同合作，形成一条完整的人才培养、创新链；三是工程教育国际化。“做中学”是教学的方法论，产学合作是办学机制，而国际化是面向经济全球化的工程教育战略目标，这三者是相关联的。

中国工程教育必须实行彻底的改革，以培养有国际竞争力的工程人才，从而满足产业转型升级对于人力资源的需求、学生就业和职业生涯发展的需求、建设创新型国家战略目标的需求。为此，提出我国高等工程教育改革的重大战略。

1. 产学合作教育

政府制定产学合作教育政策，推行企业接收实习生制度，制定与之相关的优惠税收政策从而形成完整的人才培养链。国家在自然科学基金、社会科学基金、教育部研究基金等设立产学合作研究重大项目，建立产业顾问咨询机制，使产业需求及时反映到学校教育的各个环节，并按照产业需求制定培养目标；产业应把与学校合作培养人才作为战略目标，产业应介入教育全过程，包括师资、课程设置、教学内容和方法、评价体系等；应把产业的职场环境特征或者真实职场环境（校企联合实验室）引入到学校中来作为工程教育的环境。

2. “做中学”教学方法

采用“做中学”的教学方法，全面改造工程教育的教学过程。实施以学生为中心，学生主动学习和实践、教师指导的教育过程，大大加强工程实践环节。通过基于项目的教育培养学生学习能力、解决问题的能力、创新能力、团队合作的能力、与人沟通和交流的能力、传播知识的能力。培养学生的专业素质职业道德和社会责任心。

3. 工程教育国际化

随着产业升级和经济全球化的进一步发展，如何利用全球的优质生源和教育资源培养人才满足全球市场的需要，已是高等工程教育迫在眉睫的任务。中国应把国际工程人才标准作为工程教育培养人才的标准，加速工程教育的国际化进程，包括国际合作办学、国际产学合作，在中国校园建立国际教育的环境吸收大量留学生，使中国工科学生在国内外受到世界水准的工程教育；应采用国际合作办学方式，将最好的教育资源引入中国，促进中外文化融合使中国的工科毕业生能更好地适应国际化的工作环境，毕业后可适应跨国公司或国内优秀企业的需要，可在全球范围内就业，为国际人才市场服务。

4. 增加工程教育经费的投入

培养优秀工程人才提高教育的投资是必要条件，这对国家经济和产业的发展及提高国际竞争力是完全值得的。应当总结改革示范性院校建设的成功经验，大幅度提高工程教育投资以保障改革的实施和成功。

5. 针对“211 工程”重点建设大学的改革

“211 工程”建设学校目前占有中国大学生中最优秀的资源。他们是中国最优秀青年的主要部分，蕴藏着巨大的创新潜力。如果采用研究型教学的方法，将研究型大学的大量学生作为教师科研工作的人力来源，不仅可以使学生迅速成长，也可使教师将科研与教学相结合，有精力指导学生学习，获得更好的研究成果。

4.3.3 面临的国际挑战和发展机遇

1. 面临的国际挑战

当前，工程人才短缺和工程教育质量问题是全世界面临的共同问题。从 1986 年开始，美国国家科学基金会（NSF）、美国国家研究委员会（NRC）、美国国家工程院（NAE）和美国工程教育学会（ASEE）都展开调查和制定战略计划，积极推进工程教育改革。1993 年，欧洲国家工程联合会启动了名为 EUR-ACE（Accreditation of European Engineering Program and Graduates）的计划，旨在成立统一的欧洲工程教育认证体系，指导欧洲大陆的工程教育改革，以加强欧洲大陆的竞争力。欧洲工程教育的改革方向和侧重点与美国一样：在继续保持科学基础的前提下，着重强调加强工程实践训练，加强各种能力的培养；在内容上强调综合与集成（自然科学与人文社会科学的结合，工程与经济管理的结合）。

1980 年，美国国家科学基金会和联邦政府教育部向总统卡特提交了一份题为《八十年代及以后的科学和工程技术教育》的报告。这份报告是应卡特总统的要求，为考虑美国长远发展需要而开展的研究。从报告中可以看出撰稿人对于面临各种挑战的美国科学和工程技术教育深感不安。

1994 年年初，美国国家研究委员会（NRC）、工程教育协会（ASEE）和国家科学基金会（NSF）相继推出了有关工程教育改革与发展的研究报告《工程教育的主要议题》《面对变化世界的工程教育》《重建工程教育：重在变革》三份报告，把近年来关于美国工程教育改革的研究推向新高潮。我国学者准确把握国际工程教育的研究动态，在其所撰写的论文《美国工程教育改革新动向》中系统地介绍了三大报告的主要论点，而且相应地提出了“工程教育必须为国家需要服务，尤其要为经济建设服务”“工程教育应当在统一性基础上追求多样化”“教师奖励制度要有利于教育改革和发展”“教育改革是一项系统工程，需要广泛参与和全方位合作”四项建议与措施。

2001 年至 2006 年，美国国家科学院、国家工程院和国家研究理事会共 50 名院士联合完成了题为“2020 年的工程师”项目研究，在 2004 年和 2006 年分别出台了《新世纪工程学发展的远景》和《适应新世纪的工程教育》两个总结报告。报告认为，面向未来的教育必须按照综合化的思路，创建综合化的课程；工程学位还将成为文科学位的预备学位，管理、医学、法律和商业的学生都必须具备基本的工程素养。通过建立新世纪工程教育的愿景和行动纲领，美国的“2020 工程师”计划为美国工程教育在新世纪的发展指明了方向。

我国工程教育界学者对美国“2020 工程师”计划开展了深入研究，研究人员在《建立新世纪的工程教育愿景—兼评美国“2020 工程师”》及《部署新世纪的工程教育行动—兼评美国“2020 工程师”》两文中，在未来工程实践大背景与工程师关键特征的基础上，提出了新世纪工程教育应予关注的六个方面，即“工程的社会认可”“跨学科与知识融合”“工程师的领导力”“工程与可持续发展”“工程人力资源开发”以及“对工程教育的研究”，以期建立中国工程教育及其改革的愿景。在行动上，建议借鉴《行动报告》所倡导的建议与措施，诸如夯实工程专业的地位、扩大全方位的合作、试行工程教育普及化、坚持改革策略的系统性等。这些举措进一步明晰了我国工程教育界的发展思路与方向，有力地促进了我国工程教育的发展。

2. 发展机遇

中国高等工程教育规模位居世界第一，多年来形成了比较合理的高等工程教育结构和体系。工程教育经过多年发展已经具备良好基础，基本满足了社会对多种层次、多种类型工程技术人才的大量需求。截至 2010 年，我国开设工科专业的本科高校 1003 所，占本科高校总数的 90%；高等工程教育的本科在校生达到 371 万人，研究生 47 万人，全国的工程科技人员总的保有量超过 1400 万，有力地支撑了我国工业体系的形成与发展，支撑了我国改革开放以来 30 多年的经济高速增长，为我国的社会主义现代化建设做出了重要贡献。在老一代科技工作者的带领下，新一代年轻工程科技工作者已经成长起来，在载人航天、高性能计算机、三峡工程、青藏铁路、嫦娥工程等一大批举世瞩目的国家重大工程建设中发挥了巨大作用。如，参与神舟七号、八号、九号飞船以及天宫一号目标飞行器研制团队，平均年龄只有 30 多岁，都是我国培养的优秀创新人才。

在当今世界，科学技术发展与更新越来越快，工程技术对经济与社会的推动作用越来越重要，工程技术人才的培养已成为国家工程技术的水平和发展的速度以及工业竞争力的直接决定因素。世界各国特别是工业发达国家都在大力推进工程教育的改革与发展，力争培养出更高质量的人才，以保持在竞争中的有利地位。多年来虽然我国的工程技术水平已经取得了长足的进步，但就总体水平而言，我国与发达国家相比尚有较大的差距，主要表现在：基础工业薄弱，生产工艺落后，产品质量不高，缺乏自主技术创新；高新技术产业方面的差距甚大；由我国制造并拥有知识产权的产品，并进入国际市场占据一席之地的不多。当前，我国又正处于加速实现工业化过程之中，对工程技术提出了新的更高的要求，而且来自国际竞争的压力越来越大，迫切需要尽快培养与造就一大批高质量、多层次的工程技术人才。

面对走中国特色新型工业化道路、建设创新型国家、提高国家竞争力对高等工程教育提出的新要求，我国高等工程教育迫切需要在思想理念、培养模式、评价体系、体制机制等方面深入改革。人才培养需要进一步加强与工业界的紧密结合；学生的工程实践能力和创新能力需要进一步提升；工程教育师资队伍建设特别是青年教师的工程能力需要进一步加强；工程教育的评价体系与政策保障需要进一步完善；工程教育环境建设需进一步强化。

4.3.4 创新型工程科技人才培养的建议

我国的创新型人才队伍建设，一方面要根据当前形势，抓住机遇从海外引进高层次人才，特别是工程科技领域的高层次领军人才，这将大大加强我国创新型领军人才队伍，对创新型国家建设将发挥重大作用。另一方面要立足国内，着眼未来采取切实措施，加快我国创新型工程科技人才的培养。

1. 提高工程科技人才培养的战略地位

优先发展并大力加强工程科技人力资源能力建设，不断地培养和造就大批高素质、具有蓬勃创新精神与创新能力的工程科技人才。为此要切实提高工程科技和工程科技人才培养的战略地位，实施“创新型工程科技人才战略”，把创新型工程科技人才培养作为创新型国家建设的核心战略。

将工程教育理念融入基础教育。基础教育阶段是培养学生创新能力的重要时期，应站在国家战略的高度，从培养创新型人才的目标出发，在法规、制度、培养体系等方面进行改革，加大对中小学生进行科学、工程、设计理念与文化的熏陶，加强对中小学生创新理念、创新方法与创新文化的教育。理顺“科学”与“工程”之间的关系，在加强“科学教育”的同时，重视对学生“工程观念和意识”的教育，从小培养学生热爱工程科技和求实创新的工程精神。

2. 人才培养规模随GDP的增长而增长

根据国际经验和相关研究，从事研究开发人员的总量与GDP增长呈正相关关系。这一方面说明，研究开发人员作为生产力要素支撑着GDP的增长；同时也说明，研发人员的规模是决定GDP增长的关键因素之一。例如，科技部“人才战略”课题组分析显示，自20世纪80年代以来美国的研究开发人员总量与GDP的增长具有长期的正相关关系，如图4.2所示。

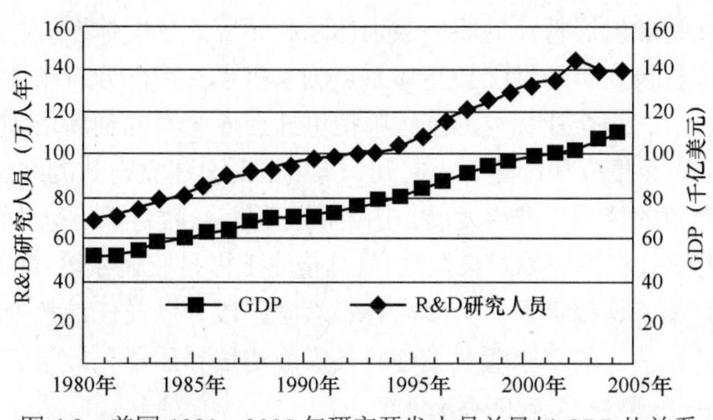

图4.2 美国1981—2005年研究开发人员总量与GDP的关系

为此，当前我国创新型工程科技人才的规模应当实现两个适应：一是，适应人均GDP翻两番目标对工程科技人才资源总量的需求；二是，适应建设创新型国家对创新型人才的需求。

随着经济建设的飞速发展，作为人才培养的主体，高等教育（包括高等工程教育）必须在规模上随之发展。按照经济增长规律，2020年要实现小康社会人均GDP3500美元的目标，国民经济必须保持7%的增长速度。教育规模增长速度亦应与GDP增长相适应，以大约7%的速度同步增长。到2020年，我国人口总数将达到14.7亿，其中，接受高等教育的学龄人口将达到8680万左右。可以预见，为了与国家经济发展的水平相适应，工程教育的规模和发展速度应该稳中有升。

3. 加快高等工程教育改革

（1）工科院校要逐步淡化“理论课程论”的影响，以“强化战略思维以及提升创造力与设计能力”为核心，加强创造意识、创新设计能力和创业方法的培养环节；要特别关注对工业设计训练的建设力度，大力加强工业设计研究院的建设，鼓励更多的师生参与“以设计为核心”的工程训练。高等工程教育改革要重点突出工程实践动手能力、设计能力和创新能力培养，着力解决“工程性”和“创新性”不足的问题。

（2）工科教师队伍目前普遍存在“重理论、重科研、轻工程实践”的现象，青年教师大多是“从校门到校门”，这不利于工程教育质量的提高。引进有企业工程背景的“专业人员”，更多地聘请有丰富实际工程经验的工程师来校教学；选送青年教师去大型企业进行实习锻炼或培训，培养和提高解决工程实际问题的能力。

（3）充分发挥工程研究院所在研究生教育方面的作用。发挥工程研究院所在研究生及创新型工程科技人才培养方面的独特作用，对相应的管理体制、投入体制、办学模式等进行必要的改革与调整，促进工程研究和教育事业的健康发展。

（4）选择一批条件好、特色鲜明的工科大学，给予专项支持，开展创新型工程科技人才培养的示范性教育改革，并以项目的形式进行试点，以期取得成功后进行推广。

4. 强化工程技术人员评价与继续教育体系

（1）强化工程科技人员评价体系的改革。改革并逐步完善工程科技人才的评价体系，进一步拓宽工程师职业发展通道，建立正确的评价考核体系和绩效回报机制，针对工程科技人才的实际，逐步健全以职业能力为导向，以创新业绩为重点，注重职业道德、职业知识水平、职业能力与职业素养的创新型工程科技人才评价体系，建立符合创新型工程科技人员职业和专业发展特点的职务级别体系和相应的分配体系。

（2）强化工程科技人员的继续教育体系。国家重点支持部分有条件的工科大学建立“工程创新训练基地”，为企业优秀的工程师提供 3 至 6 个月的创新培训；重点充实前沿科技、创新案例、交叉集成和经管、人文知识等。同时，建立有效的继续教育管理制度，以保障继续工程教育的持续、健康发展。由中国工程院、教育部、行业协会/学会牵头建立全国性“继续工程教育指导委员会”，加强对企业工程科技人才培养的指导、评审与认证制度，对培养方案、课程设置、教学内容、教学手段，以及任课教师的教学方法、教学效果等进行全面评估，保障企业对工程科技人才的培养质量和效果。

5. 切实推进产学研多元化合作

制定和实施《国家产学研合作法》，明确规定政府、大学、科研院所和企业的义务和责任，保障产学合作持续健康发展。鼓励产业界、学校和研究院之间建立协作联合体，优势互补，分工合作，推进各方在教育、科研、成果转化、风险创业上的全方位合作。鼓励企业在大学建立实验室、研究所或设计院，作为学生工程创新实习和工程师再培训基地。鼓励在企业建立开放式工程实习基地，为学生提供优良的生产实践场所。鼓励政产学合作，建立面向行业的工程科技创新中心，加快行业技术与产品的升级换代，鼓励专家多方共享。

4.4 卓越工程师教育培养计划（“卓越计划”）

进入 21 世纪以来，欧美等发达国家都将工程技术人才培养提升到国家战略的高度，把培养未来工程师作为重要战略目标。在这一背景下，《国家中长期教育改革和发展规划纲要（2010-2020 年）》将“卓越工程师教育培养计划”（以下简称“卓越计划”）作为改革试点项目。

4.4.1 产生背景及实施意义

中国工程院在 2009 年发布的《走向创新——创新型工程科技人才培养研究综合报告》中指出，我国工程教育存在的主要问题是：

（1）人才培养模式单一，缺少多样性和适应性。

（2）工程教育中工程性缺失和实践薄弱问题长期未解决。

（3）评价体系导向重论文，轻设计，缺实践。

（4）对学生的创新教育和创业训练重视和投入不足。

（5）产学政合作不到位，企业不重视人才培养过程的参与。

解决中国工程教育存在的以上问题，迫切需要有切实可行的工程教育改革计划，以培养出满足国家未来发展需要的卓越工程师。

2010 年 6 月，教育部在天津召开“卓越工程师教育培养计划”启动会，联合有关部门和行业协会，共同实施“卓越工程师教育培养计划”（以下简称“卓越计划”），“卓越计划”正式启动。该计划主要任务是探索建立高校与行业企业联合培养人才的新机制，创新工程教育人才培养模式，建设高水平工程教育教师队伍，扩大工程教育的对外开放。计划启动实施以来，各相关部门建立了协同育人机制。国务院 20 个部门和 7 个行业协会共同参与实施“卓越计划”。教育部与住建部联合制订了《加强建设类专业学生企业实习工作的指导意见》，与交通运输部联合制订了《进一步提高航海教育质量的若干意见》。国土资源部、国家地震局、中国民航局等部门均将“卓越计划”纳入了行业人才发展规划，确定了相关领域的工作组。天津、辽宁、江苏等省市相继启动了省级“卓越计划”，出台了省级的支持政策。

目前，已在 194 所高校中的 1212 个专业或学科领域（824 个本科专业点，388 个研究生培养项目）进行试点。参与“卓越计划”的在校学生人数达 13 万余名。参与计划的企业达到 6155 家，其中大型企业 3779 家，高新技术企业 2983 家。2012 年，教育部等 23 个部委（协会）联合批准了中国建筑工程总公司等 626 家企事业单位作为首批国家级工程实践教育中心建设单位。同时，北京、辽宁等多个省市也建设了一批省级工程实践教育中心。如表 4.2 所示，为国家首批试行的 61 所高校名单。

表 4.2　第一批“卓越工程师教育培养计划”高校名单（61 所）

清华大学	北京交通大学	北京科技大学
北京邮电大学	华北电力大学	北京化工大学
北京理工大学	北京航空航天大学	北京工业大学
北京石油化工学院	天津大学	燕山大学
太原理工大学	大连理工大学	吉林大学
哈尔滨工业大学	哈尔滨工程大学	黑龙江工程学院
同济大学	上海交通大学	华东理工大学
东华大学	上海大学	上海工程技术大学
上海电力学院	东南大学	河海大学
江南大学	江苏大学	南京工业大学

续表

南京工程学院	浙江大学	浙江工业大学
浙江科技学院	宁波工程学院	合肥工业大学
合肥学院	福州大学	福建工程学院
南昌大学	山东大学	中国石油大学（华东）
山东理工大学	郑州大学	华中科技大学
武汉理工大学	中南大学	湖南大学
湖南工程学院	华南理工大学	汕头大学
东莞理工学院	四川大学	西南交通大学
成都信息工程学院	西安交通大学	长安大学
西安电子科技大学	西北工业大学	西安理工大学
西安建筑科技大学		

1. “卓越计划”培养的突出特点

“卓越计划”是贯彻落实《国家中长期教育改革和发展规划纲要（2010-2020 年）》和《国家中长期人才发展规划纲要（2010-2020 年）》的重大改革项目，是从国家战略高度提出的一项具有引领性、突破性、创新性和示范性的全国性重大教育教学改革计划。

“卓越计划”培养具有三个突出特点：

一是，行业企业深度参与培养过程。

二是，学校按通用标准和行业标准培养工程人才。

三是，强化培养学生的工程能力和创新能力。该计划旨在培养造就一大批创新能力强、适应经济社会发展需要的高质量各类型工程技术人才，为国家走新型工业化发展道路、建设创新型国家和人才强国战略服务。

2. “卓越计划”实施的具体意义

（1）引领工程教育改革

“卓越计划”对促进高等教育面向社会需求培养人才，全面提高工程教育人才培养质量具有十分重要的示范性和引领性作用。其引领性表现在其对整个高等教育改革和发展的影响上。我国开设工科专业的本科院校占所有本科院校的 90%，包括研究生在内的工科本科在校生占全国高校本科在校生的 1/3 左右，因此，在工程教育领域进行改革的“卓越计划”不仅会对“卓越计划”参与专业的人才培养产生直接的影响，而且也会对其他工科学生的培养产生影响；不仅会对“卓越计划”参与高校的教育教学改革产生直接的影响，而且也会对具有包括工科专业在内的应用型专业的高校的教育教学改革产生间接的影响和促进作用。由此引发的教育教学改革已经充分说明了“卓越计划”的引领性。

（2）突破性和创新性

“卓越计划”的突破性和创新性表现在其针对工程人才培养上存在的体制、机制、历史和现实问题所提出的主要任务和政策措施上。在主要任务上，“卓越计划”提出创立高校与行业企业联合培养人才的新机制、创新工程人才培养模式、建设高水平工程教育教师队伍、扩大工程教育的对外开放、制定“卓越计划”人才培养标准五项任务。在政策措施上，“卓越计划”提出建立多部门联合实施卓越工程师培养、工程教育系统性改革研究的组织领导体系、设立国家级工程实践教育中心、改革工程教育教师职务聘任、考核与培训制度、制定鼓励高校和企业参与“卓越计划”的若干政策等保障措施。

（3）卓越工程师培养的重要性和长期性

卓越工程师培养的重要性和长期性应该从战略的高度予以充分认识。首先，卓越工程师培养是服务国家战略的需要。卓越工程师培养关系到我国“走中国特色新型工业化道路”“建设创新型国家”和“建设人力资源强国”三大战略的实施，将为这三大战略提供所需的人力资源。其次，卓越工程师培养是长期的社会需求。虽然，在《纲要》中“卓越计划”实施年限只能与《纲要》同期，但是，中国经济的持续健康发展以及中国参与国际竞争的需要对卓越工程师的需求只能是不断增加，并且将提出越来越高的要求。第三，卓越工程师培养需要长期不懈的努力。优秀工程人才的培养不同于企业产品的生产，涉及众多因素，不可能一蹴而就，需要遵循教育规律，需要长期的积累和不懈的努力。

4.4.2 “卓越计划”目标定位及推进措施

1.“卓越计划”实现目标

一是，面向工业界、面向世界、面向未来，培养造就一大批创新能力强、适应经济社会发展需要的高质量各类型工程技术人才，为建设创新型国家、实现工业化和现代化奠定坚实的人力资源基础，增强我国的核心竞争力和综合国力。二是，以实施卓越计划为突破口，促进工程教育改革和创新，全面提高我国工程教育人才培养质量，努力建设具有世界先进水平、中国特色的社会主义现代高等工程教育体系，促进我国从工程教育大国走向工程教育强国。

2. 国家教育部“卓越计划”的推进措施

目前，国家教育部主要是在以下五个方面采取措施推进“卓越计划”的实施。

（1）创立高校与行业企业联合培养人才的新机制。企业由单纯的用人单位变为联合培养单位，高校和企业共同设计培养目标，制定培养方案，共同实施培养过程。

（2）以强化工程能力与创新能力为重点改革人才培养模式。在企业设立一批国家级“工程实践教育中心”，学生在企业学习一年，在真实职场环境下做毕业设计。

（3）改革完善工程教师职务聘任、考核制度。高校对工程类学科专业教师的职务聘任与考核要以评价工程项目设计、专利、产学合作和技术服务为主，优先聘任有在企业工作经历的教师，教师晋升时要有一定年限的企业工作经历。

（4）扩大工程教育的对外开放。国家留学基金优先支持师生开展国际交流和海外企业实习。

（5）教育界与工业界联合制订人才培养标准。教育部与中国工程院联合制订通用标准，与行业部门联合制订行业专业标准，高校按标准培养人才。参照国际通行标准，评价“卓越计划”的人才培养质量。

4.4.3 “卓越计划”通用标准

2013 年 11 月，教育部、中国工程院以教高函印发了《卓越工程师教育培养计划通用标准》（简称《通用标准》）。本《通用标准》规定卓越计划各类工程型人才培养应达到的基本要求，是制订行业标准和学校标准的宏观指导性标准。该人才培养标准分本科工程学士、工程硕士、工程博士三个层次，分别分为应用型、设计型和研究型三种类型的工程师，如表4.3所示。

其中，应用型工程师主要是在现场从事产品的生产、营销、服务或工程项目的施工、运行，维护，建议主要在本科阶段培养；设计型主要从事产品或工程项目的设计与开发，建议主要在硕士阶段培养；研究型工程师主要从事复杂产品或大型工程项目的研究、开发以及工程科学的研究，建议主要在博士阶段培养。

表4.3　工程师培养的三种类型

学历层次	工程学士	工程硕士	工程博士
工程师类型	应用型	设计型	研究型

1. 应用型工程师培养的标准（本科）

以“应用型工程师”为培养目标的本科毕业生应到达以下知识、能力与素质的要求：

（1）具有良好的工程职业道德、追求卓越的态度、爱国敬业和艰苦奋斗精神、较强的社会责任感和较好的人文素养；

（2）具有从事工程工作所需的相关数学、自然科学知识以及一定的经济管理等人文社会科学知识；

（3）具有良好的质量、安全、效益、环境、职业健康和服务意识；

（4）掌握扎实的工程基础知识和本专业的基本理论知识，了解生产工艺、设备与制造系统，了解本专业的发展现状和趋势；

（5）具有分析、提出方案并解决工程实际问题的能力，能够参与生产及运作系统的设计，并具有运行和维护能力；

（6）具有较强的创新意识和进行产品开发和设计、技术改造与创新的初步能力；

（7）具有信息获取和职业发展的学习能力；

（8）了解本专业领域技术标准，相关行业的政策、法律和法规；

（9）具有较好的组织管理能力、较强的交流沟通、环境适应和团队合作的能力；

（10）应对危机与突发事件的初步能力；

（11）具有一定的国际视野和跨文化环境下的交流、竞争与合作的初步能力。

2. 设计型工程师培养的标准（硕士）

以“设计型工程师”为培养目标的工程硕士应达到以下知识、能力与素质的要求：

（1）具有良好的工程职业道德、追求卓越的态度、爱国敬业和艰苦奋斗精神、较强的社会责任感和较好的人文素养；

（2）具有良好的市场、质量、职业健康和安全意识，注重环境保护、生态平衡和可持续发展；

（3）具有从事工程开发和设计所需的相关数学、自然科学、经济管理等人文社会科学知识；

（4）掌握扎实的工程原理、工程技术和本专业的理论知识，了解新材料、新工艺、新设备和先进生产方式以及本专业的前沿发展现状和趋势；

（5）具有创新性思维和系统性思维的能力；

（6）具有综合运用所学科学理论、分析与解决问题的方法和技术手段，独立地解决较复杂工程问题的能力；

（7）具有开拓创新意识和进行产品开发和设计的能力，以及工程项目集成的基本能力；

（8）具有工程技术创新和开发的基本能力和处理工程与社会和自然和谐的基本能力；

（9）具有信息获取、知识更新和终身学习的能力；

（10）熟悉本专业领域技术标准，相关行业的政策、法律和法规；

（11）具有良好的组织管理能力、较强的交流沟通、环境适应和团队合作的能力；

（12）具有应对危机与突发事件的基本能力和一定的领导意识；

（13）具有国际视野和跨文化环境下的交流、竞争与合作的基本能力。

3. 研究型工程师培养的标准（博士）

以“研究型工程师”为培养目标的工程博士应达到以下知识、能力与素质的要求：

（1）具有良好的工程职业道德、追求卓越的态度、爱国敬业和艰苦奋斗精神、较强的社会责任感和较好的人文素养；

（2）具有良好的市场、质量、职业健康和安全意识，注重环境保护、生态平衡、社会和谐和可持续发展；

（3）具有从事大型工程研究和开发、工程科学研究所需的相关数学、自然科学、经济管理等人文社会科学知识；

（4）系统深入地掌握工程原理、工程技术、工程科学和本专业的理论知识，熟悉新材料、新工艺、新设备和先进制造系统以及本专业的最新发展状况和趋势；

（5）具有战略性思维、创新性思维和系统性思维的能力；

（6）具有综合运用所学科学理论、分析与解决问题的方法和技术手段，独立地解决复杂工程问题的能力；

（7）具有复杂产品开发和设计能力、复杂工程项目集成能力以及处理工程与社会和自然和谐的能力；

（8）具有工程项目研究和开发能力、工程技术创新和开发的能力和工程科学研究能力；

（9）具有知识更新、知识创造和终身学习的能力；

（10）熟悉本专业领域技术标准，相关行业的政策、法律和法规；

（11）具有大型工程系统的组织管理能力、较强的交流沟通、环境适应和团队合作的能力；

（12）具有应对危机与突发事件的能力和一定的领导能力；

（13）具有宽阔的国际视野和跨文化环境下的交流、竞争与合作能力。

4.4.4 “卓越计划”的组织实施要求

1. 对“卓越计划”的高校的具体要求

（1）制定“卓越计划”的本校标准体系

卓越计划高校结合本校的办学定位、人才培养目标、服务面向和办学优势与特色等，选择本校参加卓越计划的专业领域和人才培养层次，并按照通用标准和行业专业标准，建立本校的培养标准体系。卓越计划高校应制定本校工程型人才培养学位授予实施细则。

（2）大力改革课程体系和教学形式

依据本校卓越计划培养标准，遵循工程的集成与创新特征，以强化工程实践能力、工程设计能力与工程创新能力为核心，重构课程体系和教学内容。加强跨专业、跨学科的复合型人才培养。着力推动基于问题的学习、基于项目的学习、基于案例的学习等多种研究性学习方法，加强学生创新能力训练，“真刀真枪”做毕业设计。

（3）创立高校和企业联合培养机制

高校和企业联合培养人才机制的内涵是共同制订培养目标、共同建设课程体系和教学内容、共同实施培养过程、共同评价培养质量。本科及以上层次学生要有一年左右的时间在企业学习，学习企业的先进技术和先进企业文化，深入开展工程实践活动，参与企业技术创新和工程开发，培养学生的职业精神和职业道德。

（4）建设高水平工程教育师资队伍

卓越计划高校要建设一支具有一定工程经历的高水平专、兼职教师队伍。专职教师要具备工程实践经历，其中部分教师要具备一定年限的企业工作经历。卓越计划高校要有计划地选送教师到企业工程岗位工作1—2年，积累工程实践经验。要从企业聘请具有丰富工程实践经验的工程技术人员和管理人员担任兼职教师，或担任本科生、研究生的联合导师，承担培养学生、指导毕业设计等任务。改革教师职务聘任、考核和培训制度，对工程类学科专业教师的职务聘任与考核从侧重评价理论研究和发表论文为主，转向评价工程项目设计、专利、产学合作和技术服务等方面为主。

（5）积极推进卓越计划学生的国际化培养

卓越计划高校要积极引进国外先进的工程教育资源和高水平的工程教师，要积极组织学生参与国际交流、到海外企业实习，拓展学生的国际视野，提升学生跨文化交流、合作能力和参与国际竞争能力。支持高水平的中外合作工程教育项目，鼓励有条件地参与高校使用多语种培养熟悉外国文化、法律和标准的国际化工程师。积极采取措施招收更多的外国留学生来华接受工程教育。

（6）为本校卓越计划提供专项资金

卓越计划高校要多渠道筹措经费，加大对参与专业的经费投入，资助教学改革、课程建设、教材建设、师资培训、校企联合培养、国际化培养、实训实习等费用。

2. 对“卓越计划”的企业的具体要求

（1）建立工程实践教育中心

工程实践教育中心应由企业主要管理人员负责，其任务是与高校共同制订培养目标、共同建设课程体系和教学内容，共同实施培养过程，共同评价培养质量；承担学生在企业学习期间的各项管理工作。

（2）配备工程师担任指导教师

参与卓越计划企业要配备经验丰富的工程师担任学生在企业学习阶段的指导教师，高级工程师应为学生开设专业课程。卓越计划企业应根据校企联合培养方案，落实学生在企业学习期间的各项教学安排，提供实训、实习的场所与设备，安排学生实际动手操作。在条件允许的情况下，接收学生参与企业技术创新和工程开发。

（3）安排好学生在企业学习期间的生活

卓越计划企业要与高校共同安排好学生在企业学习期间的生活，提供充分的安全保护与劳动保护设备，并对学生进行专门的安全、保密、知识产权保护等教育。

4.5 典型案例分析

案例1 “校企协同创新型”工程人才培养模式（哈尔滨理工大学）

1. 研究成果概述

哈尔滨理工大学 60 多年形成了培养机电行业工程人才特色为基础，继承“教研并举、理工结合”校风，培养“亦能亦德、崇尚实践”的工程人才的教育思想。坚持学校是工程人才培养的主体，以提高工程人才综合实践能力为核心，视实践为创新意识培养的有效途径，着力转变工程教育思想方法和手段。建立校企协同育人的有效机制，充分利用行业企业等社会外部资源，探索和实践校企深度合作协同培养工程人才的新模式。

经过 5 年多的研究与实践，取得国家级和省级“卓越工程师计划”试点专业共 5 个，教育部工程实践教育中心建设单位 6 个，国家级实验教学示范中心 1 个，教育部本科专业综合改革试点项目 1 项，国家级大学生校外实践教育基地建设项目 2 项，国家级精品资源共享课建设课程 1 门，省级教学成果一等奖 5 项，制定创新型工程人才培养方案 6 项。组建了“大珩精英实验班”，完成教育部工程科技人才培养研究项目 2 项。

2. 解决的教学问题

在继承哈尔滨理工大学 60 多年为机电行业培养大批领军人才所形成的“知行统一，亦能亦德”特色的基础上，针对工程人才培养中存在的问题，把创新意识和综合实践能力的培养作为工程人才培养的核心，建立并形成了“面向行业，需求导向；校企协同，机制创新；工学结合，强化实践”的工程人才培养理念，并持之以恒地贯彻在大学四年的教学系统活动中，解决了在方法论上从原来注重学科理论分析到以综合实践为主的思想转变，根本转变人才培养方式方法，为创新型工程人才培养给出了一个方法路径。该成果主要解决了以下三方面教学问题。

（1）面向行业、需求导向，重构面向工程的教学体系。解决了人才培养目标定位模糊、人才培养方案与行业需求脱节、滞后、针对性不强等问题。

（2）校企协同、机制创新，打造实践育人平台。解决了学校“真实工程环境”不完备、“案例来源”缺乏等问题；解决了学生工程实践的基础训练缺乏和实际解决工程问题能力的不足；解决了企业工程师进校讲课和专任教师企业研修问题，提高了专业教师工程实践经验，打破了高校封闭、孤立的人才培养方式，有效促进了学校由“教师本位”向“学生本位”的转变。

（3）工学结合、强化实践，搭建理论与实践结合的桥梁。解决了教学过程中理论教学与实践教学不连贯、知识碎片化、学生创新意识弱的问题。

3. 主要特色

（1）工程教育观念创新。面对我国高等工程教育存在的诸多问题，创造性地提出了“面向行业，需求导向；校企协同，机制创新；工学结合，强化实践”工程人才培养理念，把创新和实践能力的培养作为人才培养的核心内容，突破了单一的、封闭的人才培养模式；构建了校企协同育人的人才培养机制；在方法论上从原来注重学科理论分析，改变到以综合实践为主的工程教育思想上来，解决了本科工程教育中存在的思想认识偏差。

（2）人才培养模式与人才培养方案创新。推进校企深度合作，设计了基于校企协同的“2+1+1”人才培养模式，把“企业主流工作岗位需求”作为人才培养方案的逻辑起点，变“知识、能力、素质”为“知识、技能、态度”的人才培养目标，构建了符合本科工程教育特点的人才培养模式，形成了符合行业需求的专业课程体系和教学内容，做到了专业规范与行业需求的协调统一。

（3）校企协同育人机制创新。建立了校企合作共建工程实践教育中心机制、共建联合实验室机制、聘请企业工程技术人员任兼职教师机制、以工程人才培养为中心的校内专任教师评聘机制、专任教师企业研修机制、“专业方向”与“课程内容”动态调整机制、毕业设计校企“双导师制”，校企联合“定制式”人才培养机制等一系列“产学研用”一体化的协同育人机制，为创新型工程人才培养提供了有效的机制支持。

（4）教学方法创新。构建了“产学研用”深度融合的开放式、立体化工程与创新实践教学体系，同时建立了以具有哈尔滨理工大学特色的自主研发设备为主的开放式工程创新实践平台。并以来源于企业实际需求和针对性强的项目为背景，采用“项目驱动”、CDIO 等方法，“真刀真枪”地训练和培养学生工程实践能力、创新能力、工作态度、交流沟通与团队合作能力，使学生的专业素养得到提高。

4. *应用推广效果*

研究成果已在哈尔滨理工大学的机械设计制造及其自动化、电气工程及其自动化、软件工程、自动化、金属材料工程五个试点专业中得到了很好的应用，成效显著。

（1）进一步深化了校企合作关系，使企业由单一的用人单位角色转变为工程人才培养的直接参与者和最终使用者，实现了校企协同育人，使高校工程人才培养目标更加明确，人才培养方案更具有针对性，所培养学生的知识、能力和态度与行业需求相匹配。

（2）校企“产学研用”深度融合，共建了 6 个国家级工程实践教育中心、2 个国家级和 4 个省级大学生校外实践教育基地，20 余个校外实践教学基地，同时把企业真实的工程案例引入校内实践环节，共同构建了开放式、立体化工程与创新实践教学体系，为培养学生的工程实践能力、创新意识和团队精神提供了支撑。

（3）通过教师企业研修机制和企业教师聘任机制的实施，普遍提高了师资队伍的工程教育水平，广泛开展了 CDIO、项目驱动式、案例式等教学方法改革和学生考核方式改革，实现了教师从知识传授到注重工程实践能力和创新能力培养的转变。

（4）学生的学习态度和学习方式发生很大转变，改变了“平时不学习，考试前突击”的应试式学习方式，积极参加基于项目的学习和探究式学习以及各类创新实践活动和学科竞赛活动，学生的工程实践能力、创新意识、沟通能力、团队协作能力和专业态度都有显著提高。

（5）毕业生受到用人单位的好评。自项目实施以来共有 5 个试点专业 2 届毕业生，共计 300 余人，一次就业率达 93%以上，绝大多数毕业生都工作在著名的大中型企业，其薪酬水平均高于平均水平。用人单位普遍认为这些专业的毕业生基本功扎实，上手快，成长早，发展好，能很快地融入到团队中。

（6）“校企协同创新型工程人才培养模式”在 5 个试点专业的成功应用，起到了积极的示范作用，且在本校其他24个工科专业推广应用，被东北石油大学、黑龙江工程学院、黑龙江科技大学等工科院校采用。

（7）2013年7月，组建了“大珩精英实验班”。在大众化高等教育平台上积极探索培养具有创新能力和国际视野的拔尖人才。

案例2 “学界导师+业界导师”的“双导师”制人才培养（海南大学）

海南大学是国家教育体制改革试点单位，海南大学旅游学院是试点项目的实施主体。为“探索适应海南国际旅游岛建设需要的人才培养模式”，学院承办了海南大学2011级文科实验班和2012级文科实验班，以这两个实验班为主要载体，开展了一系列富有创新性的人才培养模式探索，对文科实验班学生实施“双导师”制是其中的主要亮点之一。

1. 项目实施过程

“双导师”是指为本科生同时配备“学界导师”和“业界导师”。一方面，选择责任心强、业务水平高、有在研科研项目和科研经费、指导学生经验丰富的学院在岗专职教师担任实验班学生的“学界导师”；另一方面，选择具有本科以上（含）学历、多年旅游行业经历、在海南省具有较高知名度、对海南旅游业发展做出良好业绩的海南省内旅游行政管理部门的正处级以上领导、旅游行业协会秘书长以上以及知名旅游企业的副总经理以上的企业家担任实验班学生的“业界导师”。

对“双导师”制做出了相应规定，包括：（1）每位“学界导师”每届最多只能指导5位学生，每位“业界导师”每届最多只能指导3名学生。（2）“学界导师”每学期至少给所指导的学生指导4次，并有指导记录；在担任“学界导师”期间，至少让所指导的学生参与1项课题研究。（3）“业界导师”每学期至少给所指导的学生指导2次，并有指导记录；在担任“业界导师”期间，至少为所指导的学生提供2次实习或见习机会；每学年至少为实验班学生开设一次行业发展方面的讲座；要积极参与人才培养方案的制定。（4）实行双向选择，即学生可以选择导师，导师也可以选择学生。

2. 实施效果

从2011年开始实施以来，“双导师”制取得了良好的效果。已有至少40位学生参与了“学界导师”的研究项目，有效培养了学生的研究兴趣和研究能力，作为大一、大二学生，实验班学生中已有多位在学术期刊上发表学术论文，其中至少有2篇论文发表在CSSCI刊物上。已有至少38位学生利用假期赴“业界导师”所在的旅游企业或旅游行政管理部门实习或见习，实习或见习总时长超过1300人/天。

3. 创新亮点

（1）学校培养与业界培养的深度合作。通过实施“双导师”制，有效调动了行业管理部门与企业在旅游人才培养中的积极性和主动性，通过“业界导师”参与人才培养方案的制定，使学校培养的旅游人才更能符合企业的需求。

（2）理论教学与实践教学的深度交融。“双导师”制充分体现了“高教三十条”的要求，符合理论教学与实践教学有机结合的教学规律。“业界导师”为学生提供了有效的实习或见习平台，通过实践活动，使学生加深了对理论知识的理解，提高了学生运用理论知识的能力。

（3）研究能力培养与行业能力培养的深度结合。“双导师”制明确导师的责任，“学界导师”注重学生学习能力和研究能力的培养，“业界导师”注重旅游服务意识和旅游服务能力的培养。通过双导师的培养，使学生能更早地明确自己的发展方向，有利于学生尽早制定自己的职业发展规划。

案例 3 “中法合作项目”的国际化人才培养模式（大连工业大学）

1. 项目背景

2005 年 5 月，大连工业大学（DLPU）与法国欧洲理工学院（EPITECH）双方签署协议，在互利互惠、协作创新和共同发展的原则基础上，进行合作办学，2005 年，由大连工业大学接收法国欧洲理工学院计算机专业研究生、本科生来华学习，采取双方共同合作培养的方式，为其实施基础课教学与专业教学。计划连续实施五年（共五期），每期在大连工业大学学习一年。经过三年多的项目实施，共培养三届研究生，两届本科生，共计 136 人。通过国际合作的成功实施，大连工业大学探索出了以国际化、创新、协作为主要特征的国际间教育合作人才培养模式，在中国实施高等教育国际化发展战略过程中，勇于探索，在教育教学改革方面迈出了重要的一步，为全国普通本科院校实施高等教育国际化提供了示范。

2. 项目实施过程

教学管理主要侧重于宏观控制，过程监督，实行教师责任制，充分尊重教师的个性特点，并为每个教师充分发挥各自能力提供空间，也给予了学生发挥各自能力的自由。

（1）课程设置的国际化

在项目实施之前，大连工业大学与法国 EPITECH 密切合作，并结合双方高等教育的发展实际，具体协商制订了符合双方教学规划与条件的法国留学生计算机专业培养方案。教学培养方案的制订本着一个原则：以国际化的高等教育为准则，注重学生的相互交流沟通能力、语言文字的表达能力以及专业技术的动手实践能力的培养，并力求充分体现课程跨学科的综合性、选择性、基础性以及灵活性。为此共开设 12 门专业课，3 门汉语和 1 门经济学课程。此外，还开设了一定数量的艺术类课程，如雕塑艺术、中国古典绘画艺术、数字化设计与制造技术、动漫设计等。这套教学培养计划的制订，既考虑了留学生专业学习的需要，并可以在此基础上开阔学生的相关专业视野，同时也适用于其他国家和地区的计算机专业研究生与本科生教学。

（2）教师团队与灵活适用的教学方式

良好的教学培养计划的实施离不开优秀的教学团队。在任课教师的优选及配备上，以本校相关专业教师为主，相关学院、系部间密切配合；在教学任务制订时优先聘请承担过留学生教学任务的教师；此外，还从美国趋势科技公司（Trend）以及锐捷网络公司等企业中，聘请有经验的企业工程师授课，还聘请了英国计算机工程师、比利时鲁文大学的大学教授、韩国和日本等的大学教授，分别担当《软件工程》《人工智能》《网络安全技术》《Java 程序设计》等课程的主讲以及前言技术专题讲座。

在教学模式上，完全采用国际化的教学方式，专业课首次采用全英文授课；授课的方式吸取了国外的教育方式，采用面向实际项目的开发能力训练，与实际密切联系； 以项目实践促教学，注重学生能力的培养。项目实践作为整个课程教学的主线，并辅助以课堂讨论，所有学生的项目报告和软件都要进行公开展示和答辩。每门课程的考核，主要包括学生对整个课程的参与度、实际项目设计报告和答辩以及课程内容的理论考核三部分。教学管理委员会负责对教学中出现的教学及管理等问题进行讨论和决策，并对教师的职业道德进行监督评价。

3．成果的创新点

大连工业大学的中外合作办学的教育模式体现了学校的“开放发展”的创新意识和管理者“求真务实”的工作作风。“中法合作培养法国研究生项目”的主要创新点有以下几个方面。

（1）创新的观念与管理机制

学校积极适应面向国际化的高等教育需求，变教育的被动输出为主动输入的一次有益尝试。并且在教学过程中，采用教学管理委员会方式实现对留学生的管理与引导。

（2）丰富和完善了整体合作的国际化办学模式

探索出国际化办学模式的主要特征，体现四个方面：国际化（Internationalization）、创新（Innovation）、协作（Collaboration）和发展（Development）。体现在本项目是中法教育史上规模最大的一次成建制的法国留学生来华学习，国际化、创新、协作和发展的办学模式是其核心主题 。

（3）协作化的资源配制

协作主要体现在校内硬件资源以及各学院教师资源的统筹、与校外其他院校之间的教师资源的协作、学校与外企业间以及与国际上不同国家学者之间的交流协作。协作带来的是资源共享，优化配制，共赢发展。也培养了一支能进行国际合作交流的专业教师队伍。

（4）在教学管理机制上勇于探索

成立了由教授、副教授及教学院长组成的教学管理委员会，负责对教学管理中重大问题监督、协调及决策。此种管理方式是留学生教学管理上的一次大胆而成功的尝试，效果明显，体现了教授治校的指导思想，对学校本科生的教学管理都有着十分重要的借鉴意义。

（5）面向企业、面向实际，强化创新实践能力培养

适时地将欧洲高等教育的理念，面向企业、面向实际，强化创新实践能力培养的计算机专业教学模式，引入学校本科生的教学改革中，并在每年6月至7月间，举办留学生及本校研究生、本科生学习成果及项目展示会，主要通过项目展示、研讨的方式，为中法学生的互动交流提供一个直接便利的互动平台。试点实践表明，效果显著，大大提升了学生创新和自主实践能力，对高校的教学改革起到了积极的推动作用。

（6）良好的国内和国际影响

项目的实施在国内和国外产生了很大影响，国内外多家媒体有过许多积极的评价，也为国内国际化高等教育的实施提供了可借鉴的成功样板。合作办学项目顺利实施的同时，也给全校教职员工带来了办学观念上的创新。目前，国内许多企业已经和大连工业

大学签署了合作协议，并带动了学校多个专业积极与国外多个国家和地区的高等院校合作办学，如与韩国、英国、澳大利亚、日本、美国、加拿大等国家多个合作办学项目正在实施中，为进一步提升辽宁省的高等教育在国内和国际上的影响力做出了积极的贡献。

案例 4　校企合作“预备工程师联合培养”项目（上海大众）

1. 实施背景

20 世纪 90 年代以后，经济全球化的进程显著加快。在这个过程中，汽车产业是领先且最具典型意义的产业之一。2009 年中国汽车累计产销突破 1300 万辆，中国已成为世界第一汽车生产和消费国。面对全球化背景及中国汽车工业由生产加工型走向自主开发型的转变需求，作为企业核心竞争力之一的汽车工程师将会有更大的需求，企业尤其急需具有国际视野、通晓国际规则、具有参与国际竞争能力的创新型“卓越汽车工程师”。

在参与“卓越工程师教育培养计划”中，上海大众与高校进一步扩大校企合作，总结经验并针对存在的问题，共同探索建立起科学规范的校企合作培养卓越工程师的合作平台和长效机制。

（1）建立校企联盟长效机制

建立校企合作联合培养的长效机制，企业的资深工程师和学校一起，结合学校的人才培养目标和行业人才需求，双方共同研讨制订人才培养标准及培养方案，共同制订校企合作的实施方案、质量保证措施、学生安全保障条例等。

（2）企业人员参与具体教学过程

企业界的专家直接参与到具体的教学工作中。如定期为学生举办专题讲座，将最新的科技成果和行业动态介绍给学生；进一步参与实践教学环节，加大对学生实习和毕业设计（论文）的指导，使学生的理论知识和工程实践能力都得到提升。

（3）指导学生开展大学生创新项目

企业根据实际需要，提出相关研究课题，由企业和学校共同组成导师团队，指导大学生以创新训练课题的方式开展科技攻关。不但可以训练和培养学生的创新能力，而且可提高教师的实际工程和研发能力，增加教师实际工程经验，同时更进一步加强、深化和密切校企联盟。

（4）建设“双师型”师资队伍

支持工程师和教授开展多方位的合作，共同参加工程项目或科研合作项目；鼓励更多企业专家到学校担任兼职教师，同时为教师赴企业挂职锻炼和学习进修提供便利，切实加强“双师型”师资队伍建设，使卓越工程师培养工作的顺利开展与实施得到切实的保障。

（5）建立“国家级工程实践教育中心”

利用双方资源，共同建立校企联盟的工程训练中心，并争取成为“国家级工程实践教育中心”。该工程实践中心既可作为企业员工的培训基地，也可作为校方（大学生、青年教师）的教学和实训基地，还可作为研发基地，同时为企业、学校的人才培养服务。

2. 实施过程

通过几年的实践，上海大众汽车有限公司与同济大学等高校建立了较为完善的“预备工程师联合培养”体系。项目的参与对象为高校汽车专业大学四年级本科生（五年本科学制）和研究生，在学生毕业前 1～2 年开始选拔，制定专门的项目操作流程和实施方案：

一是，项目宣介和人员甄选阶段：通过项目宣传推介会吸引优秀学生报名，根据报名学生综合学习成绩、获奖励情况、未来职业规划和老师意见、性格测试、综合能力测试等，录用项目参加者。

二是，企业教育和实习阶段：上海大众向参与“预备工程师”项目的学生介绍企业的发展战略、市场定位、营销服务体系、研发体系、生产制造体系等，让学生感受企业文化、学习先进的开发理念和技术手段。随后，通过开展生产实习、综合实习及企业教育等系列活动，使“预备工程师”们加深对汽车行业的热爱、加深对企业的认识，产生对企业品牌的认同，使书本知识与生产实际有机地结合在一起。

三是，毕业设计项目实施阶段：上海大众专业部门提出研发、制造、规划等技术项目，召开企业导师和学校导师的选题准备会，通过企业工程师与学院老师的沟通，共同确定适合学生专业目标、难度恰当的“预备工程师”课题，并将这一课题作为学生的毕业设计课题。在将近半年的学生实践环节中，落实学校和企业的双导师制，为每位学生配备一位企业资深的工程师作为指导老师，由企业指导老师和大学老师共同指导，完成毕业课题。

四是，上海大众为“预备工程师联合培养项目”设立了专项基金，作为学生的实习津贴、奖励优秀项目和企业指导老师等，支持“预备工程师联合培养项目”的顺利实施，取得了良好成效。参加项目的学生工程实践能力和工程素质得到很大的提高，超过一半的学生在毕业后加入了上海大众，优秀毕业生还被纳入上海大众“青年优才培养计划”，赴德国大众总部参加为期一年的开发培训项目。

3. 实施成效

“预备工程师联合培养项目”对培养学生工程创新能力及综合能力、提升企业和学校的创新能力都有重要的意义。

学生通过参与“预备工程师联合培养”项目，能把学习到的理论知识运用于实际工作中，并从企业工程师那里学到分析问题、解决问题的方法，初步了解企业的工作方法，熟悉企业的工作氛围，快速完成从学生到员工的转变。学生有机会展示自己的工作能力，找到适合自己职业发展的方向。企业通过相对较长时间的对学生的考察，可以从中挑选更优秀、更适合企业发展的人才，同时加快了新员工的上岗预热期。学生也成了联系企业研发和高校智力的纽带。学生拿着课题查阅资料，向学校老师请教，充分利用了学校科研力量和专业资源。

工程师和教授们的广泛接触和沟通也有可能产生创新的领域、创新的思维和方法。上海大众与同济大学汽车学院在新能源汽车项目、汽车轻量化项目等一系列项目上正在开展深入的合作，我们也期待有更多的合作创新成果。

由于长期的实习生、预备工程师联合培养等校企合作项目，同济大学毕业生成为上海大众最受青睐的学生，企业招聘录用同济学生占校园招聘总数的比例一般都在 30%左右。同济毕业生也在公司中发挥了重要的作用。

本章参考文献

[1] 宋佩维. 卓越工程师创新能力培养的思路与途径[J]. 中国电力教育，2011（7）：25-28.

[2] 林健. 面向“卓越工程师”培养的课程体系和教学内容改革[J]. 高等工程教育研究，2011（5）：1-9.

[3] 周济. 注重培养创新人才增强高水平大学创新能力[J]. 中国高等教育，2006（15/16）.

[4] 教育部中国工程院关于印发《卓越工程师教育培养计划通用标准》的通知.

[5] 林锋. 高校工程人才培养的定位研究[J]. 高等工程教育研究，2009（5）.

[6] 林锋.“卓越工程师教育培训计划”专业培养方案研究[J]. 清华大学教育研究，2011（2）.

[7] 林锋，注重卓越工程教育本质，创新工程人才培养模式[J]. 中国高等教育，2011（6）.

[8] 第三届全国教育改革创新典型案例. 中国教育新闻网，[EB/OL]. http://www.jYb.com.cn/, 2008.

[9] 李合琴，陈小丽. 卓越计划与创新型国际化工程人才的培养[J]. 合肥工业大学学报（社会科学版），2011，25（1）.

探 索 篇

创新型 IT 人才培养模式研究

第 5 章　电子商务与信息服务业人才培养

“要么电子商务，要么无商可务”，马云的一句名言今天已然成为现实。

电子商务专业是融计算机科学、市场营销学、管理学、经济学、法学和现代物流于一体的新型交叉学科。培养掌握计算机信息技术、市场营销、国际贸易、管理、法律和现代物流的基本理论及基础知识，具有利用网络开展商务活动的能力和利用计算机信息技术、现代物流方法改善企业管理方法，提高企业管理水平能力的创新型复合型电子商务高级专门人才。为适应市场需求，使电子商务专业人才的培养规范化、规模化，从 2002 年以来，国家教育部高教司先后批准了四批开设电子商务本科专业的院校，到 2010 年教育部共批准 339 所本科学校和 800 多所专科学校开设电子商务本科专业。

有关数据显示，未来 5 年在中国 3000 多万家企业中，将有半数企业在经营中尝试或运用电子商务工具，国内对电子商务人才的需求量将达到 300 万以上。但是，国内电子商务专业人才的培养却并未跟上。国内著名分析机构艾瑞咨询调查显示，未来 10 年我国电子商务人才缺口达 200 多万，而国内每年电子商务专业的毕业生仅 8 万，远远不能满足市场人才需求。电子商务人才的普遍匮乏已成为阻碍企业电子商务应用和发展的重要因素。近年来，国内外教育学者都在积极探索电子商务人才培养目标、特色定位，以及专业课程体系设置与教学模式改革。本章主要是结合海南信息服务业和旅游市场的需求，以提高学生的实践动手能力、综合解决问题能力和创新能力为目标，对电子商务本科专业人才培养机制、特色定位和教学模式改革进行了深入探讨。

本章内容：

5.1　海南“信息服务业”创新发展模式与人才培养对接机制研究

5.2　海南“旅游电子商务”人才培养模式与学科发展问题研究

5.3　“产学研用”合作平台下的电子商务人才培养模式研究

5.4　网络技术革新与大学生创业之路

5.1 海南“信息服务业”创新发展模式与人才培养对接机制研究

电子商务与电子服务实验室 张仙锋 吴丽华

一、引言

国家《2006—2020年国家信息化发展战略》及《国务院关于加快发展服务业的若干意见》都明确提出发展现代服务业是推进新型工业化的关键，而现代服务业的发展水平也是衡量现代社会经济发达程度的重要标志。促进现代服务业加快发展，即“以现代科学技术特别是信息网络技术为主要支撑，建立在新的商业模式、服务方式和管理方法基础上的服务产业”在构建社会主义和谐社会中起着举足轻重的作用。

随着互联网的普及、移动商务环境的完善、物联网及云计算等新兴技术的发展，社会分工的细化和消费结构的升级，产生出现代制造服务业、现代商贸服务业、现代物流业、科技服务业、文化旅游服务业、现代教育服务业、中介与会展服务业、农业现代服务业等众多新型服务形态。而以信息流为主导、贯穿所有服务形式，整合信息链条，创新商务模式的信息服务业也因此成为一个新兴服务模式。

本研究旨在基于移动商务、云计算、物联网等新兴技术的发展和现代商务模式的创新应用，围绕海南区域经济发展和国际旅游岛发展规划，充分挖掘海南市场资源，在海南现有信息服务业发展基础上，探索新形势下海南信息服务创新发展的路径，并重点提出典型的海南信息服务创新发展模式。同时，针对海南信息服务业发展现状及人才培养短缺问题，探索并提出海南现代信息服务业人才培养的对接机制。

二、信息服务业及服务的内容

信息服务业以信息为核心，在实现对相关服务行业的新型产品挖掘的同时，帮助相关服务行业实现价值的增值，属于一种新兴服务业。国家《现代服务业科技发展“十二五”专项规划》中提出要大力发展信息服务业，加强商业模式创新和技术集成创新，推动现代服务业集群的形成和发展，显著提高现代服务业比重和水平。信息服务业涉及信息生产、信息传输、信息分发与信息供给等众多领域的综合性行业，其产业价值链包括：用户、运营商、设备制造商、软件开发商和内容提供商等多个环节。

信息服务的内容可简单划分为内容服务、文化娱乐与游戏、网络社交服务、旅游服务、商业信息服务、定位信息服务等。国家信息产业协会将信息产业分为广播网、通信网、通信技术、集成技术、信息服务、信息包、软件服务和信息技术这八类。欧盟大多数国家主张信息服务业包括信息设备产业即信息产品产业外的所有行业部门，包括：信息处理服务、网络服务、软件产品、系统集成、专业服务、交钥匙系统等。

我国学者刘昭东（1994年）将信息服务业分为传统信息服务业和现代电子信息服务业。丁玲华（2010年）则概括性地将信息服务业界定为从事信息的采集存储、加工、传递、交流，并向社会提供各种信息产品或服务的行业。丁玲华将信息服务业分为信息传输服务业、信息技术服务业和信息内容服务业。其中，信息传输服务业主要包括电信、互联网、广播电视、卫星通信服务等；信息技术服务业主要包括软件产品开发、维护服务、信息咨询与集成服务、服务外包等；信息内容服务业主要包括数字内容和传统内容服务两大块。

三、国内外信息服务业的研究现状

为了理清信息服务业的发展状况及应对的措施，众多学者对国内外、区域间的信息服务业发展问题进行研究。方爱乡（2005年）、杨含斐、刘昆雄（2008年）分析和考察了日本信息服务业的发展现状。曹淑艳（2011年）通过对美国、日本、英国等国家的信息服务业的比较分析，提出我国的发展思路。徐建平等（2005年）、徐丽梅和王贻志（2009年）运用SWOT分析法对上海信息服务业的发展进行分析。高景祥（2009年）也采用同样的方法对天津市进行探讨，高建山和郑艳玲（2008年）、马淑萍（2011年）则分别选择河北和宁夏作为研究对象展开。郭榕、熊励（2006年），陈李、熊励（2007年）对长三角地区信息服务业的现状及优势进行了分析。

在对概况了解的基础上，一些学者深入探讨信息服务业的水平测度方法和模型，并针对不同区域的信息服务业进行定量化的水平测评。哈进兵、陈双康（2006年）提出了测度信息服务业发展水平的指标体系，从信息服务业的发展规模、从业人员素质、研发状况、行业规范及服务标准化、服务形态多元化、客户满意度六个方面建立层次分析模型，以反映信息服务业发展的现状及变化趋势。屈超（2007年）从信息服务业规模、结构、效益、发展四个方面构建了辽宁省信息服务业的评价指标体系，并提出对其进行综合评价。程少锋、郑初悦（2007年）选取信息服务业总量、规模等因素作为绝对指标，选取信息服务业速度、结构、比率等作为相对指标，结合两类指标对宁波市信息服务的发展进行分析。宋静等（2011年）构建了市场占有能力、生产盈利能力、产业发展规模、技术投入力量四个一级指标及市场占有率、产业外向度等11项二级指标，对上海市各区县信息服务业竞争力进行评分和排名，并详细比较分析了上海市各区县信息服务业的产业竞争力水平。

有关信息服务产业的创新发展问题也受到众多学者的关注。早在2001年，甘利人、傅湘玲等（2001年）就提出创新是网络环境下传统信息服务业的唯一出路，分析了信息服务业的发展压力和优势，进而提出需要从体制、观念、技术、信息服务形式、人才等角度进行全方位的创新建设。熊励等（2007年）具体从信息内容角度出发，结合上海政治、经济、科技、文化生活的信息服务需求，提出建设创新自主版权的商用数据库、依托央行二总部加快发展上海金融信息服务业、以世博会为契机发展城市公共信息服务、借助三网合一加快发展网络信息传输服务、各类信息服务支撑技术与应用软件、数字媒体内容平台与文化创意信息服务等信息服务的六大重点发展方向，形成上海自主品牌信息服务业创新格局。随后，熊励（2009年）基于融合创新发展的思路，在分析现代信息服务业融合创新的国际成功案例基础上，对我国三大经济区域的信息服务业发展状况进行了定量分析，并进而提出采取融合互动、协调创新的路径及融合发展的创新思路和重点领域。张亚明等（2010年）从产业链的角度对信息服务产业进行分析，提出五种信息服务业的创新战略：采用自主创新、知识扩散的新发展思路，基于消费需求的演化新核心，进行协同整合的发展新机制，沿袭由“渐进式”到“跳跃式”的发展新规律，构建以加强信息网为主的发展新平台。王东和夏恩君（2011 年）则基于对信息服务业的工作流程基础上对我国信息服务业创新发展进行研究，提出需要完善信息服务流程、营造有利的社会环境、增强服务营销能力、在产学研联合基础上进行创新等。

国内外关于具体的信息服务业创新商务模式的研究整体较多，以互联网产业为主。Paul Timmers（2001 年）认为商务模式是一种关于企业产品流（服务流）、资金流、信息流及其价值创造过程的运作机制，随着环境的创新，那些不能适应当时发展环境的商务模式将会消失，而新的商务模式也随即建立起来。Peter Weil 和 Mike Vitale（2001 年）也从流的角度，将商务模式定义为描述企业与其顾客、供应商、下游企业间关系的体系，通过该体系，能辨别这种商务模式所涉及的产品流、信息流、现金流，从而也能明晰各参与者的主要利益。Weil 和 Vitale（2001 年）进而在分析这三个关键因素的基础上，提出电子商务的八个原子模型：内容提供商、自建网站直接销售商、全面服务提供商、中间商、基础设施共享平台、价值网整合商、虚拟社区、一站式服务，认为众多电子商务模式都由这八个原子组成。

随着新技术的发展和应用，也有很多学者探讨新技术在具体行业信息服务的发展问题。Buhalisa（2002 年）总结了因特网、数字电视、移动设备 3 种主要媒介的应用前景及它们的商务发展模式。Brown（2005 年）则着重讨论了支持旅游者的系统、电子地图和指南、电子导游等信息技术在现代化旅游电子商务中的应用。于平和逯燕玲（2011）提出旅游电子商务的模式创新应沿着两个方向展开：一是现有模式框架内的创新，二是另辟蹊径探索全新模式。

随着技术发展，以大众为核心的 Web2.0 衍生出博客、RSS、wiki、SNS 等应用形式，而如何有效设计营利及运营机制，推动新型商业模式的发展成了众多产业应用者探讨的核心。云计算的发展也催生出新的商业模式和新的产业形态，促进软件生产方式的变革，加速了终端设备的换代升级，带动整体信息服务产业的发展。

四、我国软件和信息技术服务业发展趋势

从工信部调查获悉，2014 年我国软件和信息技术服务业发展呈现趋稳态势。

1. 电子信息制造业主要指标小幅爬坡，但仍低于去年同期水平

2014 年 1—7 月，规模以上电子信息制造业增加值同比增长 11.5%，高出工业平均水平 2.7 个百分点。实现销售产值 55828 亿元，同比增长 10.0%，比上月提高 0.4 个百分点，仍低于 2013 年同期和 2013 年年底 1.4 和 1 个百分点；出口交货值 27841 亿元，同比增长 4.6%，比上月提高 0.7 个百分点，但比上年同期和上年年底均低 0.3 个百分点。

1—7 月，电子元件行业实现销售产值和出口交货值 9100 亿元和 3873 亿元，分别增长 9.5%和 2.4%，低于行业平均水平 0.5 和 2.2 个百分点。1—7 月，生产集成电路 578.0 亿块，增长 11.1%；半导体分立器件 2985.6 亿只，增长 7.6%；电子元件 21644.8 亿只，增长 7.5%。

2. 通信设备行业增速高位回调

2014 年 1—7 月，通信设备行业实现销售产值、出口交货值、内销产值分别增长 15.7%、12.2%和 18.9%，高出全行业平均水平 5.7、7.6 和 4.4 个百分点，但比 2013 年同期分别下降 11.7、8.3 和 15.8 个百分点。移动通信基站 21899.3 万信道，实现高速增长，

增长 157%。电子元器件行业增速低于全行业平均水平。

3. 计算机行业增速小幅回暖

2014 年 1—7 月，计算机行业实现销售产值 12469 亿元，同比增长 3.4%，低于行业平均水平 6.6 个百分点。1—7 月，全行业共生产微型计算机 18705.6 万台，增长 6.8%，其中笔记本电脑增长 8.4%，占比 77.6%；数码相机 1415.1 万台，下降 50.0%。

4. 软件业务收入增长缓中趋稳

2014 年 1—7 月，我国软件和信息技术服务业发展呈缓中趋稳态势，收入增速继续低于上年同期水平，但连续多月稳定在 21%左右；产业效益及运行情况稳定，新兴领域持续蓬勃发展。其中，数据处理和存储服务继续领先全行业发展，实现收入 3616 亿元，同比增长 27%，增速高出全行业 5.6 个百分点，比 2013 年同期提高 0.5 个百分点，占全行业比重达 18.1%，比 2013 年同期提高 0.8 个百分点。集成电路设计行业发展明显加快，1-7 月实现收入 585 亿元，同比增长 23.2%，增速比 2013 年同期提高 6.5 个百分点。

五、海南信息服务业的发展

2009 年 12 月，国务院发布《关于推进海南国际旅游岛建设发展的若干意见》，将国际旅游岛建设上升为国家战略。在《意见》中，也明确提出要积极利用信息化手段，大力发展与旅游相关的现代服务业，促进服务业转型升级；要大力发展热带现代农业，完善农资、农产品流通服务体系建设，推动建设现代化大型农产品综合交易市场；集约发展软件和信息服务等高技术产业，逐步形成软件产业基地；要加强旅游公共服务体系建设，健全旅游公共服务网络。由此可见，现代旅游业的发展，尤其是国际旅游岛的建设，离不开信息服务业的整合、创新发展。

海南信息服务业的发展与建设涉及到诸多方面，首先，需要挖掘和有效利用现代化信息手段及互联网实现现代信息服务业在旅游产品、酒店住宿、餐饮美食、商贸购物等领域从信息发布、商务谈判、电子签约、网络支付、在线客服、售后服务等多环节的深度渗透；其次，怎样结合海南的本土资源，充分挖掘信息服务产品，基于信息化与电子商务等手段带动发展热带农业特色旅游、邮轮特色旅游、体育休闲特色旅游，创意软件园区、影视制作与演艺娱乐、文化会展等也非常关键。最后，在移动通信、云计算、物联网、三网合一等新兴技术和趋势下，前瞻性地进行信息服务及电子商务的应用及开发，会为旅游岛的建设带来更多机会。

然而，随着互联网的广泛应用及新兴技术的不断突破，信息服务的应用和发展日新月异，新理念、新模式也层出不穷。在这一背景下，要大力发展面向国际旅游岛的海南信息服务业已不能再延续陈旧观念，停留在静态的信息发布与展示层面，是否应积极探索如何在 Web2.0 下增强客户与企业、客户之间的广泛互动？更应该面向未来科技，思索云计算、物联网等如何带动信息服务的进一步发展，助推深层应用？同时，在发展过程中，旅游景区、酒店住宿、餐饮美食、创意园区等业态分别展开现代服务业战略的同时，是否需要探索领域间的交互互动，实现资源共享和互推？政府部门、涉旅企业、第三方组织等为主导的信息服务资源怎样实现整合，才能有力带动各领域的发展？

与此同时，随着国际旅游岛建设的逐步推进，海南信息服务人才紧缺的矛盾越来越凸现出来。2011 年 5 月发布的《海南省旅游人才发展状况调研报告》指出，在未来 10

年，海南旅游行业人才需求缺口超过 20 万人。《报告》中特别指出，以信息服务为主的旅游咨询业，包括旅游电子商务、旅游产品营销、旅游规划、旅游投资咨询等从业人员不足 0.3 万人，人才是海南当前亟须解决的问题。

六、海南信息服务业相关专业人才的培养

现代信息服务业高度依赖于高技能的人才，鉴于此，自 20 世纪 90 年代以来，以电子商务、服务科学、物联网工程等为主的信息服务业相关专业开设，培养相应人才。

电子商务专业人才的培养自 20 世纪 90 年代在一些学校以方向班为主展开，从研究生教育逐渐扩展到本科教育。随着互联网的广泛应用和电子商务的逐渐发展，为满足市场需求，规范化、规模化培养电子商务专业人才，国家教育部高教司在 2000 年批准设立了电子商务专业，并于 2001 年 3 月下达了浙江大学、西安交大、华中师大等十三所院校首批试办电子商务本科专业的批文。随后又分四期批复了三百多所学校的电子商务专业本科设置。2003 年教育部允许有条件的高等学校招收电子商务方向的硕士和博士研究生。2011 年教育部对普通高等学校本科专业目录进行调整，拟将电子商务列为管理学下一级门类进行招生。随着电子商务应用的普及和深入，很多学校在专业建设上突出了特色，以网络营销、数据挖掘等的方向特长为突破点，寻求电子商务人才的创新培养。

服务科学是另一个与信息服务业联系紧密的学科，是一门新兴的复合交叉型学科，它将计算机、运筹学、产业工程、商务战略、管理科学、社会认知行为学和法学等学科综合在一起，推动创新，发展以服务为主导的经济中现代服务业所必须的相应技能，将人力和科技进行有效结合，帮助企业、政府等解决根本业务转型中各类复杂问题，同时为服务提供者、客户及利益相关方创造价值。

服务科学最早由 IBM 公司于 2004 年倡导成立“服务科学、管理与工程（Services Science Management and Engineering， SSME）”的基础上开设。2005 年 9 月，IBM 在北京大学发起召开“服务创新和服务科学学科建设”研讨会。这次会议是 IBM 继在美国、英国、日本等国家之后首次在中国举办该题材的研讨。IBM 三大研究中心、全球服务部、大学合作部的负责人，以及产业界会聚一堂，共同探讨在服务经济到来的背景下，服务科学的现状、发展和应用前景，详细勾画出通过设立“服务科学”学科进而规范、提升和推动中国服务经济和产业的生动蓝图。IBM 在讨论会结束后决定在未来 10 年内招募 5 万名相关人才，以占领市场制高点。同时，一些学校也开始增设“信息服务工程”等类似专业方向。有关信息服务工程的学科定位、知识结构等目前国内高校尚没有形成体系，一些学者对此问题进行了相关研究，如李明楚（2007）、董东等（2010）、袁玫和鲍泓（2010）。

由此可见，海南国际旅游岛建设离不开信息服务业的创新发展与推行，如何在海南现有的旅游资源基础上，充分利用现代化信息技术，在有效扩展挖掘已有商业模式的同时，大力推进新型商业模式的创造和应用，带动产业链的构建、整合及延伸均需要细致的研究工作。同时，在未来的 10～20 年海南国际旅游岛建设也需要大量懂技术、懂经济和懂管理的复合型信息服务管理人才，尤其是能与海南旅游岛创新发展模式有效对接的人才。

七、课题研究的意义

本课题的研究意义有以下几点。

（1）符合我国《软件和信息技术服务业“十二五”发展规划》《电子商务“十二五”规划》《国务院关于加快发展旅游业的意见》《关于推进海南国际旅游岛建设发展的若干意见》等国家、省级方针政策，能有效促进海南信息服务创新模式的发展及其相关人才的培养，带动海南新兴战略性产业的发展。

（2）针对海南省信息服务市场格局与产业发展概况和问题，提出信息服务创新发展路径及模式，符合海南省“一区三带九重点”的规划布局下的发展，以海南国际旅游岛先行试验区为主，通过东线现代文化产业带、中线绿色文化产业带、西线特色文化产业带的“三带”，实现对文化旅游、文化创意、出版发行、影视制作、演艺娱乐、文化会展、动漫旅游、体育健身、休闲疗养九大重点产业的发展，给政府制定相关产业发展政策提供借鉴。

（3）结合海南旅游岛的契机，面向海南旅游业市场，通过对基于电子商务链的发展路径、基于技术创新的发展路径、基于特色主题化的发展路径及在此基础上衍生出的代表性创新模式的探讨，研究结果可操作性强，对信息服务相关企业的建设提供有益指导。

（4）符合我国质量工程树立专业规范、加强专业建设的思想，提出信息服务与管理人才培养和学科发展的建议，能为海南信息服务类人才培养和学科建设规划提供有益借鉴。以此为背景提出的信息服务人才知识体系、能力素质体系及特色创新模式也能为众多高校所借鉴。

5.2 海南“旅游电子商务”人才培养模式与学科发展问题研究

电子商务与电子服务实验室　吴丽华　张仙锋

一、引言

传统旅游业的运作模式是旅行社整合制，旅行社在旅游产业链中起着举足轻重的作用，它的效率高低直接决定了整个旅游产业的运作效率。但是，随着旅游市场规模的急剧增长，消费者旅游观念的日益成熟，传统旅行社的电话咨询、店面定购、团体旅游的运作方式已不能适应当今旅游市场的需要，原有的自身优势成为了阻止其向更深更远发展的瓶颈，即不能满足消费者个性化、多样化的旅游需求，也不能提高消费者的主体地位和减少消费者的旅游成本。

当前，全球经济开始从制造型经济向服务型经济转化，而移动通信、云计算及物联网等新兴技术的不断突破，促使我国的新一代现代旅游服务业快速形成和发展。社会经济技术的持续发展，互联网技术的兴起，引起了电子商务的高速发展，电子商务作为世界信息技术应用最为广泛的一个领域，其市场规模在全球急剧扩大，各发达国家都把发展电子商务作为拓展市场的重要手段。在这种环境下，旅行社的传统经营方式受到网络在线模式的极大挑战，高速增长的旅游市场和日益成长的网络消费人群，给旅游业带来了新的契机，网络的交互性、实时性、丰富性和便捷性等优势促使传统旅游业迅速融入网络旅游的浪潮。同时，由于旅游产业的特殊性，特别适合于发展电子商务，所以电子商务与旅游业结合是一种必然趋势。

二、旅游电子商务及主要特征

电子商务（Electronic Commerce，EC）专业是融计算机科学、市场营销学、管理学、经济学、法学和现代物流于一体的新型交叉学科。培养掌握计算机信息技术、市场营销、国际贸易、管理、法律和现代物流的基本理论及基础知识，具有利用网络开展商务活动的能力和利用计算机信息技术、现代物流方法改善企业管理方法，提高企业管理水平能力的创新型复合型电子商务高级专门人才。本专业有六个专业方向：网站设计与程序方向、网络营销编辑方向、网络产品规划方向、企业信息化、个人网络创业及银行卡的研发方向。

旅游电子商务（Tourism Electronic Commerce）是指以网络为主体，以旅游信息库、电子化商务银行为基础，利用最先进的电子手段运作旅游业及其分销系统的商务体系。它主要包括旅游信息网络宣传，旅游产品在线预订、支付以及旅游企业业务流程的电子化、旅游目的地营销等。旅游电子商务的市场效用主要体现在以下四个方面。

（1）开拓出新的网上市场流通渠道。

（2）创造出新的产品销售平台与方法。

（3）降低了旅游企业的各种经营成本。

（4）扩大了规模经济性与范围经济性。

旅游电子商务的主要特征：一是，互联网已成为当前绝大部分居民出游前了解相关信息的最主要渠道，亲朋好友对旅游目的地的评价也是居民出游的重要信息渠道；二是，游客的散客化、个性化服务趋势进一步明晰，居民出游前希望通过参加旅行社或自己组织团队的形式较多，通过单位组织出游的比例相对较低；三是，产品和价格信息最受关注，居民出游前最希望获取的信息主要是旅游核心产品及价格信息，包括旅游目的地与旅游线路、景区、住宿与交通价格的信息，包括食住行游购娱等旅游关联产业的信息和服务质量情况。

三、中国旅游电子商务的发展及存在问题

中国旅游电子商务网站从 1996 年开始出现，目前，具有一定旅游资讯能力的网站已有 5000 多家。其中专业旅游网站 300 余家，主要包括地区性网站、专业网站和门户网站的旅游频道三大类。随着电子商务的发展，已经有越来越多的传统电子商务网站开辟了旅游这一功能，例如淘宝网就有旅游同业者特约商家；而旅游类电子商务网站也逐步向多元化发展，已经不再是单一的订购门票和旅游线路了，正逐渐开始走向出行“一站式服务”的路线。例如酒店订房，租车服务，地方特产购买，甚至是电影院，KTV 一些娱乐场所的优惠预订等，旅游类电子商务网站将为人们的出行，住宿，旅游等提供一系列完善且实惠的服务。

虽然电子商务运用于中国旅游业仅有数年的时间，但是其发展势头十分强劲。电子商务已经成为信息时代旅游交易的新模式。2012 中国旅游电子商务大会暨智慧旅游创新创业大会于 2012 年 12 月在江苏省镇江市召开。本次大会专注旅游信息化、旅游电子商务和旅游电子商务运营和从营销到预订的效果转化，会议强调实战技巧和运营经验分享。

旅游电子商务就为广大旅游业同行提供了一个互联网的平台。旅游门市是最为专业

的旅游买卖交易场，汇聚了大量的游客资源，旅游企业及旅游相关行业企业，将旅游行业进行了细分，精致打造，为游客提供了专业的旅游服务。其强大的资源数据库、交易平台及多种游客出游必备的查询功能，成为客人出游的专业指导网站。旅游大卖场是一个免费的旅游广告发布场所，汇聚了大量的旅游业同行和出游者，每天发布旅游咨询，询价信息，线路报价信息，寻找合作伙伴等旅游相关信息。

但是，旅游电子商务在中国发展目前存在的问题如下。

1. 旅游企业不重视

大多数旅行社包括一些知名旅行社都认为，目前大多数消费者依然凭借传统的服务方式选择旅游公司，因而忽视了应用电子商务系统所能带来的潜在收益。从成本角度考虑，建设电子商务网站需要较大支出以购买相关软硬件设备、引进人才，但是相应的回报却难以保障。从实施角度，电子商务是新生事物，旅游公司没有相关经验和管理人才，无法开展电子商务。

2. 旅游网站信息匮乏

很多旅游企业即便建设了网站，网站上也只是进行一些诸如景点、旅游路线、旅游知识等介绍性的描述，还没有充分利用电子商务在商家与顾客之间架起“直通桥”，也不能提供全面的、专业的、实用的一整套的旅游服务，不能尽显网上旅游的无限魅力。旅游网站功能非常简单，具体表现为：网站功能简单，内容更新不及时，搜索功能差，网络广告形式单一，虚拟社区没有发挥应有的作用，网站不能给浏览者的留言予以及时回复等。

3. 旅游企业人才缺乏

目前，旅游网站信息构建所需的硬件和软件都已比较成熟。旅游网站的建设、运营和管理涉及多方面的知识，从业人员不但要具备较高的网络技术、电子商务知识，同时还应具备旅游专业知识、市场营销及管理等方面的知识。事实上，现在缺乏既熟悉电子商务又精通旅游业务的复合型人才。正是由于人才的缺乏，致使旅游公司的电子商务不能顺利开展和发展壮大。

4. 网络安全缺乏信心，信用安全有待加强

目前，影响网上交易的阻力之一就是安全问题。电脑病毒和非法闯入等均构成对电子商务网络系统的威胁。很多用户不愿意进行网上支付是因为担心网络安全没有保证，以致自己的信用卡等资料被网络黑客窃取造成损失。除此之外，就是网上做交易需要进行一系列的用户认证程序，用户大量的隐私被暴露在网上，这使得越来越重视隐私权的公众不愿意进行网上交易。目前，在线的网上支付尚未真正解决，仍大量沿用“网上交易，网下支付”的支付模式。尽管电子商务发展迅速，但是普及率还有待加强。据调查，目前我国有网购行为的网民还局限于年轻人，广大的有经济实力的中年人并没有发展起来，除了一部分人不会使用电脑以外，更重要的原因是人们对电子商务信用的顾虑，如旅游公司景点描述不符，旅游团队组成夸大宣传，纪念品以次充好等。如何保证旅游公司在网络上的宣传属实，如何保证旅游公司本身的信用，成为进一步开拓旅游网络市场需要解决的问题。

四、海南旅游电子商务的发展

旅游信息化及旅游电子商务的发展早在 2009 年《国务院关于加快发展旅游业的意

见》中就成为培育旅游业我国战略性支柱产业的主要途径。随着海南省国际旅游岛的建设上升为国家战略，旅游电子商务在当前海南省经济建设中将起到重要的作用。为此，海南省明确提出海南旅游人才队伍建设的总体目标是：到 2020 年，建立符合海南国际旅游岛建设要求，既与国际对接又适应海南旅游发展实际的旅游人才开发机制、激励机制和管理机制，建立一支素质良好、数量合理、结构优化的国际化海南旅游人才队伍，为海南迈向世界一流热带海岛度假胜地的目标提供有力支撑。

然而，随着国际旅游岛建设的逐步推进，海南旅游人才紧缺的矛盾越来越凸现出来。2011 年 5 月发布的《海南省旅游人才发展状况调研报告》指出，在未来 10 年，海南旅游行业人才需求缺口超过 20 万人。《报告》中特别指出，旅游咨询业，包括旅游规划、旅游产品开发与策划、旅游电子商务、旅游产品营销、会展策划与管理、旅游投资咨询行业人才从业人员不足 0.3 万人，是海南当前亟须，也是最为短缺的一块。毫无疑问，随着互联网、移动商务、物联网等新一代技术的发展，如何建立一支能力素质良好、知识结构优化的国际化海南旅游电子商务人才队伍非常关键。这就涉及到很多现实问题：海南旅游市场对旅游电子商务人才的需求是什么？以本省为主的旅游电子商务人才培养模式？现存的供需双边市场之间所凸显的矛盾和问题在哪里？海南省旅游电子商务人才培养的知识体系和能力素质体系应该是怎样的？针对不同层次又该如何区别？

五、海南旅游电子商务人才培养的研究内容

1. 研究思路及方法

探索海南省各层次旅游电子商务人才的培养模式，并提出相应的学科建设对策建议。研究按照提出问题、分析问题、解决问题的思路，从人才的需求和供给出发，围绕人才培养的知识体系建设和能力素质培养，对海南省旅游电子商务人才培养现状进行分析，进而挖掘其目前的问题所在，最后提出对策建议。

研究方法：以上研究我们主要采用访谈调查研究、统计计量研究、文献研究和对策研究等方法。在问题的提出和研究背景部分以文献研究为主；对海南旅游电子商务人才培养的供需双边市场的现状与问题分析主要采用访谈调查研究、统计计量研究；在对策建议部分则主要采用多层次、多角度的综合对策与战略研究方法。对海南省旅游市场及旅游电子商务人才培养的访谈调查是本项目的关键，项目首先要明确市场需求主体和人才培养单位，进而抽样性地选择一些重点单位及主体（学生和教师）进行访谈调查，在可行的情况下将采用较大规模的问卷调查。

2. 人才培养目标及特色定位

（1）人才培养目标。

随着互联网、移动商务、物联网等新一代技术的发展，培养一批能力素质良好、知识结构优化的复合型、创新型和国际化的海南旅游电子商务高级人才。

（2）人才培养特色。

① 供求对接机制。通过各种渠道和方式，有效实现海南省旅游电子商务人才的供求对接，如供求对接见面会、市场导向的课堂设计、联合办学与合作等。

② 创新、创业人才培养机制。通过构建创业实训与模拟中心，提升大学生创业能力和行业应用能力；积极探索与传统旅游及网络旅游企业的合作，开展旅游电子商务创

业实训。

③ 政产学研联动机制。以重点实验室为核心，面向政府、企业和学生，开展科学研究、应用服务和人才培养，形成理论与应用研究中心、技术服务与市场应用中心、创业实训与教学模拟中心。

3. 研究主要内容

结合海南省旅游市场的需求，有效整合本省的人才培养主体资源，分层次、分重点实现人才培养的学科定位，并细化各层次下人才培养的具体知识体系和知识模块、能力素质培养方法。具体研究的主要内容，如图 5.1 所示。

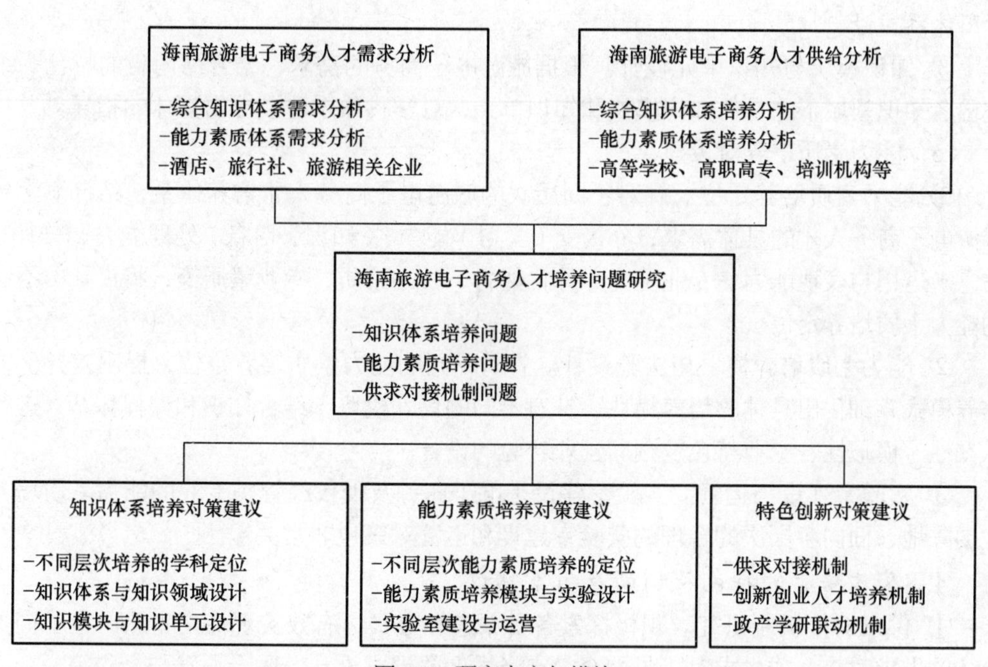

图 5.1 研究内容与模块

研究具体内容分为以下五个部分。

（1）人才需求分析

主要面向海南省旅游市场的需求主体，即海南省内的酒店、旅行社、主要景点及其他旅游相关企业，对其所需电子商务人才的知识体系、能力素质体系进行分析，提炼出海南省对旅游电子商务人才的需求所在。

（2）人才供给分析

主要面向海南省旅游电子商务人才培养主体，即海南省内设立电子商务、旅游电子商务、旅游信息管理等专业及方向的高等院校、高职高专、培训机构等，了解其对相关人才的知识体系、能力素质体系的培养模式与方法，掌握海南省旅游电子商务人才的供给现状。

（3）人才培养问题研究

通过对海南旅游电子商务人才培养的供给现状的掌握，本部分将主要展开相应的人才培养问题分析。具体分析旅游电子商务人才所需知识体系中的知识领域、知识模块的供需矛盾，所需能力素质体系中的培养方式、培养内容的供需矛盾，及人才的供需对接机制问题。

（4）知识体系培养对策建议

① 学科定位。面向海南旅游市场，结合人才培养单位的实际，理清各主体层次在海南旅游电子商务人才培养上的学科定位，有效区分“操作型”“应用型”“创新创业型”人才培养的差异化学科定位，区别对待“商务型”“技术型”“复合创新型”人才培养的知识领域与模块。

② 知识体系与知识领域设计。针对不同层次的学科定位，结合海南旅游电子商务市场的供给现状及问题，设计差异化的知识体系和知识领域。合理构建并加强各层次的学科体系建设。

③ 知识模块与知识单元设计。根据旅游电子商务的需求，结合海南省的特色，细化出各知识领域下的具体知识模块和知识单元，对学科体系建设提出具体的指导。

（5）能力素质培养对策建议

① 能力素质培养定位。针对不同层次的旅游电子商务人才培养体系，结合海南省旅游电子商务人才的具体需求，分接受（学习）能力、（知识、信息）处理能力、（知识、信息）运用与表现能力、专业能力、综合能力、身心素质、专业素质等，将设计出不同的能力素质培养定位。

② 能力素质培养模块与实验设计。针对不同的能力素质培养定位，提出差异化的培养模式并细化出具体的培养模块，针对不同的培养模块，结合知识和课程体系，进行认知性、模拟性、专业特色及创新创业实验的设计。

③ 实验室建设与运营。实验室建设是电子商务及现代经管类专业的能力素质培养主要阵地，面向各层次的合理的实验室建设和运营对策也非常关键。

4. 人才培养的特色及创新及对策建议

① 供求对接机制研究。积极探索各种渠道和方式，有效实现海南省旅游电子商务人才的供求对接，如供求对接见面会、市场导向的课堂设计、联合办学与合作等。

② 创新创业人才培养机制。主要通过构建创业实训与模拟中心，提升大学生创业能力和行业应用能力，如积极探索与传统旅游及网络旅游企业的合作开展旅游电子商务创业实训。

③ 政产学研联动机制。尝试以重点实验室为核心，面向政府、企业和学生，展开科学研究、应用服务和人才培养，形成理论与应用研究中心、技术服务与市场应用中心、创业实训与教学模拟中心。同时，还根据虚拟组织的特点，与其他重点实验室进行联系，实现资源的共享和互惠，有效推动海南省旅游电子商务的科学研究和产业应用，进而带动人才培养。

六、课题研究的意义

本课题的研究将对海南旅游电子商务人才培养和需求的现状、双边市场对接的问题所在，提出适合海南特色旅游业的人才培养模式和学科发展建议。概括起来其研究意义主要有：

（1）符合我国《电子商务“十二五”规划》《国务院关于加快发展旅游业的意见》《关于推进海南国际旅游岛建设发展的若干意见》等国家级、省级方针政策，能有效促进相关人才的培养，带动现代旅游这一新兴战略性产业的发展；符合我国质量工程树立专业规范、加强专业建设的思想，提出旅游电子商务人才培养和学科发展的具体建议。

（2）针对海南省旅游电子商务人才的供需双边市场，分不同层次，探索海南旅游电子商务人才的培养模式，为政府制定相应政策、企业储备潜在人才及高校建设相关专业提供有益借鉴。

（3）结合海南旅游岛的契机，面向海南旅游业市场，可促使海南省相关学科的建设能紧扣国际旅游岛的发展宗旨，辐射本省特色旅游业及相关产业，形成以本土区域为核心的特色学科和人才培训模式。

七、研究特色与价值

该研究是结合国家《质量工程》的思想，继国家教育部高等院校电子商务专业教学指导委员会制定《普通高等学校电子商务本科专业知识体系》后，在海南省国际旅游岛的发展契机下，针对海南省旅游电子商务人才培养的短缺等问题，尝试性地展开人才培养模式及学科发展研究。研究针对性强，对电子商务、旅游信息系统、现代旅游等学科专业的发展具有一定的创新参考意义。

同时，本研究以人才培养的知识体系和能力素质体系为基本点，从海南旅游市场旅行社、景点、酒店等相关用人单位的需求和海南高等学院、高职高专等人才培养单位的供给出发，摸清供需双边市场的现状和所凸显的问题所在，进而从知识体系、能力素质体系、特色创新等方面提出对策建议。通过本课题的研究，将提出海南旅游电子商务不同层次人才培养的定位、知识体系与能力素质体系的具体设计、探索出供求对接机制、创新创业人才培养机制和政产学研联动机制，最终形成以海南本土区域为核心，海南特色旅游业服务的特色学科体系。

研究的成果对政府部门规范旅游电子商务人才的培养提供借鉴，对旅游市场与人才培养单位的有效对接提供思路，提出了人才培养单位的创新培养模式。

5.3 “产学研用”合作平台下的电子商务人才培养模式研究

电子商务与电子服务实验室　刘晓文

一、引言

电子商务人才培养模式是目前教育界研究的一个热点问题，而人才培养如何适应社会需求则是其中的难点问题。近年来，我国电子商务已经迎来飞速发展的时期，当前，由于互联网用户正以每年 100%的速度递增，电子商务行业的人才缺口相当惊人，预计我国在未来10年至少需要200万名电子商务专业人才。据艾瑞咨询的相关研究报告统计，目前电子商务人才的市场需求满足率仅达到41%，企业电子商务职位空缺率超过50%。与人才需求数量形成鲜明对比的是，近两年电子商务专业应届毕业生的就业率却略低于全国高校毕业生平均就业率。

由于电子商务的变革几乎涉及到人类经济生活的各个方面、各个层次，而每一个方面、每一个层次都有其自身的特殊性，要求电子商务人才具有不同的知识和能力结构。因此，必须充分认识到电子商务人才在多方面和多层次上的特征。加之社会对电子商务人才的需求是多元化的，所以又要充分认识电子商务人才的复合化和多元化特征。

为此，本文引入平台化和模块化的思想，提出一种以“产、研、用”的实际需求为纲，以“学”为核，“产学研用”结合下的电子商务人才培养思路，通过探索搭建“产学”合作、“研学”合作和“用学”合作三大平台，紧密结合产、研、用的实际需求，以三大平台为组织框架，以产业知识模块、科学研究知识模块和技能实训模块等为基石，同时从“软机制”和“硬举措”两个角度探索“产研学用”下的人才培养问题，探索一种新的电子商务人才培养模式。在帮助电子商务专业学生明晰自己的学习与发展方向的同时，有效减少用人单位实际需求与学校人才培养效果之间的落差，提高电子商务人才培养质量，实现产学研用的多方共赢。

二、人才培养模式的总体框架

合作教育之前的产学研合作相关研究，其中的“学”主要是指学校（高校），其焦点主要放在如何通过产学研合作发挥各方特长为社会创造财富与价值。本文中提到的“产学研用”中的“学”主要是指学生，其目标主要聚焦于如何通过“产学研用”合作提高电子商务人才培养质量。

围绕以上培养目标，“产学研用”合作平台下的电子商务人才模块化培养模式的总体框架，如图 5.2 所示。

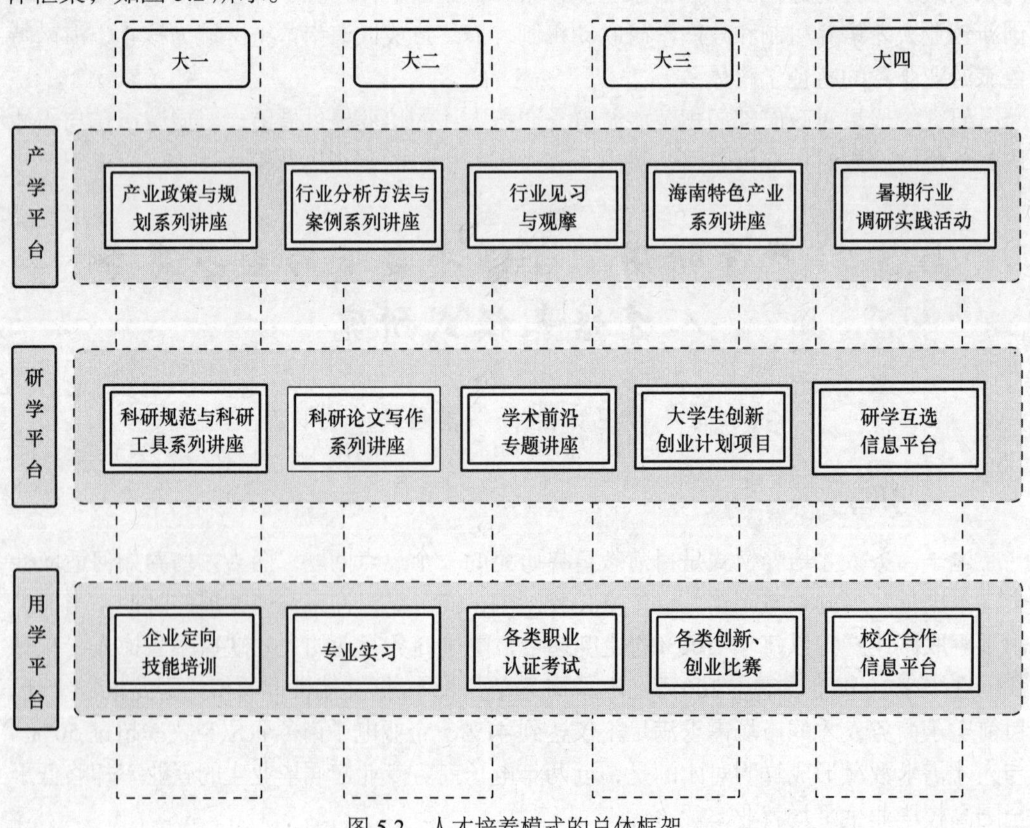

图 5.2　人才培养模式的总体框架

三、三大平台的功能定位与教学设计

1. “产学”合作平台

作为最适合创新与创业的知识密集型和应用型专业，电子商务同时也是最需要将基础知识与社会实践紧密结合起来开展教育教学活动的专业之一。“产学结合”的教育模式由来已久，最早可以追溯到英国桑得兰德技术学院工程系和土木建筑系于1903年开始实施的“三明治”教育模式。1906年，美国俄亥俄州辛辛那提大学开始实施与英国基本相同的工学结合教育模式，并称之为“合作教育”（Cooperative Education）。

“产学”合作平台的定位是紧密围绕海南特色产业，如旅游业，热带农业，海洋渔业等产业，开展产学结合。其目标和知识模块主要聚焦于宏观层面。具体知识模块和典型教学活动举例，如表5.1所示。

表5.1 “产学”合作平台知识模块与典型教学活动举例

序号	知识模块或教学活动	典型的教学活动
1	产业政策与发展规划系列讲座	邀请校外专家开设产业政策与发展规划相关讲座；或收集类似的在线讲座视频
2	行业分析方法与案例系列讲座	通过案例介绍实施行业分析的一般性过程和具体方法
3	行业见习与观摩	联系相关行业的代表性企业，组织学生开展见习与观摩活动
4	海南特色产业系列讲座	围绕海南特色产业的现状、发展趋势和存在问题，邀请领域专家开设系列讲座
5	暑期行业调研实践活动	利用暑假，选择特定行业，组织学生对该行业开展调研实践活动

2. “研学”合作平台

与“产学”平台目标不同，“研学”合作平台的目标主要是针对部分有志于科研且有一定科研潜力的同学，依托学院各级、各类科研项目，对其进行一定的科研学术训练，使其掌握相关的科研工具，通过参与科研项目来提高其科研素养和能力，以便未来进一步深造。围绕这一目标设计的具体知识模块和典型教学活动举例，如表5.2所示。

表5.2 “研学”合作平台知识模块与典型教学活动举例

序号	知识模块或教学活动	典型的教学活动
1	科研规范与科研工具系列讲座	邀请校内相关教师和图书馆教师开设科研规范与科研工具系列讲座
2	科研论文写作系列讲座	开设科研论文写作系列讲座，提高学生的科研论文撰写能力
3	学术前沿专题讲座	邀请校内外各领域专家为学生开设学术前沿问题的专题讲座，开拓学生视野
4	大学生创新创业计划项目	鼓励和引导学生自主申报和实施大学生创新创业计划项目
5	研学互选信息平台	搭建面向学生和科研项目的互选信息平台

3. “用学”合作平台

“用学”合作平台更加微观和具体，直接面向企业的电子商务开发、管理与运营过程中的实际需求，以学生就业技能训练与培养为核心目标，为用人单位和学生搭建直接的技能需求发布和技能培训的平台。一方面鼓励用人单位将技能需求模块化，将人才聘用和培训的环节前置，扩大选才范围，节约培养时间；另一方面鼓励学生结合自己的特长与爱好，主动选择、学习并掌握相关的技能模块。具体知识模块和典型教学活动举例，如表5.3所示。

表5.3　“用学”合作平台知识模块与典型教学活动举例

序号	知识模块或教学活动	典型的教学活动
1	企业定向技能培训	鼓励用人单位将技能需求模块化，开展定向技能培训，将人才聘用和培训环节前置
2	各类职业认证考试	鼓励和引导学生参加各类职业认证考试
3	各类创新、创业比赛	鼓励和指导学生参加创新、创业比赛
4	专业实习	毕业前的专业实习
5	校企合作信息平台	搭建面向学生和企业的校企合作信息平台

四、具体实施方案

以上人才培养模式可尝试通过以下的实施方案和计划进一步加以落实。

首先，通过调研与文献研究对当前电子商务专业人才的培养模式进行总结，对电子商务人才需求中包含的人才结构和层次问题开展深入分析，深入研究现有不同培养模式下的课程设置和实践教学体系的设计与组合问题。

其次，从产学合作、研学合作、用学合作等角度，紧密围绕“产学”合作、“研学”合作和“用学”合作这三大平台，深入研究相关学分设置、激励机制及相应的知识模块与实践活动的设计等问题，系统梳理和整理相应的课程体系与实践教学体系，制定相应的教学计划与教学大纲，开展相应的教学实践。

5.4　网络技术革新与大学生创业之路

电子商务与电子服务实验室　张仙锋

一、引　言

近年来，网络商业的飞速发展孕育了一个又一个的“神话”。这些网络神话的缔造者们的财富往往可以在短短的几年时间内完成成百上千倍的升值，在公司还没有盈利的时候，创业者就已经跨入了巨富的行列。这种在工业社会中不可想象也不合逻辑的现象，正在吸引越来越多的“追随者”，80后、90后的互联网公司CEO频频出现。然而另一方面，随着我国高等教育体制改革和人事制度改革的不断深入，大学生就业难问题已经由学校和学生家庭问题转变为一个社会问题，近年来由于大学生就业困难而引发的一些社会问题不断发生，已经引起了社会极大的关注。2010年4月，教育部召开全国高校创业教育视频会，并下发了《大力推进高等学校创新教育和大学生自主创业工作的意见》，随之成立了全国创业指导委员会，在全国高校中全面开展创业教育。

如何在网络技术革新所带来的新模式、新业务喷井式发展的环境下，推动大学生自主创业，协助解决大学生就业难、就业差的局面，从而成为新环境下企业的运营者、工作岗位的创造者已经成为一个新的问题。

二、网络技术创新环境

互联网自其产生应用以来，经历了从无到有，从小到大，不断创新的过程。在此过程中，出现了众多代名词。下面对各阶段有代表性的代名词予以说明。

1. Web1.0 时代

Web1.0 也被称为互联网的第一代。在新事物发展之初，任何一个理念都无比新颖。从亚马逊的网上商店，到阿里巴巴的企业上网平台，再到 ebay 的个人商品交易中介都是将传统经济业务搬到网络上；新型的互联网相关业务也层出不穷，搜索引擎、反向顾客定价等。Web1.0 的盈利都基于一个共同点，即巨大的点击流量。无论是早期融资还是后期获利，依托的都是为数众多的用户和点击率，以点击率为基础上市或开展增值服务，受众群众的基础，决定了盈利的水平和速度，充分地体现了互联网的眼球经济色彩。

2. Web2.0 时代

2000 年末互联网泡沫破裂后，整个行业受到巨大打击。直到 2004 年，Web2.0 概念的提出才给行业又带来生机。相比静态的网页发布和消费者单向的浏览行为，Web2.0 则更注重用户的交互作用，用户既是网站内容的浏览者，也是网站内容的制造者。在模式上由单纯的“读”向“写”以及“共同建设”发展，由被动地接收互联网信息向主动创造互联网信息发展。Web2.0 时期技术的开发应用与模式的创新演绎出一些主要的模式：博客（BLOG）、RSS、百科全书（Wiki）、网摘 、社会网络（SNS）、P2P 等。

3. 云计算

继个人计算机变革、互联网变革之后，云计算被看作第三次 IT 浪潮。云计算是一种按使用量付费的模式，这种模式提供可用的、便捷的、按需的网络访问，进入可配置的计算资源共享池（包括网络，服务器，存储，应用软件，服务），这些资源能够被快速提供，只需投入很少的管理工作，或与服务供应商进行很少的交互。

通过使计算分布在大量的分布式计算机上，而非本地计算机或远程服务器中，使得企业能够将资源切换到需要的应用上，根据需求访问计算机和存储系统。这好比从古老的单台发电机模式转向了电厂集中供电的模式，意味着计算能力也可以作为一种商品进行流通，就像煤气、水电一样，取用方便，费用低廉。“云计算”概念被大量运用到生产环境中，国内的“阿里云”与云谷公司的 XenSystem，以及在国外已经非常成熟的 Intel 和 IBM，各种“云计算”的应用服务范围正日渐扩大。基础设施即服务（IaaS），平台即服务（PaaS）和软件即服务（SaaS）都是云计算的服务形式。

4. 物联网

物联网是通过射频识别（RFID）、红外感应器、全球定位系统、激光扫描器等信息传感设备，按约定的协议，把任何物品与互联网相连接，进行信息交换和通信，以实现智能化识别、定位、跟踪、监控和管理的一种网络概念。这个概念包括了两层含义：第一，物联网是互联网的延伸和扩展，即互联网是物联网发展的核心和基础；第二，其用户端延伸和扩展到了任何物品和物品之间，进行信息交换和通信。可以说，物联网的本质是，通过各种感知和传输手段，将事物的信息进行自动、实时、大规模地标识、采集、传输和分析，并以此为基础搭建信息运营平台，进行信息的运算处理，构建应用体系。

目前对于物联网较为一致的认识是它主要分为三层架构，即感知层、传输层和信息处理层。从具体产业链的角度，物联网以传感感知、传输通信、运算处理为基础，形成若干个面向最终用户的应用解决方案。这些具体应用，涉及智能交通、环境保护、电子政务、公共安全、工业监测、平安家居等多个领域。随着物联网业务量的增加，对数据存储和计算量的需求将带来对“云计算”能力的要求，形成云物联。

5. 移动商务

移动商务是指通过移动通讯网络进行数据传输，并且利用移动信息终端参与各种商业经营活动的一种新电子商务模式。第一代移动商务系统是以短讯为基础的访问技术，这种技术存在着许多严重的缺陷，其中最严重的问题是实时性较差，查询请求不会立即得到回答。此外，由于短讯信息长度的限制也使得一些查询无法得到一个完整的答案。第二代移动商务系统采用基于 WAP 技术的方式，手机主要通过浏览器的方式来访问 WAP 网页，以实现信息的查询，部分地解决了第一代移动访问技术的问题。第二代的移动访问技术的缺陷主要表现在 WAP 网页访问的交互能力极差，因此极大地限制了移动电子商务系统的灵活性和方便性。随着智能手机的广泛应用，新一代的移动商务系统开始出现，主要融合 3G 移动技术、智能移动终端、VPN、数据库同步、身份认证及 Webservice 等多种移动通讯技术。随之开发的移动应用程序服务（App 移动服务）也陆续增多，尤其是和基于位置的服务（LBS）相结合，在确定移动设备或用户所在地理位置的基础上提供与位置相关的各类信息服务。

三、应用案例展示

1. 抢占市场创造未来

互联网发展以来，相关企业进入了群雄并起、逐鹿网络的时代。无论是从早期 Web1.0 静态网页的发布，到 Web2.0 时期的高度互动共享，还是现今的高智能、大数据时代，一些企业脱颖而出，抢占市场，一次次验证了商业模式是金的道理。回顾互联网企业的发展，每一次技术革新都会有一批企业诞生，而最终能大浪淘沙仍然持续健康发展的寥寥无几，这些能坚持运营的则积极改革，整合化发展。

Web1.0 时代，新浪最初以技术平台起家发展为服务于中国及全球华人社群的领先在线媒体及增值资讯服务提供商；搜狐以搜索技术起家发展集新媒体、网络游戏、搜索及无线互联网服务公司；阿里巴巴创建各类交易平台，已发展出 B2B 贸易、个人零售、支付、企业管理软件和生活分类信息等服务在内的多元化的互联网业务，致力于为全球所有人创造便捷的网上交易渠道。

Web2.0 时代，腾讯以即时通讯技术起家发展成集新闻信息、互动社区、娱乐产品和基础服务为一体的大型综合门户网站；盛大以网络游戏起家逐渐形成了中国领先的互动娱乐内容运营平台，提供游戏、文学、盛大在线等主体和其他业务；视频分享网站 Youtube

仅仅用了1年时间就以16.5亿美元被Google收购，千橡集团陈一舟借助特定大学IP地址或大学电子邮箱的用户注册规则创建了校内网，也拯救了整个人人网。

云计算、物联网、移动商务等新环境下，全球的网络巨头纷纷加入，完善各类服务，缔造庞大帝国。阿里巴巴各类服务都先后开发出移动APP服务，方便消费者借助智能手机终端实现快捷的信息查询与交易。Google、微软、雅虎、亚马逊、阿里巴巴、百度等都相继推出其云计算项目，在其外形轻巧的云计算客户服务网页界面背后是遍布全球的高速运转的"云计算数据中心"。

2. 新技术巧应用

互联网发展扩散过程中，技术革新层出不穷，而如何积极利用新技术，深挖消费者需求就成了新技术下创业的关键所在。新技术的巧妙应用可以带来众多新的创业机会，从文字搜索引擎到图片搜索引擎，从网上支付应用到移动支付应用，从线路导航到食品追溯系统，诸多创业案例均源于新技术的巧妙应用。

智能手机的广泛应用改变了消费者对手机的使用模式，手机也从传统的通讯设备转变为集照相、上网、商务等于一体的关键个人物品。灵动快拍就着抓这一新技术，推出手机二维码扫描软件"快拍二维码",利用手机拍照功能实现对二维码的扫描和信息解读。快拍二维码用户拍完这些二维码，可以直接跳转至品牌官网，或者参加线上活动、分享至社交网站，甚至可以看一个营销微电影。1号店基于二维码的"虚拟超市"商品墙就出现在了北京、上海、深圳等地的公交、地铁车站。商品墙上印刷的所有产品照片旁边都会有一个二维码，消费者如果想要购买某款商品，只需要用下载了"掌上1号店"的手机，对着商品下面的二维码拍摄扫描，就能实现随手购买。在这一新技术应用驱动下，淘宝网也于2012年推出其移动APP的手机比价软件—淘火眼，用户只要拍摄商品的条形码，就可以迅速查询出该商品的网络价格以及各大超市价格，目前超市涵盖有沃尔玛、家乐福、乐购、世纪联华、物美、华润万家等。网络价格方便比较，提供淘宝、天猫以及京东等电商的价格信息。

餐行健的买菜谱想法也独具一新，公司卖的既不是纸质菜谱，也不是PDA点菜机，而是电子菜谱。用餐者可以通过电子触摸屏看到餐厅全部菜品照片、原料、价格和营养成分。用餐者通过终端自主点餐后，信息就通过餐厅的无线WIFI网络进入后台服务器以及厨房的电脑中。对于餐饮管理者而言，公司则在电子菜谱基础上提供了一整套数字化餐饮解决方案，包括实现菜单、菜价及时更新，成本分析、优化管理等一系列服务。

O2O电子商务（即Online线上网店Offline线下消费），商家通过免费开网店将商家信息、商品信息等展现给消费者，消费者在线上进行筛选服务，并支付。线下进行消费验证和消费体验。这样既能极大地满足消费者个性化的需求，又节省了消费者因在线支付而没有去消费的费用。商家通过网店信息传播得更快、更远、更广，可以瞬间聚集强大的消费能力。该模式的主要特点是商家和消费者都通过O2O电子商务满足了双方的需要。

3. 品牌战略大市场

网络交易的透明化、高互动性使得品牌的建立相比传统经济而言，更加迅速。众多基于创意产品发家的轻公司和淘品牌都属于这种创业形式。

凡客诚品是品牌化电商发展的首个典范，一个网站、一个呼叫中心外加一套极速的供应链管理系统，凡客缔造了网络新时代轻公司模式的奇迹。在 2007 年 7 月成立之初，凡客 CEO 陈年只是想建立一个能做好衬衣的网站，然而，凡客的发展速度令陈年都感到吃惊，2009 年销售额达到 6 亿元，2010 年已经接近 20 亿元。

作为钻石行业的代表，戴欧妮遵循“把公司做小，把客户做大”的原则，在全球范围内整合钻石购买、切割、加工的供应链，实现网上销售的钻石产品要比线下同类产品便宜 30%至 50%左右。与此同时，戴欧妮拥有“全球钻石搜索引擎”，戴欧妮说服了全球 26 家钻石切割供应商，将实时在线的钻石库存数据开放给戴欧妮，顾客可以根据钻石价位和切割形状，进行二维交互式搜索，查看来自全球的不同净度、颜色的钻石，每款钻石都配有国际认证证书。

淘品牌网商们的故事则更足以令互联网上的草根创业者们热血沸腾，几乎所有淘品牌创业者大多都是白手起家，发展历史很短，但借助于自己的品牌战略能快速地实现积累，其中大部分的淘品牌年增长率都超过 300%。2012 年 6 月，淘品牌正式更名为天猫原创，官方公布的天猫原创品牌共有 121 家，包括麦包包、尚客茶品、裂帛等。淘品牌们经历着类似的成长路径：从销售质优价廉的网货起家，虽然大多成立时间不过三五年，但销售额很快就高达数千万元甚至上亿元。积累用户规模后，它们又靠着建立一个新的网货品牌去反向整合生产和供应链，逐渐形成稳定的定位，从而蜕变成以优质产品和服务为诉求的淘品牌。

网络品牌不同于传统品牌，“消费者参与”是其重要特征，消费者参与共同构建品牌，追求个性化、功能化的需要，成为品牌共建的核心。戴欧妮网站以图标的形式提供切工、颜色、净度、克拉、价格等搜索条件及多种个性化的钻戒托架，方便对钻石一窍不通的顾客自由选购，一旦选中，订单自动发送给全球钻石切割供应商处进行加工，十天之内就可完成整个流程。麦包包通过不断推出各种品牌，试图抓住每个消费群体，并坚持每周出新，提高客户忠诚度。七格格女装网则更进一步，直接由客户参与设计服装，每次发布新款，七格格首先会将设计图上传到网店，供超过 20 万的粉丝“格女郎”讨论、票选，选出大家普遍喜欢的款式进行修改，最后上架。七格格还举办了“唯我独潮”T 恤设计大赛，对于第一名，公司为其注册自己的品牌，前三名获奖者均可成为公司签约设计师。

4. *身边不经意的商机*

商机隐藏在一个灵动的念头里，来自于一次不经意的观察中，而在技术革新时代，这种身边不经意的创业案例频频出现。

iSido 无限度旗舰店掌柜李京林是个典型的 80 后，重点大学研究生毕业的他敏锐地捕捉到 iPhone 手机外壳蕴藏的巨大商机，在短短一年的时间里，他的原创 iPhone 外壳品牌 iSido，店铺等级就从 0 做到了 4 皇冠，并在 2011 年秋季果断进军淘宝商城，以扩大竞争优势。为摆脱价格竞争，他推出了中国首款将公交卡和 iPhone 外壳结合的产品——iSido“随心刷”系列支付壳。针对美国快递制度下丢包裹以及包裹的送达率低的问题，BufferBox 为此推出了一种聪明的柜子，它可以帮用户收取来自 UPS、FedEx、USPS 以及 Amazon 的快递。只要用户在 BufferBox 上注册，就会获得在公司或家附近的一个 BufferBox 箱子的特别地址，一旦包裹寄送到，BufferBox 就会给用户寄一封带有取包裹唯一密码的电子邮件，方便用户到 BufferBox 前输入储物柜密码，拿到包裹。这个团队已经计划扩张 100 个地点，会分别落在多伦多的便利店、杂货店和中转站中，囊括的潜在用户多达 700 万，此外，BufferBox 还与沃尔玛电子商务签署了合同，让顾客可以将包裹递送到一个 BufferBox 储物柜里。

5. 回归自然生活

寸土寸金的城市中是否还能品尝到来自乡村的特色农产品呢？户外休闲烧烤开聚会可否能在网络上得到服务支持呢？在食品安全得不到保障，人们生活压力巨大的今天，这些诉求都是消费者实实在在的需要，而这也为创业者提供了商机。

生鲜、食材的配送一度是 O2O 最热门的领域。田鲜蔬菜革命网本着让国人吃上出口标准蔬菜的理念，致力于将无任何污染、无任何农药、化肥、重金属、细菌、微生物等超标的高品质出口蔬菜直接配送给国内高端家庭用户及企业用户。鲜品会则是一家输出“文化”的 O2O 电商。按照鲜品会创始人周翔的说法，他更愿意将之称为：“为热爱生活的人们提供生活服务的创新机构”。用户登陆鲜品会网站线上预订（或通过电话），即可按约定收到发自原产地、第一时间送到的新鲜食材。比如食蟹时节，主张“鲜”生活的鲜品会自然将大闸蟹作为主打。周翔表示：“我们会将从阳澄湖中打捞出的第一网中最优质的蟹，配上养蟹最佳的洞庭山泉水，通过国内口碑最好的顺丰速递，从湖边奉送至消费者的桌边。”

来自上海原始烧烤的李烨真正将烧烤做到网上，让户外休闲娱乐的人们不再为准备材料、工具而劳累，直接享受点到点服务。上海原始烧烤是全淘宝第一家做烧烤户外食材配送服务的店铺，并创立了结合餐饮、超市、会务、旅游、拓展、户外器材、生鲜食品、电子商务等多行业融合的一个企业特例。通过充分利用城市公交系统，原始烧烤实现了全上海准时到达的生鲜及产品配送，并立下了“迟到 1 分钟罚款 1 元钱”的承诺。

6. 农村电商星火燎原

互联网的高度渗透也挖掘了农村市场，燃烧了农民的电子商务创业激情：从王小帮离开大城市，回到山西农村家乡开淘宝网店卖黄豆，到“桂花女”王燕阿里巴巴销售桂花苗获 2009 年十大网商，再到经历了汶川大地震的重灾区青川县女孩赵海伶网上销售家乡土特产。

农村电子商务的发展如火如荼，甚至于带动了整个乡村、整个城镇。在福建安溪县，茶农王大伟在两年的时间里，通过经营淘宝店铺销售当地铁观音茶叶，2010 年销售额达到 1000 万元，不仅成为淘宝铁观音类目的领头羊，其“中闽弘泰”品牌也在网络上声誉鹊起，他还帮助同村几十位乡亲实现了就业，成为当地茶农竞相学习的榜样。在山东嘉祥县，孟宏伟残疾兄弟网上卖牛羊，每年卖出超过 20 万头牛羊，带动当地牛羊销售产值数亿，在当地形成“网络+养殖场+农户”的农村经济创新模式，不久前，孟宏伟还接到了来自迪拜的千万元大单。

以农户+网络+公司为主的沙集模式已成为农村电子商务发展的典型代表，电子商务在江苏徐州沙集镇已深入到家家户户，无处不在。2006 年，被称为沙集镇网商“三剑客”的孙寒、夏凯和陈雷开始网络创业。选择的产品是简易拼装的板式家具。最初起步时，是孙寒找来样品，让镇上的老木匠按样品做出来，在淘宝网上进行销售。这就是点燃沙集电子商务燎原之火的第一颗火种。除了网络+工厂的模式，网店在沙集镇开始遍地开花。记者在沙集镇上看到，无论是带孩子的妇女开的杂货小铺，还是年轻人开的数码店，甚至是理发店，摩托车修理店等，都无一例外地在店里摆着一台电脑，在线开着网店的网页和旺旺。这些人多是兼职开网店，在网上接单，然后在工厂提货。到目前为止，全镇拥有农民网商 1000 多人，开办网店超过两千家。销售额也实现了倍速增长，网上销售从 2008 年的 4000 万元，到 2009 年的 1 亿元，2011 年已超过 3 亿元。

四、创业项目的运行模式

要在网络技术革新潮流中进行成功创业，不是偶然机遇，而需要了解基础知识，掌握一定的分析方法。创业之前，必须理清创业项目的几大模式：商业模式、经营模式、技术模式、资本模式、组织管理模式、信用模式等。这里，商业模式是核心，其他五个模式是支持。

1. 商业模式

商业模式是一个企业建立和有效使用资源的方法，通过此方法企业能向顾客提供比竞争对手更大的价值，并以此盈利。具体来说，商业模式是一个企业如何运营以及在以后较长时间内如何规划。

在电子商务环境下，商业模式是指企业在特定市场环境下，确定细分市场和目标顾客之后，运用网络信息技术，凭借自身的竞争优势，与价值网上的各合作成员整合相关的流程，最终满足顾客的需求，创造价值、实现盈利的一种方式。主要包括价值定位、商业参与者、获利途径、市场环境和竞争优势五方面。

价值定位不仅包括企业对自身在价值链中的位置进行定位，还包括如何确定对顾客的价值。企业在价值链中的位置决定了企业的利润来源大小。如果企业处在价值链的核心位置，且顾客价值也很大，能够吸引众多用户，进而也能实现巨大盈利。顾客价值是指企业提供给顾客差异化或低成本的产品或服务为顾客带来的价值。价值定位需要企业客观的自我评价和合适的市场进入，还需要敏锐的市场感知能力，把握和引导顾客潜在需求的创新力。价值定位要回答如下问题：

- 企业在产业链或系列商务活动中的角色是什么？
- 企业的近期及长远战略目标是什么？
- 企业对顾客提供什么差异化的产品和服务？
- 企业涉及信息流、商品流、物流、资金流及信用流了吗？如果涉及，是否解决得当？如果未涉及，是否应该考虑？

商业参与者是指与企业相关的主体，包括客户、供应商、商业同盟、竞争者等。企业与商业参与者的关系也各不相同。这一层面需考虑如下问题：

- 企业的目标客户是哪些？
- 企业的供应商有什么，与其关系结构如何？
- 企业在经营中是否存在同盟商，与其关系结构如何？
- 还存在哪些商业参与者？

利润来源是指企业获利的主要途径，也可以具体到每个收益来源的顾客群、时间、盈利、市场的驱动力等。电子商务模式的利润来源可以分为：销售收入（Sales）、订阅收入（Subscription）、合作分成（Affiliates）、广告收入（Advertising）、经纪费用（Transaction fee）等。销售收入是指销售商品或服务所得到的收入；订阅收入是企业通过用户订阅某项服务，按期付费（每日、每月或每年）而获得的收入；合作分成是指企业通过与其他同盟网站间的合作，促进商品的销售从而获得的利润分成，一般通过点击付费和收入均分等方式获得；广告收入是传统媒介的扩展，在网站上特定位置放置客户广告而获得收入，也有根据付费位置获得收入；经纪费用是指交易中介商会从买卖方每笔交易中所收取佣金。企业相关的参与者也可能因为与企业的交互关系而产生收益来源。因此，利润来源及参与者收益需考虑：

- 企业的潜在收益来源和成本结构是怎样的？
- 企业的相关参与者的潜在收益？

市场环境是对企业所处的市场外围环境的总称。而竞争优势是指企业在市场环境中拥有的有别于其他竞争者的优势。这种优势主要是通过企业的核心能力而产生的，而核心能力是企业核心竞争力的培育和提高。企业需要保持这种持续的竞争优势，才能使商业模式获得成功。这一层面需考虑：

- 企业的目标市场情况怎样？
- 潜在竞争对手及市场占有情况如何？
- 企业存在资源优势吗？
- 企业通过怎样的核心能力占领市场？

2. 经营模式

经营模式与商业模式是密切相连的。如果说商业模式注重对整体环节的设计和具体路径的选择的话，那么经营模式则主要是考虑如何展开具体的商务活动，实现商务模式的各环节设想，促进预期经济目标的达成。这不仅包括选择各环节具体的合作者、协作者、协作方式、分成方法、经营的工具、手段、方式、方法，还包括非业务模式环节的市场开拓、广告宣传等事宜。经营模式将商业模式主体化、动态化、丰润化、灵活化、具体化和人、财、物，产、供销一体化和协调化。

在经营模式分析中需要对以下几个方面进行分析，即交易前分析、交易中分析、交易后分析和商务工具分析。通过这些分析来确定商品的展示方式、洽谈途径与方式、签约方式、货款支付方式、在商务活动中采用什么样的系统等问题。产品与市场的细分主要针对企业的不同顾客群，考虑差异化的产品、服务和业务类型。因为企业所面临的顾客有很多种，根据客户群体的年龄、教育背景、所处地域等特点的不同，可划分为很多种类别。所以，针对不同类别的客户，所提供的产品也不能是完全一样的，需要差别化对待。分析产品与市场的细分，需要考虑：

- 企业的主要产品或服务是什么？
- 企业还有那些增值服务？
- 目标客户如何细分？针对不同的目标客户，提供了怎样的差异化产品与服务？

商务链由商品与市场的准备、展示、沟通、谈判、签约、支付、配送及售后等一系列环节组成。商务型企业的业务流程围绕商务链展开，因此分析商务链的解决方案也就能理清企业的经营模式。商务链的解决方案涉及：

- 交易前分析。客户搜寻商品和服务信息的渠道与方式有哪些？商品展示采取什么方式？客户与公司的信息交流采取什么方式？
- 交易中分析。商务咨询洽谈的方式与途径是什么？交易订单签约方式是电子化的还是纸质的？
- 交易后分析。交易的货款支付采取何种方式，具有什么特点？商品的物流配送采取哪种方式，具有什么特点？公司提供什么样的电子化服务方式？

信息化、现代化商务工具的采用能有效提高企业的工作效率，促使企业的经营效果更加明显。而市场营销是企业经营的一个重要手段，主要对产品、价格、促销、渠道等方面进行管理策划。这里主要考虑：

- 企业是否采用了SCM、CRM、ERP等系统，具体的实施效果如何？
- 市场的整体营销策略是什么？
- 市场的具体营销方案有哪些？

3. 技术模式

技术模式是支撑电子商务系统正常运行和发生意外时能保护系统、恢复系统的硬件、软件及管理配置体系。主要包括通信系统、硬件系统、软件系统及其他专用系统等。

通信系统是用来连接公司内不同部门以及供应商、客户、结盟者、政府、第三方服务商等商务活动主体的系统。在通信系统中，计算机通信网络的构建是关键，计算机通信网络是多台独立的计算机通过有形或无形的介质连接，在网络协议的控制下实现资源共享。在具体构建通信网络时可以选择宽带专网、电视网、电话网等网络通信技术。分析通信系统需考虑：

- 企业是否采用了交换机？交换机属于什么系列（核心交换机、楼层交换机、桌面交换机）？
- 企业是否采用了硬件防火墙？
- 企业是否采用了路由器？
- 具体的接入方式是什么（专线、光纤）？

计算机硬件系统是电子商务的重要基础设施，是电子商务技术系统的支撑体系和各种应用软件的重要载体。主要包括服务器和客户机两个方面的硬件系统，其中服务器是存储文件和其他内容的硬件组合，客户机是为存取和显示内容而配置的硬件组合。需考虑如下问题：

- 企业采用什么服务器（小型机、PC server）？
- 是否采用了服务器集群？

计算机软件系统包括系统软件和应用软件等，需考虑如下问题：

- 企业网站的开发语言是什么？脚本语言是什么？
- 企业网站采用什么数据库？
- 企业服务器的操作系统是什么？

其他专用系统是指在电子商务应用中所使用的商品扫描系统、支付刷卡系统、企业资源计划（ERP）、客户关系管理（CRM）、供应链管理（SCM）等专用系统。需考虑如下问题：

- 企业网站的安全解决方案是什么？采用哪些技术？
- 企业支付环节的技术解决方案是什么？采用哪些技术？
- 企业是否设计了 OA、ERP 等专业软件系统？采用情况如何？

4. 组织管理模式

组织管理模式是从组织上提供的为了保证电子商务活动的正常运行和发生意外时，能保护、恢复而采用的企业组织形式、人力资源、企业文化及管理制度和体系等。它能对系统的运行起到跟踪监测、反馈控制、预测和决策的作用。主要探讨：

- 公司组织采用何种形式（职能直线型、项目型、矩阵式）？具有什么特点？
- 公司的核心组织人员的背景？是否相互补充？其对企业的成功运行有什么作用？
- 公司制定了哪些管理制度和奖惩制度来保证电子商务活动的正常进行？

5. 资本模式

资本模式囊括了从资本进入（选择类型、计划筹措）、运作（内部运作与外部运作）到退出（主动退出、被动退出）的整个过程。公司电子商务的资本模式可整体概括为风险投资型和传统投资型，具体包括自有资金、天使基金、风险资金，银行贷款、招商入股，或股票发行、售卖债券、企业股份制改造、兼并、重组等。需要从以下几个方面来考虑：

- 公司电子商务网站的资本来源属于风险投资还是传统的产业资本，主要有哪些来源渠道？
- 公司电子商务网站的资本来源如果是风险投资，其投资主体是哪些，其投资运作进入哪个阶段，具有哪些特点？
- 如果公司电子商务业务属于传统投资型资本模式，是采取何种投资形式，其运作过程具有什么特点？
- 企业运行过程中，是否采用了兼并、重组等资本模式？

6. 信用模式

信用模式是指以建立信任、树立信用为目的的各种机制，也指促进各环节信任达成的途径和方法 。信用模式包括第三方的权威（如司法部门）、公正（如民间团体）、验证（如证书颁发中心）、保证（如担保体系）等中介。电子商务的信用模式主要回答的问题是为了达成用户（企业）的信任，企业（用户）在各环节采取了什么措施。

五、创业项目孵化的外围支持条件

一旦创业的思路清晰、方案可行后，创业团队就需要积极寻找外围的支持条件，研究政策法规，享受相关优惠政策；宣讲商业计划，争取获得行业基金的支持。参与各类竞赛项目也可综合提高学生的创业意识和创业能力。

1. 政府支持

大学生创业项目孵化阶段需要积极关注国家政府部门及当地政府的相关政策，有效利用相关优惠条件，为创业项目提供良好开端。

近年，我国对大学生创业开始重视并予以政策扶持，国家各级政府出台了许多优惠政策，包括放宽市场准入条件、出台收费减免的政策、提供小额担保贷款支持、做好劳动保障服务、进行创业培训。

2003年国家工商管理总局下发《关于2003年普通高等学校毕业生从事个体经营有关收费优惠政策的通知》，规定凡是应届毕业的大学生从事非国家限制行业个体经营的，自工商部门批准其经营之日起，1年内免交登记类和管理类的各项行政事业性收费。很多省市结合政策，落实优惠政策，鼓励高校应届毕业生自主创业或灵活就业。

2009年7月，科技部在对大学生科技创业项目进行两年的政策扶植和实践基础上，启动了依托孵化器建立的大学生科技创业见习基地试点工作，积极引导大学生创业就业。全国已有34个省级政府结合本地实际，出台了针对大学生科技创业的具体实施办法。杭州市出台了相关政策，设立创业投资引导基金，实施了"孵化器走进大学校园、大学生走进孵化器"等一系列大学生科技创业活动；山东省出台《关于鼓励和扶持大学生科技创新创业的指导意见》，把大学生科技创业纳入各级科技计划的支持范围；广东省从2009年起安排近亿元的专项资金，重点资助大学生科技创业项目；大连市启动大学生科技创新创业行动计划，为大学生创业提供"保姆式"服务、创业导师、近万平米免费创业场地。

在提供小额担保贷款支持方面，2010年，人力资源和社会保障部、教育部等六部门下发文件明确，高校毕业生只要到人力资源社会保障机构进行求职登记，就可以按规定申请小额担保贷款。此外，各地也创造性地开展工作，如上海、辽宁、江苏、重庆、云南等都出台了不少具有地方特色的好政策、好举措。西安市政府出台政策规定，近五年毕业或年龄小于35周岁，接受高等学历教育的普通高等学校、成人高等学校毕业的大学生，有创业愿望和创业能力的，创业项目资金不足或扩大规模均可申请贷款。按照大学生创业项目规模和所处创业阶段，政府提供小额贷款、创业贷款和劳动密集型企业贷款。

2. 行业扶持

在政府优惠政策和财政支持外，积极寻找行业基金支持也是大学生创业初期可选择的方式。众多与大学生创业相关的基金专门投资于企业种子期或初创期，兼有天使基金的性质。

目前国内有一些大型的大学生创业基金，不少基于政府背景，覆盖面广。大学生就业创业基金是中国社会福利基金会发起设立的一个全新的资助+运作型公益基金，通过从社会募集资金，在高校举办"大学生创业大讲堂"公益系列活动，对大学生进行就业/创业培训，实施就业/创业扶持工程，广泛传播创业文化，打造大学生就业/创业支撑平台，实现"组建导师团队、传授创业经验、整合就业资源、资助创业项目、宣传创业文化、打造公益平台"的宗旨。上海市大学生科技创业基金会则由上海市科委和教委牵头组建，上海市政府全额拨款。该基金会是全国首家从事推动大学生进行科技创业活动的非营利性公募基金会，目前已设立复旦大学、上海交通大学、同济大学等十四个分会及四个专项基金分会。基金会向经过审核的受助企业提供最高不超过30万元的资金援助，要求受助大学生也拿出一定自有资金，基金会持股不超过50%，基金会不参与分红，不收取利息。两年后，创业大学生按照原价买回股份，若企业经营失败，基金会会核销投资，创业者不需承担责任。

民营资本为主的基金也逐渐增多。在教育部直接指导下，由华图教育集团发起设立的大学生创业专项基金先期已投入1000万元人民币，专门用于大学生创业平台建设和项目支持。基金还将进一步整合教育部就业指导中心现有的“全国大学生创业服务网”“全国大学生优秀创业团队大赛”“全国大学生创业实训系统”等资源，形成四位一体的创业服务体系。猫人服饰也斥巨资在业界抛出“Miiow性感创富基金“的合作模式，资助有创业梦想并认同猫人品牌理念，但缺乏一定资金支持的意向人群价值10，000～100，000元不等的启动资金。浙江万里学院一名在校大学生甚至也发起组建了“宁波士君人鑫基金会”，已成功资助了“学习委员打印平台”。

3. 高校推动

高校是大学生创业的启蒙师，通过多种渠道引导、推动大学生创业。除了教育体制改革、课程理念更新、辅导机制跟进等措施外，高校探索了众多可直接推动大学生创业的机会和平台。

国家大学生创新训练计划是教育部第一次在国家层面实施的、直接面向本科生立项的创新训练项目，旨在带动广大学生在本科阶段就有机会进行科学研究与发明创造的训练，通过创新训练项目、创业训练项目和创业实践项目三类，旨在提高大学生的创新意识和实践能力。全国大学生创新创业训练计划由中央财政、地方财政和高校自筹经费共同支持。“十一五”期间，国家直接资助学生项目累计达18234项，参与大学生达53360人。

高校以竞赛为主的创业项目也取得很好的推动效果。1999年团中央、中国科协、全国学联决定举办全国首届“挑战杯”大学生创业大赛，教育部也做出决定，允许在校大学生、研究生休学保留学籍创办高新技术企业，以增强学生的创业意识和实践能力。

自挑战杯以来，各省市、行业企业也发起了一些有影响力的创业大赛。杭州市人民政府主办、众多单位企业参与的中国杭州大学生创业大赛自2008年以来，面向全国普通高校大学生及海外留学生展开两年一届的创业大赛。前两届大赛已有79个在杭落地转化，创办大学生创业企业83家。由国家教育部指导、全国高等学校电子商务教学指导委员会主办的全国大学生电子商务“创新、创意、创业”挑战赛是专项的电子商务类创业赛，四届大赛吸引了上万名学生参与。中国互联网协会主办的建行“e路通”杯全国大学生网络商务创新应用大赛、由中国互联网协会与网络营销大赛共同举办的网络营销能力秀等赛事也吸引了不少大学生参与。

六、高校教育对策及案例分析

国家中长期教育改革和发展规划纲要（2010—2020）指出，要进行人才培养体制改革，搭建创新人才培养模式，要适应国家和社会发展需要，遵循教育规律和人才成长规律，深化教育教学改革，创新教育教学方法，探索多种培养方式，形成各类人才辈出、拔尖创新人才不断涌现的局面。在此新环境下，要培养创业型大学生，就需要高校对教育理念和体制进行改革的同时，提供适合网络技术革新环境的相关支持。

1. 更新教育理念、实现体制改革

创业教育的最终目的就是提高创业能力，如工作中的创业态度、革新能力；创造机会的能力；对承担风险进行计算的能力；懂得一些基本的企业经营概念；自我谋职的技能等。传统的教育理念无法满足创业教育的需求，需要进行理念的更新，进而对相应的教育体制进行改革。我们需要强调创业教育的重要性，在大学期间为学生开设就业、创业系列讲座或课程，让学生走出校门前学会思考：社会或企业到底需要什么样的人才？自己需要具备什么能力？自己已经具备什么能力？为了满足创业能力与素质的培养目标，改革现有的教育体制，加大对创业实践的教育比例，促进课堂教学方法的灵活性。

案例 1：江西财经大学确立了培养具有"信敏廉毅"素质创业型人才的办学目标。2007 年将其写进了《江西财经大学章程》，成为全校师生的共同教育理念。10 年来，学校先后 4 次对本科生培养方案进行修订和调整，创业教育的内容渗透到各专业课程之中，并贯穿于人才培养全过程，形成了"通识课程 + 学科基础课程 + 专业课程 + 创业教育课程"的课程体系结构。创业教育与各专业课教学融为一体，同步进行，规定所有学生必须获得 6 个创新实践学分。

案例 2：浙江义乌商学院遵循"面向市场、面向学生、面向实践"的办学理念，引导学生基于淘宝进行开店，甚至开始创立"创业学院"，招收月收入在 8000 元以上的学生，以及淘宝网上的"四钻卖家"（2000 至 5000 个好评）。创业学院内的"淘宝班"，衡量学生是否能毕业的一个标准是，他的月收入能否过万。学校还专门为创业学生制订了"创业学生管理办法"，适用于"义乌工商学院认定的创业学生"，其中较为引人瞩目、也容易引发争论的规定包括："创业学院的学生，各专业教学计划中除公共基础课和专业基础课外，均能以创业学院所修成绩替代原课程，创业活动的项目成果经认定后可以替代课程的学习，获得相应学科成绩，并记入学生成绩档案""实行弹性学制，允许学员在一定年限内选择修完课程的时间"。针对没有进入创业学院的创业学生，其规定也相当灵活，学生们可以"网上交作业"、考试时"单独出卷""单独考核"；"创业成果"可以代替部分学习成绩，甚至可以抵学分。

2. 建设创业环境、夯实创业指导

创业环境的搭建能为创业教育提供必备支撑，而创业指导的跟进能切实提高学生创业能力和素质，实现由量变到质变。

学校积极开设各类创业教育课堂，利用请进来、走出去的方式，为创业学生提供机会。南开大学积极开辟创业教育第二课堂，为学生搭建创业培训指导的平台，着力提高学生的创业意识，提升学生的创业技能。

案例 3：南开大学已开设"南开大学创业大讲堂""成功校友就业与创业论坛""诺基亚青年创业大讲堂"等品牌讲座，近两年来通过各类活动邀请校内外专家、创业成功人士举办讲座 100 余场次，受到学生的普遍欢迎。江西师范大学商学院积极组建暑期"三下乡"义乌社会实践队，前往被誉为"世界第一大市场"全球最大的小商品集散中心的浙江义乌进行参观，并组织"创业之星"实验班的同学们前往义乌进行创业实习。

电子商务类创业项目还需要有网络实验室软硬件的支持，使学生能掌握相关知识和技能，搭建专业实验室、设计创业培养计划；联合中小企业，为学生提供创业实践机会的同时，寻找未来创业项目。

案例 4：江西财经大学就摸索搭建了多层次的创业实践平台，实验区有 1 个“电子商务创新实验室”，1 个“HP 创业与自强网络学习中心”，1 个 MAP（微型企业创业项目）试验中心，1 个大学模拟实践中心，10 家大学生模拟实践公司等创业锻炼平台；校外有 200 多家实习实践基地等平台。学校还制定了学生参与创业实践的“1+1+1”模式，第一个“1”即参加一个校内模拟公司锻炼，第二个“1”即必须到一家校外实践基地锻炼，第三个“1”即必须参加一项创业计划大赛。此外，学校对创业项目和创业学生的场地、资金等切实支持也非常重要。江西财大 2007 年筹建其大学生创业孵化中心，为经过审核的实体企业和模拟企业（待孵化企业）进行合同制管理。孵化中心除免费为入孵企业铺设网线和电话线，开通网络、电话外，还给予免收入驻实体企业一年场地租赁费，免收模拟企业所有场地租赁费等优惠政策。每年有 50 多个创业团队入驻，已孵化出 10 多家企业，其中年营业额超过亿元的企业有 1 家，年营业额达千万元的企业有 3 家，年营业额达百万元的企业有 7 家。义乌商学院把一整栋教学楼空了出来，命名为“创业园”，为那些刚刚开始做电子商务的学生提供一个场所。

本章参考文献

[1] 卢淑静，周欢怀. 基于中美电子商务人才培养模式的思考[J]. 情报杂志，2010.10. 247-252 in: L. Meng， A. Zipf， T. Reichenbacher（Eds.）， Map-based Mobile Services– Theories， Methods and Implementations. Berlin， Springer Verlag.

[2] 李枫林，刘滔，徐静. 中外电子商务专业人才培养的比较研究[J]. 图书情报工作，2006.8. Designing Ubiquitous Personalized TV-Anytime Services.;In Proceedings of CAiSE Workshops. 2003.

[3] Paul Timmers. 六大电子商务发展战略[M].北京：机械工业出版社，2001.

[4] 我国软件和信息技术服务业发展呈趋稳态势[EB/OL]. http://www.chinairn.com/news/，2014.08. School Press， 2001.

[5] 爱乡.日本信息服务业的发展现状及其新动态[J]. 现代日本经济，2005（01）：93-95.

[6] 曹淑艳. 中外现代信息服务业发展比较研究[J]. 计算机工程与应用，2011，47（s2）：10-15.

[7] 陈李，熊励. 长三角信息服务业的发展优势与实施策略[J]. 商业时代，2007（12）：78-79.

[8] 程少锋，郑初悦. 信息服务业发展水平评估研究——以宁波市为例[J]. 科技进步与对策，2007（06）：58-61.

[9] 丁玲华. 信息服务业发展模式研究[M]. 中山大学博士后研究工作报告，2010 年.

[10] 董东，孙兆豪，王志巍等. 信息服务工程专业方向的课程设置研究[J]. 计算机教育，2010，21（10）：7-12.

[11] 傅湘玲，臧强，岑咏华. 网络环境下传统信息服务业的发展创新[J]. 图书情报工作，2001（5）：52-56.

[12] 甘利人，傅湘玲，王曰芬等. 创新是网络环境下传统信息服务业的唯一出路[J]，情报科学，2001，19（6）：561-565.

[13] 高建山，郑艳玲. 基于 SWOT 分析的河北信息服务业发展战略研究明[J]. 情报杂志，2008（06）： 34-36.

[14] 高景祥. 天津市信息服务业发展的 SWOT 分析[J].图书与情报[J]，2009（01）：80-83.

[15] 郭榕，熊励. 长三角信息服务业现状分析与发展策略[J]. 江苏商论，2006（12）：103-105.

[16] 哈进兵，陈双康. 构建现代信息服务业发展水平指标体系[J]. 图书馆理论与实践，2007（01）：67-71.

[17] 教育部高等学校电子商务专业教学指导委员会. 普通高等学校电子商务本科专业知识体系[M]. 北京：高等教学出版社，2008.

[18] 李明楚. 理念与构想：IT 服务科学专业的本科课程体系初探[J]. 2007 年全国高校软件工程专业教育年会.

[19] 李琪，张仙锋. 高等学校电子商务专业教学与实践“十一五”优秀成果汇编[M]. 北京：清华大学出版社，2010.

[20] 刘昭东. 关于中国信息产业发展问题的思考[J]. 信息世界，1994（1）：22-25.

[21] 马淑萍. 宁夏信息服务业现状、问题及对策[J]. 宁夏社会科学，2011（1）：71-73.

[22] 屈超. 辽宁省信息服务业的综合评价体系明[J]. 统计与决策，2007（19）：23-26.

[23] 宋静，曹顺良，雷向欣等. 上海市信息服务业区域竞争力定量分析[J]. 情报杂志，2011，30（9）：117-122.

[24] 王东，夏恩君. 中国信息服务业创新发展研究[J]. 中国管理科学，2011（12）：142-145.

[25] 王伟. 我国现代信息服务业的服务创新模式研究[J]. 北京大学硕士学位论文，2008.

[26] 熊励，徐建平等. 以内容创新推动上海信息服务业协调发展[J]. 上海经济研究，2007（2）：58-62.

[27] 熊励. 中国三大区域现代信息服务业差异比较与融合发展[J]. 上海大学学报（社会科学版），2009（03），69-72.

[28] 熊励. 2009 基于融合创新的现代信息服务业比较研究[J]. 图书情报工作，2009，53（2）.

[29] 徐建平，熊励，汤兵勇. 上海信息服务业发展的 SWOT 分析与战略选择[J]. 上海经济研究，2005（12）：78-81.

[30] 徐丽梅，王贻志. 基于 SWOT 分析的上海信息服务业发展策略研究[J]. 图书情报工作，2009（04）：23-27.

[31] 杨含斐，刘昆雄. 日本信息服务业发展现状及建设经验评价[J]. 情报杂志，2008（10）：90-93.

[32] 袁玫，鲍泓. 软件与信息服务专业的定位与学科支撑[J]. 计算机科学，2010，37（9）：132-135.

[33] 张亚明，赵培卿，邢圣飞等. 信息服务产业链的演化与创新研究[J]. 信息系统工程，2010（1）：103-109.

[34] 赵卫东，黄丽华. 电子商务模式[M]. 上海：复旦大学出版社，2006.

[35] 艾瑞咨询.中国电子商务从业人员职业发展及薪酬研究报告，2008.05.

[36] 李琪，彭丽芳. 普通高等学校电子商务专业人才培养调研报告[M]. 北京：高等教育出版社，2007.

第 6 章　软件工程专业人才培养

1968 年，在北大西洋公约组织（NATO）召开的软件工程会议上，第一次提出了“软件工程”这一专业术语。软件工程主要研究课题是：结构程序设计、可移植性和可适应性、软件开发的组织和管理、软件文件的存档与运行过程中的维护等。软件工程专业既有软件所特有的内涵（从业人员首先具备良好的计算机教育背景），又要有其他工程专业要具备的沟通能力、谈判能力、团队合作能力、人力资源管理能力和成本核算能力等，还要能够对软件的总体架构，软件的复杂度，运行和配置环境等有一定的掌握。所以软件工程是一门涵盖了计算机科学，管理科学，社会学以及经济学等多门学科专业的。

软件工程是软件开发过程中必不可少的手段或方法，对软件开发起着至关重要的作用。事实证明，软件工程专业越来越受到业界的认可和重视。现在的问题是，如何培养具有软件工程能力的人才，提升软件工程教育的质量。只有软件工程教育跟上世界先进软件业的步伐，才能把中国的软件产业搞上去。

本章内容：

6.1　软件工程专业特色定位与核心职业竞争力培养思考

软件工程系　文斌

一、改革背景

当前，国际上传统的以计算机装置为信息处理平台的计算机学科已上升、发展、凝练为更为宽泛的计算学科（Computing Science），其五大子学科领域分别为计算机科学（Computer Science ，CS）、计算机工程（Computer Engineering，CE）、软件工程（Software Engineering，SE）、信息系统（Information Engineering，IS）和信息技术（Information Technology，IT）。我国高等教育中的计算机科学与技术专业基本符合计算机科学的能力培养要求，研究生阶段的计算机体系结构专业、计算机应用专业则分别对应计算机工程、信息系统和信息技术。软件工程作为与计算机科学并列的学科，已获得产业和教育界认可，我国也于 2011 年 3 月正式将软件工程批准为一级学科，标志着软件工程学科和专业建设进入到一个新的历史时期，迫切需要在此背景下进行专业特质探索和培养模式创新研究。

我国软件工程本科专业从 2001 年起陆续在一些综合性重点大学和理工科院校开设，有力地补充了软件开发人才缺口。但作为我国高等教育重要组成部分的师范院校在这方面发展相对迟缓。主要原因是师范院校以教师教育为主，一般以人文和理科专业见长，本身工科发展历史都不长，即使是信息技术类专业，如计算机科学与技术专业，也是在 1990 年国家在中小学开设信息技术课程后才普遍设置和发展起来的。而软件工程专业作为和计算机科学并列的学科专业，必然有其区别于计算机科学的特质和人才内涵要求。因此在师范院校软件工程本科专业建设中，如何继承学校在长期教育信息化方面已形成的传统优势，办好、办精该专业，提高学生工程化软件开发能力，努力培养、提高其具有软件工程师素养，则系统地研究软件工程专业的特色定位以增强毕业学生的职业竞争力就显得尤为重要。

二、软件工程专业人才培养特色

核心竞争力体现在本专业学生具有其他专业所不具有的不可替代的特质，是学生今后驰骋职场的核心动力。从属于计算大学科的软件工程专业，与传统计算机科学与技术专业具有千丝万缕的联系，如何把握两者的内涵和外延，国内外已有了不少成熟的探索。传统计算机专业侧重科学地探究"计算"的本质，并利用发现的规律发明相关技术方法推动社会信息化；而软件工程专业关注采用工程化方法实现计算机软件开发的高效、高性价比、高可控、高用户体验质量，核心是标准化的表达方式和规范化的工作步骤。

因此，软件工程专业的特色就必须立足于工程师素质培养上，关注软件工程三要素知识学习，即方法、过程和工具。同时，特色定位须传承各个学校的传统优势应用领域，如海南师范大学在教育信息化和旅游信息管理方面已有一定的学科基础和产业优势。把握软件工程专业学生的素质培养本质要求，结合开办学校已形成的比较优势领域，同时贯彻可持续发展理念，科学制定教学计划，而不是人云亦云、盲目跟风，就可以形成该专业的特色，提高学生职业核心竞争力。

通过以上专业特质分析，我们建立以工程素质培养优先的课程体系，并将其贯穿本科四年的教学方案。

（1）软件工程师能力素质的核心主要为：工程组织能力、需求分析与软件建模能力、软件体系结构设计能力和编程能力。

（2）在参照软件工程本科教学规范制定的主要教学计划基础上，基于我们对上述核心能力重要性的认识，强化上述能力所对应课程的教学实施和学生阶段性能力考核。如工程组织能力主要分布于软件项目管理、软件工程导论等课程，主要知识点为必须掌握以项目为组织形式运作软件的开发、文档（含标书、工作计划）写作、语言沟通交流等，该能力考核应安排在四年级上学期，不合格者将无法进入毕业设计阶段。软件体系结构设计能力重点针对计算机软件的本质特征即构造性与易演化性展开，培养学生设计易扩展、易重构、高灵活性的软件结构及熟练运用常用软件框架进行开发的素质，安排在三年级下学期考核。

（3）教育软件开发或旅游信息系统开发课程之一可以考虑作为学生必须选修的课程安排在三年级下学期，以便学生熟悉所在学校长期擅长的领域，为学生职业发展奠定一定的应用领域基础。

只有建立专业核心竞争力考核下的软件工程师能力培养观和相应教学安排，抓住专业特质按计划完成各项能力的阶段性考核达标，才能基本保证软件工程专业的特色定位培养，使其素质区别于其他信息学科，具有独一无二性，增强职业竞争力，推动专业的良性发展。

三、师范院校软件工程专业特色定位

师范院校作为高等教育的重要组成部分，开展软件工程专业研究的并不活跃，大多借鉴综合或理工科院校建设经验，目前国内主要有杭州师大以软件服务外包为发展方向、沈阳师大面向实践课程体系的改革、四川师大结合师范教育特征的教学体系的构建等为数不多的专业建设研究。

因此，选择师范院校软件工程专业特色定位与核心职业竞争力培养作为研究目标，具有十分重要的现实意义，符合教育和产业发展方向，契合时代背景。其实施目的不仅对本省软件工程人才培养大发展具有指导意义，而且势必对提高师范院校软件工程专业建设提供可以借鉴的指导范本和成熟经验。

国务院办公厅2009年12月发布了《国务院关于推进海南国际旅游岛建设发展的若干意见》，将海南国际旅游岛建设上升为国家战略。建设国际旅游岛，迫切需要各类高级专门人才，特别是低碳、环保产业，而软件产业正好契合海南走生态可持续发展战略要求，目前海南生态软件园、三亚创意园、惠普海南项目、浪潮云计算中心等正进入如火如荼建设状态，未来预期需要大量高素质专业软件从业人员。

海南师范大学作为省重点大学，肩负为本省培养“留得住、用得上、后劲足”的各类人才的重任，率先在省重点大学新办了软件工程专业。如何利用好海南目前以软件开发为主的信息服务业大发展的时代背景和外部产业优势，培养学生创新实践能力已成为该专业发展不可回避的关键问题。只有与时俱进，抓住专业发展难得的外部产业和人才需求机遇，加强与企事业单位的产学研合作和实践实训对接，改革教学模式和核心课程体系设置，着力提供优质和体现核心竞争力的教学资源，才能提高学生的核心竞争力和软件工程师素质，为本土软件技术人才培养提供经验，为生态化、信息化的国际旅游岛建设做出高等教育界应有的贡献。

因此，我们学校软件工程专业特色定位为：结合海南以旅游为主的现代服务业发展要义，传承本校教育信息化学科优势，强化工程组织能力、需求分析与软件建模能力、软件体系结构设计能力和编程能力，培养具有工程师素养的具有国际视野的软件工程化管理和技术人才。

四、学生核心职业竞争力的培养方式

有了专业核心素质培养的观念认识，核心职业竞争力建设就显得尤为重要，只有通过课堂实验领会理论知识点、校内实训（课程综合设计）完成能力培养要求、产业实习增强就业体验三位一体才能完成学生核心专业素质培养任务。为此，我们从以下几个方面入手实施学生实践创新能力形成，实现软件工程师所需核心职业能力培养落地。

（1）积极组织学生参加全国计算机软件考试（简称软考），软考在规模、内容、实用性上都得到产业界认同，参加软考利于学生全面掌握专业所需理论和应用知识，以考促学，同时也为学生职业资质和准入提供条件。

（2）分阶段严格核心能力评价考核，保证学生软件工程师素质达标；改革考试模式，课程考试方式综合采用笔试、独立作业、团队设计、答辩、文档评审等多种形式，通过考试方式强化学生工程化问题解决方法的建立。

（3）毕业答辩环节以毕业设计为主，取消毕业论文，以设计方案的业界规范化表达、软件系统的运行可靠性、产品的社会需求程度、项目组织质量等作为学生成绩的评判标准，切实提高毕业设计质量。

（4）加强学校特色选修课程的实践，如在教育软件开发课程中，让学生参与学校精品课程平台和数字化协作系统开发，通过实际教育软件实训进一步体会教育理论背景、掌握教学设计等技术在教育信息化中的应用。

（5）高标准建立校内工程实训室，按业界标准配齐硬件设施，并健全管理制度，实行开放式运行，使学生在校内拥有良好的实验实训条件。

（6）利用好海南省政府每年安排一定的财政资金资助海南服务外包人才培养的政策导向，加强与惠普、海南生态软件园等企事业的产学研沟通和联系，选拔部分学生参与惠普海南项目的软件服务外包培训与实习工作，增加学生的职业体验。

（7）持续发展与软件企业的校企合作，推动学生软件开发实践创新能力提高，促进其核心职业竞争力快速养成。海南师范大学软件工程系通过与深圳易思博信息技术公司紧密合作，引进“软酷网”实践教学平台。其中，2010 级软件工程专业的软酷工程实践实施方案，是在软酷实践能力培养体系架构下，结合海南师范大学的人才培养方案，针对 2010 级具体工程实践要求，安排的 160 课时实践活动。主要是通过项目实践，巩固学生所学的专业核心理论课程，并加强运用；采用案例教学，对知识进行补强，进而进行项目开发；学生通过了解项目管理工具，学习软件企业文化，掌握编程工具和框架，了解项目的规划过程，掌握编程的技能，理解 UML 建模，通过实际的项目开发掌握编码规范、编程调试、测试方法等技能。结合学生开发实践成果成功组织了 2010 级软件工程专业见习实训成果汇报大会，同学们在 Android 系统手机应用开发和 PC 平台 Java 开发方面的实践成果和创意令人耳目一新，坚定了我们走校企合作、加速培养创新型软件人才的信心。

五、结束语

本文选取师范院校软件工程专业建设为研究对象，系统阐述其专业核心竞争力所表征的专业特质，结合学校教育教学长期积累的比较优势，由此确定其特色定位，并通过学生核心职业竞争力培养实现专业特色。由于软件工程专业为新办专业，毕业生竞争力还需接受产业检验，进一步的研究将围绕专业特色定位开展核心教材建设和教学设计以及阶段性考核评价机制的量化机制等展开，以期为师范院校软件工程专业建设和海南 IT 软件产业人才培养提供范本和成熟经验。

6.2 中国与西方国家软件工程专业人才培养模式的比较研究

软件工程系 吴洪丽

一、美国的软件行业培养模式

卡耐基梅隆大学软件工程研究所（SEI）对软件技术的未来发展进行调查（包括去软件企业比如IBM等）研究，对各行各业使用信息技术进行评测后，认为软件行业的发展离不开人才培养，学科建设刻不容缓。而且认为，培养软件人才具有这个行业的特点。先期的软件工程教育与培训工作小组（SEETWG）递交了三份报告给国防部。

第一份报告，是从事计算机软件行业学生要遵循这个行业的道德准则和专业实践的两项内容（Code of Ethics and Professional Practice）。其一报告中认为，一个专业或学科的建设，首先必须要有一套具有行业特点的道德规范，哪些事可以做，哪些事不可以做，事先必须界定好。事实证明这是至关重要的，起到了纲举目张作用。其二报告中认为，根据行业特点对软件工程专业学生的教育，要课堂教学与专业实践相结合，软件工程专业更多的是过程实践。

第二份报告，是教学大纲（Curriculum）。报告认为除了与计算机专业相关的课程以外，还有一些软件工程专业特有的课程，比如软件架构设计，软件质量保证，软件的生命周期，人力资源管理学，还有信息技术管理学，软件成本核算，信息技术经济学等方面的课程。

第三份报告，是（Industry –University Collaboration）学校软件工程专业与软件产业如何合作和融合的前景分析报告。报告认为软件开发技术是一门实践性非常强的学科，课堂上讲授的内容如果与实际开发差距太大的话，会导致开发过程的延误甚至失败，所以要求学校与软件企业间的经常互动。

美国后来的软件工程以及软件技术专业的培训，基本延续了以上这些观点。

二、欧美国家软件工程专业教育的特色

1. 英国大学软件工程思想的实践与发展

英国计算机协会（BCS）较早在英国的高等院校开始提倡软件工程的思想，并且与美国卡内基梅隆大学软件工程研究所有着较为紧密的联系。协会在讨论软件工程专业课程的计划时认为，“所有要接受软件工程教育的学生必须包括具有相关专业的经验，一系列范围广泛的活动能力，其中包括解决问题，管理，道德和法律等内容等方面的能力”。

英国桑德兰大学（University of Sunderland）巴利·汤姆森教授认为，伦理道德和专业技能这些内容很难通过一种标准（通过美国技术认证委员会或英国计算机协会认证的一些许可）来认证。由于这些内容分布在教学大纲许多地方，只能找一些有明确目的的模块作为主题来确定。由于在开发软件系统中担当的角色，软件工程师有重大机会去做好事，或造成损害。为了尽可能确保软件工程师们多做好事，不做坏事，必须致力于对

他们敬职敬业的培养。他们为软件工程的学生设计了一套职业行为框架。

- 给学生一个关于道德守则和专业实践的重要性角色的约定。
- 鼓励学生团队合作的精神。
- 培养学生个体在团队中分析问题、评估项目、讨论问题和演讲的能力。
- 提供一个真实的环境(虽然是虚拟的),让学生适应道德守则在专业实践中的应用。
- 鼓励师生之间的沟通。
- 提供一些关于竞争力和实践参与的娱乐游戏。

巴利·汤姆森教授认为，技术是一把双刃剑，使用得当软件可以造福人类，否则毁灭人类。他要求学习计算机软件技术的学生首先要懂得道德准绳在哪里。他们在课堂上组织学生分成若干个组，扮演不同的角色，演绎生活中、工作中发生的各种案例，如虚构的“The Case of the Killer Robot”。通过场景角色演绎把原来枯燥乏味的课程变得栩栩如生，生动活泼。老师达到了教学目的，学生从中学到了以后工作中应该如何处理这类事件的方法。2004 年软件工程教育与培训会议上，他们已经决定，把这块内容独立作为一个议题专门召开会议进行讨论。

2. 德国大学软件工程专业的发展

在德国，一直没有一套完整的大学层的软件工程教学大纲。1995 年，斯图加特大学（University of Stuttgart）邀请一批校友对计算机科学课程进行评估。他们中许多人投票支持更好的软件工程教育。软件工程课程发布于 1996 年。自那时以来，每年约有 60 至 140 名学生注册入学。1999 年，软件工程课程的评审工作由一个国际联合评审组，对美国的软件工程教育方案进行深入的研究并取得积极的成果。根据本国的实际情况对方案稍作小的变化，不久后加以实施。2000 年以来一直采用美国软件工程教程大纲。

在德国，中学阶段大多数年轻人因为各种原因去接受职业教育，能够接受高等教育的人要通过严格的高中学历考试。取得高中学历的人可以免试进入大学学习（包括计算机科学和软件工程），采取的是“宽进严出”的政策，许多人中途放弃了。大学期间，有四个学期的“基础教育”，四个学期的“专业教育”以及一个学期的学位论文的撰写和答辩。软件工程专业的学生除了与其他专业一样的学习以外，更多地增加了许多与本专业有关的内容。他们提出一个很经典的比喻：物理学家是通过实验来学习他的知识的，而软件工程是在软件开发过程中学习的。

1996 年，在德国著名的斯图加特大学诞生了第一个软件工程专业。它是基于总结计算机科学多年的教学和行业实践经验的结果，在这里毕业的学生都能找到工作。虽然这门专业的主题与计算机科学并没有太大的不同，它更多强调的是如何解决问题，主要是软件架构和项目管理等方面教学。软件工程学生 50%以上的课程与计算机科学学生是一样的。这里所列的课程表是专为软件工程专业学生设计制定的。有关专业课程的安排，如表 6.1 所示。

表 6.1　　德国大学软件工程专业开设的课程

	开设课程	开设学期
1	编程实验	第一学期
2	英语和经济课程	任意学期均可

续表

	开设课程	开设学期
3	小型编程项目（OOP 面向对象编程）	第三学期
4	大型编程项目	第三学期
5	一种专业的方法论	第四学期
6	第一个正式的软件项目（基本项目）	第四学期
7	关于现代软件工程讲座	第四、五学期
8	大型软件项目	第五、六学期
9	某一应用领域中大型软件项目	第六、七学期
10	项目中的困难部分的分析	第八学期

从以上部分专业课程的安排可以看出，斯图加特大学新开设的软件工程专业更加贴近实际，强调软件工程开发过程中项目管理方面的训练。为了确保毕业生们能阅读英语文件和在国际上沟通，课程结束时学校提供一次英语测试（类似于托福）。此外，还要求学生学习一些信息经济学，强调学生们应该具备经济头脑，因为他们中许多人毕业以后会成为管理者或经营一家软件公司。

三、中国软件工程专业的发展

中国的计算机学科发展起步不算晚。1956 年，各知名高校已经开始建设自己的计算机专业，研究电子计算机理论知识（如清华大学、哈尔滨工业大学、复旦大学等）。到 20 世纪 70 年代中期，计算机院系如雨后春笋遍地开花，各高校开始培养自己的计算机（包括软件工程）专业的学生，社会上计算机专业的毕业生十分抢手。IT 产业发展速度也很快，国外有 MS-DOS（微软操作系统），国内有 CC-DOS（PC 长城机的汉字操作系统）和 UC-DOS（希望汉字系统）；王选的汉字输入法使得中国继古代活字印刷术以后，又在高科技领域抢占了新的制高点，在使用电子计算机技术方面与世界的距离缩短许多。自从 90 年代初期英特尔推出奔腾芯片，90 年代中期微软推出 Windows95 以后，市场占有率的势头势不可挡。美国成了系统软件的原产地，我们则成了软件产品的使用者，而且是全球最大的用户（不论硬件还是软件，或是后来发展起来网络产品）。这时，世界上的发达国家正处在后工业时代，产业转型势不可挡，都希望用信息技术开发的信息系统取代传统的手工操作。日本虽然当时处在经济萧条期，但他们仍然需要用大量的信息系统取代传统的手工系统，由此就有了后来的中国软件工程师承接大量的对日软件外包的故事。而印度的软件企业却在承接欧美跨国企业的信息系统维护的订单。

因为，我们不论计算机硬件专业，还是软件专业，乃至软件工程专业，培养的都只是普通的软件工程师，对大型软件项目的开发、维护没有实际的经验。比如在对日软件服务外包中，日方接到他们国内的订单后，把需求分析做好，并进行系统设计（其中包括架构、详细设计等），然后把编程的任务放到中国来做，传回去再测试，结果再传过来修改，最后形成软件产品。中国企业得到的回报仅够员工工资。这种现象已经维持了许多年。当然近年来有所好转，但是始终没有实质性改变。

四、软件工程人才培养目标和方式

软件工程人才培养目标：培养德、智、体、美全面发展，适当了解财经、管理等学科的基本知识，系统掌握软件工程基本理论、方法和技术，掌握软件系统的分析、设计、实现、测试和实施等方面的专业知识和技能，具有组织和管理软件项目的能力，能在软件研发企事业单位、信息化程度高的政府机关等部门从事软件开发、系统维护等方面的工作或科学研究工作的创业型人才。

为了改变软件产业发展的瓶颈，顺应产业转型的需要，从 2002 年根据有关部委专门发文，先后成立了 30 多所软件学院，希望通过创办软件学院能够把中国的软件产业真正搞上去，实现产业结构的转型。《国家中长期教育改革和发展规划纲要（2010—2020 年）》特别强调创立高校与科研院所、行业、企业联合培养人才的新机制，强化实践教学环节，支持学生参与科学研究，支持与境外高水平教育、科研机构建立联合研发基地。为落实《纲要》，教育部于 2012 年颁发文件，提出了关于全面提高高等教育质量的若干意见，特别要求各高校走以质量提升为核心的内涵式发展道路，增加实践教学比重，探索建立校企（行业）协同的新模式，聘请企业家、专业技术人员和能工巧匠担任兼职教师，强化实践育人环节。显然，对于工科大学教学来说，如何建立新的机制和模式来增强学生的实践训练、培养学生创新能力已是教育教学改革的核心内容之一。为此，校企合作和项目驱动教学是目前很多软件工程专业所采取的教学模式。有效地教学改革解决方案是：融合国际专业教育规范和产业需求的软件工程人才培养体系。

6.3 基于 CDIO 理念的软件工程专业“三维”实践教学体系研究

软件工程系 张秀虹 韩 冰

一、引言

高校的人才培养必须要适应不断变化的社会人才市场需求，地方高校首先要为地方的经济社会发展培养所需要的人才，2009 年 12 月，国务院发布关于推进海南国际旅游岛建设发展的若干意见，2010 年 4 月，指引海南省信息化建设和信息产业发展的“海南省信息智能岛规划”正式出炉，海南岛国际化、信息化建设如火如荼，截至 2012 年年底，仅海南生态软件园就吸引了惠普、东软等 242 家企业入驻，可以容纳 4 万—5 万软件工程人员，园区企业总产值达 386 亿元。实现信息产业的跨越式发展，需要大量的软件工程技术人才。作为驻岛高校，集聚本土优势，为地方培养高质量、面向产业、适应企业需求的软件工程人才责无旁贷。自 2010 年起，海南师范大学信息技术学院已经招收了四届 200 多人的软件工程专业本科生。培养高质量的、面向信息智能岛建设、适应企业需求的软件工程人才，对于海南国际旅游岛的建设和长期的发展具有十分重要的意义。

然而，多年来在 IT 行业，新技术的应用往往首先是在企业，而高校注重科学理论的传授，在知识的综合运用、工程技术训练等方面的发展相对落后于企业，基本上是企业拉动高校。因此，以来一直存在着计算机专业的毕业生就业难，而软件人才需求难以满足企业需求的矛盾。因此，改革传统的教学模式，搭建具有工程化思想、校企合作、与软件产业人才需求无缝衔接的培养模式是当今设置软件工程专业要解决的重要问题。CDIO 工程教育理念为这一问题提供了新的解决方案。

二、CDIO 工程教育理念

1. CDIO 工程教育理念的由来

CDIO（Conceive 构思、Design 设计、Implement 实现、Operate 运作）是近年国际工程教育的最新成果，从 2000 年起，麻省理工学院等四所大学组成的跨国研究经过四年的探索研究，创立了 CDIO 工程教育理念，并成立了以 CDIO 命名的国际合作组织。有几十所世界著名大学加入了 CDIO 组织，全面采用 CDIO 工程教育理念和教学大纲，取得了良好效果，深受社会与企业欢迎。而国内高等教育工程人才培养一直存在着与社会、企业需求对接的鸿沟问题，据 Mc.Kinsey Global Institute 发表的报告称，2005 年我国毕业的约 60 万工程技术人才中适合在国际化公司工作的不到 10%。面对国内高等教育存在的问题，2005 年，汕头大学校长顾佩华把 CDIO 理念带入中国，并于 2006 年开始实施改革。2007 年 11 月教育部组织召开了 2007 中国高等工程教育改革论坛和 CDIO 国际合作组织会议。2008 年 4 月，教育部高等教育司发文成立“CDIO 工程教育模式研究与实践课题组”，有 57 个院校成为试点学校，至今已经有了显著的效果。

2. CDIO 的基本内容

CDIO 的基本内容包括：CDIO 的愿景、CDIO 教学大纲和 CDIO 的标准。

（1）CDIO 的愿景：是以产品从研发到运行的生命周期过程为载体，使学生通过主动的、实践的课程之间有机联系的方式学习工程，以培养学生的工程能力，该理念是“做中学”和“基于项目教育和学习”（Project based education and learning）的集中概括和抽象表达。

（2）CDIO 教学大纲主要包括四个方面：①技术知识与推理；②个人专业能力和素质；③团队合作与沟通能力多学科团队合作；④在企业和社会环境下构思、设计、实施、运行系统。CDIO 教学大纲除了对技术学科知识的教学效果进行说明外，还特别强调个人能力（Personal）、人际协调能力（Interpersonal）、产品、过程及系统构建能力等方面的教学效果。个人的学习效果主要集中在学生个人的认知与感情的发展上，包括工程推理和解决问题能力、实验能力与知识探索能力、系统思维能力、创造性思维能力、批判性思维能力以及职业道德等方面。人际协调能力的学习效果主要集中在个人与团体之间的互动（Interact）上，如团队工作能力、领导能力和沟通能力等。产品、过程和系统的构建能力（Building Skill）则强调在企业、商业和社会环境中，对产品、过程和系统进行构思、设计、实现与运行的能力。CDIO 教学大纲第一次全面描述了现代工程师所需的知识、能力及态度的完整内容，即我们希望获得的教学效果。

3. CDIO 的标准

CDIO 培养模式提出了 12 条标准作为教学改革、教学评估的通行的实施标准和目标，主要包括六个方面：

① 专业培养理念（标准 1）

② 课程计划的制定（标准 2、3、4）

③ 设计实现经验与实践场所（标准 5、6）

④ 教与学的新方法（标准 7、8）

⑤ 教师的提高（标准 9、10）

⑥ 考核与评估（标准 11、12）

CDIO 的标准为实现专业目标和教育输入、过程和结果之间搭建了可行的桥梁，指导专业如何实现 CDIO 工程教育理念，工科毕业生应该达到的知识、能力和水平，并引导专业如何实施，达到应有的目标。

三、"三维"实践教学体系的构建

实践教学体系是软件工程专业实行的 CDIO 工程化理念的关键要素，为使软件工程学生能够达到 CDIO 标准所要求的知识、能力和水平，工程素质得到全面提升，本文提出软件工程专业的三维实践教学体系，如图 6.1 所示。该三维实践教学体系包括：

1. 培养目标：根据 CDIO 工程教育愿景、教学大纲的培养目标以及 CDIO 标准培养的软件工程人才应具备的特质，软件工程专业人才的培养目标在能力培养方面达到使学生全面实践本科所学知识，在知识技能、个人能力、团队协作、系统构建等方面得到全方位训练。

2. 过程实施：要达到培养目标，需要根据 CDIO 的基本理念，全面改革软件工程专业的人才培养模式，调整课程体系，充实教学内容，改进教学方法，建立工程化实践教学体系，全面体现工程化能力和职业素质培养的思路，通过课堂教学、实训中心和校企合作等培养模式，形成融基础理论、实验教学、工程实践为一体的整体化培养机制，让学生能力得到全面均衡发展，以适应现代软件产业的需求。对多门传统课程教学内容进行工程化改造，充实工程教学内容，强调"做中学"。在专业知识和工程技能实训过程中，利用软件企业合作建立的多个实习基地，深化校企合作模式，使学生有更多的机会体验工程环境、培养工程素质、锻炼工程能力。

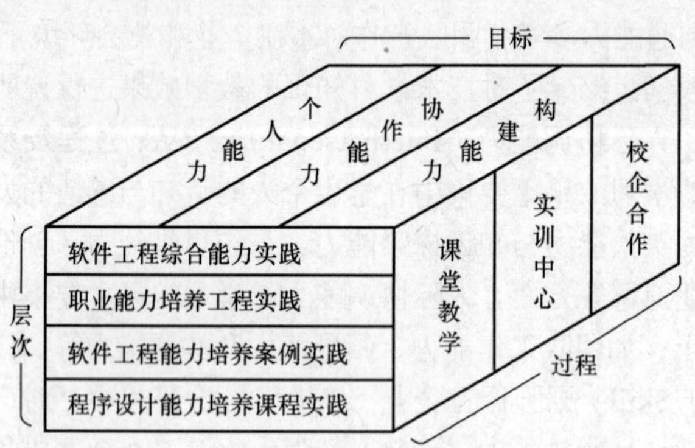

图 6.1　三维实践教学体系的构建示意图

3. 工程实践的层次模式：在基础理论、专业知识、工程化技能和综合能力培养阶梯式的能力培养过程中，强调把工程化素质培养作为学生全培养期中自始至终关注的主线。将工程化实践环节分为四个层次阶段。

- 第一阶段：程序设计能力培养，通过课程实习，巩固理论课程，培养程序设计能力。

- 第二阶段：软件工程能力培养，通过课程设计，体验软件研发流程，培养软件工程能力。
- 第三阶段：职业能力培养，通过专业实习，到企业实际工程环境演练，训练软件工程素质，培养职业素质和修养。
- 第四阶段：软件工程综合能力培养，通过毕业设计环节，锻炼学生综合分析问题、解决问题以及团队协调合作能力。

四、软件工程专业人才培养实践

根据海南省信息智能岛建设规划发展对软件人才的需求，海南师范大学于 2010 年在海南省率先开办了软件工程专业。在办学中，坚持 CDIO 理念为办学指导思想，把校企合作培养软件工程人才作为主线，依据在软件工程、计算机网络及应用、智能信息处理、信息智能化等方面的研究积累，致力于旅游信息化管理、计算机辅助教学和手机应用软件开发等工程领域的软件开发和设计技术的研发，实现产学研的结合。并且在与企业的合作过程中，培养了一批高素质的、具有专业背景的应用型和复合型软件工程人才。

目前该领域已经与深圳市软酷网络科技有限公司、海南英利科技有限公司等建立了较为密切的校企合作模式，引进"软酷网"实践教学平台，主要通过项目实践巩固软件工程学生所学的专业核心理论课程，并加强运用；采用案例教学，对知识进行补强，进而进行项目开发；学生通过了解项目管理工具，学习软件企业文化，掌握编程工具和框架，了解项目的规划过程、掌握编程的技能，理解 UML 建模，通过实际的项目开发掌握编码规范、编程调试、测试方法等技能。学生的编程能力、系统分析能力、系统设计能力、软件测试能力、系统构建能力、团队合作协调能力得到很大提高。同时为鼓励学生积极参加创新实践活动，我们在培养方案中增加了创新学分。近年来，学生获得国家和省级实践创新项目 6 项，参加省级以上实践创新竞赛获奖 18 项，有 9 位同学获得国家级信息技术作品比赛一、二等奖。

五、结束语

基于 CDIO 国际工程教育理念的三维实践教学体系的研究，以及应用于海南师范大学软件工程本科专业实践教学体系的建设，构建了完善的实践教学体系，建立了良好的校企合作关系，成立了多个校企实习基地。实践结果表明，改革的实施已经取得了初步的成效。 今后还需要进一步深化校企合作，进一步完善各实践环节的内容与规范细节，为海南信息智能岛建设培养优秀的软件工程人才。

6.4 软件测试领域中"云测试"及新理论方法探讨

软件工程系 罗自强 文 斌

一、引言

随着软件系统规模的不断扩大，软件复杂性的不断增加，软件测试及质量维护的难度和重要性也在迅速提高。目前，软件测试是高校软件工程专业和计算机专业开设的重要专业课程。软件测试课程内容丰富、理论抽象、实践性强，其教学模式和教学方法务必要求适应时代需求。

软件从来没有，也永远不会完美。软件测试是一门不断发展的工程学科，且目前还处于初级阶段。关于软件测试方法理论方面的教学，不能总是停留于“白盒、黑盒”。高等院校与职校有本质的差别，学生不仅要知其然，而且要知其所以然，这就要求教师不能只教授学生基本技能，还应要求学生对理论方法融会贯通，不断学习掌握新理论新方法。俗话说“工欲善其事，必先利其器”，我们只有掌握好理论工具，才能更好地指导实践工作。目前软件测试领域中新测试方法、技术和工具在不断涌现，教材明显具有滞后性。本文主要介绍软件测试领域最新的一些理论方法。

二、基于“云计算”的软件测试

根据美国国家标准与技术研究院的定义，“云计算”是一种按使用量付费的模式，这种模式提供可用的、便捷的、按需的网络访问，进入可配置的计算资源共享池（资源包括网络、服务器、存储、应用软件和服务），这些资源能够被快速提供，只需投入很少的管理工作，或与服务供应商进行很少的交互。云计算改变了我们交付软件和使用软件的方式，传统的软件许可方式正在逐渐减少，而越来越多的公司采用了租用软件服务的方式。2010年，Gartner经研究后预测：2012年将有20%的企业不再拥有IT资产，而是采取从云中获取的方式，但在部署云应用之前仍然要经历开发和测试。随着云服务的增长，对基于云服务开发的应用的测试需求也在增长。

云计算测试技术随着云计算的发展应运而生，简称为“云测试”。这种新方法能够有效地利用云计算资源提高测试能力，并且降低测试成本。云测试技术大体分为两类，一类是针对云计算平台本身的软硬件平台进行测试；另一类是通过云计算平台提供软件测试服务。国内外许多行业测试中心都基于云计算应用推出云测试解决方案，对于软件、“云”中的平台和基础设施以及对于“云”本身环境三个方面进行测试。

目前，云测试相关研究领域包括：

1. 软件测试资源的服务化

我们可以把软件测试看作一种服务，规定统一接口、统一表示方式，用户只需访问使用云提供的服务就可实现协同、知识共享、测试复用。这种服务就像水和电一样方便地被使用，也可按用量来计费。

IBM公司的Smart Business Test Cloud可以向用户提供动态、可靠、按需分配的虚拟测试服务器资源，而LoadStorm[6]、BrowserMob[7]等工具分别提供了在线软件测试服务，用户只需通过浏览器访问相应的平台便可实现相关的软件测试任务。

2. 软件测试资源的虚拟化

软件测试实验室建设成本是很昂贵的，其中硬件采购包括高性能服务器、交换机、投影仪等；软件测试工具的采购则包括软件测试管理工具、自动化测试工具、性能测试工具等等。基于云计算的虚拟化实现方式，我们可以根据用户的需求动态划分或释放不同的物理和虚拟资源以实现软件测试资源的虚拟化。

测试人员只需制定好测试方案、编写好脚本，借助于云测试服务商构建的大量配置各异的虚拟测试环境来进行测试，在短时间内就可得到大量的测试反馈。此外，云测试服务商可以提供海量的测试用例以租用给测试人员。

3. 云测试的安全性和可靠性

安全性和可靠性是云计算最根本的问题。首先，云计算服务提供商的网络、存储是否安全，会不会造成软件测试数据泄密？其次，也要注意用户的账户安全问题。

云计算可以实现更及时、更经济的性能、扩展性和压力测试，而云测试是一种更高效的性能测试。云测试门槛相对较低。云测试按需服务，并针对使用收费。许多公司已经提供了云测试服务，比如性能测试、负载测试和 Web 应用测试，以及在云中托管的测试环境。表 6.2 中给出的是云测试供应商实例。

云测试最主要的优点是节省了内部测试环境的创建、维护和审批成本。例如，一个 IP 语音电话的网络管理系统，如果用亚马逊的云去测试它只需要花费不到 130 美元。其他方面的优点还包括可以更灵活地根据需要选择测试环境、可以在全球市场选择供应商和客户。

虽然云测试尽管有很多优点，但从另一方面来看也会付出一些难以发现、难以估算的代价：在云测试中创建测试用例和脚本需要特定的技能，而且安全保障与监控也会带来额外的成本。

表 6.2 云测试供应商实例

云供应商	测试服务
Soasta	用于测试 Web 应用和网站的性能、扩展性、可靠性的云服务，可以测试内部和生产环境
STaaS	按需服务，让客户可以随时随地访问测试工具和测试环境
Zephyr	可扩展的全生命周期测试管理平台，集成了各种测试工具和测试系统，提供了全球访问性、协同办公、可视化管理、实时更新等特性
Sauce Labs	基于 Selenium 的测试服务，可跨多浏览器测试 Web 应用，支持浏览器任务自动化，可以同时执行多个测试
Skytap	可扩展的云解决方案，可以可视化地控制云端应用，能够用来做应用的开发、测试、迁移和评估，也可以创建混合云
uTest	从“Web、桌面和移动应用”专业测试人员的众包池中提供功能、安全、负载、本地化和易用性测试服务
IBM	在私有测试环境中提供按需服务的、安全的、动态的、可扩展的测试服务资源，该环境包含易于使用的平台、服务需求管理、自动化和配置管理等
PushToTest	持续集成平台服务，结合网格技术与云计算，可以跨单个或多个云测试环境执行测试
CloudTestGo	在快捷、高效、真实的环境中执行性能测试的解决方案，可用于 Web 应用、电子商务应用、垂直商业应用的负载测试
BlazeMeter	用于负载与性能测试的云平台，也可以用于云监控，能够创建负载测试脚本、执行实时监控以及运行新的服务器

三、探索式软件测试

探索式测试是一种自由的软件测试风格，强调测试人员同时开展测试学习、测试设计、测试执行和测试结果评估等活动，以持续优化测试工作。考虑到它所具备的即兴发挥、快速实验、随时调整等特征，其思维方法可以追溯到软件开发的最初岁月。作为一个特定的技术术语，它是由测试专家 Cem Kaner 博士在 1983 年提出的，并受到语境驱动的软件测试学派的支持。测试专家 James A. Whittaker 担任过微软测试架构师和 Google

测试总监，他基于在微软的工作经历和积累，撰写了《探索式软件测试》一书，进一步扩展了探索式测试的概念和方法。探索式软件测试作为一种富有创新精神和现实意义的测试方法，引起越来越多软件测试人员、质量保证人员和项目经理的高度重视。

需要强调的几点说明：

首先，探索式测试是一种软件测试手段，而不是一种具体的软件测试技术（如等价类划分、边界值分析、组合测试等）。作为一种思维方法和手段，探索式测试强调依据当前语境选择合适的测试技术，而不局限于特定的测试技术。虽然 James A. Whittaker 将他的书命名为《探索式软件测试》，该书所提出的方法集仍旧属于软件测试技术，而不代表整个探索式测试。

其次，探索式测试强调独立测试人员的个人自由和责任，其目的是为了持续优化其工作的价值。测试人员应该为个人和团队负责，调动所有能量，发挥人的灵活性，在整体上持续优化个人和团队的产出。这段描述和精益生产、敏捷软件开发的理念高度一致，这也是探索式测试受到敏捷团队欢迎的原因之一。

最后，探索测试建议在整个项目过程中，将测试相关学习、测试设计、测试执行和测试结果解读作为相互支持的活动，并行地执行。实际上，人脑难以并行地执行多项任务。

目前，探索式测试被更多的技术书籍所介绍，如《探索式软件测试》《软件测试实践》《敏捷开发的艺术》《敏捷软件测试》《探索吧!深入理解探索式软件测试》和《测试之美》等。它们从多个方面讨论了探索式测试，使测试人员得以更好地理解其思想和方法。越来越多的测试人员意识到线性的（瀑布式的）需求评审、设计评审、测试计划、测试用例设计、测试用例执行、回归测试并不能很好地适应高速变化的软件开发，也不能准确地描述测试人员的真实工作方式。他们在积极地研究更好的测试思路和实践方式。探索式测试的中文社区正在逐步形成。测试人员通过会议、论坛和社会化网络等方式交换思想、分享实践。更多的志同道合者和差异化的观点激发了更多的思考和讨论。Jonathan Bach 和 James Bach 提出了基于测程的测试管理（Session-Based Test Management，SBTM），显著地提高了探索式测试在测试组织、汇报、交流和度量上的能力。2010 年 James A. Whittaker 从多个角度结合丰富的实例阐述了探索式软件测试的使用技巧、提示和相关技术，提出了一套基于系统化错误猜测和测试隐喻的“漫游测试”技术，丰富了探索式测试的手段。

探索式测试旨在将测试学习、测试设计、测试执行和测试分析做为一个循环快速地迭代，在较短的时间内（如 1 个小时）完成多次循环，以不断收集反馈、调整测试、优化价值。根据不同的应用场景，探索式软件测试包括以下四个类型[8]。

1. 自由式的探索式测试

自由式探索式测试指的是对一个应用程序的所有功能，以任意次序、使用任何输入进行随机探测，而不考虑哪些功能是否必须包括在内。自由式测试不需要多少经验或者信息，无需也不应该进行大量的准备规则，没有任何规则和模式、只是不停地去做。

2. 基于场景的探索式测试

基于场景的探索式测试和传统的基于场景的测试有类似之处。两者都涉及到一个开始点，就是用户故事或者是文档化的端到端场景的开始之处，那也是我们所期望的最终用户开始执行应用程序的地方。这些场景可以来自用户研究、应用程序、以前版本的数据等，并作为脚本用于测试软件。探索式测试对传统场景测试的补充把脚本的应用范围扩大到了更改、调查和改变用户执行路径的范畴。

3. 基于策略的探索式测试

将自由式探索式测试与具有测试老手的经验、技能和感知融合在一起，就成为基于策略的探索式测试。它属于自由式的探索，只是它是在现有的错误搜索技术下引导完成的。基于策略的探索式测试应用所有的已知技术（如边界值分析或组合测试）和未知的本能（如异常处理往往容易出现软件缺陷），来指导测试人员进行测试。

这些已知的策略是基于策略的探索式测试成功的关键，存储的测试知识越丰富，测试就会更有效率。这些策略缘于积累下来的知识，它们指导软件缺陷隐藏在哪里，如何综合人工输入和数据，哪些代码路径常常出现故障。

4. 基于反馈的探索式测试

基于反馈的探索式测试缘于自由式测试，但是随着测试历史的形成，测试人员们就会利用反馈来指导今后的探索。“覆盖”就是典型的例子。一名测试人员通过咨询那些覆盖指标（代码覆盖、用户界面覆盖、特性覆盖、输入覆盖或者其中的某些组合）来选择新的测试用例，以使这些覆盖指标得以提高。覆盖指标只是收录反馈信息的标志之一。我们也会看其他标志，如代码改动数量和软件缺陷密集程度等。

四、结束语

软件测试是复杂的，对于任何软件要做到充分的测试是不可能的。所以任何一种测试方法，必然会有测试思维去支撑它，如探索式测试运用的是发散思维，而这种发散思维不是漫无目的的，还是要有规则、思维、方法去支撑的。并不像咱们工作所谓的“发散测试”（到处乱点点，看会不会有问题）。事实上，我们目前提出的各种各样的测试方法本质上都是测试用例的选择方法而已。问题是如何才能获得一个最优的选择，一个智慧的选择。在解决这个问题的道路上，我们还任重而道远。

6.5 软件工程专业“工作坊”式实践教学模式研究——学生在课堂“动”起来

软件工程系　石春

一、引言

大学课堂是高校教学活动、学生学习的重要场所，是大学生获取知识的主要途径。课堂教学的好坏直接影响课程效益，最终影响到人才培养质量，同时也体现了高等教育的办学理念。根据教学活动围绕的中心，可以将课堂教学分为“教师中心式”和“学生中心式”两种类型[1]。在以教师为中心的课堂教学活动中，教师是课堂的焦点，在整个教学过程中起到主导作用；教师一般采用强制性的教导方法，将知识与技能传授给学生，基本是单向传播模式。以学生为中心的课堂教学活动中，往往学生处于教学活动的中心，教师以平等的身份与学生进行互动；教学过程强调了学生的主动学习以及对学习主题的深层理解；此时，教师通常扮演咨询者、辅导者和学习动机激发者的角色。现代教学活动通常强调师生之间的互动，从而在课堂教学活动中更有效地进行知识传授，在此过程中，教师需要以一种好的方式和态度辅助学生建立自己的认知体系。因此，在课堂教学活动中，教师的“教”和学生的“学”是不可分割的重要部分，如何以一种好的教学方式调动学生的积极性是完成一堂优质课堂教学的关键。

软件工程本科专业的特色主要体现在：实践性、工程性、系统性、综合性和复合型，注重学生的数理逻辑基础、工程实践能力、软件作品与沟通技巧等核心能力培养。在本科学习阶段，由于受到计算机学科的迅速发展和相关领域知识不熟悉的双重困扰，学生学习的积极主动性受到约束。同时，学生通常没有建立自己的认知体系，程序设计的经验严重不足，这些都约束了学生的动手能力和口头表达能力，很突出地表现在课堂教学过程中不活跃，和教师的互动积极性不高，甚至出现课堂上的消极沉默现象[2][3][4]。

结合“工作坊”实践教学模式和软件工程专业课程要求，通过对课堂教学活动进行思考、探索和设计，在有限的课堂教学中加强对学生的引导，可以明显增强学生主动学习的积极性，提高口头表达能力和沟通技巧，并进一步培养学生的程序思维能力和团队合作精神。

二、“工作坊”式实践教学

“工作坊”，也称为专题研习工作坊，起源于欧洲的 Bauhaus 学院，发展至今逐渐演变为一种实践教学模式。Bauhaus 学院提倡的教育理念是“技术与艺术并重”，学习过程有如“工厂学徒制”，学生身份是“学徒工”。在教学过程中，担任艺术形式课程的教师称为“形式导师”，教授其理论课程，并引导学生专业的发展；而担任技术、手工艺制作课程的教师称为“工作室师傅”，负责辅导指导其实践教学。Bauhaus 学院所形成的教学方式，形成了教学、研究、实践三位一体的现代设计教育模式：教学为研究和实践服务；研究为教学和实践提供理论指导；实践为教学和研究提供验证。工作坊教学模式所创建的知识与技术并重，理论与实践同步的方式，为学生提供了一个能够将其所学理论知识进行融会贯通的全过程。

“工作坊”实践教学模式的主要特点：强调以学生为中心，关注学生的需要和内在动机，并充分发挥学生学习的自主性，注重培养学生发现和解决问题以及知识和技能的应用能力；同时，该教学模式强调以多元化的方式来分享和呈现理论联系实际的成果，是一种既注重过程又重视结果的学习方式。一般而言，“工作坊”实践教学模式是在一名核心的主讲人引导下，多个小团体通过活动、讨论、短讲等多种方式，共同探讨某个话题。“工作坊”实践教学模式的本质是促进学生“从做中学”，符合“实践-认识-再实践”的认识规律，作为一种教学途径，能促进教师和学生之间的互动，增强学生在课堂教学中的参与积极性。

三、软件工程专业课程“工作坊”式实践教学设计

针对软件工程本科专业课程，从偏重理论教学到偏重实验教学的角度，选择“算法设计与分析”“Oracle 数据库”和“软件设计模式”课程，从“工作坊”教学模式的团队构建方式和相应教学方法进行了一系列的思考、探索和设计。

1. "算法设计与分析"课程的实践教学设计

"算法设计与分析"[6]课程是计算机和软件工程专业的重要专业课，介绍软件开发中的典型非数值计算问题的解法，要求学生掌握算法的基本原理思想、方法与技术。如何在有限的教学时间内让学生掌握算法的特点以及算法之间的内在关联性是教学重点。

本文以"背包问题"和"0-1 背包问题"为例，探讨"工作坊"实践教学设计的具体内容。

背包问题和 0-1 背包问题要求学生区分两者算法差别以及在程序设计上的约束。因此，可以确定核心知识点：（1）背包问题和 0-1 背包问题的异同，以及问题转换条件；（2）两个问题在程序设计上的差异和转变。在教学过程中，要求学生以团队方式围绕核心知识点准备材料并在课堂上进行讲解。具体教学过程如下：

首先，组织学习小团队。采用学生自愿组合的方式，约束每组 4 到 5 个人，有组长和发言人各一人，要求组长和发言人不能是同一个人。要求组长负责任务的分工等事务工作，而发言人需要汇总材料，准备内容讲解的逻辑顺序。团队分工的目的一方面是锻炼学生的合作精神，另一方面是减轻新内容备课的压力。

其次，多组准备同一个专题。让 2 到 3 组针对同一个专题组织材料并进行讲解。虽然知识点会类似，但是，不同的团队组织材料的侧重点会稍有差异，表达方式也会有不同。采用这种方式，一方面可以让更多学生有机会锻炼组织能力、口头表达能力和逻辑思维能力；另一方面，不同团队讲解的内容差异性会让学生进一步加深对问题的全面理解。

最后，教师点评。这也是关键的教学环节，教师需要对学生的材料准备和课堂讲解情况进行总结。总结内容一方面需要覆盖知识点的完整性，另一方面也要对每组讲解问题的方式进行有限的点评，更多要让学生参与进行评判。教师点评的目的是引导学生合理正确地分析和解决问题。

由于合理运用了"工作坊"模式，取得比较理想的课堂教学效果。比如，经过学生团队之间激烈的讨论，认为回溯法解决 0-1 背包问题的程序是错误的，因为该程序采用分割物品来计算背包容积的上限，这种计算方式混淆了背包问题的算法程序。相比较教师讲解的方式，正是由于学生的积极参与和探讨，才会使得学生进一步加深对算法和程序设计实现方面更好的理解，也增加了学生学习的兴趣和良好的团队合作精神。

需要注意的是在采用工作坊实践教学活动中，团队人数以及同一专题讨论组的数量不能太多。团队人数太多，部分同学会完全依赖其他同学而不参与相关专题的讨论；针对相同的问题，一般安排 2 到 3 个团队讨论比较适宜，从而可以在一节课的时间内完成全部介绍、讨论和点评工作。

2. "Oracle 数据库"课程的实践教学设计

"Oracle 数据库"是软件工程开设的专业课程，SQL 语言的运用是该课程的一个重点。在教学过程中设计两个任务：①编写 SQL 程序读取文本文件中的数据信息并写入数据库相应表格中，主要强化学生对于 SQL 语句，以及函数、过程和触发器等内容的熟练掌握程度；②撰写实验报告，要求具备系统开发的需求分析、程序分析设计、实现和结果显示等内容。

根据教学计划进度安排，完成实验和撰写报告的时间约为一周（课堂教学课时是 10 节课）。在此时间内，学生需要熟悉软件环境、完成 SQL 程序编写并撰写格式规范符合要求的实验报告，具有一定的难度。因此，在教学过程中，对"工作坊"实践教学模式进行了有针对性的设计，具体内容如下：

首先，组织小团队。采用学生自主组队的方式，不约束团队成员人数，最终团队成员人数最少的有 4 个人，最多的有 9 个人。由于对汇报方式没有特定要求，每组只设置组长一人，方便教师了解团队分工合作的情况以及任务完成情况。

其次，问题解决。在实践教学过程中，对于学生提出的相关问题，教师并不直接给出答案，而是指导学生如何通过网络查找相应的解决方案，并要求以团队内部互相讨论的方式确定最终可行的方案。针对具体问题，鼓励团队成员课后继续完善解决方案。

再次，过程检查。通过和不同团队的交流，教师需要了解每组具体实施情况，挑选在实现内容上有特色的团队，不定期安排团队成员进行课堂讲解，介绍其团队分工、实现程序过程和撰写报告的思路，并展示相关的成果信息。比如，针对读取文本文件和解析数据信息这两个功能方面，安排学生介绍团队讨论确定的程序实现内容，并演示初步达到的效果等。

最后，教师点评。教师一方面需要总结学生的实现情况，进一步明确实验内容和要求；另一方面，教师需要结合软件工程发展要求，建议学生今后继续努力的方向。

综合课程教学完成情况，学生分组形成团队的方式对实践教学活动提供一定的借鉴意义。组建团队需要考虑具体的任务难度和组长领导能力。当任务不是特别重的情况下，每个团队的人数不能太多。在此次实践教学活动中，人数较少的团队（如 4 个人组成的团队）组织能力比较强，编写程序和撰写文档分工都比较明确，合作效果比较好。而部分人数较多的团队（9 个人组成的团队），组长曾抱怨说，什么都是一个人做，其他同学根本不参与。针对这种情况，教师需要及时了解团队在教学活动中的反馈信息，当出现人员配合程度不高的情况，应该解散该团队，重新组队完成任务。

在实践教学活动中，针对具体问题，教师可以指导学生掌握解决问题的方法，然后，通过学生演示的方式有效推广具体问题的解决方案。该方式一方面可以加强学生良好的沟通和交流技巧，培养团队精神；另一方面也能极大提高学生的学习热情，促使学生能快速掌握相关知识内容。

3. “软件设计模式”课程的实践教学设计

随着对软件人才要求的提高，本科教学阶段开设“软件设计模式”课程已经是趋势[8]。“软件设计模式”课程内容具有高度的抽象性，即使是计算机或软件工程专业的高年级本科学生，由于缺乏相应的项目编程经验，也没有积累相应的代码数量，对于课程内容的接受也是一个很困难的过程。在课堂讲解过程中，即使采用了生动的案例，教师一旦开始对象构成和类结构的理论分析，大部分学生就已经不在学习状态中。学生提意见说，模式内容太抽象，很难理解。针对这种情况，对该课程进行“工作坊”实践教学设计，教师调整了相应的教学方案和授课方式，具体如下：

首先，知识引导。介绍面向对象的基本内容，并深入对软件设计原则进行讲解。因为这部分内容和高级语言程序设计课程结合的比较紧密，学生接受程度还是比较好的。

其次，建立概念。对于具体的软件设计模式，教师介绍一些特点和运用场景，通过解释相应的类结构关系，让学生初步建立相应的概念模型。

再次，强化运用。提供计算机专业的毕业论文题目，让学生选择比较熟悉的题目，针对部分模块进行程序的分析和设计，并完成设计模式实验报告。该实验报告作为课程分数的主要依据，要求学生构造出相应的类结构图，并说明使用的设计原则和设计模式。

最后，学生讲解和教师点评。通过了解学生的实验情况，教师选择适当的实验报告，让学生进行设计过程和思路的讲解。教师则对讲解内容进行合理引导，对学生构建的设计模式进行分析，从而可以让学生深入掌握设计原则和设计模式的运用和构建过程。

综合课程实践教学过程，通过让学生先思考，然后再引导学生的方式，提高了学生对授课内容的关注度，也加深了对设计模式中对象构建和类结构模型的理解。单纯采用案例教学的效果并不是很理想，可能存在的原因之一是所选择的案例和学生自身的关联性不高，学生的关注度不会长久集中；原因之二是案例内容过于狭窄，学生几乎不需要思考就知道怎么划分相应的对象并构建类结构，从而降低了学习的兴趣。

“工作坊”课堂实践教学并不是一成不变的，而是需要根据教学内容和不同学生的接受情况进行调整和设计。即使同一门课程，学生接受能力不同，实际教学方式还是需要进行相应地调整和设计优化。在学生进行课程讲解的过程中，也是教师学习的过程。通过观察学生准备的材料、课件风格以及知识点的表达方式，教师可以在一定程度上了解学生对类似问题的掌握程度，也对学生接受方式有一定了解，从而在后续的备课中更有侧重点。同时，采用多个小组讨论同一问题，从学生关注的侧重点和表达的理论深度，教师也可以了解学生的自学能力和对相关知识点的熟悉程度，可以更全面了解学生的整体素质。通过“工作坊”教学活动中获取的学生反馈信息是调整相应教学方案的重要依据，也是检验教师课堂实践教学活动的标准之一。

四、结束语

郭沫若说：“教学的目的是培养学生自己学习，自己研究，用自己的头脑来想，用自己的眼睛看，用自己的手来做这种精神。”为了提高学生参与教学活动的积极性，也为了更好地进行实践教学，针对软件工程专业课程的特点，本文分析探讨了“工作坊”实践教学模式，提出一些可行的专业课程“工作坊”实践教学设计方案。设计方案分析了学习团队的构建以及运用于团队精神的培养，其中成员人数和组长领导能力是组建团队需要考虑的因素；引导建立学生掌握解决问题的方法并讨论确定解决方案的方式，锻炼学生逻辑思维能力，提高沟通技巧；采用让学生先思考和练习，教师再引导的方式来加强学生对知识点的理解和掌握，可以有效培养和建立学生自己的认知体系；通过多个学习团队讨论同一个专题的方式，教师了解学生的学习情况，并依据反馈信息调整相应的教学设计方案。教学效果表明，良好的“工作坊”实践教学设计方案可以有效培养学生创造性的思维和良好的口头表达能力，在增强团队合作精神的同时也进一步加强学生的观察、分析和解决问题的能力。

6.6 “嵌入式技术”课程分层次实验教学方法研究

软件工程系　蒋永辉

一、引言

近年来，随着微处理器技术和嵌入式系统的不断发展，嵌入式应用已经深入到社会生活的各个角落。据估计，全球嵌入式系统带来的相关工业产值已超过1万亿美元。嵌入式方向已经成为IT领域中非常重要的方向，嵌入式工程师也成为了职场中非常热门的职业。1997年，IEEE和ACM组成联合指导委员会，将软件工程推动为一个独立的职业，并为软件工程的教育提供指导。在2004年形成的SEEK04文件中，就对嵌入式系统的教学做出了相应的指导。作为系统应用专业方向之一，嵌入式和实时系统包含了嵌入式系统硬件、开发语言和工具、时序问题和硬件验证等内容。其他相关知识还包括分散在航空与车辆专业、工业过程控制专业、小型及移动平台专业中的一些课程。但是，这一指导较为抽象，提供了不同环境和需求下的很多变化空间[1]。

面对庞大的市场需求，软件工程专业如何开展嵌入式教学，让学生掌握嵌入式开发理论和方法，具备开发嵌入式系统的动手能力，这是软件工程专业面临的重大课题。信息学院的软件工程本科专业于2012年开设了嵌入式技术课程（选修，36学时），主要讲授ARM微处理器及基本接口电路结构及其编程方法，经过两年多的教学探索和实践，探索出采用项目化实验教学思想，以分层次实验教学方法来加强嵌入式课程教学效果。

二、“分层次”实验教学

信息学院为开设嵌入式技术实验课程，加大了资金投入，购买了ARM9实验箱、开发板各11套，并配备了其他实验相关设备，制定了实验室开放相关制度，以方便学生随时上机实验。软件工程专业开设的嵌入式实验课程，按照循序渐进掌握嵌入式系统开发方法的原则，分为基础验证型实验、综合设计型实验和研究创新型实验三种层次。

1.“基础验证型”实验

基础验证型实验是让学生对于所学的理论加强理解并进行验证，通过本层次实验，使学生熟悉并掌握ARM嵌入式开发软硬件平台、开发环境和开发流程，掌握ARM微处理器基本接口电路及其编程方法，学会系统调试的方法。本层次的实验内容按照理论讲授次序，安排在理论课后进行。本层次实验安排的主要内容，如表6.3所示。

表6.3 “基础验证型”实验项目

实验序号	实验名称
1	ARM开发环境实验
2	串口通信实验
3	中断实验
4	PWM实验
5	实时时钟实验
6	键盘输入与I/O实验
7	D/A和A/D实验
8	LCD显示实验
9	触摸屏实验

2.“综合设计型”实验

综合设计型实验是在学生掌握基础验证型实验内容之后，以期末综合设计的方式进行，主要要求学生以工程化、项目化思想，尽量运用多种实验箱模块，构建具有一定实际应用价值的应用系统，以培养学生动手能力，锻炼学生各种开发文档编写的能力。本层次实验安排的主要内容，如表6.4所示。

表 6.4 “综合设计型”实验项目

实验序号	实验名称
1	触摸屏电子琴实验
2	贪吃蛇游戏实验
3	世界时钟实验
4	音频播放器实验
5	触摸屏画图程序实验
6	模拟打字练习程序实验
7	汉诺塔游戏实验
8	华容道游戏实验

3. “研究创新性”实验

研究创新性实验主要针对学习程度较好的学生，以毕业设计题目或参加各种竞赛的比赛题目的方式进行，要求学生深入掌握嵌入式开发相关理论和方法，对于系统底层有深入理解，具备较强的系统开发、调试能力，并要求作品具备一定的创新性。本层次实验安排的主要内容如表 6.5 所示。

表 6.5 “研究创新型”实验项目

实验序号	实验名称
1	GPS 实验
2	GPRS 实验
3	智能小车实验

通过两年的实验教学实践，发现我院采用的这种分层次的实验教学方式，能较好地训练学生嵌入式开发能力，学生的设计作品获校优秀毕业论文 1 项，获泛珠三角计算机作品大赛海南赛区二等奖 1 项，有着较好的教学效果。

三、“项目化”实验教学法的思想

“项目化教学法”就是师生通过共同实施一个完整的项目工作而进行的教学活动。教师安排课题任务，以项目的形式交给学生。在此期间，教师提出明确的项目任务，在教师的指导下，学生以小组协作的方式制定计划，共同完成较为完整的作品。项目在完成时学生可以个人或团队形式进行自我评估，接受教师以及学生的考评，从而激发学生的学习动机，促进学生积极主动的学习能力。

要保证项目化实验教学的成功实施，合理设置项目题目和严格规范考查内容是其中两个重要的方面。我院软件工程专业在开设嵌入式技术实验课程的时候，根据学生所学的内容，设置了难易适中的综合设计题目，既巩固了学生基础的理论知识，又锻炼了学生自我学习、解决新问题的能力。

下面以《触摸屏电子琴》设计实验为案例，分析项目化实验教学的实施过程。

第一步，在教师的指导下，要求各小组进行项目的需求分析，根据提出的不同需求把项目分为若干个小模块，明确各小模块之间的关系，并编写需求文档。由于我院软件工程专业学生已经学习过软件工程等先行课程，所以本步骤对于本专业学生巩固所学理论，并将理论知识转化为实际动手能力有着较大的帮助。通过本步骤，学生提出的需求一般包括：电子琴界面设计、触摸功能实现、发声功能实现等。

第二步，按照功能模块的划分，各小组采用小组协作的方式，完成各模块代码编写、功能测试、文档编写，并考虑系统的可扩展性，规划各模块的接口扩展。通过本步骤，既锻炼了学生嵌入式开发动手能力，又加深了学生对于软件开发生命周期的理解和认识。

第三步，在教师的主持下，对于各小组项目完成情况进行验收评价。在本步骤中，教师根据项目工程的相关经验，着重考查各小组项目需求分析、解决方案是否合理；模块分析及驱动资料整理是否齐全；程序代码和相关文档是否完善；是否有各模块的扩展规划。按照这些实际项目的相关要求对学生进行考查，更有利于学生对于项目开发的理解和认识。

四、结束语

本文讨论了软件工程专业进行嵌入式技术实验课程的教学方式，提出了采用项目化思想、分层次实验教学的模式，这种模式虽然取得了一定的成效，但仍存在一些不足。目前，随着嵌入式技术的深入发展，新的实验教学模式必将被提出，这需要广大高校教师深入研究和探索，来提高嵌入式技术实验的效果，以培养高层次的嵌入式方向人才。

6.7 “项目为载体，工程化管理”CDIO工程教育的改革思路

软件工程系　张学平　林 松

一、改革背景与存在的问题

海南师范大学软件工程本科专业 2010 年开始招生，是在计算机科学与技术专业的基础上为培养“多层次、实用性、复合型”的软件工程人才新开设的专业。办学过程中，如何培养软件工程人才所必须的工程能力和创新能力，是软件人才培养所面临的课题。目前，国内大多数软件工程专业都设置了实践教学课程体系，然而，软件工程专业的实践教学中存在一些问题，教学效果难以保证。长期以来，传统软件工程专业学生的培养存在这样的问题：什么都学，但是什么都不精。同时，传统的软件工程专业学生过多注重理论知识的培养，忽视了工程能力的培养，导致培养出来的学生无法快速地融入社会工作岗位。

目前，软件工程专业实践教学中普遍存在下面几个问题：

第一，学生实践能力不强，实验与实践教学体系设置不够完善。

第二，不重视工程化思想的培养，普遍缺乏对学生实践教学的过程管理，没有很好利用先进的实践管理平台来对学生的实践的项目进行跟踪管理。

因此，如何完善实验教学体系，建设实践管理平台，加强实践教学的过程管理，培养创新型团队，将是软件工程专业亟需解决的问题。

大学四年里，培养一个学生的实践能力，要分几个层次：

第一，认知。作为这个行业的工程技术人员，首先要有一个认知，就是关于这个行

业的技术水平、技术手段、技术方法，有一个比较广的概念，哪怕不会运用，但应该见过并有所认知，学生就是应该见多识广。

第二，基本技能。基本技能很多，重点要根据培养目标，将信息类专业基本技能进行分类，按层次理清，按不同的要求供学生选修。不要求学生做那么多，但典型的一两件、两三件、三五件，学生要会。

第三，实验或实践的设计。组织和设计实验，这是一种能力。特别是在科学研究的时候，没有现成的东西。一个不熟悉的现象，要通过实验重现，这就靠设计。

第四，项目的实践。做工程的人，是和项目分不开的。整个实践能力，零零碎碎体现在最后，那就是驾驭整个项目的能力。这个项目从立题、立项到论证、可行性分析、策划、方案，到最后执行、总结。

二、软件工程专业实践教学模式的改革思路

随着高校扩招，教学规模迅速发展，传统的软件工程教学模式在实践环节上的缺乏与不足，直接影响了软件工程课程的教学质量，如果没有一整套科学、合理的实验教学方法，就不可能培养出具有创新能力的合格人才。因此，加强软件工程专业实践教学的创新与改革至关重要。

针对软件工程课程的内容特点，我们认真分析了以往课程教学存在的问题，认为导致课程教学效果不理想的主要原因如下：

（1）软件工程不是一门速成的科学，其本身的特点决定了它不是完全可以从书本和课堂上学会的，理解和实践是非常重要的。学生不可能靠听讲软件工程的基本原理就学会开发一个实际的软件，而是在实际的“动手做”和“真正练”中体会和掌握软件工程的思想和方法。

（2）现有的软件工程教学内容一般重理论而轻实践，所谓课程实验是在一个缺少软件工程支持的开发环境下进行，缺少适合本科生教学使用的实验环境和资料，学生根本得不到真正的锻炼。

综合上述分析，我们深入研究了 ACM 和 IEEE 联合发布的 CCSE2005 相关内容，大胆改革课程体系框架和教学内容，积极探索案例教学和实践教学模式。软件工程强调采用“工程化”的方式开发和设计软件，要求培养学生能胜任研究、分析、开发、设计、生产、测试、管理、咨询、培训等多种角色，使学生熟练掌握软件工程知识与技能，具备作为软件工程师从事工程专业所需的专业能力。下面着重介绍我们在软件工程课程教学中的经验和成果。

1. 校企合作，联合培养

校企合作是新形势下高校办学的目标，由于高校教师队伍大多数是从学校毕业后进入高校任教，在学校学习完成理论知识后没有经过社会的实战，在教学过程中不了解社会上软件公司的项目开发过程，导致培养出来的学生和社会严重脱节。让企业进入校园，由企业优秀的工程师为学生讲解软件工程项目开发过程，是现今实践教学改革的重点。

2. 项目驱动，工程化管理

按软件工程专业的特点，以“项目”作为实践教学环节的主线，随着课程进展布置

任务，从项目开发的准备工作、系统分析过程、系统设计过程、软件测试到系统实施，结合所学习的理论知识，完成项目的开发。整个过程由企业工程师和专业教师一起进行共同管理，通过深圳易思博公司“项目管理软件”平台对学生进行监控和辅导。

课程实验项目的软件开发过程分为：实验准备、分析设计、编程测试和软件交付等部分，具体要求如下：

（1）实验准备：在第一次实验课上，学生将得到一份简单的软件问题描述，其中简要地描述了所开发系统的整体功能要求。学生自愿组建开发团队，制定项目的开发计划。

（2）分析设计：整个开发团队分析实验项目给出的问题描述，完成软件需求规格说明。根据软件需求规格说明，设计软件系统的总体结构，助教将模块开发任务分配到每个团队，同一个模块将由 3～5 个团队进行竞争性开发。

（3）编程测试：每个团队实现分配给他们的模块，编写所有相关文档，测试和调试代码。在模块开发完成后，团队之间开始进行模块买卖交易，并将所购买的模块与自己开发的模块整合起来成为一个完整的系统。

（4）软件交付：每一个团队将各自集成的完整系统进行包装和销售，由教师、助教和其他团队进行认购。

课程的实验设计注重将小组协作、过程管理、成本因素与参与兴趣相结合，使学生在一个规范的和可控的过程中完成实验项目的开发。同时，依据国家《计算机软件开发规范》，撰写规范的技术文档。另外从以下几个方面对软件工程专业实践教学做了改革与创新的尝试：设置一些综合实验项目。随着课程进展布置任务，通过调查研究、可行性研究、需求分析、概要设计、详细设计、编码、测试、维护（版本升级）及技术文档的编写，结合所学习的理论知识，完成设计。实验内容应覆盖软件工程学科的各个主要环节，覆盖软件生存周期的各个阶段，使学生通过实验加深对学科理论知识的理解。必须充分重视和精心设计实验内容，要有可操作性、趣味性和适当的难度。

3. 建立适合小组式开发的软件工程环境，团队协作，规范评估

对于软件工程课程实践环节来说，仅仅提供一个软件开发项目是远远不够的，学生需要在一个符合软件工程要求的环境中开发软件，才能够真正掌握软件工程的思想和方法。因此，营造一个适合软件工程实践课程的软件工程环境是教学取得良好效果的关键。

我们深入研究了软件工程的基本要素和小型软件项目开发的环境构成，逐步建设相关的软硬件环境，将常用的软件工程工具引入课程实验项目中，使用配置管理工具将所产生的各种制品控制在有序管理之下，使用建模工具和测试工具进行软件的分析、设计和测试。结合课程实践环节的要求，我们编写了规范的实验指导书，包括开发过程模型、系列文档模板、软件编码规范、段评审标准等，使实验和实践环节规范有序，改变了学生以往突出个人技巧的杂乱过程。

在“小组式的软件工程环境”中，使学生真正体验到一种有序的、可控的、协作的软件开发过程，在分析问题、解决问题、协调冲突、消除矛盾的过程中享受软件开发成功的最终结果。

采用“项目小组”的形式，结合具体的开发项目进行设计，班级按项目小组进行分组，每组不得超过 5 人。每个项目小组选出项目组组长，由其召集项目组成员讨论、选定开发项目。学生分工合作，学习软件开发小组的组织和管理，将项目开发各阶段的任

务明确，熟悉软件开发环境，培养团队精神，共同完成该项目的设计任务。项目中的每项任务要落实到个人，实验在规定的时间内，由学生独立完成。学生在学校机房的机器应固定下来，并安装好相应的软件，没有特殊情况不应缺席。企业工程师的主要任务是答疑和检查。检查工作分阶段进行，要求学生项目团队分组配合以 PPT 的形式汇报项目进展情况及目前出现的问题，教师要引导学生独立分析解决。每个项目小组必须按照国家《计算机软件开发规范》中给定的文档规范标准提供项目文档。

4. “1C+4P+1I” 能力训练体系的设计

为了保证项目制教学的运行，充分实施 CDIO 工程教学模式“做中学”的教学方法，我院通过企业专家、校友学者座谈会等活动，精心设计了“1C+4P+1I”能力训练体系。

“1C”是指一套案例（Case）：案例是单门课程的教学载体，是工程中已有的成果，其承载知识、技能与素养的学习，是实施项目制教学的前提，是培养高技能人才的重要基础。案例学习注重“实施”和“运行”两个环节，“实施”侧重硬件和软件的过程、测试和验证，以及设计和管理的执行过程，而“运行”注重项目方案的优化、改进与维护。

“4P+1I”是指四个项目（Project）：其中 4 个学期项目与 1 个毕业项目。其中，“学期项目”是课程模块的运用载体，是工程中未有的成果，其承载学生主动完成任务与做成事能力的培养，是培养高素质人才的重要途径。4 个学期项目分别在前四个学期实施，注重“构思”与“设计”两个环节，发挥学生的主动性创新思维，综合运用课程模块知识。“构思”注重概念设计，“设计”是组件和过程的设计。“毕业项目”是顶岗实习阶段的学习载体，根据学生到岗时间灵活安排，是企业中的真实项目，承载着工程技术人员的素质训练。毕业项目在大三年级实施，要求学生至少完成一个经历完整的 CDIO 项目。

在“1C+4P+1I”能力训练体系中，案例教学与学期项目并行实施，毕业项目是两者的综合应用，使学生的职业能力与可持续发展能力得到充分的训练。

三、教学改革的效果

根据本科生培养计划要求的“厚基础、宽口径”和加强实践教学的新特点，我们深入分析软件工程学科的当前发展趋势和现代软件工程人才的社会需求，积极探索和实践软件工程的课程教学。在教学内容方面，突出先进性、系统性和工程化；在教学方法方面，将课堂式讲授、互动式讨论和探索式学习结合在一起；在教学实践方面，围绕课程的主要教学内容，建立适合学生小组开发的软件工程支持环境。

软件工程专业实践教学改革已在我校软件工程专业学生中进行了试点，我院和深圳易思博公司合作，由易思博公司派具有较强项目管理、开发经验的工程师进驻我院，配合我院教师对学生进行系统培训，培训效果显著，提高了学生按照软件工程的思想、方法、技术、标准和规范进行软件开发的综合能力和软件项目的管理能力，学生的综合素质明显增强。特别在团队协作方面明显具备较强的能力，在就业等方面具备更强的竞争力，更加适合在现代软件企业中发展。同时部分学生团队在项目开发过程中形成符合市场推广的产品，在 2012 年全国信息技术应用水平大赛中，我院学生作品获得了全国一等奖的好成绩。

6.8 工科专业“校企深度融合”开放式办学模式之探索

计算机系 吴丽华

一、引言

近年来，信息学院以“提升就业为导向，以提高质量为核心，以校企合作为主线，以“3+1”人才培养模式改革为重点”，致力于打造校企深度融合的开放式办学，构建学校、企业和社会共同参与的多元制人才培养机制，推进学院与知名企业（HP 公司、微软、深圳易思博信息技术公司、海南知名 IT 企业等）、海南软件生态园区的全面对接，形成了校企合作办学、共同育人的长效机制，促进了学生知识、技能和职业素养的协调发展。我们的理念是“校企合作，优势互补，特色鲜明，实现双赢”。

二、具体的办学思路

1. 深度融合，建立校企合作的长效机制

信息学院根据专业性质、企业参与方式和层次的不同，因地适宜，采取多种不同的合作模式：

一是，“共建实训基地”的合作模式，与企业形成资源共享，人才培养实行订单式培养。

二是，“冠名办班”合作培养模式，共同进行专业设置和专业方向的调整，双方从专业培养方案的确定、教学的实施、学生的管理及学生的就业进行全方位的合作。

三是，探索“3+1”合作模式，学生三年在学校进行课堂教学，一年在企业进行校外实训，企业根据市场的需求，着重加强学生专业技能的培养，并负责学生就业。

目前，信息学院“共建实训基地”“冠名办班”合作培养模式都正在开展和进一步扩大，软件工程专业“3+1”人才培养模式正在积极推进。

2. 工学结合，构建基于工作过程的课程体系，并融入新一轮人才培养方案

学院打破传统的学科系统化课程模式，以开放式教育课程理念为指导，深入推进基于工作过程、基于职业岗位（群）任务引领型课程、能力导向型课程和综合素养类课程改革。与行业、企业紧密结合，制订与行业（职业）标准相衔接的课程标准，共同开发设计课程，促进课程与生产实践、社会服务、技术推广及技术开发项目的紧密结合。

2013-2014 年度学院与深圳软酷公司校企合作，共建软件工程专业和计算机专业《实践能力层次培养课程群》，该项目目前进展顺利。

3. 打造“双师”结构教学团队

根据软件工程专业“工学结合”人才培养模式改革的需要，学院将教师队伍建设的重点放在“双师” 团队建设上，按照“素质与结构并举、学术与技能共进”的思路，以开放式的建设方式打造一支开放式的教学团队。

一是，提高专业教师队伍中“双师”素质教师的比例。

二是，引进和培养相结合，造就一批在行业和企业有较大影响的专业带头人和技术专家。

三是，以“产学研”合作为桥梁，建立一支实力雄厚、相对稳定的企业兼职教师队伍，形成实践技能课程主要由来自企业一线的技术骨干和能手来讲授的机制，建立有利于教师特别是企业兼职教师队伍建设的激励机制。

三、启动“政·产·学·研”联动培养机制，优势互补

在人才培养计划中，启动“政·产·学·研”联动培养机制，学历教育与职业教育相结合，优势互补。学院借助“HP海南软件人才20000”培训项目、软酷工程实践培训基地、锐捷网络工程实践实训基地、锐捷网络认证中心等国际IT品牌合作伙伴，将职业教育融入新的课程体系结构中。这种做法的优势在于：

第一，将学历教育（全面的理论教学）与职业教育（强大的实践课程）相结合，提升学生对各门理论学科的综合运用能力。

第二，将学历教育（扎实的基础教学）与职业教育（新型实用技术教学）相结合，在不断完善学生知识结构的基础上，使其紧跟IT行业的发展速度，掌握最为先进的实用技术。

第三，使学生毕业后，即可获得代表自身素质修养的学历（学位）资格认证，又可以获得代表行业内部权威认证的职业资格认证，增强了学生的就业成功率。

目前，学院成立了以下职业教育培训基地：

（1）软件工程、计算机软件方向专业—HP公司“智慧海南—人才20000”培训项目。

（2）软件工程—HP公司深圳易思博公司的“软酷工程实践培训”基地项目。

（3）计算机网络工程专业—锐捷网络工程实践实训基地、锐捷网络认证中心。

（4）教育技术专业—英特尔@未来教育核心课程的培训、海南中小学信息技术教师培训中心。

（5）电子商务专业—大学生“网络创业实训与教学”模拟中心。该中心以“电子商务与电子服务”重点实验室为核心，面向政府、企业和学生，开展科学研究、应用服务和人才培养，形成理论与应用研究中心、技术服务与市场应用中心、创业实训与教学模拟中心。

四、校企互动，实现开放性的人才培养模式

要实现真正意义上的校企共同育人，教学做一体化教学，人才培养社会化的目的，必须构建起有效的校企合作教学互动平台。学院近年来抓了以下几件大事：

1. 2010年，海南省工业和信息化厅关于举行“智慧海南—人才20000”项目的启动。惠普急需在海南本地培养人才支撑海南IT项目。2011—2012年，学院引入HP公司“智慧海南—人才20000”项目，计算机专业、软件工程专业与惠普海南IT外包服务学院合作，开展了两期100人的软件服务外包等课程的培训，惠普海南分公司录用学生20人。

2. 2011—2013年，《教育技术专业》，本科见习引进Inter@未来教育核心课程的培训，是微软为在职教师设计的，旨在培训他们将inter未来教育技术有效地融入到之后课堂教学当中去，从而促进课堂教学成效的提高。

3. 学院《软件工程专业》和《计算机专业》分别借助深圳易思博软件项目管理与开发平台、锐杰网络技术公司的优势，创建了一套集教学、实训、管理于一体的开放式教学平台，彻底解决了校企合作中“实训”与“教学”的工学矛盾。利用这些平台，学校和企业成为教学的两个终端，学生在企业边实训边学习，教师在学校通过网络教学指

导，学生在企业实时接收教师教学视频，教师可以随时调看学生在企业实训的录像，丰富课堂教学内容，实现人才培养的开放性。

4. 与公司合作，申请了三项海南省科技厅“产学研一体化”信息化建设项目。

本章参考文献

[1] 教育部计算机教学指导委员会.软件工程本科教学规范[R].2004，12.

[2] 教育部软件工程学科课程体系研究课题组. 中国软件工程学科教程[M]. 北京：清华大学出版社，2005.

[3] 骆斌，张大良，邵栋. 软件工程专业的课程体系设计[J]. 中国大学教学，2005（1）：32-33.

[4] 王浩然，丁二玉，张瑾玉. 软件工程专业核心课程的设计[C]. 全国高校软件工程专业教育年会，2007.

[5] 李晓宁.师范类院校软件工程专业教学体系的构建[J]. 成都中医药大学学报（教育科学版），2006，8（2）：33-34.

[6] 高峰. 东西方软件工程专业人才培养模式的比较与分析[J].软件工程教育的研究，2011，11.

[7] Hossein Saiedian，Bruce W. Weide. The New Context for Software Engineering Education and Training[J].The Journal of Systems and Software，2005（74）：P109-P111.

[8] Gregory W. Hislop.Software Engineering Education：Past，Present and Future，Software Engineering Effective Teaching and Learning Approaches and practices[C].Information Science Reference，2008：1-15.

[9] Dietmar Pfahl，Marco Klemm，Gunther Ruhe.The CBT Module with Interacted Simulation Component for Software Project Management Education and training[J].The Journal of Software and System 2001（59）：P283-P298.

[10] Nancy R. Mead. Software Engineering Education：How Far we've Come and How Far We Have to Go[J].The Journal of Systems and Software，2009（82）：P571-P575.

[11] Hossein Saiedian.Software Engineering Education and Training for the Next Millennium[J]. The Journal of System and Software，1999（49）：P113-P115.

[12] Thomas B.Hilburn，Greg Hislop. Guidance for the Development of Software Engineering Education Programs[J]. The Journal of System and Software，1999（49）：P163-P169.

[13] 海南省“信息智能岛”规划[EB/OL] http：//www.e-gov.org.cn/

[14] 教育部高等学校软件工程专业教学指导分委员会. 高等学校软件工程专业规范[M].北京：高等教育出版社，2011：1-3.

[15] Worldwide CDIO Initiative. CDIO Syllabus[EB/OL]http：//www.cdio.org

[16] 顾佩华等译.CDIO 大纲与标准[M]. 汕头：汕头大学出版社，2008.

[17] 教育部启动实施“卓越工程师教育培养计划”[J].中国大学教学，2010 年第 7 期.

[18] 吴若斌.我国软件产业人才培养对策研究[D].浙江大学硕士论文，2005 年.

[19] 骆斌，张大良，邵栋.软件工程专业的课程体系设计[J].中国大学教学，2005（1）：32-33.

[20] EdwardF.Crawley 等著.重新认识工程教育-国际 CDIO 培养模式与方法[J].北京：高等教育出版社，2009.

[21] 陶永芳，商存慧. CDIO 大纲对高等工科教育创新的启示[J].中国高教研究，2006（11）：81-83.

[22] 易敏捷.软件测试国内外发展现状及趋势研究[J].电脑知识与技术，2013，9（26）：6020-6022.

[23] Riungu L M，Taipale O，Smolander K. Research issues for software testing in the cloud[C]. Proc of the 2nd IEEE International Conference on Cloud Computing Technology and Science. 2010：557-564.

[24] 王钰.基于云计算的软件测试[J]. 现代计算机（专业版），2013，03：47-50.

[25] 李乔.云测试研究现状综述[J]. 计算机应用研究，2012，29（12）：4401-4406.

[26] IBM. Smart Business Test Cloud［EB/OL］.http：//www-935.Ibm.com/services /us /index.wss/ offering /midware /a1030965.

[27] BrowserMob［EB/OL］. http：//browsermob.com/performance-testing.

[28] James A. Whittaker .Exploratory Software Testing：Tips，Tricks，Tours，and Techniques to Guide Test Design[M]. Addison-Wesley Professional，2010.

[29] 惠特克.探索式软件测试[M]. 北京：清华大学出版社，2010 年 4 月.

[30] [美] Elisabeth Hendrickson 著 .探索吧!深入理解探索式软件测试 [M]. 北京：机械工业出版社，2014 年 1 月.

[31] 课堂教学模式分类. [EB/DL]. http：//wenku.baidu.com/view/0acdb692daef5ef7ba0d3c45.html.2013.

[32] 魏平.对大学课堂教学的思考[J]. 科技信息，2010（030）：396-396.

[33] 李学，胡石其，李炳煌. 大学课堂教学研究十年：进展与反思[J]. 湖南科技大学学报（社会科学版），2012，15（3）.

[34] 王健，张静.大学英语课堂沉默现象的解析与对策[J].中国大学教学，2008（1）：81-84.

[35] 肖红. “翻译作坊”在翻译教学中的运用[J]. 四川外语学院学报，2005，21(1)：139-142.

[36] 郑红，邵志清，符海波. “算法设计与分析” 课程教学改革初探[J].计算机教育，2008（014）：29-30.

[37] 王晓东.计算机算法设计与分析[M]. 北京：电子工业出版社，2007.

[38] 张利军.开设设计模式课程的探讨[J].计算机教育，2010（4）：66-6.

[39] 沈刚，胡雯蔷.软件工程专业嵌入式系统教学探索[J].计算机教育，2010（4）：88-92.

[40] 李珍香.《嵌入式系统》课程实验教学探讨[J].福建电脑，2009（1）：31，39.

[41] 张军，吴海燕. 注重实践的嵌入式课程教学新思路[J]. 科技风，2010，19：34.

[42] 殷华，华晶. 软件学院嵌入式系统教学模式研究[J]. 电脑编程技巧与维护，2011(18)：145-146，150.

[43] 陶陶. 嵌入式系统教学改革的研究与实践[J]. 安徽工业大学学报，2009（1）：137-138.

[44] 吕少中，张丽杰. 开放模式下嵌入式系统实验教学的探索与实践[J]. 科技信息，2009（5）：169-170.

[45] 孙家广，刘强等.中国软件工程学科教程[M]. 北京：清华大学出版社，2005.

[46] IEEE-CS/ACM Joint Task Force on Computing Curricula，Software Engineering 2004 Volume，2004，[EB/OL]. http：//sites.computer.org/ccse/SE2004Volume.pdf

[47] IEEE-CS，Guide to the Software Engineering Body of Knowledge，2004 Version，[EB/DL]. http：//www.swebok.org.

第7章　计算机专业人才培养

回顾计算机专业在中国的发展历史，从20世纪50年代末期的“计算装置与仪器”和“计算数学”两个分支，到70年代末期的“计算机应用”和“计算机软件”，直到1994年以来的“计算机科学与技术”。一方面，我们看到中国计算机专业教育总体上有三个重要的发展时期，它们既和国家的发展紧紧相联，也和科学技术本身的发展紧密相关；另一方面，我们也感到30年前形成的“计算机科学与技术”的内涵和外延已经与这30年来由于信息科学技术高速发展所导致的社会对“计算机人才”的期望产生了明显的距离。

我国本科教育普遍存在重知识传授、轻能力及素质培养的问题。多年来，计算机专业教学改革都是在课程内容和教学模式方面进行，一方面，这些改革没有改变传统“以教师传授为主，理论知识传授为重、工程实践训练少”教学模式，使在校大学生没有机会接触企业的真实工作环境，难以获得从事实际项目设计与开发的经验；另一方面，当前大部分高校教师缺乏工程背景，对学生的系统工程化概念和实践教育严重不足，使学生进入企业后要经过相当长时间的培养才能胜任职场工作。由于高校培养的计算机人才不能完全符合企业用人单位要求，那么，计算机专业教学如何面向社会经济发展，加大人才培养模式创新的力度呢？CDIO 工程教育模式和“卓越计划”为此提供了很好的解决方案。注重专业人才培养模式的创新设计，以提高学生实践能力为培养目标制定人才培养方案，构建多位一体的实践教学体系，开展校企合作教育，从而形成计算机人才培养体系和组织实施框架。

本章内容：

7.1　计算机学科专业发展和人才需求分析

计算机系　吴丽华

一、引言

信息产业是 21 世纪的主要发展方向之一，信息资源的集成、处理、流通与共享技术已成为当今和未来的重要技术之一。随着信息产业的稳步发展，计算机软硬件技术人才的需求也日益增加，计算机应用的深度与广度快速拓展。计算机产业作为知识密集、技术密集的产业，其迅猛发展的关键是有一大批从事IT技术创新的人才。一定数量、结构和质量的 IT 人才队伍是 IT 产业发展的支撑，一个国家的 IT 人力资源储备、IT 人才培养及使用状况决定着该国 IT 产业发展的水平和潜力。

近年来，中国计算机专业教育规模急剧扩张，计算机相关学科发展迅速，据初步统计，我国每年几十万计算机专业毕业生，大约每年有几十万人进入 IT 就业市场。而来自一些用人单位调查的情况是，除了在研究机构或者系统软件开发机构，计算机专业毕业生的优势和特色不明显，应用能力方面缺陷明显，特别是有较高应用能力的创新型人才明显不足。当前，对我国计算机专业教育现状的基本评价是，主要矛盾不是数量太多与质量太差，而是满足社会需要的针对性不够明确，导致结构不合理。因此，我们不能仅站在传统计算机学科的立场来考虑专业的设置与内涵，而要从社会对 IT 类专业人才（特别是计算机行业）需求的角度来考虑。

二、国际上的相关研究

通过对美国、欧洲、印度和日本等国情况的调查，目前国际上认为在计算机学科（计算学科）教育方面最有代表性和影响力的工作依然是 IEEE-CS/ACM 组织的 Computing Curricula 研究工作。Computing Curricula 1991 曾经对我国计算机教育产生过较大的影响。现在正在制定的是 Computing Curricula 2001（最近改称 Computing Curricula 2004，CC2004）。

CC2004 组织的研究者认为，计算的概念在过去的十年中发生了巨大的变化，这种变化对教学计划的设计和教育方法会产生深刻的影响，被称之为计算的概念已经扩展到难以用一个学科来定义的境地。过去的课程报告试图将计算机科学（CS）、计算机工程（CE）和软件工程（SE）合并在一卷中，这在十几年前也许是合理的，但 21 世纪的“计算”（Computing）包含许多富有生命力的学科，它们有着自己的完整性和教育学特色。因此，CC2004 研究者决定将报告分为四个独立的卷，它们分别是计算机科学（Computer Science，CS）、计算机工程（Computer Engineering，CE）、软件工程（Software Engineering，SE）和信息系统（Information System，IS），但最近又增加了一个信息技术（Information Technology，IT）等。

从 CC2004 的具体内容和各个分卷知识体系的描述中，最需要吸取的就是一种与时俱进的精神。当一门科学技术及其对社会的影响力本身发生了巨大的变化之后，就应该考虑相应教育内容体系的改变。特别是从 1991—2001 年之后，出现了 WWW（World Wide Web），一下子将“计算”泛化了、平民化了，普适化了，而且显然是不可逆转的。我们“计算机”教育需要面对这个现实，适应这个现实。

三、计算机学科的专业规范

“十一五”期间，我国教育部高等学校计算机专业教学指导委员会发表了《高等学校计算机科学与技术专业发展战略研究报告暨专业规范》，并基于“分类培养”原则新规范，已经形成并出版的四个专业规范是：计算机科学、计算机工程、软件工程和信息技术方向。

1. 计算机科学、计算机工程方向的培养目标

（1）专业素质

掌握科学思维方法和科学研究方法；具备求实创新意识和严谨的科学素养；具有一

定的工程意识和效益意识。

（2）专业能力

- 自学能力、信息获取与表达能力等；
- 系统级的认知能力和理论与实践能力，掌握自底向上和自顶向下的问题分析方法，既能把握系统各层次的细节，又能认识系统总体；既掌握本学科的基础理论知识，又能利用理论指导实践；
- 创造性思维能力、创新实验能力、科技开发能力、科学研究能力以及对新知识、新技术的敏锐性。

（3）计算机科学方向、计算机工程方向的知识体结构，如表7.1、表7.2所示。

表7.1　　计算机科学方向的知识体结构

CS-AR　计算机体系结构与组织	CS-DS　离散结构
CS-AL　算法与复杂性	CS-NC　以网络为中心的计算
CS-HC　人机交互	CS-PL　程序设计语言
CS-OS　操作系统	CS-GV　图形学与可视化计算
CS-PF　程序设计基础	CS-IS　智能系统
CS-SP　社会与职业问题	CS-IM　信息管理
CS-SE　软件工程	CS-CN　数值计算科学

表7.2　　计算机工程方向的知识体结构

CE-ALG　算法与复杂度	CE-HCI　人机交互
CE-CAO　计算机体系结构和组织	CE-NWK　计算机网络
CE-CSE　计算机系统工程	CE-OPS　操作系统
CE-CSG　电路和信号	CE-PRF　程序设计基础
CE-DBS　数据库系统	CE-SPR　社会和职业问题
CE-DIG　数字逻辑	CE-SWE　软件工程
CE-DSP　数字信号处理	CE-VLS　VLSI设计与构造
CE-ELE　电子学	CE-DSC　离散结构
CE-ESY　嵌入式系统	CE-PRS　概率和统计

2. 软件工程方向的培养目标

（1）专业素质

掌握科学思维方法、工程设计方法，具备良好的工程素养；具有创新、创业精神；具有严谨的科学态度和务实的工作作风。

（2）专业能力

- 获取知识能力：终身学习能力、信息获取能力、适应学科发展的能力等；
- 应用知识能力：需求分析和建模、软件设计和实现、软件评审与测试、软件过程改进与项目管理、设计人机交互界面，以及使用软件开发工具的能力等；
- 创新能力：在基础研发、工程设计和实践等方面具有一定的创新意识和能力。

（3）软件工程方向的知识体结构，如表7.3所示。

表 7.3 计算机工程方向的知识体结构

SE-CMP 计算基础	SE-VAV 软件验证与确认
SE-FND 数学和工程基础	SE-EVO 软件进化
SE-PRF 职业实践	SE-PRO 软件过程
SE-MAA 软件建模与分析	SE-QUA 软件质量
SE-DES 软件设计	SE-MGT 软件管理

3. 信息技术方向的培养目标

（1）专业素质

- 能鉴别和评价当前流行的和新兴的技术，根据用户需求评估其适用性；
- 能分析技术对个人、组织、社会带来的影响，包括伦理、法律和政策等各方面问题；
- 深刻理解成功的经验和标准，并能运用。

（2）专业能力

- 对信息技术领域的核心技术和概念能熟练运用；
- 为解决个人和组织机构所面临的问题，能系统地分析、确定和阐明用户的需求；
- 能设计高效实用的信息技术解决方案，并善于将该解决方案和用户环境整合。

（3）信息技术方向的知识体结构，如表 7.4 所示。

表 7.4 信息技术方向的知识体结

IT-ITF 信息技术基础	IT-WS WEB 系统与技术
IT-PF 程序设计基础	IT-HCI 人机交互
IT-PT 平台技术	IT-IAS 信息安全
IT-NET 计算机网络	IT-SA 系统管理与维护
IT-IM 信息管理	IT-SIA 系统集成与架构
IT-IPG 整合编程技术	IT-SP 社会和职业学

四、中国计算机教育的现状分析

据教育部计算机专业教指委成员自身的教学实践，以及 2004 年 3 月初他们对 10 所不同类型大学的调查研究，对中国计算机专业教育的现状形成了以下几个方面的认识。

1. 规模快速扩大，相关专业蓬勃发展

仅 2004 年，我国普通高校总数为 1 683 所，本科学校 679 所，其中 505 所开设有“计算机科学与技术”专业，是全国专业点数之首，占理工科在校生总数的大约 15%。这一方面反映了高等教育对国家信息化建设的积极响应，另一方面也反映出专业建设的数量大、任务重。同时，按照教育部的划分，“计算机类专业”包括：计算机科学与技术、软件工程、网络工程。“信息技术相关专业”包括：地理信息系统、电气信息工程、电子信息工程、电子信息科学与技术、光信息科学与技术、生物信息学、通信工程、微电子学、信息安全、信息对抗技术、信息工程、信息与计算科学、自动化等。信息技术和计算机专业的学生数量占全国所有理工科学生总量的 1/3，计算机相关专业也在蓬勃发展。

2. 设施条件建设、实验环节需要加强

大部分高校面对大量的学生，学校的师资和实验场地等设施条件不能满足，专业实习和毕业设计的环节在一些学校难以有效开展，而有组织地安排在企业实践也有许多困难。因此，学生在校期间没有得到足够的、比较综合或系统的训练。高质量实验的设计，合格实验指导人员的配备，在一些学校还没有引起重视。

3. 专业教师队伍的素质亟待培养提高

在许多学校，承担本科第一线教学工作的大都为青年教师。这些青年教师除了在工作经验和态度方面与老教师相比尚有差距外，在专业素质和能力方面的状况也不容乐观。特别是，他们中有许多人教学任务很重，没有时间和机会得到在职培养和提高，难以有精力创造性地完成教学内容和任务。在对毕业生进行访谈的过程中，IT企业员工对大学计算机专业教师队伍素质的看法是比较突出的。

4. 人才培养定位和教学内容明显偏差

目前全国有几百所（505所）所大学都开办计算机专业，学校之间情况差异很大。如何确定自己学校的教学内容？但我们看到，有些学校计算机专业的教学内容设计存在明显的盲目性，还有些学校在培养人才定位上有明显偏差。

（1）盲目性的现象之一，就是照搬其他学校的教学计划。在过去的若干年里，IEEE-CS/ACM的CC2004对我国计算机教育产生了较大的影响，现在不少学校的教学计划都有它的痕迹。尽管CC2004开创了一种对计算机科学教育的创造性的、理性的思考，但是它并不应该成为我国505所大学计算机专业教学实践共同追求的目标。

（2）定位偏差的现象之一，是将“考研比例”作为办学效果的一个突出指标。然而，一个办学效果的基本指标是学生的“就业率”，也是一个学校学生的社会声誉。

（3）需要强调知识结构的特色和执行的深度。对于“宽口径”和“复合型”人才培养的理解问题，“宽口径”意味着加强素质和能力培养，“宽口径”不能淹没专业特色，“复合型”不能是什么都会一点的“万金油”。从教学计划的设计来看，需要强调知识结构的特色和执行的深度。社会需要的是既有专业素质也有学习能力的人才。

作为一种比较普遍的规律或者现象，计算机专业学生的就业通常会有较强的地域性：一个企业通常在周边地区招收较多员工，一个学校的毕业生大都就业在学校周边地区的单位。因此，学校所在地区经济社会发展的需要情况，对教学内容的设计应该是很有参考意义的。有效的办法就是明确自己的毕业生的主流就业岗位，考虑教给他们什么内容能最好地适应岗位的要求。

五、社会和人才市场对计算机专业人才的需求

目前，从计算机专业毕业生所从事工作的性质来看，社会和人才市场对计算机专业人才的需求领域可划分为以下三类。

1. 计算机科学研究人员

计算机科学研究人员，包括科学和技术研究，注重在创新（Discoverer），即从事研究型工作的专门人才。他们主要从事计算机基础理论、新一代计算机及其软件核心技术与产品等方面的研究工作。对他们的基本要求是创新意识和创新能力。

2. 计算机工程技术人员

计算机工程技术人员，注重在制造（Implementer），即从事工程型工作的专门人才。他们主要从事计算机软硬件产品的工程性开发和实现工作。对他们主要的要求是技术原理的熟练应用（包括创造性应用）、在性能等诸因素和代价之间的权衡、职业道德、社会

责任感、团队精神等。

3. 信息化服务技术人员

计算机信息技术服务人员，注重在建立和管理信息系统（Service Provider），即从事应用型（信息化类型）工作的专门人才。他们主要从事企业与政府信息系统的建设、管理、运行、维护的技术工作，以及在计算机与软件企业中从事系统集成或售前售后服务的技术工作。对他们的要求是熟悉多种计算机软硬件系统的工作原理，能够从技术上实施信息化系统的构成和配置。

面对社会和人才市场对计算机专业人才的需求状况，上述三方面的从业人员在基本知识结构、专业素质、基本技能等方面的相同点是现在计算机学科的基本范畴，它们的不同点也越来越突出。通过对人才需求市场的调研和分析，可以得到当前社会对IT发展的主流需求状况。比如仅仅就计算机软件设计方向需求进行调研，目前SUN公司的Java软件开发人才市场需求火爆，而微软的NET构架也呈现人才紧张的状况，这两个方面的人才需求就占据了目前IT业人才需求的一半份额，数字媒体、移动互联网、动画设计和广告创意等方向倍受社会重视。因此，市场一方面对计算机专业人才的技术、技能需求呈现明确化、细致化，另一方面也要求从业者具有一定的技术经历。

六、企业对计算机专业毕业生的要求

1. 有一定的实际工作经验，在短时间内具备上岗能力

多数人力资源主管和项目主管在招聘员工时会看重应聘者的实践经验。不少企业会参考毕业生是否参加过项目或实习以及是否担任过学生干部等条件。大多数企业希望员工尽早具备上岗能力，希望降低再培养成本。据调查，在对新员工培训方面的调查中，愿意提供一个月以内培训时间的占75%，愿意提供三个月以内培训时间的占25%，愿意提供三个月以上培训时间的占0%。

2. 具备多种技能的复合型人才

具备多种技能的计算机专业复合型人才有更多的发展机会，如在计算机软件开发能力基础上，在计算机组装与维护、计算机网络维护、信息系统管理、产品推广、客户关系管理等方面也能胜任。据调查显示，单位要求人才具备综合知识和技能的占85%，而不要求的仅占15%。这反映了现代企业在人才运用上，更加强调使用一专多能的复合型人才。

3. 具有与从事职业相关的资格认证

企业对资格证书认证的认可程度分别是：国家计算机等级认证、计算机软件资格与水平考试（软件设计师和网络工程师）、全国信息化工程师和劳动部的职业资格认证。

4. 具有突出的技能和实际应用能力

据调查显示，企业中的负责人对本科生具备的专业技能要求是：编程能力、数据结构知识和算法知识，此外，依次需要具备数据库知识、软件工程知识和操作系统知识。

七、认识与启示

1. 社会对计算机专业本科生的人才需求，必然与国家信息化的目标、进程密切相关。计算机市场很大程度上决定着对计算机人才的层次结构、就业去向、能力与素质等方面的具体要求。计算机类专业毕业生就业出现困难的主要原因，不是数量太多或质量

太差，而是满足社会需要的针对性不够明确，导致了结构上的不合理。计算机人才培养也应当是金字塔结构，与社会需求的金字塔结构相匹配，才能提高金字塔各个层次学生的就业率，满足社会需求。

2. 国家信息化进程已经涉及到各行各业。企事业单位和国家信息系统的建设与运行，是目前和今后采购、应用计算机产品的主流需求。这些用人单位需要高等学校培养大批信息化类型人才。目前高等学校计算机专业在本科阶段对研究型和工程型人才的培养已有一定的基础，而对于从事信息化类型工作人才的专门培养则几乎是空白。

3. 以“培养规格分类”为核心思想的计算机专业发展的建议。该思想包含以下要点：在“计算机科学与技术”专业名称下，鼓励不同的学校根据社会的需求和自身的实际情况，为学生提供不同类型（但都要达到本科水平）的教学计划和培养方案；根据我们对学科发展和社会需求的认识，可以考虑三种不同的类型：研究型（或者称科学型）、工程型（包括计算机工程和软件工程）、应用型（或者称信息技术型）；一个学校在其中一种类型上通过评估合格，就被认为“计算机科学与技术”专业办得合格。

4. “一体化、分阶段、多层次”的计算机专业实践教学体系，体系包括了三层次，分别为培养学生实验基本技能和巩固理论知识的专业基础实验层次，培养学生综合素质和实践应用能力的专业实验层次，以及依托产学研，全面提升学生研究能力和创新能力的科技创新实验层次。通过实践教学体系的建立、实践性教学环节的优化、实践教学内容的全面更新，使实验过程和实验内容得到了更进一步的规范。

5. 清醒地认识到“职业教育”与“专业学科教育”这两者之间的关系和区别。第一，专业学科建设与学生就业的关系：技术学科发展的根本动力是社会需求，学科发展的内涵应该反映社会的需要，就业状况是社会需求的一种度量。计算机专业学科建设应遵循“社会需求导向”的人才培养模式。第二，“职业教育”与“专业学科教育”形成是不同的。“职业教育”的形成来源于一种相对稳定的服务需求，是培养服务提供者群体。而技术学科“专业”的形成是支撑一个或若干个服务所需的人力资源需求、技术需求，是为满足社会需求建设一个相对明确的基础知识体。计算机专业学科建设应遵循“职业”与“专业”教育相结合的人才培养模式。

7.2 计算机专业创新人才培养模式教学改革研究与实践

计算机系 吴丽华 何书前 韩冰

一、引言

随着计算机和通信技术的蓬勃发展，计算机技术作为当前信息化社会的核心技术，计算机应用的深度与广度快速拓展。目前，我国许多高校普遍开设的计算机专业传统课程的教学模式，已经越来越不能适应社会对计算机专业人才的需求。当前我们所面临的问题是，社会需求迫切需要大量较高层次的计算机工程和应用型技术人才，但是有较高应用能力的创新型人才明显不足。因此，基于创新型人才培养模式下探索社会对高等学校计算机专业人才的实际需求，对计算机专业人才培养模式和课程体系进行大胆改革与实践，培养出适应社会需求并具备一定竞争力的IT人才，是当前我们计算机专业教育和教学改革必须反思的现实问题。

二、2006/2009级人才培养模式的教学改革历程

在此背景下，我们回顾了过去几年来人才培养模式和教学改革历程，重新审视了计算机类专业教育的人才培养模式和课程体系构建。我们课题项目成果已在修订的海南师范大学2006级、2009级计算机本科专业人才培养方案中得到了实际应用，产生了较好的教学效果。

1. 人才培养目标

计算机专业人才培养目标是：培养适应现代化社会发展和经济建设需要，素质较高，专业基础知识扎实，具有创新精神和较强实践能力的高级工程型、应用型计算机专业人才。

2. 改革思路

2006/2009级计算机本科专业人才培养方案在总结2001年计算机本科专业人才培养计划实施经验的基础上，坚持计算机专业发展要以“专业方向分类，注重实践，突出应用”为核心思想，提出了计算机本科专业教育分为“二个基础平台、三个培养方向、五个层次课程”的改革思路，即以软件基础、硬件基础为学科专业基础平台，架构计算机专业的三个人才培养方向：软件工程、网络工程和信息技术，形成了研究型、工程型和应用型三类不同的人才培养模式，如图7.1、图7.2所示。

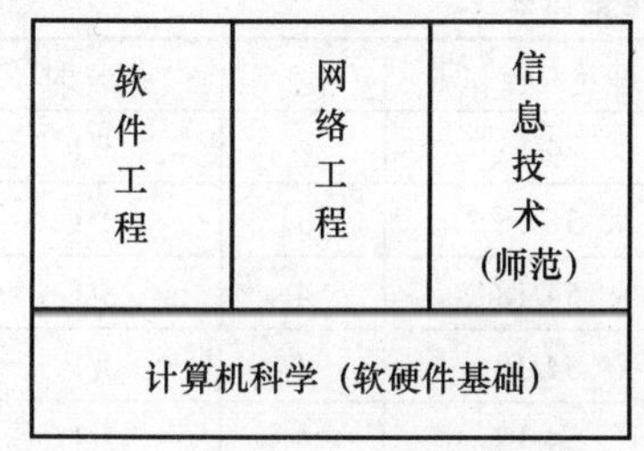

图7.1　专业的人才培养方向

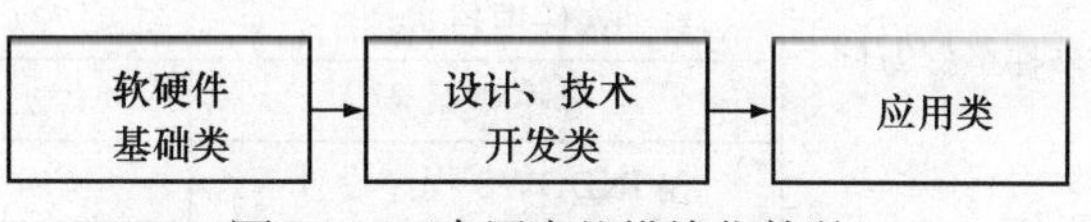

图7.2　三个层次的模块化教学

3. 教学改革的基本内容

为了实现这一目标，本课题项目进行了“教学目标→教学内容→教学过程→教学方法→教学评价”的系统改革，进行集课程结构重组、教学内容方法改革、实验体系改革和学科群建设等为一体的综合性创新教育改革，激发学生从知识的“接受者”转变为知识的“探索者和实践者”。

教学改革包括的具体内容有：

（1）确定明确的专业培养方向。

（2）构建新的计算机专业教学内容与课程体系。

（3）形成高水平的师资队伍，培育出学科特色和优势。

（4）加强实践教学，加强“创新思维能力”培养基地建设。

（5）重点建设和改革核心课程群，形成系列精品课程。

（6）探索网络环境下的教学方法和手段改革。

4. 教学内容与课程体系结构

按照上述计算机专业“专业方向分流，注重实践，突出应用”的改革思路，在修订2006级的本科人才培养计划中，划分出了三个方面、五个层次的教学课程体系结构，形成了三个培养方向的后续专业方向选修及拓展课程，如表7.5、表7.6所示。

表7.5　　三个方向、五个层次的课程体系结构

专业方向 层次课程	软件工程	网络工程	信息技术（师范）
软件基础	线性代数与数理统计、离散数学、专业外语 计算机引论、高级语言程序设计、数据结构与算法 、操作系统、数据库原理		
硬件基础	模拟电子技术、数字逻辑、计算机组成原理、微机原理和接口技术 汇编语言、计算机系统维护（软件/硬件）		
工程技术类	面向对象程序设计 数据库原理与技术 软件工程、编译原理	计算机网络技术及应用 网络工程	数据库原理与技术 多媒体技术、动画制作
设计与开发类	算法分析与设计 软件工程课程设计 数据结构课程设计 数据库课程设计 操作系统课程设计	操作系统课程设计 网络工程课程设计 网络编程与网站建设 系统集成与工程设计……	数据库课程设计 多媒体产品设计与制作 教学设计 教学课件制作……
应用类	管理信息系统……	电子商务、电子政务……	教育信息化……

表7.6　　专业方向选修课程与拓展课程安排表

课程类别	课程名称	总学时	理论/实践课	学分	周学时
软件工程方向	算法分析与设计	72	54/18	4	3/1
	UML及其建模工具的使用	54	36/18	3	2/1
	软件项目管理	72	54/18	4	3/1
	分布式系统	72	54/18	4	3/1
	WINDOWS程序设计	72	54/18	4	3/1
	数据仓库与数据挖掘	72	54/18	4	3/1
网络工程方向	网络协议	72	54/18	4	3/1
	交换机与防火墙技术	72	54/18	4	3/1
	网络编程	72	54/18	4	3/1
	网络集成技术	72	54/18	4	3/1
	网络安全与管理	72	54/18	4	3/1
	WEB高级程序设计	54	36/18	3	2/1
	Internet与Intranet技术	54	36/18	3	2/1
信息技术方向（师范）	现代远程教育	72	54/18	4	3/1
	学与教的理论	72	54/18	4	3/1
	教学设计	72	54/18	4	3/1
	信息技术在教学中的应用	72	54/18	4	3/1
	教学课件制作	72	54/18	4	3/1
	计算机系统维护	54	36/18	3	2/1

续表

课程类别	课程名称	总学时	理论/实践课	学分	周学时
任意选修课	计算机图形学	54	54	3	3
	JAVA 编程	54	54	3	3
	接口技术	54	54	3	3
	人工智能	54	54	3	3
	现代信息检索	54	54	3	3
	网络工程	54	54	3	3
	3DMAX	54	54	3	3

5. 本课题研究特色

（1）实施模块化、系列化教学，重视“两个面向”和“四个建构”。

在计算机专业人才培养方案中严格区分了两个面向。第一，面向科学，面向教学，强调专业系统化、理论化。第二，面向社会需求，面向就业，强调技术性、工具性和应用性。因此，在人才培养计划中的五个课程体系结构设置的基础上，实施模块化、系列化教学，构建“一条主线三个层次”的专业能力培养模式，如图 1-2 所示。

在模块化、系列化教学中，每个模块分三个层次：软硬基础类、设计技术开发类和应用类。如图 7.2 所示。不同层次要采用不同的教学方法，如：案例教学法、目标教学法（任务驱动、项目驱动）、专题讲座和网络课堂等。课堂教学提倡的教学模式为：一讲、二看、三练，多层次、多类型、多视角的课堂内容。在人才培养计划中充分重视四个建构：建构“基本学科”框架；建构“基本理论”框架；建构“适用学习方法”框架；建构 “基本技术开发能力”框架。

（2）开放实验室，建设“大学生生实践创新培养”基地。

进一步改善了现有的教学实验条件和环境，利用这些条件，实验室向本科生开放，创造学生参与科研、主动实践、探索创新的环境和氛围，培养学生的创新与实践能力。依托目前计算机系的软件技术开发中心，建设成立了“大学生实践创新培养”基地，为本科生提供了在教师的指导下参与项目研发的机会和实验环境。实践证明，在教师的指导下，通过让本科生参与多项有实际工程背景的课题项目，可以激发同学们的兴趣，大大促进了实践开发能力与创新能力的培养。

（3）成立专门的课题组。

为了保证三个专业方向分流培养的实施，在每一个专业方向都要成立专门的课题组，如软件工程方向、网络工程方向和信息技术方向三个课题组。课题组成员一般由 6～8 人组成，由课题组具体负责本培养方向的发展和建设。各课题组具体建设的内容包括：本专业方向人才培养目标和培养规格（专业能力和专业职业范围）、课程设置、配套课程教学、资源库建设、教学与研究双基地建设（研发/开发创新能力培训基地）和师资培训计划等。

三、教学改革中存在的主要问题

在我校 2006/2009 级人才培养方案中，计算机专业课程设置缺乏时代性和前沿性，知识体系有待更新。存在的主要问题有：

1. 现行的计算机专业教学模式类似，专业课程设置雷同，基本上按教学计划进行，多为传统的“三段式”教学计划（基础课、专业课、方向课），培养目标和培养方向不明确，存在大而化之的问题，不能形成一个具有鲜明特色的培养专业人才的体系。

2. 教学计划缺少弹性，计算机是一门飞速发展的科学，尤其是应用型人才的培养，更突出了日新月异的特点，教学计划只有紧跟时代步伐，富有弹性，才能够真正培养出对社会有用的人才。

3. 现行的课程设置多偏重专业理论课，忽视了基础学科在培养计算机应用型人才方面的基础，难以培养出具有潜力、创新型的人才。

4. 新增专业方向课程零散，无系统性和综合性，未能发挥各个课程间的协同优势，一些新型课程没有教学实验大纲，讲授难度大是目前各大高校共同面临的难题，如学院准备开设的嵌入式系统、移动互联网和数字媒体技术等新课程。嵌入式系统还是处在发展中的年轻的技术课程，课程涉及计算机软硬件、电子学及自动化。不同专业不同层次要求具有不同的特点。

5. 实验师队伍建设和专业教师知识更新的速度缓慢。如嵌入式系统课程又是一门多学科交叉的课程，涉及微机原理与接口、计算机组成原理、操作系统、编译技术网络通信、人机交互，软件测试软硬件协同设计等诸多知识点。授课内容概括性强，课程讲授难度大。不仅要求教师具备一般的计算机系统的软硬件知识，而且需要真正从事过嵌入式系统的开发实践，才能对嵌入式系统中的抽象概念和系统调试过程有一个深入的认识。

四、新一轮人才培养模式的教学改革理念与思路

本课题研究主要是以 IT 类相关专业（包括计算机科学与技术、软件工程、网络工程专业等）创新型人才培养模式为研究对象，也可以讲是研究计算机类专业创新人才培养模式的教学改革，主要研讨计算机专业创新型人才培养模式的教学改革思想和观念，确立改革目标，制定设置“柔性化”课程体系、创建立体化实践体系和实施研究性教学，创新实验教学方法和手段、加快实验教师队伍建设和教师知识更新的速度等方面的改革方案和相关的实施方法。

改革理念：以人为本，开放式联合培养，求是创新，追求卓越。培养复合型、创新型和国际化视野的 IT 高级技术应用人才。

改革思路：参照国内外相关专业规范标准；以创新型教育理念为指导；以计算机专业历史发展和理论基础研究、现状调查、社会需求调查、职业定位和培养目标定位研究为基础；以能力体系和知识体系设计为核心；以课程体系、实践体系和创新训练体系设计为实施形式。

1. 研究国际高等教育和计算机学科的发展趋势，引进国外先进的教学理念，教学方法和教学内容。

2. 培养大学生三项能力：①科研业务能力：自学能力，悟性，研究与开发；②沟通表达能力：语言组织，语气态度，表达方式；③文字写作能力：结构合理，逻辑严密，表述清楚。

3. 立足国内，结合学院自身实际，及时调整学科方向和专业结构，推进教学改革，不断提高教学质量。

4. 适应国家和海南区域经济社会发展需要，建立动态调整机制；优化学科专业、类型、层次结构，促进多学科交叉和融合；实施本科生“宽口径、通识教育”和大信息类“分类指导、分轨培养”的指导方针，发展交叉型特色专业和人才培养。

5. 本学院内跨学科、跨专业联合培养，培养复合型 IT 人才。即可以为几种联合方式：

- 软件工程（工学）专业：计算机系和软件工程系联合培养；
- 信息技术教育（师范）：教育技术系和计算机系联合培养；
- 电子商务专业：电子商务系、计算机系和国际商务系联合培养；
- 数字媒体专业：计算机系、教育技术系和艺术设计专业培养联合培养；
- 物联网工程专业：计算机系、自动化系和电子通信工程专业联合培养。

五、教学改革实施方案及特色

1. 创新型人才培养目标

以学生成长成才为目标，以素质提升为本，以能力培养为纲，以知识传授为目，以职业技能为用；以教学创新为体，以学生兴趣为源，开发学生潜能，增强竞争优势，培养系统地掌握计算机科学理论、计算机软硬件系统的基本知识，在某一领域具有特长的、具备创新意识和创新能力的计算机类专业高级应用人才。

2. 注入多元化的创新元素，精心设置“柔性化”的课程体系

构建有利于创新人才培养、具有特色的培养方案和课程体系，参照 IEEE-CS/A C M Computing Curricula 和国内外名牌大学课程体系，我们确定了计算机类专业人才培养目标和培养方案。如表 7.7、表 7.8 所示。

表 7.7 “1+1+3+外”方案的课程体系结构

层次课程	课程体系及课程设置	
专业引导模块	计算思维、计算机科学院概论、科技文献检索 就业指导、前言技术专题讲座	
基础模块	软件基础模块	线性代数、离散数学、概率论与数理统计
		C 语言程序设计、数据结构与算法 操作系统、数据库原理
	硬件基础模块	数字逻辑、计算机组成原理、计算机系统结构
专业必修模块	面向对象程序设计、软件工程、编译原理、计算机网络技术、多媒体技术	
专业实践模块	程序设计与算法训练、面向对象和数据库应用、算法设计与实践 软件工程实践、网络工程设计、多媒体产品设计与制作	
专业选修模块	定向式课程模块 （专业限选模块）	软件工程
		网络工程与网络安全
		嵌入式与移动互联网
		数字媒体技术
		信息技术教育
	专业任选模块	软件选块、公共组选修
外向扩展型课程	认证课程模块、职业教育课程等 满足学生学科竞赛训练（大学生创新性实验计划项目、数学类、外语类、物理类竞赛、挑战杯、ACM 大赛等竞赛）	

表 7.8　　定向式模块的选修课程类别

课程方向	课程类别
软件工程方向	软件系统开发、软件体系结构 软件项目管理与测试、数据仓库与数据挖掘
网络工程与网络安全方向	网络协议、交换机与防火墙技术、网络编程 网络集成技术、网络安全与管理、WEB 高级程序设计
信息技术教育方向（师范）	教学软件设计与开发、网络课程设计与开发 动画制作、教学课件制作、教育电视节目制作
数字媒体技术方向	数字媒体技术、数字图像处理 视频处理技术、计算机图形学
嵌入式与移动互联网技术方向	移动互联网概述、移动互联网开发 嵌入式开发技术，嵌入式微处理器原理

柔性模块课程体系是在两级基础课程（硬件基础模块）平台上，构建特色突出的专业特色模块课程和专业方向模块课程体系，包括基础模块、专业必修模块、专业实践模块、专业选修模块（其中包括专业任选课程、专业限选模块）、外向扩展型课程模块几大组成部分。

其中，专业选修模块又包括软件选块、定向式课程模块、认证课程模块、公共组选修模块。整个课程体系结构上具有很大的灵活性，为解决复杂多变的生源和就业两个动态市场的需求与实现稳定办学之间的矛盾提供了可能，进而可以提高办学质量和效益。以“1+1+3+外”方案具体实施培养模式。

3. 依托实践培养学生创新精神，致力创建“立体化”实践体系

计算机专业对工程实践能力有较高的要求，实践教学作为教学整体的重要组成部分，培养学生的创新意识、动手能力、分析和解决问题的能力有着不可替代的作用。因此，在培养体系中必须坚持拓宽专业口径，充分注重理论与实践相结合，注重课内课外相结合，强化实践能力特别是创新能力的综合培养。根据专业特点和实践现状，将实践教学改革的目标定为研究构建计算机专业立体化、层次化的实践教学体系，推进内容调整、整合，形成多层次、具有弹性结构、相对独立的实践教学体系。新的体系做到了一条龙、不断线、分层次，由基础，到提高，再综合，培养学生综合应用知识的能力、分析问题和解决问题的能力以及初步的创新能力。

目前，学院构建了一系列性的教学与实践训练平台、实践创新活动平台，如图 7.3 所示。

其中：

专业实验室的架构：网络工程实验室+网络与信息安全实验室+嵌入式与移动互联网。

网络工程实验室的架构：网络工程实验室+锐捷网络工程实践实训基地+RG-LIMP 锐捷网络实验室管理平台。

4. 强调层次化的实验教学，加大综合性、设计性实验教学的改革

验证性基础实验的水平，强调层次化的实验教学过程，重点研制开设一批综合性、设计性及研究型实验。如：项目驱动下的软件工程+VB+SQL Server 三位一体课程综合实验、WEB 编程+网站建设+网络集成与系统维护、多媒体设计+远程教育+教育产品制作、ASP+信息安全+网络购物、三维动画设计+广告创意等综合性实验。

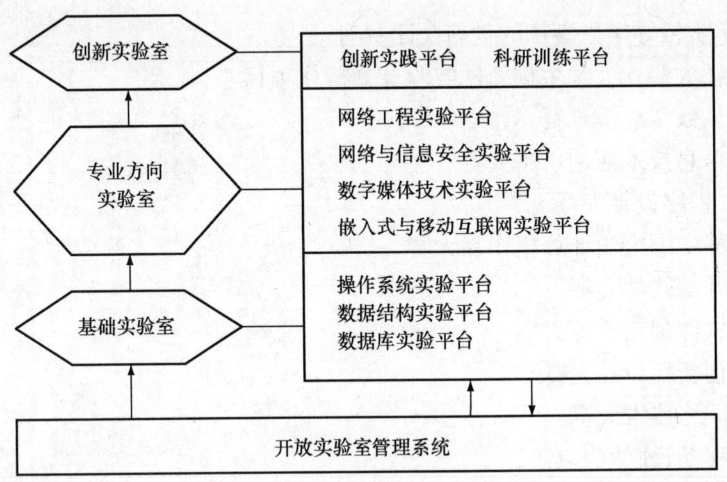

图 7.3　专业实验室建设总体框架

5. 实施研究性教学，创新实验教学方法和手段

研究性教学是将研究实践融入教学过程的教学方式，它有利于激发学生的潜能，培养学生的兴趣，增强学生独立思考和创新的能力。大学教师把经过自己探索得到的成果、经验和感受，及其科研的思路、科研过程以及科研成果等有机融入教学当中去，这就是研究性教学。在大学实验教学中，实施研究性教学的目的在于使学生开展研究性学习，从而达到学会学习、学会研究、学会创新。因此，首先教师要充分发挥学生的主动性与创造性，引导他们利用已有的知识和技能去探求未知知识，鼓励他们用新的实验方法、新的思路去获取和完成实验项目，做到由已知达未知的统一。其次，要联系学科领域的最新动态进行教学，激发学生解决科学理论问题和实际问题的兴趣。充分挖掘和开发实验在研究性学习中的功能，提倡学生在实验课程中进行研究性学习，使学生掌握科学的研究方法，形成终身学习的意识和能力。在实验教学手段上，也可采用仿真软件、CAl 课件、多媒体、因特网等先进手段辅助实验教学，利用多媒体技术，把实验原理、方法等清晰地展现在学生面前，形象直观易被学生理解和接受，从而激发他们对实验课的兴趣，提高学生的实验技能，拓宽学生的视野。最后，要着重营造新的学习环境，让更多的学生有自我发展空间，给学生更多的学习自主权。通过向学生提供各种网络教学资源，实现学生自主性、探究式学习，以达到对学生创新精神和创新能力的培养目的。

6. 大力开展大学生科研活动和创新活动

学院要大力提倡本科生参与科研活动，推动“科研和教学”互动发展，让每一位学生都有机会参与导师的科研，进一步加强实践教学与工程训练。目前，本学院提供的科研训练平台有：

- “智能信息处理”重点实验室
- “电子商务与电子服务”重点实验室
- “数字媒体技术”实验室
- “网络技术与安全工程”研究中心
- “计算机应用技术开发”研究中心

目前，学院指导学生参加的创新类比赛有：

- 挑战杯大赛：大学生创新性实验计划孵化项目
- 大学生数学建模竞赛
- 全国信息技术应用水平大赛
- ACM 程序设计大赛
- 安利杯中国大学计算机作品大赛
- 中国开源软件竞赛
- 全国软件创新设计大赛
- 微软创新杯设计大赛
- 全国网络技术大赛
- 谷歌移动互联网大赛
- 信息安全大赛

学院每年均组织一系列的科技实践竞赛活动，包括：数学建模竞赛：平均每年 2～3 项全国获奖；中国大学生计算机（文科）设计大赛，平均每年 3～5 项全国获奖；电子商务创业大赛和全国信息技术应用等大赛。

7. 加快实验教师队伍的建设

作为知识的传递者，教师承担着培养复合型人才、创新型人才的神圣职责，如果没有多学科的知识，就不可能指导学生用多学科的视角去分析问题和解决问题，也就不利于彻底实现多学科融合的目的。计算机专业的教师，要在知识结构上符合专业要求，全面掌握专业教育的课程体系与知识结构的内在联系。在引进教师时，注重吸收不同学科背景的专业人才进入教师队伍，做到学科交叉，优势互补。同时，可采用“科研促教”计划，利用联合渠道争取专业科研课题，提高教师科研水平及教学水平。

8. 启动“政·产·学·研”联动培养机制，学历教育与职业教育相结合，优势互补

在人才培养计划中，借助“HP 海南软件人才 20000”培训项目、软酷工程实践培训基地、锐捷网络工程实践实训基地、锐捷网络认证中心等国际 IT 品牌合作伙伴，将职业教育融入新的课程体系结构中。这种做法的优势在于三点，第一，将学历教育（全面的理论教学）与职业教育（强大的实践课程）相结合，提升学生对各门理论学科的综合运用能力；第二，将学历教育（扎实的基础教学）与职业教育（新型实用技术教学）相结合，在不断完善学生知识结构的基础上，使其紧跟 IT 行业的发展速度，掌握最为先进的实用技术；第三，使学生毕业后，即可获得代表自身素质修养的学历（学位）资格认证，又可以获得代表行业内部权威认证的职业资格认证，增强了学生的就业成功率。

目前，学院成立了以下职业教育培训基地：

（1）软件工程、计算机软件方向专业—HP 公司“智慧海南—人才 20000”培训项目。

（2）软件工程—深圳易思博公司的“软酷工程实践培训”基地项目。

（3）计算机网络工程专业—锐捷网络工程实践实训基地、锐捷网络认证中心。

（4）教育技术专业—英特尔@未来教育核心课程的培训、海南中小学信息技术教师培训中心。

（5）电子商务专业—大学生“网络创业实训与教学”模拟中心。

该中心以“电子商务与电子服务”重点实验室为核心，面向政府、企业和学生，开展科学研究、应用服务和人才培养，形成理论与应用研究中心、技术服务与市场应用中心、创业实训与教学模拟中心。

六、结束语

本教学改革课题对基于创新型人才培养模式的研究与实践进行了探讨，对当前学院计算机专业课程设置和教学的现状进行了分析，提出了改革目标，明确了具体的改革内容，制订了实施方案和具体的实施计划，并阐述了本课题项目的特色。随着当前计算机科学技术和应用的蓬勃发展，我们必须对传统的计算机课程与教学体系进行大胆改革，这对高校从事计算机教育事业的教师提出了更高的要求和挑战。计算机专业人才培养模式和课程体系结构，必须与时俱进，开拓创新，不断更新教学理念、教学内容、教学方法、教学手段，真正做到“以学生为本、面向社会、面向市场”，才能适应当前社会发展的需要。

7.3 “卓越计划”背景下信息类专业工程教育实践教学改革研究

计算机系　何书前　吴丽华

一、引言

教育部提出“卓越工程师教育培养计划”项目（简称“卓越计划”）是高等教育的重大改革项目，也是促进我国由工程教育大国迈向工程教育强国的重大举措。该计划旨在培养造就一大批创新能力强、适应经济社会发展需要的高质量各类型工程技术人才，为国家走新型工业化发展道路，建设创新型国家和人才强国战略服务。

“卓越计划”具有三个特点：行业企业深度参与培养过程；学校按通用标准和行业标准培养工程人才；强化培养学生的工程能力和创新能力。通过实施“卓越计划”，有利于改革工程教育人才培养模式，有利于创新高校与企业联合培养人才的新机制，有利于提升学生的创新精神和解决问题的实践能力，对于推动我国建设具有世界先进水平和中国特色社会主义现代高等工程教育体系，促进我国从工程教育大国走向工程教育强国都具有十分重大的深远意义。在此背景下，信息类工程专业（计算机、软件工程、网络工程及电子商务、信息安全、游戏技术开发专业等）如何适应国家人才培养的需要，如何培养市场急切需要的高素质卓越工程人才，成为当前工程教育界一个亟待解决的问题。

信息类专业工程教育实践教学改革的起点，是基于当下和未来信息科技、经济、文化发展以及工程和教育的本质特点而展开的。在国际化、信息化和市场化大环境下，高校培养的工程科技人才难以满足社会和产业界的需要，难以满足国家转变经济发展方式和建立创新型国家的需要，难以满足世界工程科技变革的需要。为此，需要重新审视高校自身条件、地方发展和国家指向，制定信息类专业工程教育人才培养目标。围绕人才培养目标，重构课程体系并改进教学方法，从而形成有效的教学模式。本课题拟从创新工程教育概念体系开始，注重学生主动实践意识、宏思维、人文情怀、团队精神和终身学习能力的培养，倡导多学科学生之间的合作，通过信息类专业工程教育的整体功能定位、课程内容更新、教学方法改革，将信息类工程教育的核心价值观融入到实践教学中，构建信息类工程教育实践教学的新模式。

二、项目研究意义

2010 年至 2050 年，我国发展信息科学技术的总目标是：抓住信息技术跃变的机遇，提升自主创新和可持续发展能力，使我国全面进入信息社会：绝大多数中国人成为信息用户，信息成为中国经济和社会发展最重要的资源，社会信息化总体上接近国外发达国家水平。

然而，当前我国实用型信息类人才的短缺现象越来越严重。尤其是 IC 人才、网络存储人才、电子商务人才、信息安全人才、游戏技术人才严重短缺。在软件人才层次结构上水平高的系统分析员和有行业背景的项目策划人员偏少，同时，软件蓝领也比较缺乏。我国从事信息类工作的专业人员不到 100 万人。但是伴随经济结构的调整，科技兴国战略的进一步实施，科学、工业、国防和教育事业需要一大批高素质的信息类专门人才。

理论教学与实践教学是实用型信息类专业教育教学体系的两个组成部分。实践是信息类专业创新型人才培养的灵魂，也是实用型人才的基本特征。我国信息类专业教育实践教学虽然已经具备较为完整的体系，并基本满足了人才培养的需要，但仍然存在不少问题，主要包括：一是不关注当前人类社会面临的重大问题，缺乏探索性和创新性；二是忽视与产业界的联系，不注重学生综合素质、可持续发展意识、跨文化交流能力和协作精神的培养；三是将实践教学视为理论教学的附属品；四是教师特别是年轻教师缺乏实际工程项目经验。就信息类专业实践教学的改革来说，需要总结实践教学存在的问题并分析问题背后的原因，梳理信息类专业实践教学的理念，根据各高校自身条件和环境，确立信息类专业实用创新型人才培养目标。在此基础上，更新课程内容、重构课程体系、改革教学方法。因此，研究本课题，对于人们重新认识实践教学在信息类专业工程教育中的地位、制定实践教学改革政策、推进实践教学方法转变以及提高信息类专业教育质量，满足国家与地方的发展需求，都具有非常重要的现实意义。

三、国内外研究现状分析

信息类专业工程教育的目的是培养实用型创新科技人才，实践教学作为专业教育教学的重要组成部分，为人才培养服务。实践教学改革的前提，首先是要参照信息类专业工程教育人才培养的标准。关于信息类专业教育人才培养标准，在美国、欧洲和日本等国家和地区已有相关的研究和较为成熟的做法，如 ACM/IEEE-CS 专业培养规范。教育部出台相关《专业规范》(以计算机科学与技术专业为参考)，从三种工作性质（研究型、工程型和应用型）给出了三种类型教学计划和培养方案。其中，实践教学作为不可缺少的部分，占据了重要的比重。

美国高校积极开展课程体系和教学方法的改革，寻找适合自己的人才培养方案和教学计划。譬如，密歇根大学电子工程系将大学后两年专业性较强的56学分的课程改为6门主干课、3门设计类课、2门大实验课和4门其他课程。其中，主干课程是将原有课程进行调整和合并，实现课程的综合化和交叉化。设计类课程的项目主要来自企业的实际工程问题，一般由学生以团队分组的形式完成。大实验课则是在与理论课程相配合的验证性实验之外开设的综合性实验。麻省理工学院（MIT）则将充分利用教师的科研项目，将科研项目分解为信息类专业的各类研究性教学活动和工程实践训练项目，目前实施的有三个计划：实践导向计划、研究导向计划和技术创业计划。美国各高校具体的实施方式不一样，但改革的目标与方向具有一定的倾向性，也就是通过改革现有的教学方法、课程体系和内容，使之更好地面向学科交叉、课程综合以及学生的专业实践、团队合作、创新精神和创造能力等。

综合所述，从国外信息类专业工程教育的教学改革来看，其特点主要包括：注重专业训练内容的扩展；注重教学方法的改革；注重学生知识的综合、交叉和融合；注重校际合作及校企合作培养人才；注重专业教育中的人文社会科学教育等。对于推动实践教学改革、提高信息类专业学生的实践创新能力，国内已有不少专家学者提出了建议。总体来看，专业教育需要重视实践，实践教学可以从两个方面展开，一方面，高校直接开设专业实践课程，让学生参与灵活多样的校内实践项目和教师科研项目来培养学生的实践能力；另一方面，高校与企业合作建立工程研究中心、实训基地或项目合作，培养学生的实践能力。

四、实践教学存在的问题

我国信息类专业工程教育的发展既面临机遇，也面临挑战和问题。首先，是面向实际问题的专业训练不足。高校必须面向实际工程需要培养专业工程人才，加强实际问题的专业训练，是专业教育中急需解决的关键问题。其次，与企业合作办学不够密切。专业教育应该为社会培养多层次工程技术人才；而企业是各类人才的需求方，它根据科技的进步和行业产品的变化不断向高校提出新的人才需求。从而，高校必须面向企业，企业也应该依靠专业教育，只有通过企业和学校之间的密切合作，才能完成人才培养的任务。当前我国信息类专业工程教育的培养模式既不具备美国工业界对进入企业的毕业生进行必要的工程师岗位培训的系统，又缺乏德国和法国大学毕业生所具有的参与工程实践和实习的足够训练。与西方发达国家的大学生相比，明显感到中国学生解决实际问题的能力、设计能力和创新能力的不足。

因此，我国信息类专业教育和各理工科专业工程教育实践教学存在的共性问题，可以概括为：

1. 从教学目标来看，专业教育的教学目标不够清晰，高校没有明确实用型创新人才培养的目标，千篇一律，导致观念上对实践教学不够重视，操作上实践教学环节缺失，结果上实践教学呈现弱化、虚化和形式化。

2. 从实践教学的地位来看，实践教学仍然依附于理论教学；从手段方法上看，相当数量的实验还局限于验证原理、掌握操作技术，而对实验思路、实践设计和实验综合分析能力的实际训练重视不足。

3. 从实践基地的建设看，校内基地存在着投入不足、设备陈旧、人员配备不足等问题，校外基地存在着企业支持不力、学生实习困难等问题。

除了长期存在的问题之外，专业教育实践教学还面临着一些新问题，主要是由新的时代背景、新技术的推动和产业界的需要决定的，包括学生主动实践的能力、工程设计能力、国际化视野、多学科知识基础、团队合作能力、跨文化交流能力等。而这些新的元素，是世界各国在新一轮的信息类专业教育改革中尤为重视的。对于信息类专业教育实践教学存在的问题及其原因，有必要作进一步的分析和探讨，从而为信息类专业教育实践教学改革及政策的制定提供参考意见，并可以扩展到其他各理工科专业。

五、研究的主要内容

1. 研究目标

以信息类专业实用型创新人才培养目标为基本目标，注重学生主动实践意识、宏思维、人文情怀、团队精神和终身学习能力的培养，倡导多学科学生之间的合作，通过工程教育的整体功能定位、课程内容更新、教学方法改革，将信息类专业工程教育的核心价值观融入到实践教学中，构建信息类专业工程教育实践教学的新模式。

2. 分析实践教学存在的问题及原因

课题将通过已有文献、典型师生访谈观点以及网络调查，整理提炼出信息类专业工程教育实践教学存在的问题，并从工程教育历史、传统文化、教育观念、教育体制和资源投入等角度出发，分析问题产生的原因。

3. 拟解决的关键教学环节

（1）人才培养目标不明确

信息类专业工程教育人才培养目标模糊化，偏离了培养实用型工程人才的目标。在我国的高等教育体系中，工程教育长期与科学教育甚至人文教育混为一谈，工程教育的特殊性没有彰显。在我国的大学里，整个的人才培养体系和培养模式仍然是培养科学研究型人才的模式，以致专业的工程特点并不突出。结论就是“我国的教育思路并不清晰，实践能力培养的力度与效果远未到位。在这种模式下培养出来的毕业生，缺乏专业方面的实践经验，缺乏动手操作的实践能力”。

（2）实践教学缺位和体系设计不完善

信息类专业工程教育体系中实践教学的缺位，主要体现在两个方面：一方面，20 世纪 90 年代中期教育体制改革后，实践教学的条件落实难以到位；另一方面，进入二十一世纪新兴产业的崛起，使得高校开办了大量信息类新专业，而实践教学体系没有根据产业界和新专业的需要作相应的调整。在我国的高校中，去工程化现象极为普遍。浙江大学科教发展战略研究中心的一份调查报告表明，工程教育的地位偏低、投入不足、工程教育体系已明显落后。在具体的课程设置和教学安排上，实验课程的比重下降，学生在实验课上亲自动手操作的机会减少，多年来一直提倡的自主性、设计性实验越来越难落实。另外，由于学生规模较大，实践教学的要求与实践教学的条件之间存在很大的差距。

从实践教学体系看，教学设计和实践活动缺乏层次性。目前校外实践教学中的专业见习、专业实习、毕业设计之间没有明显的梯度和层次，企业从自身利益考虑，不愿接收学生实习，学生缺乏实战性训练机会。

（3）实践教学方法和课程体系相对落后

在高校办学实践中，实践课程建设得不到重视，影响了实践教学的质量。首先，实践教学课时偏少，内容陈旧、更新慢，在课程安排上，基础性验证性实验偏多，创新性、设计性、综合性实践偏少。其次，高校对实践教学方法缺乏系统深入的研究和创新，实验实训环节的具体安排方式落后，探究式、研究性教学方法没有得到很好的应用，学生难以发挥学习的主动性。最后，与理论教学相比，实践教学的评价体系也明显落后。高校普遍缺乏一套能体现实践教学特点、科学反映实践教学水平和学生实践能力的评价指标体系。对实践教学的考核和评价具有一定的随意性，不利于学生创新意识和实践能力的培养。

（4）师资队伍建设落后

从教师相对于学生的规模来看，在高等教育大众化的过程中，生师比很快从扩招前的11跃至18，教师数量不足；从教师队伍的质量来看，教师的工程素质和实践经验不足，具有丰厚工程背景又有学术水平的“双师”型教师尤其缺乏。实践教学师资队伍力量薄弱，导致实践教学水平在低层次上徘徊，实践教学的效果难以保证，不利于学生创新能力的培养。

高校普遍不重视实践教学师资队伍建设，实践教学师资呈现边缘化趋势，建设水平远远滞后于信息类专业人才培养目标的要求。首先，实践教学的专职教师学历、职称偏低，知识结构和能力单一。其次，学校缺少相应的激励机制和竞争机制，没有相应的专职实践教学师资队伍的培训进修机制。另外，许多学校对培养师资、促进师资水平提高的实践教学研究也不重视，教师队伍的工程实践能力与研究能力整体较弱。

（5）工程人才培养缺乏创新性

创新能力的培养，需要通过实践和实践教学来完成，概括起来，包括实践教学目标、实践教学地位、实践课程体系、实践教学方法、教学资源的投入等几个方面。而目前我们的实践教学体系安排比较零散，教学环节之间缺乏沟通、衔接不够，专业见习、专业实习、附属在课程里的实验及课程设计等都缺乏整合。这不利于学生创新精神和创新能力的培养。

六、实践教学改革的思路

经过多年的改革和建设，依托信息学院五大科研机构，构建了“一中心、二校企合作、三层次、四大特色方向、五大创新实验模式”的新型实验教学体系；计算机应用技术实验中心形成了自己鲜明的实践教学特色，主要体现在以下几个方面：

1. 实践教学平台始终依托于学院“智能信息处理重点实验室”“电子商务与电子服务重点实验室”“网络技术与安全工程研究中心”“数字媒体重点实验室”和“计算机软件工程实训实践基地”五大科研机构的建设与发展，经过多年的建设，构建出了“一中心、二校企合作、三层次、四大特色方向、五大创新实验模式”的新型工程教育实践教学体系。

2. “一中心”的含义是：实验中心、科研机构与企业基地三位一体、统筹规划、相互促进，共同发展成为一流的信息领域教学和科研省级一体化示范基地，如图 7.4 所示，是工程教育实践教学与专业教学、企业和科研机构之间的关系。对实验中心所承担的实验项目和独立开设的实验课在信息相关学科群的层面上进行统一规划、统一管理、统筹安排，实验内容体现“重视信息科学基础研究、强化工程应用素养和设计能力培养”的原则；实验中心成立的 6 个实验分室（软件基础实验室、数字逻辑实验室、计算机组成原理实验室、网络工程实验室、软件工程实验室和嵌入式实验室），根据中心的实验教学定位和面向的专业解决实际问题的技术方法体系进行统一设置的，正是一体化思想的具体体现。

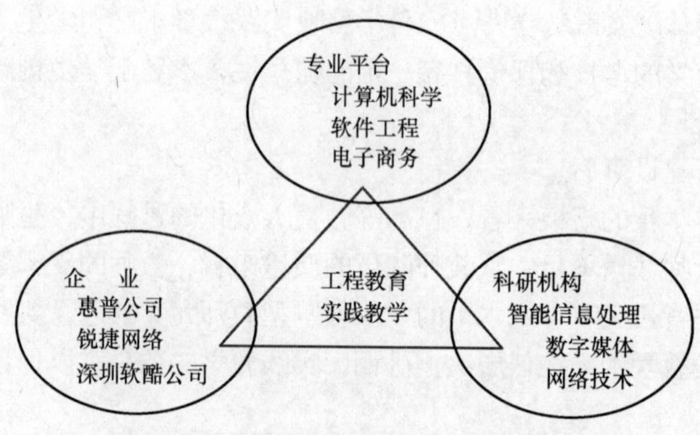

图 7.4　工程教育实践教学与各平台的关系

3. “二校企合作”就是从体制、课程和项目三个层次上深化校企两个实体的合作；以实践教学为中心地位，与锐捷网络科技有限公司和深圳易思博软件公司共建联合实验室，提供案例式的情景实践教学环境；与 HP 公司制定订单式人才培养模式，将专业课程体系与惠普的人才需求相结合，由政府出资，建立长期的订单式培训基地；海南省国土资源厅信息中心与海南信桥信息科技有限公司直接将开发中心开设到信息楼，与中心共同建立联合开发中心，并将开发的成果直接应用于实践教学体系。形成了一套强调行业企业全程参与、校企资源最优配置的校企合作教育创新模式。

4. “三层次”就是从基础及专业型实验、设计与综合型实验、创新型实验三个层次上组织实践教学，以达到加强学生信息专业基础、工程应用素养和设计能力培养的目的。专业基础及专业型实验以验证性实验为主，满足学生“应知应会”实验能力的培养；设计与综合型实验是给定学生实验目的或解决实际问题的目标，让学生利用已有理论知识和实验设备以及实验技能自己进行单项或综合性实验设计并完成实验、解决实际问题；创新型实验主要是利用科学研究成果转化或企业实际需求的实验项目对学生进行创新性实验能力培养，或者学生根据自己的兴趣和爱好针对专业领域的科学技术问题开展创新性实验探索。

5. “四大特色方向”是指在信息类专业现有优势基础上，结合国际旅游岛建设，整合出四个特色研究方向，以科研带动实践教学，其中包括：智能信息处理在生态环境保护与数字旅游领域的应用研究、网络安全与网络技术应用、旅游电子商务和数字媒体研究。近年来信息学院获得国家级和省部级项目经费超过 500 万，高级职称教师已实现人人有项目的目标，以四个特色研究方向的科研项目为科研平台、实现本科生参与科学研究计划、组织研究性教学提供了平台。

七、实施“五大创新实验模式”实践能力培养体系

为了全面提高学生的实践动手能力，我们制定和实施了“五大创新实验模式”的实践动手能力培养体系，具体包括：

1. 开放性实验训练。实验中心不仅为学生提供配合教学计划和实际课程的实验教学，同时全天候对学生开放，让学生根据自己的需要和兴趣自行试验，为实验兴趣浓厚和学有余力的学生提供更多的实验空间。

2. 校外实习基地训练。为了加强实践环节，不仅强调校内实验教学，而且针对专业特点还建立了两个长期稳定的校外实习教学基地：HP 公司实践实习基地和海南省国土资源厅信息中心实习基地。同时，为了更好地满足各专业各个环节实践教学的需求，还通过签约、挂靠等多种方式建立了多个校外实习基地。此外，学院的五大科研机构长期提供科研实践环境。从而形成了科研与教学、校内与校外、课内与课外三者有机结合的“三结合”实验和实践模式，为人才培养构建了实验（实习）平台、实训平台和创新平台，达到对学生全方位、多层次的实践训练。

3. 企业模拟实训。根据计算机应用学科的特点，在教学计划中安排了部分专业课程与 HP 软件人才培训课程进行置换，形成一套软件开发、软件测试、项目管理等内容的企业模拟培训课程体系。

4. 专题科技实验训练。专门成立了“大学生科技创新实验室”，吸收优秀大学生参与科学研究型实验训练。采取学校和学院大学生科技立项、教师科研项目参与等手段，使大学生在导师的指导下，开展专题科技实验型研究。

5. 毕业阶段实践训练。在导师的指导下，依托于科研项目和工程建设项目，运用所学习的专业理论知识，开展综合性和创新性实验，并使学生得到全方位、综合性的实践训练。

将科研机构、企业与教学实验室有机融合，实现教学、科研与企业的共赢式发展。在实验室的建设和运行管理过程中，为了充分发挥实验室人才培养和科学研究的功能，长期以来，信息学院一直坚持科研机构、实验室和企业融合三位一体的建设与发展模式。实验中心、科研机构、校企联合机构分别各有侧重（从管理与运行模式上体现），但又有机融合，既从事本科实验教学，也从事科学研究、项目开发和高层次人才培养，将本科教学、科学研究和项目开发有机结合，相互促进，共同发展。同时，还将高层次人才培养与一般专业技术人才培养有机结合，采用项目经理、教授联合指导的方式，使各层次人才都得到有效的锻炼和培养。依托科研机构、实验中心和企业强大的科研实力和科技成果，有意识地将一些科技成果及时转化为创新性实验项目，使研究成果得到推广、应用和转化，学生的创新型实验能力得到加强。

八、项目研究的特色

通过总结上述成果，本项目的研究特色可以概括为以下几个方面：

1. 对工程教育认识的前瞻性

学院领导班子很早就认识到工程教育的重要性和紧迫性，一致认为这是高等教育改

革和发展的必然趋势，因此在2009年就开始实施工程教育纳入各专业的培养计划，这比教育部2010年6月出台的卓越工程师培养计划还要早1年时间,这在海南省高校中属于首创。尽管在办学过程中遇到了不少困难和问题，但是依然锲而不舍，积极探索。

2. 实践教学课程体系的系统性与层次性

首先，各门实践课程在注重自身独立系统性与完整性的同时，兼顾课程之间的系统性和完整性。课程时间教学以“活动设计”为指导思想，在作中学，在学中作。其次，优化理论课程与实践环节之间的关系，融入体现工程师思维的设计能力、创造能力、沟通能力和职业伦理等。最后，建立完整和系统的培养标准体系，并与课程体系相配合，实现实践教学的层次性和连贯性，形成以综合设计为主导的实践教学课程体系。

3. 实践执行方式的独特性

工程教育注重团队训练方法，课程设计类、专业见习实习和毕业设计等大型综合设计类技能训练课程以团队训练方式，以3—4人不同专业不同学科的学生组成一个团队，由1名校内经验丰富的教师和1名校外有丰富工程经验的项目经理为联合指导教师，共同完成项目设计。不仅有利于培养学生的团队协作精神，更重要的是他们之间能进行相互学习。在接受校内指导教师前沿科学知识的指导同时，能获得社会实际工程规范和项目开发经验。

4. 人才培养对象的广泛性

在各种学生创新竞赛的平台上，如数学建模、挑战杯、计算机作品大赛等，工程教育不仅仅局限于信息学院信息类专业，而是面向全校，将数学、中文、美术，音乐和物理等专业的学生纳入到该培养体系，形成团队，扩展了团队学科交叉的广度，提升了项目成员的创新能力，目前直接受益的学生人数已超过学校信息类专业生总数的30%。

7.4 突破传统专业，打造移动互联网国际人才认证班

计算机系　吴丽华

一、引言

前微软、谷歌副总裁李开复说：“移动互联网将成为60年科技的结晶，引领行业变革”。一个国家的创新能力，最终是这个国家所掌握的创新技术在市场竞争中的表现。市场才是衡量创新价值的主要标准，而企业应是国家创新能力的主要体现者。推而广之，如果在7亿手机用户这样一个消费群体上建立一个平台，使之广泛应用到企业、商业和农村之中，是否会创造更惊天动地的奇迹？互联网创造了经济神话。

二、中国移动互联网发展现状

移动互联网（Mobile Internet，MI）是一种通过智能移动终端，采用移动无线通信方式获取业务和服务的新兴业务，包含终端、软件和应用三个层面。终端层包括智能手机、平板电脑、电子书、MID等；软件层包括操作系统、中间件、数据库和安全软件等；

应用层包括休闲娱乐类、工具媒体类、商务财经类等不同应用与服务。随着技术和产业的发展，未来，LTE（长期演进，4G通信技术标准之一）和NFC（近场通信，移动支付的支撑技术）等网络传输层关键技术也将被纳入移动互联网的范畴之内。

根据《2013-2017 年中国移动互联网行业市场前瞻与投资战略规划分析报告》数据统计，截至2012年6月底，中国网民数量达到5.38亿，其中手机网民达到3.88亿，较2011年底增加了约3270万人，网民中用手机接入互联网的用户占比由上年底的69.3%提升至72.2%。而台式电脑为3.80亿。据国家工业和信息化部的调查报告，截至2014年1月，我国移动互联网用户总数达8.38亿户，在移动电话用户中的渗透率达67.8%；手机网民规模达5亿，占总网民数的八成多，手机保持第一大上网终端地位。我国移动互联网发展进入全民时代。

移动互联作为新兴的行业，其发展速度十分迅猛，据来自App Annie公司的2013第一季度市场报告显示，美国和日本是应用商店营收最高的国家，但中国已经追赶上来。在应用程序收入上，游戏类的应用程序到目前为止在中国占据首位。中国的IOS应用收入的90%左右来自游戏，在所有国家中最高。

国务院总理温家宝在2011年12月主持国务院常务会议中明确指出：要把移动互联网完全纳入我国重点发展战略性新兴产业。2011年，中国移动互联网产业规模超过6000亿元。目前移动互联网人才缺口在百万以上，实际从业只有不到5万。随着移动互联网成为当今世界发展最快、市场潜力最大、前景最诱人的业务，移动互联开发人才的需求得到爆发性增长，供不应求导致的“人才荒”成为产业及相关移动互联企业发展的重大阻碍。迄今，全球移动通信用户已超过50亿，互联网用户超过20亿，比十年前的数字增长近10倍。这一增长趋势，预示着移动互联网产业环境已经成熟，“人才”问题越来越紧迫。

移动互联企业招人难其实主要有三个原因，一是行业发展快；二是传统人员转身慢；第三是大学毕业生没有经验。企业需要的是既有技术背景，又有基于真实项目开发经验的人才。如何培养出这样的人才才是解决问题的关键。

三、移动互联网应用技术（Android系统工程师）专业介绍

1. 培养目标

培养德、智、体、美全面发展、可持续学习和适应能力的，在电子信息、制造、服务等行业领域，从事移动智能设备软件的设计与制作、移动网站数据库的设计与程序开发、移动智能设备的运营与维护以及网络信息系统的开发、测试、维护、管理等相关工作的高素质技能型专门人才。

2. 专业特色

本专业作为国家财政部、教育部“提升专业服务产业发展能力项目”重点建设专业，基于“校企互嵌”的工学结合人才培养模式，以课程体系和教学内容改革为核心，以专业教学团队建设为重点，以校内外实训基地建设为支撑，以教学方式改革为抓手，培养学生职业发展能力，提升学生满意度、社会认可度和企业满意度。本专业立足学生专业核心技能培养和职业核心能力成长，突出“双核”双职业资格证书，系统构建高端技能型人才职业能力成长平台。

本专业以市场需求为导向，融合计算机和移动通信技术，精通移动应用开发，重视实践、技能和应用能力的培养。嵌入移动通信和软件培训企业先进的课程体系，推行“校企合作”的办学模式，选用移动互联软件开发企业的流行软件、主流开发平台和开发标准，结合先进的多模式教学方法，培养学生具备移动互联软件开发的基本技能，熟悉计算机网络应用，具有较强的工程实践能力和创新意识，能从事移动互联网络、通信系统及信息系统的软件设计、开发、运营和管理等工作。

3. 主干课程

英语、数学、计算机文化基础、硬件基础、网络基础、数据库基础、Java 程序设计、移动网络技术、Android 系统开发、Android 应用开发、操作系统 、移动网站客户端技术、移动网站服务器端技术、软件工程与 UML、Android 游戏开发、网站平面设计等。

4. 就业方向和岗位

就业方向：主要在机关、事业单位、通信企业、移动互联网企业、软件企业、游戏开发及运营企业等从事移动网络建设、维护、移动智能设备销售推广、移动互联软件开发、测试、软件文档制作、移动智能设备游戏开发、移动设备 Web 设计等方面的工作。

就业岗位：安卓软件开发工程师、Android 移动互联网游戏开发工程师、IOS 移动互联网游戏开发工程师、IOS 软件开发工程师、NET 高级开发工程师、Java 高级开发工程师等。

四、移动互联网应用技术（网络工程师方向）介绍

专业前景：3G 用户规模超 1.28 亿，就业岗位 93 万个。伴随着 WiFi，WiMAX 和 3G 技术的成熟以及 4G（第四代移动通讯）技术的发展，移动互联网应用人才、技术架构人才有非常明显的技术竞争力和就业竞争力。

就业岗位：微软系统工程师、微软系统架构师、linux 系统工程师、linux 系统机构师、网络安全工程师、数据库管理员、高级网络工程师、3G 移动通讯工程师等。

五、教学方法与特色

1. 项目实战式教学

国际认证班完全摒弃传统大学纯理论式的教育模式，采用分阶段、实战式教学。每阶段课程学习结束后，学员除了上机操作实习外，另有企业具体相关项目案例供学生实践操作。如项目实践课题有：手机微博客户端开发、手机游戏小鸡快跑游戏开发等等。

2. 素质教育：“成人+成才”教育模式

在学习专业生存技能的同时，帮助学员培养责任感，坚韧，有爱心，具备职业白领的高素质及修养，能够适应现代社会快速发展的需求。

3. 培养方式

本国际人才认证特色班，采用学校、企业和工程师认证机构三方联合教学模式，企业提前介入课程开发和教学实施。发挥信息学院硬件、学术优势，并结合惠普在“企业

级”IT 职教领域数十年的教学经验与师资优势，革新传统高职，精心打造国际化实战型高端 IT 人才。

4. 认证证书

微软认证工程师证书、红帽认证工程师证书、思科认证工程师证书等。

5. 就业模式

定向就业和办事处指导相结合的模式。采用移动互联网行业/企业定向就业模式。入学后签订就业协议。毕业合格直接进入华为、中国移动、中国电信等领先企业工作。截至 2011 年年底，签订移动互联网人才定向培养输送协议的大中型企业达到 853 家。好的企业是学员未来发展的一个极好平台。

本章参考文献

[1] 计算机学科应用型本科人才培养模式与就业问题研究[J].中国高等教育协会“十一五”教育科学研究规划课题，华南师范大学，2006.

[2] 董荣胜，古天龙.计算机科学与技术方法论[M].北京：人民邮电出版社，2002:1-16.

[3] 赵致琢.计算科学导论[M].北京：科学出版社，2005.

[4] 陈道蓄.计算机学科发展与专业规范[J].2005 年计算机教育学术年会论文集.北京：高等教育出版社，2006:18-21.

[5] 钱哨.论高校计算机专业课程体系改革与发展方向[J].2006 年计算机教育学术年会论文集.北京：清华大学出版社，2006:372-377.

[6] 毕家驹. 美国 ABET 的工程专业鉴定新进展[J]. 高教发展与评估，2009（5）：12 .

[7] 李茂国. 中国工程教育全球战略研究[J]. 高等工程教育研究，2008（6）：1 .

[8] 汪辉. 日本高等工程教育的质量评估机制[J]. 高等工程教育研究，2005（3）：31 .

[9] 熊秋媛，文辅相. 重点理工大学工程人才素质要求的研究[J]. 吉林教育科学·高教研究，2001（5）：39.

[10] 周济. 服务于新型工业化发展，贡献于中国现代化事业——纪念《高等工程教育研究》创刊 20 周年[J]. 高等工程教育研究，2003（4）.

[11] 李培根. 未来工程教育中的实践意识[J]. 高等工程教育研究，2010（6）：6.

[12] 顾秉林. 中国高等工程教育的改革与发展[J]. 高等工程教育研究，2004（5）：7 .

[13] 时铭显. 高等工程教育必须回归工程和实践[J]. 中国高等教育，2002（22）：14 .

[14] 顾征，王沛民. 综合性大学的工程教育振兴（下）——以哈佛、耶鲁和普林斯顿为例[J]. 高等工程教育研究，2010（5）：44-54.

[15] 熊和平，岳爱臣. CDIO 工程教育模式：误解的澄明与风险的规避[J]. 高等工程教育研究，2009（5）：48-51.

[16] 雷环，汤威颐，Edward F. Crawley. 培养创新型、多层次、专业化的工程科技人才[J]. 高等工程教育研究，2009（5）：29-35.

[17]李晓强. 工程教育再造的机理与路径研究[D]:[博士学位论文]. 浙江大学，2008.

[18] 徐高明. 社会需求视域中的大学课程变革[D]:[博士学位论文]. 南京大学，2011.

[19] 陈国松. 我国重点大学信息类专业工程教育实践教学改革研究[D]: [博士学位论文]. 华中科技大学，2012.

第8章　教育技术专业人才培养

当今世界，教育技术的发展呈现出“美欧领跑，亚洲紧随”的全球化发展局面。我国的教育技术专业应该怎样保持科学、健康的发展之路？是继续紧随欧美模式还是走自主创新的道路？南国农教授曾经根据我国教育技术多年的建设经验指出：教育技术专业的发展应该摆脱依附，走自己的路。“以科学发展观为指导，实现教育思想理论与现代信息技术的融合，这就是我国教育技术专业应走的深入发展之路。”因此，我国教育技术要走的自主创新之路具体可以解释为：建设初期我们虚心向外国先进的教育技术知识体系学习，特别是借鉴和吸纳欧美的教育技术理论和经验，经过自身的消化和改造，然后再通过我们自主的努力和创新，建设有中国特色的教育技术专业发展之路，最终形成中国式的教育技术专业发展模式。

我国教育技术发展不能模仿、更不能依附欧美模式，要走自主创新的特色发展道路，培养具有中国特色的教育技术专业创新人才。教育技术专业应该构建科学的人才培养目标，走自主创新之路。教育技术专业的一切教学活动要以实现学生的全面发展为本，以实现全体学生个性的全面、协调和持续发展为总目标。现代信息技术与现代教育思想理论的全面整合是在教育技术实践中确定培养目标、建立课程体系和教学策略等设计活动所依赖的基础。只有同时做好这两方面的工作，才能有效促进教育技术专业的发展，构建科学的教育技术专业人才培养目标和模式。

本章内容：

8.1　泛在学习环境下“微课”教学设计方法之探讨
8.2　教育技术专业教学改革研究与探讨
8.3　教育技术专业教学现状分析与问题探析
8.4　网络环境下高校师范生的教学技能培训模式研究

8.1　泛在学习环境下“微课”教学设计方法之探讨

教育技术系　冯建平

一、引言

近年来，随着信息与通信技术的迅猛发展，互联网已进入 Web2.0 的移动互联的时代，信息技术的高度支撑改善了人类的学习方式，使人类学习变得更加便捷和有效。在以泛在计算技术为核心的信息技术的不断演变和支持下，人们的学习方式经历了计算机辅助教学（CBE）、远程教育（D-Learning）、数字化学习（E-Learning）、移动学习（M-Learning）、以及当今兴起的泛在学习（U-Learning）等多种方式。泛在学习的飞速发展给人类学习带来了系列变化，特别是当今进入了 Web2.0 移动互联网的“微时代”，微信、微博、微电影、微媒体、微学习等“微”概念正在急剧地改变着人们的生活、工作和学习方式，使人们的关注点也逐渐从移动学习向泛在学习转变。“微课”是一个近几年来继博客、微博、微信等社会性软件之后流行教育领域的新生事物，已逐渐成为当前我国基础教育信息化资源建设的重点和教育教学改革的研究热点，并伴随着“可汗学院”“翻转课堂”“电子书包”等教学改革项目的开展，受到我国广大教师的高度关注。

二、泛在学习的概念

“普适计算”是信息空间与物理空间的融合，在这个融合的空间中人们可以随时随地、透明地获得数字化的服务。普适计算是虚拟现实计算的反面，即虚拟现实计算致力于把人置于计算机所创造的虚拟世界里，而普适计算是使计算机融入人的生活空间，形成一个“无时不在、无处不在而又不可见”（Anytime，Anywhere，Invisible）的计算环境。在这样的环境中，计算不再局限于桌面，用户可以通过手持设备、可穿戴设备或其他常规、非常规计算设备无障碍地享用计算能力和信息资源。

普适计算技术在教育领域的深远影响就是教育的“泛在化”(Ubiquitous)。我们可以认为 E-Learning 的模式类同于虚拟现实计算，教育者搭建起学习平台，将教学内容数字化，通过教学平台进行有效的教学管理，学习者通过登录到学习平台上进行学习，通过搭建虚拟学习空间来实现学习，学到的知识在日后工作和实践中应用；而泛在学习（U-Learning）则通过普适计算技术，构建信息空间与物理空间相融合的无缝学习空间，学习的发生、学习的需求以及学习资源无处不在，学习与生活、工作是融合在一起的，当学习者遇到任何实际问题需求，学习者可以得到普适计算环境随时、随地的支持。未来，普适计算技术的发展将对学习产生重大影响，我们正朝着一个情境感知泛在学习空间 AULS（Ambient Ubiquitous Learning Space）的生态环境迈进。

“泛在学习”（Ubiquitous Learning，U-Learning）顾名思义就是指无时无刻的沟通，无处不在的学习是一种任何人可以在任何地方、任何时刻获取所需的任何信息的一种学习方式。它利用信息技术提供学生一个可以在任何地方、随时使用手边可以取得的科技工具来进行学习活动的 4A（Anyone，Anytime，Anywhere，Anydevice）学习，又称“学习泛在性”。“学习泛在性”是泛在学习方式的一个根本特征，代表了一种新的学习服务理念。首先，学习本身是泛在（无处不在）的；其次，学习的发生无处不在；再次，学习的需求无处不在；最后，学习资源也无处不在。

三、泛在学习的本质特征

泛在学习在本质上还具有以下特征：情境性、真实性、自然性、社会性与整合性。

1. 情境性（Contextualization）

泛在学习的情境性有两方面含义：一是指学习本身总是处于一定的情境之中，强调学习的“情境化”；二是指以泛在计算技术为核心的信息技术对学习情境的支持，这使得泛在学习的“情境性”与其他学习方式的“情境性”有所区别。在移动计算或泛在计算领域，“Context”常被用于描述计算设备所处的物理环境和社会情景，而研究“Context”的重要意义则在于获取和利用计算设备的环境信息，为处于特定场景的特定用户提供最为相关和适当的服务。

2. 真实性（Authenticity）

泛在学习的“真实性”并不是指完全将学习者带离学校教育环境而回归真实的现实世界，而是指学习的真实性与可靠性，包括：真实的问题情境；学习支持与资源的真实性；学习环境的可靠性；学习行为的真实性；学习评价的真实性；学习者真正的学有所获。而且“真实的学习”强调学习者的主动学习，需要学习者全身心投入于问题解决过程。学习者是问题的解决者和意义的建构者，其问题情境非常接近现实世界或真实情景，对学习者有一定的挑战性，能够发展学习者解决问题的技能和高级思维能力。“真实可靠的学习行为”是泛在学习的“真实性”的重要体现，具有与现实世界、真实生活相关性的重要特点。

3. 自然性（Naturalness）

“自然的学习”是指学习者有自己的目标导向，或者是在失败后的自我反思与再尝试，常常是基于案例的且有自我调控的操作过程。“泛在学习”自然性主要体现在可以使学习者回归“自然的学习环境”。“自然的学习环境”充分重视学习者的个人需求、偏好、学习风格与学习经验，允许学习者在一种“自然的（非外力控制的）”的学习环境中以自然的方式进行学习。

4. 社会性（Sociality）

泛在学习离不开技术的支持，但是技术中介的泛在学习空间并不是由技术屏障起来的一个孤岛。社会性是泛在学习的重要特点。每个人都具有社会性，学习者是社会的学习个体，个体的生存总是离不开与其他社会人和社会情景的交互。在泛在学习环境下，信息技术使人类学习变得更为便利，但绝不是通过技术构建来将人类学习从其社会和文化的境脉中剥离出来。作为社会学习个体，必须时常与教师、同伴、专家进行交流、协作，才有可能真正地提高学习效率，从而实现学习目标。

5. 整合性（Integrality）

泛在学习的整合性包括：学习环境的整合、学习工具的整合、学习资源的整合、学习方式的整合、学习过程的整合、学习成果的整合。学习资源、学习过程与学习成果将被有效地整合在一起，使学习者在不同情景和环境中的学习具有连续性。其中，（1）学习方式的整合性：是指泛在学习可以整合远程数字学习与面对面的学习，整合正式学习与非正式学习，整合个别化学习与协作学习等多种学习方式。（2）学习环境的整合：是指泛在学习环境整合了物理的、社会的、信息的和技术的多个层面和维度，可以为学习者提供一个可以随时加以利用的“无缝学习环境”，各种教育机构、工作场所、社区和家庭将会被有机地整合在一起。（3）学习工具的整合性：是指各种学习设备的服务具有整合性。在泛在学习环境下各种类型、各种形态、各种功能的学习设备通过一定的协议和标准互为连通，可以互相传递信息。比如学习者的PDA，移动电话，PC等。

四、“微课”的内涵、特点及组成内容

在网络Web2.0时代，“微课”将具有广阔的教育应用前景。“微课”是指以视频为主要载体记录教师在课堂教育教学过程中围绕某个知识点或教学环节而开展的精彩教学活动全过程。其核心组成内容是课堂教学视频（课例片段），同时还包含与该教学主题相关的教学设计、素材课件、教学反思、练习测试及学生反馈、教师点评等辅助性教学资

源，是一种全新的典型“泛在学习”应用方式。

1.“微课”概念的产生

在国外，微课程（Micro-lecture）的雏形最早见于美国北爱荷华大学 LeRoy A.McGrew 教授所提出的 60 秒课程（60-Second Course）以及英国纳皮尔大学 T.P.Kee 提出的一分钟演讲（The One Minute Lecture，OML）。2008 年，美国新墨西哥州圣胡安学院的高级教学设计师（David Penrose）也提出了“微课程”。在国内，微课的最早的雏形是微型教学视频（课例片段）。

“微课”（Micro-lecture）是指为使学习者自主学习获得最佳效果，经过精心的信息化教学设计，以流媒体形式展示的围绕某个知识点或教学环节开展的简短、完整的教学活动。它的形式是自主学习，目的是最佳效果，设计是精心的信息化教学设计，形式是流媒体，内容是某个知识点或教学环节，时间是简短的，本质是完整的教学活动。微课的制作要充分体现以学习者为本的教学思想。

2.“微课”的特点

从教学内容组织和教学设计的角度来分析，“微课”呈现的特征有：

（1）流媒体播放性。可以视频、动画等基于网络流媒体播放。

（2）教学时间较短，教学内容较少，只突出某个学科知识点或技能点。5—10 分钟为宜，最少的 1—2 分钟，最长不宜超过 20 分钟。

（3）资源容量较小，适于基于移动设备的移动学习。“微课”视频及配套辅助资源的总容量一般在几十兆左右，视频格式须是支持网络在线播放的流媒体格式（如 rm,wmv,flv 等），师生可流畅地在线观摩课例，查看教案、课件等辅助资源；也可灵活方便地将其下载保存到终端设备（如笔记本电脑、手机、MP4 等）上实现移动学习、“泛在学习”等，非常适合于教师的观摩、评课、反思和研究。

（4）精致的信息化教学设计，“碎片化”教学。微课一般只讲授一两个知识点，没有复杂的课程体系，也没有众多的教学目标与教学对象，看似没有系统性和全面性，被许多专家称之为“碎片化”教学。但是微课是针对特定的目标人群、传递特定的知识内容的，一个微课自身仍然需要系统性，一组微课所表达的知识仍然需要全面性。

（5）配套相关材料，经典示范案例。微课需要配套相关的练习、资源及评价方法，以及真实的、具体的、典型案例化的教与学情景。

（6）自主学习为主。供学习者自主学习的课程，是一对一的学习。

（7）资源组成/结构/构成“情景化”。“微课”选取的教学内容一般要求主题突出、指向明确、相对完整。它以教学视频片段为主线“统整”教学设计（包括教案或学案）、课堂教学时使用到的多媒体素材和课件、教师课后的教学反思、学生的反馈意见及学科专家的文字点评等相关教学资源，构成了一个主题鲜明、类型多样、结构紧凑的“主题单元资源包”，营造了一个真实的“微教学资源环境”。这使得“微课”资源具有视频教学案例的特征。

广大教师和学生在这种真实的、具体的、典型案例化的教与学情景中可易于实现“隐性知识”“默会知识”等高阶思维能力的学习并实现教学观念、技能、风格的模仿、迁移和提升。学生可在任何一个上课教室上网进入微课学习；可随身携带智能手机、平板电脑等移动终端在校园、在家、在路上，利用碎片化时间学习；还可根据自己的不足，通过互联网访问“辅导式”微课资源，接受在线课外辅导，实现课内外混合学习。

3. “微课”的组成内容

“微课”的核心组成内容是课堂教学视频（课例片段），同时还包含与该教学主题相关的教学设计、素材课件、教学反思、练习测试及学生反馈、教师点评等辅助性教学资源，它们以一定的组织关系和呈现方式共同营造了一个半结构化、主题式的资源单元应用“小环境”。因此，“微课”既有别于传统单一资源类型的教学课例、教学课件、教学设计、教学反思等教学资源，又是在其基础上继承和发展起来的一种新型教学资源。

微课的资源基本构成可以用“4+1”来概括。“1”是微课的最核心资源：一段精彩的教学视频，这段视频应能集中反映教师针对某个知识点、具体问题或教学环节而开展的精彩教与学活动过程。“4”是要提供四个与这段教学视频（知识点）相配套的、密切相关的教与学辅助资源，即微教案、微课件、微练习、微反思，这些资源以一定的结构关系和网页的呈现方式营造了一个半开放的、相对完整的、交互性良好的教与学应用生态环境。

微课资源的开发是一个较为复杂的系统工程。其建设模式一般有“征集评审式”（面向教师个人）和“项目开发式”（面向学校和机构）。微课资源的建设一般要经过宣传发动、技术培训、选题设计、课例拍摄、后期加工、在线报送、审核发布、评价反馈等环节。

五、“微课”的教学设计方法

微课的教学设计关系到其是否能成为培养学习者学习的有效手段，如何选择微课的教学内容？如何确定微课的教学重点和难点？教学设计如何满足学习者听觉、视觉的需求？这些都是微课教学设计的关键环节。微课的教学设计关键是要从教学目标制定、学习者分析、内容需求分析、教学媒体选择等方面进行设计，这样才能产生符合“让教师在较短的时间内运用最恰当教学方法和策略讲清讲透一个知识点，让学习者在最短的时间内按自己的学习完全掌握和理解一个有价值的知识点”的微课设计制作理念，确保微课程能够满足学习者听觉、视觉的需求。

微课教学设计的主要步骤和关键环节如下：

1. 教学内容的选择和设计

微课的设计，教学内容的选择反映了微课是要集中表现或传递给学习者什么样的内容。教学内容应该尽量选取那些学习者通过自学理解不了、具有较大教育教学价值且相对简短又完整的知识内容。必要时教师可对教学内容进行适当的加工、修改和重组，使其教学内容更精简又完整、教学目标聚集又单一、教学形式策略多元、表现方式多样化，使其更适合微课的方式来表达。

2. 教学内容（知识点）的微处理

在选定教学内容的基础上，继而要把反映教学内容的知识点进行微处理。根据微课时长短、知识粒度小的特点，在内容分割上，把课程分割为不同的教学过程。分别是：一揭题设问，激趣导入；二切入主题，逐步推进，引发思考。具体设计时体现为微课的录制脚本设计、教案设计方案等。

3. 视频的媒体设计

合理运用视听媒体技术进行媒体设计决定了微课最终的表现形式，其优劣性直接决定了微课的质量。目前，微课视频的媒体呈现形式多种多样，分别有摄制型微课、录屏型微课、软件合成式微课以及混合式微课。通常，微课更倾向于视听演示，选择用软件合成式的比较普及，即“屏幕录制软件（Camtasia Studio）+PPT”的制作组合。用屏幕录制软件可以完整地录制PPT课件的内容（包括教师的同步讲解、操作过程、背景音乐等），在准备精心设计的PPT课件后，教师只需首先设置好录制环境，然后启动“屏幕录制软件”就可以完成微课视频的自动录制。

4. 可用性设计，加强艺术表现力和情境感染力

可用性设计源于设计学领域的研究成果，本指企业为客户提供Web及Web-based产品情绪情感体验设计的流程和方法。在国内，顾小清（2009）等人也提出了微型移动学习的可用性设计研究，他们认为，“对于微型移动学习的设计，除了考虑内容、媒体的设计之外，还需要从用户的角度，对其可用性进行设计”。微课作为在线教学视频，也需要满足在线学习者为达到学习目标、完成学习任务的积极情感体验。

微课视频设计的基本要求：一是巧妙设计情景性的教学活动，为学习者创设良好的学习情境；二是注重PPT的排版质量，提高微课的视觉效果。PPT制作的原则有注重动静结合、图文并茂、字体和字号搭配、颜色搭配等；三是注重教师的讲解的专业性和艺术性，结合教学需要，选择适当的讲解节奏、语速，以提高微课的听觉效果。

5. 微课录制脚本的设计

下面给出的是简要设计的微课录制脚本，如表8.1所示。

表8.1 微课的录制脚本设计

微课结构	教学环节	设计思路
一、片头（5～10秒）	呈现微课信息	展示微课主题；主讲讲师姓名、单位、职称等信息，提供舒缓的背景音乐，营造轻松愉快的学习氛围。
二、导入（10～20秒）	揭题设问 激趣导入	您一定给别人讲过故事吧？“从前……”这个故事还能怎么讲？（产生认知冲突，引发思考）
二、正文讲解（5～8分钟）	围绕目标 提出问题 逐步引导 引发思考	问题1：“如果发生……，可能会出现什么情况？” 引导：“要做……的人，要做……的事”
		问题2：“如果发生……，可能会出现什么情况？” 引导：“要做……的人，要做……的事”
		问题3：“如果……，可能会出现什么情况？” 引导：“要做……的人，要做……的事”
		问题4：“如果……，可能会出现什么情况？” 引导：“要做……的人，要做……的事”
		问题5：这个故事有什么不合理的地方？如何修改？ 引导：善于观察
三、小结（1～2分钟）	教学回顾与小结，提出新的问题,引发新思考和行动。	1.表格小结：五次提问，五次引导。 2 设问：“要做……的好人？要做……的正确事？” 3 行动：这个故事还能怎么讲？

六、结束语

对教师而言，微课将革新传统的教学与教研方式，突破教师传统的听评课模式，教师的电子备课、课堂教学和课后反思的资源应用将更具有针对性和实效性。对于学生而言，微课能更好地满足学生对不同学科知识点的个性化学习、按需选择学习，既

可查缺补漏又能强化巩固知识，是传统课堂学习的一种重要补充和拓展资源。特别是随着手持移动数码产品和无线网络的普及，基于微课的个性化学习、移动学习、远程学习、在线学习、泛在学习将会越来越普及，微课必将成为一种新型的教学模式和学习方式。

总之，微课蕴含着教师的教学思想和教学艺术，是教师教学经验与智慧的结晶，教师在设计与制作微课过程中，自身的教育和专业发展能得到很好的提升。微课为学生提供了丰富的学习资源和环境，也为学生的自主学习和自主探究提供了资源与空间，有效地促进了学生学习目标的达成。随着微课大规模和系统化的开发，微网络课程学习模式将成为未来的必然趋势。微课从最初作为一种新兴教学资源类型，随着我国实践与研究的不断深入，已经逐步运用到中小学和高校“翻转课堂”“慕课”“电子书包”“混合学习”“移动学习”等教学改革项目中，将具有十分广阔的教育应用前景。

8.2 教育技术专业教学改革研究与探讨

教育技术系　冯义东

一、引言

海南师范大学教育技术专业创建于 1998 年，1999 年招收第一届本科生。经过 13 年的建设，在各位教师的共同努力下，我校教育技术专业无论在教学、科研还是获奖等方面都取得了丰硕的成果，得到了长足的发展。

随着社会的发展以及我国教育信息化进一步深入，社会对教育技术专业的学生培养提出了更高的要求，国家实施“卓越教师培养计划”，突出加强师范生师德修养和教育教学能力训练，着重培养师范生的社会责任感、创新能力和实践能力。因此，以往的人才培养方案和课程体系已不能完全适应社会的需求。因此，我们需反思目前的人才培养体系，分析存在的问题，指出解决问题的对策，以促进教育技术专业可持续发展。

二、教育技术专业教学存在的问题

目前我校教育技术专业在课程设置和实践教学方面还存在一些问题。

1. 课程设置存在的问题

课程设置方面存在的问题主要体现在：（1）缺乏充分的调研。未能充分了解当前社会的人才需求，并结合自身的实际情况，准确定位培养人才目标；（2）课程设置不够系统。虽然人才培养方案中设置了分方向课程，但是课程的设置还不够系统，还需进一步完善。（3）课程设置与当前社会发展不同步，没有充分关注新媒体、新技术在教育教学中的应用。

2. 实践教学存在的问题

培养学生的实践能力是教育技术学专业发展的生命主线，对学生未来的就业至关重要。长期以来，我们主要采用以课程实验为主的传统实践教学模式，这种实践教学模式还存在以下几个方面的问题：

（1）实践教学体系缺乏系统性和综合性。

在教育技术专业实践教学体系中，实践课程多以理论课程为基础开设，实践内容与对应的理论课程内容一致，实践课程单科自成体系、自我封闭，追求单门课程内容的系统性和完整性，忽视各门课程实践内容之间的关联性和渗透性。

（2）实践课程设置缺乏灵活性和自主性。

现行的教育技术实践课程大多是必修实践课，基本上没有适当开设供学生自由选择的选修实践课程，在各种实践能力的培养上学生丧失了自主选择权，不能根据个人兴趣爱好灵活自主地选择相关实践课程。

（3）实践教学内容缺乏同步性和前沿性。

教育技术学专业要培养出与时俱进的应用型人才，势必要求实践教学内容与社会技术发展水平同步，而实际上，受教学大纲、实验大纲、实验设备和教师自身素质等因素的制约，实践教学内容不能及时更新，部分内容滞后于社会发展的实际态势，缺乏同步性和前沿性。

（4）实践教学的途径较为单一。

教育技术专业的实践教学途径主要在课堂上课程教学实践进行，没有构建多元化的实践教学体系，不利于培养学生的实践能力。

三、解决问题的对策

1. 构建适应社会需求的课程体系

（1）借鉴《高等学校教育技术学专业教育质量标准》，充分调研，突出特色。

2010 年 12 月，教育部高等学校教育技术学专业教学指导委员会制定了《高等学校教育技术学专业教育质量标准》（征求意见稿），要求各高等学校教育技术学本科专业要以本标准为指导，结合本校特色，设计课程体系、组织与实施教学。因此，我们应认真研究《标准》，既要严格执行基本的统一必要性标准内容，又要充分进行调研，深入了解社会的需求，并结合我们学校的实际，进行系统的规划，突出我们的特色，制定合适的培养目标，这样才能培养出社会需要的人才。要开展调研，可以从有关的企业、各级各类学校、电视台、培训机构、往届毕业生等入手，获取真实的信息，为课程设置提供宝贵的资料。

（2）紧跟国家教师资格统一考试，开设有关课程。

根据教育部的有关规定，教育技术学专业定位为“授予理学学士学位的师范类专业”，教育技术专业的学生毕业后主要从事教育工作。从 2012 级开始，要取得教师资格证，必须参加全国统一考试，其中包括师范类学生。因此我们必须紧跟国家教师资格统一考试，开设有关的课程。

中小学信息技术教师资格考试主要考信息技术学科知识与教学能力，考试内容包括四个模块：①学科知识与运用能力（信息技术与社会发展、信息技术课程的定位、信息技术基础、算法与程序设计、多媒体技术应用、网络技术应用、数据管理技术、人工智能、信息技术教育教学知识）；②信息技术课程的教学设计（学习者的特征分析、教学内容分析、教学目标设计、教学过程设计）；③信息技术课程的教学实施（信息技术课程教学有效实施、信息技术课堂学习指导、信息技术课堂教学偶发事件处理）；④信息技术课程的教学评价（信息技术课程教学评价基础、信息技术课程学生学习评价、信息技术课程教师评价）。我们有必要专门针对教师资格考试的内容，开设一门课程，为学生顺利通过教师资格考试打下坚实的基础。

（3）打破“面面俱到”的课程体系，突出重点课程。

教育技术专业的课程内容覆盖面较广，既学习教育学、心理学、教学设计等方面的课程，又学习计算机和影视等方面的课程，学生在学习过程中往往感觉学习的内容很多，但是学得都不深，感觉自己是“万金油”，特色不够鲜明，重点不够突出。因此，需要对现有的课程体系进行分析，根据培养的目标，有所侧重，突出重点，有的放矢。同时，应删除学生学不会，使学生学习失去兴趣的课程。

（4）整合理论课程，突出技术类和综合类课程。

在教学过程中，理论课程教学有时会出现重复，给教学造成一定的影响。因此，任课教师之间应加强交流，具体了解有关课程的教学内容，避免教学内容的重复。除此之外，应整合理论课程，适当突出技术类和综合类课程，这样既避免教学内容的重复，又能增强学生的技术开发能力以及综合实践能力。

（5）加强美学教育，增加艺术类课程。

教育技术专业毕业的学生在工作中往往需要制作课件、网页、动画等，而要制作出优秀的作品，美学知识必不可少。但现在的课程体系中，只有《电教美术》这门课程，还不能满足需求，因此需要加强这方面的课程，比如可以增加《平面设计》等课程，提高学生的艺术修养，使学生能制作出专业水准的作品。

（6）开设综合实践课程，提高学生综合实践能力。

目前教育技术专业实践教学的途径比较单一，主要通过课程实验进行实践。虽然毕业前有见习和实习，在见习过程中让学生参加英特尔培训，但是与所学宽泛的知识相比，还远远不够。因此应开设综合实践课程，使学生有机会综合运用所学知识进行实践，提高综合实践能力和解决实际问题的能力，为学生就业打下良好的基础。可以从大三开始设置综合实践课程，比如可以开设《管理系统设计与开发》《网络课程设计与开发》《影视节目设计与制作》《动漫设计与实践》等课程。

2. 构建多元化的实践教学体系

（1）实施“四年一体”工程，系统培养学生实践技能。

“四年一体”培养方案主要是针对教育技术学专业人才培养过程中实践教学体系缺乏系统的现象制定，从系统论角度探讨专业人才的培养模式，以循序渐进、逐级深入和系统规划的方式培养学生的实践能力、必要的理论研究和管理能力。

具体地讲是在专业课程体系要求的学习任务基础之上，附加实践任务，要求学生以递进的方式每学期完成一个项目（在校期间共完成八个项目，避免集中在大三突击完成多个项目），如表 8.2 所示。每个项目都配备专业指导教师，负责指导学生的创作过程并评估学生的作品。项目的设置要与开设的课程同步。另外要从学院层面重视这类课程的评价和奖励，集体公开进行评价，并在学院网站上展示，与创新学分挂钩，充分调动学生的积极性。

表 8.2 多元化的实践教学体系

学　期	主　题	具体要求
第 1 学期	摄影技巧	完成一幅优秀的摄影作品
第 2 学期	平面设计及课件制作	完成一幅平面设计的作品，或者课件制作大赛作品
第 3 学期	动画制作	完成一个动画制作的作品
第 4 学期	教学设计	完成一份完整的教学设计报告
第 5 学期	教学课程网站设计与开发	设计和开发一个教学课程网站
第 6 学期	影视制作	完成一部影视作品
第 7 学期	教学软件设计与开发	设计和开发一个教学软件
第 8 学期	毕业学位论文	完成一个毕业设计作品或者一篇毕业论文

（2）构建第二课堂实践，提高综合实践能力。

教育技术学专业的实践技能涵盖范围较广，课内学时只能完成单项技能的基础训练，对于深化技术实践，串联、综合训练各实践技能显得力不从心。因此，应构建学生第二课堂实践活动体系，组建各种兴趣小组，组织学生参加各级各类网站、动画、多媒体作品、DV、广告等专业竞赛和地方文化事业项目的建设工作，为学生参加各类比赛打下良好的基础。

学院应积极改善第二课堂实践条件，真正发挥教育技术实验教学示范中心的作用，从实践场地、实践设备以及管理制度等方面给予支持。同时，教育技术系应开发建设学生作品展示平台，收录全系学生的优秀作品并在网上展示，给学生提供互相学习、互相勉励的交流平台。

（3）开辟校外实习实践基地，拓展见习和实习方式。

在中小学校、电化教育机构、广播电视台、IT 企业等建立一定数量且相对稳定的专用见习、实习基地，在此基础上拓展见习、实习方式，增加实践机会。我们可以在专业课程体系要求的实习任务基础上拓展实习方式，可进行校外体验实习和对外服务实习。校外体验实习是指带领学生走出校园，走进相关企业、电视台、学校及培训机构等参观学习，开拓学生的专业视野，增长实践知识。对外服务实习主要表现为与有关学校或企业、培训机构合作，为学生提供实践机会。例如，我们可以跟海南省有关学校合作，与中小学教师合作开发课件及网站，一起参加省和国家课件比赛等，实践信息技术与课程整合，学以致用，真正提高学生的实践能力。

（4）参与科学研究项目，提升科研实践能力。

目前，教育技术系教师承担的科研项目数量少，经费少，给学生参与教师科研项目研究带来了困难。因此我系教师应积极组建科研团队，关注专业领域研究的热点，扩大对外交流，发挥团队优势，积极申报各类项目，争取在项目方面取得一定的突破，为学生参与教师科研项目研究创造条件。在此基础上，鼓励学生申报各级学生科研项目，同时也吸收学生参与教师的教学改革和科研项目，增强学生的科研实践技能和对研发项目的计划统筹能力。

学校设有学生科技创新等项目，应从系层面组建学生科研队伍，积极组织学生申报，为学生从事科学研究申请资金资助。

（5）聘请兼职教师，开拓实践视野。

由于各种条件的限制，我们专业教师难于在各个领域走在前沿，因此聘请兼职教师为学生开讲座必不可少。

我们可以聘请教育技术学资深专家、多媒体专家、相关企业和电视台资深人士为兼职教师给学生讲学，讲学内容围绕专业知识的实际应用，具备前沿性和实践性，让学生对相关领域的发展态势和技术水平有比较明确的了解，从而实现理论与实践互动。除此之外，我们可以请中小学名师（比如参加全国课堂教学比赛获得一等奖的教师）给学生开设教师教学技能、课堂教学设计以及信息技术与课程整合等方面的讲座，提高学生的教学素养以及信息技术与学科教学整合的能力。

四、结束语

2010 年 7 月，中共中央、国务院颁布的《国家中长期教育改革和发展规划纲要（2010—2020 年）》（以下简称《教育规划纲要》）第十九章明确指出要加快教育信息化进程，提出了加快教育信息基础设施建设、加强优质教育资源开发与应用、构建国家教育管理信息系统三个方面的具体目标和任务。《教育规划纲要》勾勒的美好蓝图和宏伟目标，不仅为我国教育信息化发展进程添上了浓墨重彩的一笔，也使我国教育技术学科领域内的广大专家、学者、学生和从业人员如沐春风，让我们看到了教育技术学科及专业发展的美好明天。我校教育技术专业经过多年的努力，已取得了优异的成绩，发展潜力强。在新的发展机遇面前，我们需要紧跟时代发展的步伐，科学规划，合理设置课程体系，加强实践教学，培养社会需要的人才，创造教育技术专业美好的明天。

8.3 教育技术专业教学现状分析与问题探析
——基于海南师范大学“课程质量月”活动的调研

教育技术系　罗志刚

一、引言

教育技术专业发展研讨会于 2012 年 12 月 14—16 日顺利召开了，各位领导和教师就教育技术专业在教学上存在的问题，教育技术专业如何更好地发展，如何提高学生的知识和技能，如何设置课程，如何改进课堂教学，如何开展实践教学等方面展开了热烈的讨论，查找问题产生的原因，探讨解决的办法。通过大家的出谋划策，集思广益，教师们对教育技术专业如何发展基本达成共识，教育技术专业改革的思路逐渐清晰。下面对本次研讨会做一全面的总结。

二、教育技术学科发展的背景

教育技术是一个庞大的领域，它涉及所有运用技术解决教育、教学问题的研究和实践。由于国情的不同，各国教育技术领域的内涵和外延也不完全相同。美国的教育技术领域主要由具有心理学、教育学学科背景的专家组成，其中也包括少量具有技术学科背景的专家。美国教育技术产生最早，发展脉络清晰完整，在世界上影响最大，其他国家如日本、英国、加拿大等国均以美国的教育技术理论模式为借鉴，英国、美国可作为研究教育技术发展历史的典型代表。美国教育技术的形成与发展可从三个方面追溯：一是视听教学运动推动了各类学习资源在教学中的运用；二是个别化教学促进了以学习者为中心的个性化教学的形成；三是教学系统方法的发展促进了教育技术理论核心—教学设计学科的诞生。这三个方面发展的起源不同，但都是遵循“视觉教学—视听教学—视听传播—教育技术”这一发展轨迹。

美国教育传播与技术协会（简称 AECT）在 1994 年发布的有关教育技术的定义是目前中国普遍认可的教育技术定义：

AECT94 定义：教育技术是关于学习资源和学习过程的设计、开发、利用、管理和评价的理论和实践。（Instructional Technology is the theory and practice of design, development, utilization, management and evaluation of processes and resources for learning.）

AECT05 定义：教育技术是通过创造、使用、管理适当的技术性的过程和资源，以促进学习和提高绩效的研究与符合伦理道德的实践。(Educational technology is the study and ethical practice of facilitating learning and improving performance by creating, using, and managing appropriate technological processes and resources.)

该定义将教育技术的研究对象表述为关于“学习过程”与“学习资源”的一系列理论与实践问题，改变了以往“教学过程”的提法，体现了现代教学观念从以教为中心转向以学为中心，从传授知识转向发展学生学习能力的重大转变。学习过程是学习者通过与信息、环境的相互作用获取知识和技能的认知过程，学习资源是学习过程中所要利用的各种信息和环境条件。新的教学理论要求学生由外部刺激的被动接受者转变为能积极进行信息处理的主动学习者，而教师要提供能帮助和促进学生学习的信息资源和学习环境。从 21 世纪社会发展和人类发展的需求出发，建造一个能支持全面学习、自主学习、协作学习、创造学习、终身学习的社会教育大系统。

教育技术学的培养目标是培养信息化时代从事数字媒体开发与数字传播的专业人才。以 Adobe 公司的系列软件为基础，培养学生具有实际应用能力以及信息传播理论、数字媒体技术和设计管理能力。在这个目标下开展教育技术学的主干课程包括教育技术学导论、多媒体软件设计与制作、学与教的理论、教育技术研究方法、教学系统设计、教育媒体理论与实践、教育技术项目实践等。

教育技术学的就业方向有在平面设计、通信、影视、广播、信息家电、三维动化、游戏、教育、企业等行业，从事平面设计、三维动化制作、数字媒体开发、音视频数字化及编辑、网页设计与网站维护、多媒体设计制作、信息服务及数字媒体管理、企业员工培训等工作。

三、教学现状分析

1. 课程教学的状况

教育技术专业目前课程教学分为理论类课程和技术类课程。

理论类的课程学生不感兴趣，也不知道有什么用，老师讲的也觉得枯燥乏味。老师们提出了很多改进建议，比如采取专题式教学，讨论式教学，分小组合作学习，开展研究性学习来提高学生的兴趣。课程教学过程也不能一味在教室里上，可以采用体验式教学，参与式教学，安排一定的课时带学生到中学、企业去参观、体验。

技术类的课程课时偏少，内容讲不完，学生学的不深不精。电视媒体的实验设备缺乏，影响教学效果。技术类的课程学生学了不少工具软件，可是都不精，学生虽然掌握了许多工具软件，但实际应用起来却非常困难。不少学生对这些技术类课程表现出恐惧心理，一开始就认为这些课程很难学懂。后来也不喜欢编写程序，造成学生的动手能力很差，学生自主学习能力很差，不愿动手，不愿动脑思考，遇到问题就求助老师。

解决的方法就是加大技术课程的比重，从内容到深度都应加强。及时更新教材内容，紧跟软件发展的趋势，教给学生最新最实用的知识。加强实验教学环节的设计，增加设计类、综合类的实验项目来提高学生的能力。加强过程的考核，重过程评价，可以根据学生学习情况随时调整教学策略，提高实验的实际效果。加大实验环境的建设，更新和添加一些急需的设备。

2. 课程设置的情况

经过几年的教学实践，我们发现现有的培养方案已经不能适应教育技术专业的快速发展，课程设置方面的问题暴露出来。首先是课程开设的先后顺序不合理，课程缺乏层次性和阶梯状；其次是理论课程的内容重复，方向内的课程开设的太少太晚，造成培养方向很模糊；再次就是部分课程难讲难懂，对学生的培养意义不大；最后就是大一大二的课程太少，大三大四课程太多，又主要是技术类、设计类的课程，难度大，学生很难学懂。改革建议是删除没用的旧课，添加一些实用的课程；优化课程设置，理顺课程的先后和层次关系，按照从基础知识到知识应用再到综合分析的层次，形成阶梯状的课程内容，并且内容相互补充但不重复；依据《教育技术专业课程标准》优化课程体系，多媒体技术的课程细化，加入平面设计课程，加入前要仔细研究，借鉴其他学校的成果；根据教育技术在企业培训方面的广阔发展前景，增加有关数字化学习、企业培训、人力资源、绩效技术方面的课程；大一大二加大课程的数量，打好基础，大三大四专心完成设计任务，提高能力；以提高学生综合实践能力来设置方向课程；明确教学目标，课程设置要科学，避免课程重复，加强美学教育，提高美学素养；课程设置针对国家教师资格考试。

以《高等学校教育技术学专业教育质量标准》（征求意见稿）为指导，结合本校特色，设计课程体系、组织与实施教学。我们应认真研究《标准》，既要严格执行基本的统一必要性标准内容，又要充分进行调研，深入了解社会的需求，并结合我们学校的实际，进行系统的规划，突出我们的特色，制定合适的培养目标，这样才能培养出社会需要的人才。要开展调研，可以从有关的企业、各级各类学校、电视台、培训机构、往届毕业生等入手，获取真实的信息，为课程设置提供宝贵的资料。

这些建议都为后续的培养方案的修订奠定了基础。

3. 实践教学的设置

长期以来，我们主要采用以课程实验为主的传统实践教学模式，实践教学体系缺乏系统性和综合性，实践课程多以理论课程为基础开设，实践内容与对应的理论课程内容一致，实践课程单科自成体系、自我封闭，追求单门课程内容的系统性和完整性，忽视各门课程实践内容之间的关联性。实践课程设置缺乏灵活性和自主性，现行的教育技术实践课程大多是必修实践课，基本上没有适当开设供学生自由选择的选修实践课程，在各种实践能力的培养上学生丧失了自主选择权，不能根据个人兴致爱好灵活自主地选择相关实践课程。实践教学内容缺乏同步性和前沿性，受教学大纲、实验大纲、实验设备和教师自身素质等因素的桎梏，实践教学内容不能及时更新，内容滞后于社会发展的实际态势，缺乏同步性和前沿性。实践教学的途径较为单一，实践教学途径主要在课堂上进行，没有构建多元化的实践教学体系，不利于培养学生的实践能力。

解决问题的对策：按修订好的培养方案以循序渐进、逐级深入和系统规划的方式培养学生的实践能力、必要的理论研究和管理能力。构建学生第二课堂实践活动体系，组建各种兴趣小组，组织学生参加各级各类网站、动画、多媒体作品、DV、广告等专业竞赛和地方文化事业项目的建设工作，为学生参加各类比赛打下良好的基础；在中小学校、电化教育机构、广播电视台、IT 企业等建立一定数量且相对稳定的专用见习、实习基地，在此基础上拓展见习、实习方式，增加实践机会。可以跟海南省有关学校合作，与中小学教师合作开发课件及网站，一起参加省和国家课件比赛等，实践信息技术与课程整合，学与致用，真正提高学生的实践能力。聘请中小学名师、教育技术学资深专家、多媒体专家、相关企业和电视台资深人士为兼职教师给学生讲学，讲学内容围绕专业知识的实际应用，具备前沿性和实践性，让学生对相关领域的发展态势和技术水平有比较明确的了解，从而实现理论与实践互动。

4. 学生专业能力的培养

教育技术专业的课程内容覆盖面较广，既学习教育学、心理学、教学设计等方面的课程，又学习计算机和影视等方面的课程，学生学习的内容博而不精，感觉自己是“万金油”，特色不够鲜明，重点不够突出；学生的作品在色彩搭配，结构设计上问题比较多，急需加强学生的美学素养。学生的思想在四年中变化大，大一时懵懵懂懂不知道怎么学习，大二忙于众多事务无心学习，大三想学习了发现基础不牢学习吃力。

因此，需要对现有的课程体系进行分析，根据专业培养的目标，有所侧重，突出重点，有的放矢。要从大一开始加强学生的专业引导，开设专业发展的讲座，实行导师制，成立各种学生的兴趣小组。根据社会的需求，重点突出学生的教学技能训练，加强艺术素养、教学设计能力和媒体制作能力的培养。

四、专业发展与人才培养特色

教育技术专业在海南省内比较有特色，并且有多年的办学优势，目前是海南省是唯一的教育技术专业。学生学风较好，历年考研成绩比较不错，有基础，有优势。可是近几年教育技术的特色没有发挥出来，学生的特色没有发挥出来，师资队伍缺乏高学历高职称的教授博士和学科带头人，原来的优势没有发挥出来，电视人才比较缺，设备使用的限制，实践教学单一。特色的点比较分散，缺乏整合，专业定位和培养目标不明确，核心的问题又仍然是培养方案的设置不合理，实践课不成体系。

解决方法：根据国家课程标准，调研学生的就业方向；设置第二课堂；设计实践教学体系；设置具体的实施细节，设置具体的综合实践课程体系；将教育技术示范中心建设落到实处；开设与职业教育挂钩的课程。

根据国内教育技术的发展趋势以及教育技术学生未来的就业岗位以及我们自身的特点，我校教育技术专业重点向以下几个方面发展：中小学教师教育；教学设计师（辅助课程教师开发课件，网站，指导课程教师进行教学改革）；企业数字化学习培训师；多媒体资源开发设计师。

8.4 网络环境下高校师范生的教学技能培训模式研究

教育技术系 方云端 罗志刚

一、研究背景及意义

1. 研究背景

2010 年 7 月，教育部颁布的《国家中长期教育改革和发展规划纲要（2010—2020 年）》中明确指出："创新培养模式，增强实习实践环节，强化师德修养和教学能力训练，提高教师培养质量"。教学技能是教师在教学中顺利达到教学目标的一系列有效行为方式，是提高教学质量、促进学生学习的重要手段。熟练掌握教学技能、提高从师执教的能力是教师教育培养的核心任务之一。教学技能是教师在教学活动中有效促进学生学习的活动方式。从深层剖析，它是教师职业个性品格和专业修养外化的表征，是教学能力的重要标志。教师的教学技能包括教学设计、课堂教学、作业批改和课后辅导、教学评价、教学研究五个方面。

在高校全面实施素质教育的情况下，重视教师综合素质的提高和教师基本技能的培养是师范院校的立身之本。职前教师的教育教学技能，是教师从业所必备的技术和能力，它既是教师专业能力形成的必要前提和重要组成部分，又是其外化于教学对象的基础表现和重要凭借。在教师的教学技能培养中，探索专业理论知识与教学技能实践相结合的培养路径，强化和提高职前教师专业成长过程中的教育教学技能培养，是我国各高师院校积极探索的一个难题。

2. 研究价值及意义

教学技能对外表现为成功地、创造性地完成既定的教学任务，卓有成效地达到教学目的和获得有效的教学方法；对内表现为保证完成教学任务的知识、技巧、心理特征和个性特征的功能体系，是教师的个性、创造性与教学要求的内在统一。教学技能是教师最基本的职业技能，是师范生的素质中最具代表性，也是最重要的一部分。根据有关规定 2013 年及以后入学的师范类专业学生，毕业后将不能再直接认定教师资格，须参加全国统一的教师资格考试。强化师范生的教学技能训练，提高教学技能训练效果是教师教育的当务之急。如何使师范生在校期间得到系统的教学技能训练，顺利通过全国统一的教师资格考试，并能在教学实践中熟练运用各种教学技能，已成为教师教育关注的焦点，这也是本课题的研究意义所在。

本研究针对当前高等师范院校职前教师教学技能培训中普遍存在的问题，选择富有成效的教学策略，借助现代教育技术手段，充分利用互联网及其支持服务体系的优势，拓展培训渠道，丰富培训手段，提供优质培训资源，以期能探索出一条可以实现教师专业知识与教学技能、教学艺术有机结合，学校课堂教学与课外教学实践能密切联系的培训模式，并完善现有培训方案中的教学活动的设计和评估的体系。最终构建“学生为主体+课堂教学理论和实践+课外教学见习和实习+网络平台应用+教学研究反思”的立体式的、综合化的教师教学能力培训模式。并尽量实现“五个结合”：理论与实践结合，教学与科研结合，课内与课外结合，校内与校外结合，国内与国外结合。

二、国内外研究现状分析

1. 国外研究现状

国外根据社会和教育发展对职前教师教学技能训练进行了许多大规模的研究和改革，制定了一系列培养方案。各国都十分重视师范教育的实践性，注重加强教育实习，延长实习时间，把教育实习作为培养和提高师范生教学技能的重要方法。相关的研究理论也比较成熟，研究过程结论和建议带有明显的本国特色。其中较为前沿的是：

- 美国的“教师专业发展学校”模式
- 加拿大的“ISW”教学技能训练模式

虽然国外高校的先进做法为我们提供了有益的借鉴，但因缺乏与本国本地区的经济发展和人才需求的联系性，不能全盘照搬。

2. 国内研究现状

对于如何加强师范院校人才培养，主要有以下有代表性的观点：

- 学科理论、教育理论基本素养的养成，应成为高等师范教育人才培养的基础和核心内容。
- 改革课程结构，加强教育类课程和教师职业技能的培养，突出师范教育特色。
- 师范生人才培养应以学生能力形成为核心，由大学本位向大学一中小学合作转变。

关于师范院校人才培养的研究，专家和学者们普遍认为主要存在以下问题：师范性不强；脱离基础教育实际；不能兼顾理论素养的养成和实践能力的积累、学科专业理论和教育专业理论习得。

国内现有研究的不足:在研究内容方面，一是对专业设置、培养模式研究多，具体研究教学技能培养少；二是进行理论研究较多，对可操作的有效模式研究少；三是从教育者的角度出发研究多，从注重学生发展的角度研究少；四是培养侧重课堂传统培养多，从全方位的角度研究教学技能培养少；五是研究方法比较单一，理论探讨定性研究较多，动态的实证性研究较少。

关于如何加强师范生教学技能培养，国内主要有以下代表性的观点：

- 开发教师职业技能训练课程。
- 构建一体化的职业技能训练体系。
- 精心安排各项技能的强化训练和实践。
- 以微格教学和教育实习作为师范生教学技能的培养的主要途径。
- 加强对学生的教师技能训练与教学实践；强化教育研究训练。

目前，我国高等师范院校的职前教师教学技能培训在逐步的发展和完善中，在夯实专业基础的同时，更加注重教师基本技能的培养，但同时也存在一些问题和不足：

（1）教师教学技能培训重学科基础知识，轻教学技能与技巧，忽视两者的有机结合。教育既是一门科学，也是一门艺术。教师在实际教学中，既要立足学科知识本身，重视知识的科学性，同时也要注意到教学方法和手段的艺术性，重视教师专业知识与教师基本技能的同步构建与提高，将教育的科学性与艺术性结合起来，才能将完美的教学艺术发挥到极致。

（2）教师教学技能培训内容较为丰富，但培训形式相对单一。目前我国的教师培训方式多是沿用传统的课堂教学方式，受时间和空间的限制，知识的交流和分享难以满足学员的需求，同时缺乏有效的多渠道的培训途径来辅助课堂培训。

（3）网络环境下的平台利用作为课堂培训的有效辅助手段其培训功能发挥不够，实际的利用率和应用度不高。目前，教师培训网络平台的设计重开发技术、轻平台模块设计和基于网络平台的教学技能训练活动设计。大多数已开发的培训平台的作用多体现为下载教师的课件、呈现教师上课视频和学习资源，主要是作为资源平台，很难激发学习者的内在的求知欲，缺乏激发教师内驱力的模块和功能设计。

（4）目前的培训内容主要是对基本的课堂教学技能和现代媒体技术的应用比较重视，对教学设计和教学评价技能等主导课堂教学技能的核心技能重视不够，培训内容安排缺乏有效的理论指导，存在培训注重外在形式，忽视教学技能本质内容的倾向。

三、具体研究目标及内容

课题研究目标：不断丰富教学技能训练数字化教学平台的视频案例及其他相关资源，将构建的“学生为主体+课堂教学+课外实践训练+网络教学平台应用+教学研究”教学技能训练模式用于教学实践，在教学中不断总结经验，不断完善，解决目前师范生教学技能训练中存在的问题，最终达到全方位、多角度地对师范生进行教学技能训练的目标。为师范院校进行教师技能综合训练提供一种全新的应用模式，以促进师范生在数字网络环境下快速、高效地提高自身的职业素养与教学技能水平，满足人才培养质量的需求。

针对当前师范院校教师教学技能培训中普遍存在的问题，本研究的主要内容体现在四个方面：

1. 以科学的视角从知识管理与共享的层面去分析教师教学技能中的知识类型、特征、结构，特别是针对教学技能的核心知识（隐性知识）的共享提出有效的策略，以便师生、生生之间更有效地对教学技能的核心知识进行挖掘、甄别和共享。

教育教学知识不仅包含了理论性的、文本化的显性知识，还包含了大量隐含于实践中的、情境化的隐性知识。与显性知识相比，个体的隐性知识则较难转移与共享。教师教学方面的隐性知识是教师在教学实践和管理工作中形成的，它涉及教学过程的各个方面，包括教育理念、教学设计、教学技巧和教学方法等方面，还包括师生关系以及教学管理方面。所以在职前教师教学技能培训模式和网络支持平台的构建时需要了解和掌握知识的特性和共享的有效途径才能更好地实现教师和学生教学技能隐性知识的显性化和共享。

2. 构建立体式的创新型职前教师教学技能培训模式，并提出基于网络环境的职前教师教学技能培训的实施策略。

针对当前高等师范院校职前教师教学技能培训中普遍存在的问题，借助现代教育技术，充分利用互联网及其支持服务体系的优势，拓展培训渠道，丰富培训手段，提供优质培训资源，以期能探索出一条可以实现教师专业知识与教学技能、教学艺术有机结合、学校课堂教学与课外教学实践密切联系的培训模式。最终实现创新型的“学生为主体，课堂教学理论+实践，课外教学见习+实习，网络平台应用，教学研究反思”的立体式的、综合化的教师教学能力培养模式。

3. 完善当前的职前教师培训活动的评价指标体系，以期有效引导和科学地衡量培训的成效。

4. 从知识管理的视角来设计和构建网络教研平台的功能模块，强化训练活动设计，并制定可行性的活动方案。网络培训平台是课堂培训以外很好的自主学习辅助手段，针对目前教师教学技能培训网络平台的建设重开发技术、轻功能模块设计的现状，本研究在分析师生对教学技能知识需求的基础上，开展基于网络平台的教学技能训练活动设计和评价体系的构建，更好地实现教学技能隐性知识的学习和共享。

四、实施方案和研究方法

1. 实施方案

研究思路和技术路线：在对国内外文献研究及实际调查的基础上，结合当今社会对教师知识、能力和素质结构的要求，进行基于知识管理与共享的教师教学技能培训创新培养模式的理论分析，探索专业理论知识与教学技能实践相结合的培养路径，强化和提高职前教师专业成长过程中的教育教学技能培养，提出培训模式和实施策略。同时对课外教师技能培训平台存在的不足，特别是重开发技术、轻平台模块设计和基于网络平台的教学技能训练活动设计的现状，从知识管理的视角来构建网络教研平台的功能模块，并对网络平台的功能模块和培训活动进行完整的教学设计分析和制定可行性的活动方案。并且对职前教师培训活动的评价指标体系进行设计和构建，以期有效引导和科学地衡量培训的成效。

2. 主要研究方法

文献法。充分了解国内外有关教师教学技能培训的理论和应用研究进展情况以及当前在教育领域所取得的成果，为本研究的撰写打下基础。目前本人已经收集了大量国内外相关的理论方面的著作、期刊论文以及硕士学位论文，以后还将继续关注有关方面新的科研成果，使本研究更有价值。

调查法。以海南师范大学为例通过调查一线教师、学生以及有关方面的专家，对他们的教学技能知识管理与共享的情况进行调研，使创新教师教学技能培训模式的构建更有针对性和实际价值。

实验法。本研究将进行实例研究和应用实验研究，检验职前教师通过立体化创新型培训活动后在教学技能、技巧能力提升的效果，并根据存在的问题不断完善。

3. 拟解决的关键问题

（1）构建创新型职前教师教学技能立体化培训模式，并提出基于网络环境的职前教师教学技能培训的实施策略。

（2）对现有网络培训平台功能模块和培训活动的完善。本研究对网络教研平台的功能提出了较强的知识性要求。具体体现为以下两点：①注重网络平台的功能模块的设计，体现出知识管理的效用，应用知识挖掘技术，从知识管理的视角来设计和构建网络支持平台的功能模块，促进培训过程中专家、学者、一线教师和职前教师进行经验交流和知识共享，特别是核心知识（隐性知识）的共享，促进教师学习中的“实践—反思”活动。②不仅重视网络平台的技术架构，同时强化基于网络支持平台的训练活动设计、活动管理，从内驱力上激发职前教师的学习活动，以实现基于知识管理的、体现出“参与、创造、共享”理念的职前教师技能培训模式和支持平台的设计，引领教师在一个全新的网络学习环境中体验教育技术的精髓，在不断的交流学习中提高自身的教学能力水平。

五、项目研究的特色

1. 探索出一条可以实现教师专业知识与教学技能、教学艺术有机结合、学校课堂教学与课外教学实践能密切联系的培训模式。最终实现创新型的“学生为主体，课堂教学理论+实践，课外教学见习+实习，网络平台应用，教学研究反思”的立体式的、综合化的教师教学能力培养模式。

2. 完善当前的职前教师培训活动的评价指标体系，以期有效引导和科学地衡量培训的成效。

3. 从知识管理的视角来构建网络教研平台的功能模块，并对网络平台的功能模块和培训活动进行完整的教学设计分析和制定可行性的活动方案。

本章参考文献

[1] 赖燕芬,唐为萍.浅析师范生教学技能训练过程中教学反思的具体化[J].教育教学论坛,2013(08).

[2] 封喜桃.小学教育专业师范生语文教学技能训练研究[J].教育评论,2013(10)28.

[3] 张桂荣,张玉红,张阔.网络环境下微格教学技能训练探讨[J].教育教学论坛,2013(01).

[4] 何其国.应用多媒体教室进行数字微格教学训练实施方案[J].中国教育信息化,2013(03).

[5] 田秋华,刘晖.合作互动微格教学模式的探索与构建[J].电化教育研究,2013(02).

[6] 贺芳.高职院校技能训练教学有效性研究[D].广东技术师范学院,2013(05).

[7] 李学杰.基于网络环境的教师教学技能训练模式构建[J].中国电化教育,2013(07).

[8] 谢晓轲.广东省教师教育综合技能训练中心建设研究[D].广东技术师范学院,2012(05).

[9] 胡来林.教学技能训练综合型项目设计与实施研究[J].中国教师,2012(01).

[10] 董彦玲.高师院校数学教师课堂教学技能微格训练研究[D].四川师范大学,2012(03).

[11] 何杰平.中学教师专业发展途径研究[D].湖南师范大学,2012(04).

[12] 李学杰.《教育规划纲要》指导下教师教学能力培养实践与策略[J].现代教育技术,2012(09).

[13] 王宇翔.我国小学教师职业技能职前训练存在的问题与对策[J].教育探索,2010 (12).

[14] 王桂波，王国君.教师职业技能训练教程[M].北京：清华大学出版社，2008.

[15] 郭友. 新课程下的教师教学技能与培训[M].北京：首都师范大学出版社，2010.

[16] 勒希斌. 教师教育模式研究[M].北京：北京师范大学出版社，2009.

[17] 周照南，赵丽，任友群.教师教育改革与教师专业发展[M].上海：华东师范大学出版社，2007.

[18] 胡铁生. 微课的内涵理解与教学设计方法[J]. 广东教育（综合版）,2013（4）.

[19] 胡铁生，黄明燕，李民. 我国微课发展的三个阶段及其启示[J]. 远程教育杂志,2013（4）.

[20] 黄建军，郭绍青. 论微课程的设计与开发[J]. 现代教育杂志,2013（4）.

[21] 梁乐明，曹俏俏. 微课程设计模式研究，基于国内外微课程的对比分析[J]. 开放教育研究,2013（2）.

[22] 付道明，徐福荫. 普适计算环境中的泛在学习[J]. 中国电化教育，2007（7）.

[23] 王继新，朱爱琴，张利兵. 对泛在计算时代教育的设想[J]. 现代教育技术，2004（1）.

[24] 赵海兰. 支持泛在学习（U-Leaning）环境的关键技术分析[J]. 中国电化教育，2007（7）.

[25] 李卢一，郑燕林. 泛在学习环境的概念模型[J]. 中国电化教育，2006（12）.

展示篇

实践与解决方案

第9章 实践教学与解决方案

本章内容：

9.1 大学生“网络创业实训与教学模拟中心”的规划与设计

电子商务与电子服务实验室 张仙锋 刘晓文

海南师范大学“电子商务与电子服务”实验室于 2012 年创建，该实验室的建设目标是在海南省国际旅游岛的发展契机下，围绕电子商务与电子服务两大核心领域，以科学研究为主，教学与社会服务三位一体，将实验室建设成为海南省国际旅游岛发展所需的电子商务与电子服务学科理论研究基地、应用开发基地、产业孵化基地和人才培养园地。

实验室从教学角度入手，专门设计了“网络创业实训与教学模拟中心”，旨在通过为学生创建逼真的模拟环境，提高学生对专业知识的理解和掌握；同时，通过对网络创业实训环境的建设及与众多相关企业单位达成实习协议，使学生在就业前进行全方位的熏陶，鼓励、支持学生进行网络创业。

一、电子商务专业发展趋势

电子商务专业自 2001 年首批 13 所院校获得国家教育部批准成立以来，已经有了十余年的发展历史，全国高校开设电子商务专业的院校也达到近 400 所。鉴于电子商务专业的交叉多学科性、与社会联系的紧密性，在电子商务专业发展过程中，专业实验室的建设一直是各高校培养单位所关注的一个重点。

电子商务专业实验室及实验课程的建设在 2002—2003 年期间已经由全国高校电子商务专业建设协作组组织专家形成指导意见，指出电子商务实验分为：基础性实验、专业特色实验、创新实验和创业性实验；制定了“基础性实验”的教学大纲，将其分为认知性或演示性实验、验证性或模拟性实验、应用性或制作性实验。“专业特色实验”是指不同学校、根据对电子商务的不同理解和确定的专业特色设置的实验，以模拟性实验室为主。“创新实验”是指根据教师科研任务或者根据学生自已提出的科研设想在实验室中进行开发和研究。“创业性实验”是指以商业计划为教学目标进行的训练和活动。从方式上将电子商务教学实验分为课程教学实验和综合性教学实验。

为了进一步推进理论与实践相结合、科研与实践互动融合的创新创业型电子商务专业人才队伍建设，电子商务教学指导委员会已经组织构建了以联合、互动为特征，以联合实验室、互动案例实验、实验示范中心为核心的实验教学共享环境。“全国高校电子商务与电子政务联合实验室”网络平台创新模式是 2004 年在全国高校发起并共建的，目前已有 30 所成员高校加入。

鉴于电子商务发展推陈出新速度非常快，需要创新能力强，为了对电子商务及相关专业学生创新、创意、创业等能力的培养，国家教育部电子商务专业教学指导委员会于 2009—2011 年连续三年组织举办了“全国高校电子商务‘创新、创意、创业’挑战赛”，期间有 5000 余个作品参加全国地区性竞赛，全国总决赛项目达到 600 多项，优秀作品综合表现出色。

经过电子商务教学领域的多方位努力，2012 年，国家教育部普通高等学校本科专业目录将电子商务列为管理学下的一级门类，实现了电子商务专业从目录外到目录内、再到一级门类学科的发展。与此同时，电子商务在我国也有了长足发展，成为国家经济增长的新动力，与社会和经济发展更加紧密，电子商务专业培养方案的确立更加离不开电子商务实验室的建设。因此，如何基于 Web3.0 时期新的综合性技术，开展创新性的实验，培养电子商务及相关专业学生的创业理念和能力将是此类实验室的未来发展重点，将需要更大力度的支持。

二、实验室建设的指导思想及功能定位

1. 建设指导思想

“电子商务与电子服务”实验室的建设指导思想为：

（1）以“科学研究”为基础。综合信息技术、管理学、经济学等多学科的人才，组

成多个有特色的研究团队，围绕电子商务与电子服务发展前沿热点问题，开展多学科复合交叉的理论与应用研究。

（2）以“社会服务”为导向。结合我省国际旅游岛建设中的相关问题，承担相关项目的科学研究和技术开发。走“政产学研”相结合道路，面向社会、面向市场、面向企业、面向政府提供行业应用、决策咨询和教育培训等服务。

（3）以“开放创新”为前提。加强与电子商务主管部门、行业协会、学术团体、企事业单位的沟通、交流与合作，善于发现实践中的潜在问题，提出创新模式与方法，吸引省内外优秀人才，提高实验室的社会认可度。

2. 功能定位

实验室下的“网络创业实训与教学模拟中心”主要建设原则是为我院乃至我校电子商务及相关专业学生、电子商务爱好者提供教学模拟环境和网络创业平台。其主要功能定位有两个：

（1）以实验教学软件为基础，搭建教学模拟环境，为专业学生提供感知性和认知性教学培养环境。

（2）通过搭建电子商务相关特色实验综合平台，积极带动形成以老师引导下的创业团队，开设项目制的创业设计与实施，形成小型的电子商务创业聚集、讨论环境。

三、实验室的建设方案

电子商务与电子服务实验室的网络创业实训与教学模拟中心主要建设内容分为两块：教学模拟和创新实验，涉及众多模块，如图9.1所示。

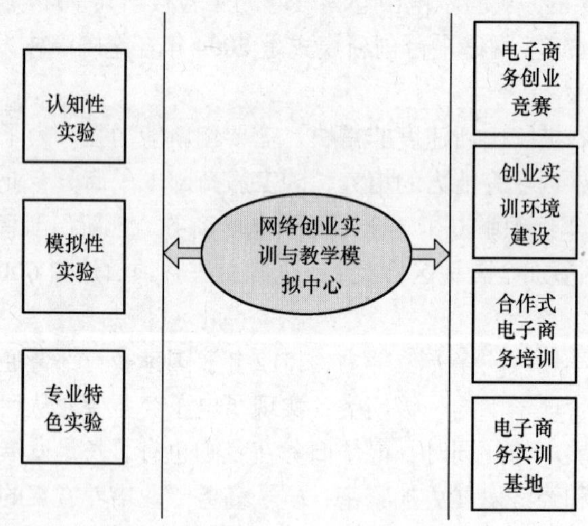

图9.1　网络创业实训与教学模拟中心

1. 教学模拟

教学模拟以教学和培训为主要目标，通过提供认知性、模拟性及专业特色实验为主要方式，为学生提供的一种电子商务与电子服务教学模拟环境，方便学生更深入地了解相关行为活动，为真正的实践打下基础。教学模拟实验室在认知和模拟性实验环境的建设中主要涉及电子商务活动模拟、电子商务技术开发模拟、电子商务运营管理模拟、移动电子商务模拟。教学模拟实验室在专业特色实验方面结合海南国际旅游岛的需求和最新技术的发展，提供基于RFID的农业电子商务、旅游电子商务模拟环境。

2. 创新实验

为了提高研究团队及学生的创新能力，通过建设网络创业实训环境，积极鼓励学生参加各类电子商务创业竞赛活动；通过配备先进的可视化会议系统，学生可以全方位、真实地体验项目展示与汇报相关过程，全程录像跟踪。实验结束后，通过回放录像，学生可以了解自己的表现，增强学习兴趣，提升创业能力。与阿里学院、淘宝大学、用友公司、金算盘集团等企业合作开展电子商务创业实训，如阿里国际贸易电子商务培训、金算盘全程电子商务实训等。同时，围绕海南省国际旅游岛的发展，与众多旅游电子商务相关企业达成实习协议，建成实习基地。

目前，实验室已经购置相关模拟教学软件和创业实验模拟设备，如表9.1所示。

表9.1　教学模拟中心的主要软件模块

主要软件模块	用途说明	相关设备等
物联网应用开发设计实验	物联网应用开发的设计与实现，覆盖RFID高频、超高频、低频	RFID移动数据终端、激光条码扫描枪、RFID读写器、电子标签、证卡打印机、条码打印机等
移动电子商务应用开发实验	移动电子商务应用开发实验的设计与初步实现	IOS开发工作站、IOS智能移动测试终端、Android智能移动测试终端、Windows mobile智能移动测试终端等、移动电子商务开发实训系统等
创业、实训展示与讨论环境	实现对创业实训环境的搭建，包括创业项目讨论环境、展示环境、演练环境等	教学用摄像机、照相机、投影机、学生笔记本、网络存储服务器、网络摄像头等
沙盘模拟对抗	将小组分为多个对抗组，按照一定的教学内容，实现沙盘性的实训训练	沙盘盘板、仿钱币、打折币及相关配套设备等
电子商务综合教学模拟	对电子商务核心教学模块的认知性和模拟性教学实验	电子商务概论实验系统、物流实验系统、市场营销实验系统、市场营销沙盘、移动电子商务开发实训系统等

四、实验室未来可开设的课程及实验

电子商务与电子服务实验室的“网络创业实训与教学模拟中心”首先满足电子商务学生的一些教学模拟实验，目前购置的实验软件可以采用在《电子商务概论》《电子商务物流》《网络营销》《电子商务案例分析》等课程上。学生可以直接通过登陆模拟实验软件实现对认知性或模拟性实验的操作。

“沙盘对抗训练”可以针对电子商务专业学生开展，以特定老师为主导，对学生采用兴趣组或特色训练的形式进行开设。未来将继续拓展ERP等沙盘对抗。

最后，电子商务与电子服务实验室为了更好地服务于电子商务及相关专业的学生，提高并拓展学生的创新、创业能力，未来将采用以老师为主导的“创业项目小组”的形式入驻实验室进行创业实验的模拟、设计、演练。这里的创业小组不局限于电子商务专业，可扩至信息学院的学生，甚至可以开放到整个学校。目前，实验室人员已经针对全校学生开设了《网络技术革新与大学生创业》的公选课程，可吸纳有较多创业的学生。通过多种方式，积极推动创业项目的产生，参加各类创业大赛或促进实质性的创业活动。

9.2 “计算机科学与技术”专业实验室总体规划与建设

计算机科学与技术系 何书前 吴丽华 张学平

一、引言

近年来，国家在信息产业，特别是计算机科学与技术相关产业方面部署了多个重大科研计划，在高性能计算、IPV6 网络、图形和图像、物联网、软件工程、信息安全、云计算等前沿的关键技术研发和产业化已取得了长足的进步。新技术的进步和推广，对计算机人才的培养需求在今后相当长的一段时间内将产生重大的影响。

当前，我们在建设“计算机科学与技术”特色专业中，将计算机专业人才培养目标的定位为培养研究型和工程应用型人才，以工程应用型人才培养为主导，并重视与其他学科之间的交叉，包括软件工程、电子商务和教育技术之间的融合，同时，与海南地方区域信息产业发展相结合，从而形成本专业的特色。当前，各高等学校计算机专业实验室一般分为三类：基础类实验室、专业实验室和创新实验室。其中，基础实验室突出专业基础课程建设；专业实验室侧重于专业方向课程体系设置；创新实验室则为满足学生学科竞赛和科研训练的要求。

二、实验室现状及存在的问题

计算机专业现有实验室主要开设：应用软件开发、高级语言与面向对象程序设计、数据结构与算法分析、数据库类课程、计算机组成原理、操作系统、网络工程、课程设计与毕业设计与论文等课程实践教学任务。同时，该实验室主要可以承担教师应用软件、数据库类、语言类的课程教学改革研究、教学软件开发和学校主办的一些学生竞赛活动。

但是，实验室目前还存在以下的主要问题：

1. “基础实验室”没有形成综合实践体系

首先，没有较高层次的专业硬件设备支持，课程实践环境运行受限制，以至于部分实验课程无法开设；其次，实践教学内容匮乏，几大核心课程（操作系统、数据结构和数据库等基础核心课程）均停留在验证性实验项目设置，没有形成验证性、综合性和创新性的一体化实验体系；最后，计算机类的竞赛均以核心基础课程为基础，基础实验室无法配置与竞赛相配套的信息平台资源，无法培养学生创新能力。

2. “专业方向实验室”建设不成规模，不够完善

目前，计算机专业开设网络工程与软件工程两个方向，未来将扩展至网络安全和移动互联网方向；除了软件工程实验室和网络工程实验室，没有与之配套的软件测试实验室、网络安全实验室、移动互联网实验室、嵌入式系统等，或者说部分的实验课程在现有平台上无法开设。

3. 缺乏学生创新环境

目前，从学院层面和系级层面，均未配备专业的创新实验室；教师指导竞赛缺乏统一规划和组织，学生参与项目或者竞赛活动，各自为政，限制了专业竞赛活动的开展。

4. 实验室开放力度不够，课外自主实验平台待建设

现有的实验室由于缺少实验室开发的管理平台、开放实验室指导的手段与指导师资、实验室开发的管理制度等，因此，实验室没有向学生全开放。

三、实验室建设目标和思路

1. 建设目标

总体目标：在学院实验室建设发展总体规划的基础上，经过五年的努力和建设，把实验室建设成布局合理、管理规范、开放共享的、能完全满足实验教学需要的、具有创新意识的应用性人才培养基地。使实验室上规模、上水平、上层次、上质量，形成特色鲜明、辐射作用大、示范作用强的教学示范实验室。具体目标如下：

（1）树立以学生为本的传授知识、培养能力、提高素质、协调发展的教育理念和以能力培养为核心的实验教学观念。

（2）建立有利于培养学生实践能力和创新能力的实验教学体系，建设满足现代实验教学需要的高素质实验教学队伍，培养高质量的实验技术人才。

（3）建设具备先进的、资源共享的、可以开放服务的实验教学和管理的软硬件环境。

（4）建立现代化的高效运行的管理机制，全面提高实验教学和实验室管理的水平。

2. 建设基本思路

（1）以增强学生的实践能力、创新能力和综合素质为目标，增加综合性设计性实验比重，培养具有创新意识、创新精神和创新能力的高素质人才，使软件工程、网络实验室成为我院学生科技创新、科技实践的重要基地。

（2）加强专业实验室建设，建立网络安全、移动互联网实验室；完善学生创新实验室建设，满足学生科研和创新活动需求，进行学科竞赛训练。完善学生创新实验室建设，满足学生科研和创新活动需求，进行学科竞赛训练。

（3）以实验资源开放共享为基础，实现实验教学资源开放共享，要充分考虑开放实验室对实验室建设和发展的要求。

（4）要创新管理机制，全面提高实验教学水平和实验室使用效益。以实验教学改革为核心，进一步开展实验教学和实验室管理的改革工作，积极推进实验教学手段的改革，把信息技术与实验教学融合，把传统方法与现代手段有机结合，使实验室成为我院实验教学的支柱平台和探索教学改革的重要基地。

（5）以高素质实验教学队伍和先进完备的实验条件为保障，进一步重视实验队伍的建设，特别是实验教师队伍的教学新理念建设，保证实验教师队伍能紧跟现代科技发展的新形势，高标准高起点建设实验仪器设备和实验用房，保证实验教学和改革的正常进行。

四、实验室建设的功能定位

计算机专业实验室的功能可分为三层次，加上一个开放实验室管理平台。图 9.2 所示为计算机专业实验室总体的框架。

1. 第一层次，基础实验室。完成基础核心课程的实践，包括操作系统实验平台，数据结构实验平台和数据库实验平台等。

2. 第二层次，专业方向实验室。完成专业方向课程实践体系的构建。网络工程实验室完成计算机网络、网络安全和网络协议等专业方向的课程实践；嵌入式系统与移动互联网实验室要搭建IOS、安卓、Windows Phone等流行移动操作系统平台和云计算平台。

3. 第三层次，创新实验室。满足挑战杯大赛（大学生创新性实验计划孵化项目）、全国信息技术应用水平大赛（程序设计类）、ACM程序设计大赛、中国开源软件竞赛或全国软件创新设计大赛、微软创新杯设计大赛、全国网络技术大赛或安利杯计算机作品大赛、谷歌移动互联网大赛等专业大赛的学生实践环境和平台。

4. 统一的开放实验室管理平台：实现所有专业实验室的开放实验管理。

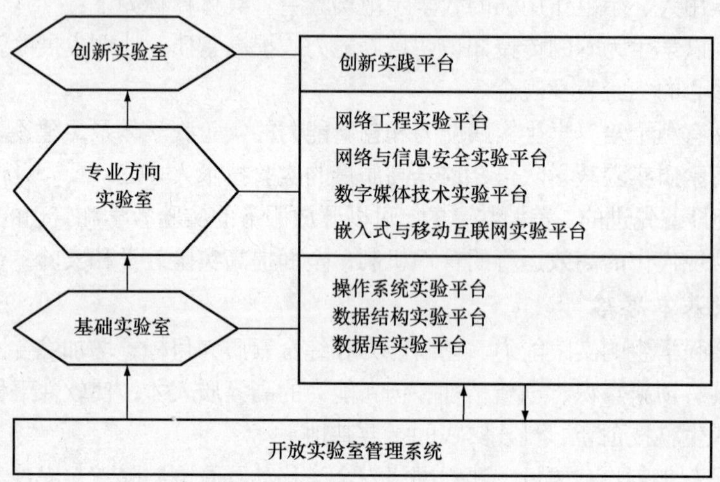

图9.2 专业实验室建设总体框架

推动专业建设的发展，建设特色鲜明的计算机人才培养模式，应加强基础理论学习，突出实践创新能力培养，重视专业素质培训。按照整体布局，重点建设基础实验室和学生创新实验室，条件允许情况下，突出专业方向实验室建设。重点建设网络工程、网络与信息安全、嵌入式系统与移动互联网和数字媒体技术等专业方向特色实验室，形成完整的体系，分步骤完成实验室的建设。

计算机专业属于"工程应用类"专业，实践教学内容应占重要的比重，以"实验项目的任务驱动方法"来解决目前计算机专业动手能力差的问题。解决该问题的关键是实验室布局成体系和实验室的利用率，而增加实验室的硬件投入解决布局问题，实验室开放则是解决实验室利用率的关键。

五、实验室的建设规划

"计算机专业实验室"建设规划是以计算机科学与技术专业培养方案为依据，结合计算机学科特点，分层次建设；根据学校实验室建设经费规划，先搭建整体框架，分步实施，以满足专业实践教学要求、学生创新创业需求和教师科研需要。逐步形成三大专业核心课程组成的基础实验室平台，由网络工程实验室、网络与信息安全实验室、数字媒体技术实验室、嵌入式系统与移动互联网组成的专业方向实验室架构，以及创新实验室创新平台的建设规划路线。专业实验室开设的课程及实验项目如表9.2所示。

表 9.2 专业实验室开设课程及实验项目

层次	实验室名称	功能定位	开设的课程及内容
第一层	专业基础实验室	基础核心课程实践	操作系统、数据结构和数据库等核心课程
第二层	专业方向实验室（专业方向课程）	网络工程实验室	计算机网络、网络管理、网络安全、网络协议、无线网络等专业方向课程
		嵌入式与移动互联网实验室	移动互联网概述、移动互联网开发、嵌入式系统等专业方向课程
		数字媒体技术实验室	数字媒体技术、数字图像处理、视频处理技术、计算机图形学等专业课程
第三层	创新实验室	满足学生学科竞赛训练	满足挑战杯大赛（大学生创新性实验计划孵化项目）、全国信息技术应用水平大赛（程序设计类）、ACM 程序设计大赛、中国开源软件竞赛或全国软件创新设计大赛、微软创新杯设计大赛、全国网络技术大赛或安利杯计算机作品大赛、谷歌移动互联网大赛等专业大赛

1. “基础实验室”建设

完成购置操作系统、数据结构和数据库核心课程的专业实践平台，满足课堂教学和开放实验要求；并通过内部开发，搭建 ACM 国际程序大赛测试系统。

2. “专业方向实验室”建设

网络工程实验室目前已初步成型，与锐捷网络联合建设了 10 组网络技术实验平台，并配有网络安全模块、无线网络模块和网络管理模块，实现实验室全天开放；为进一步满足网络工程方向的培养要求，需增加网络安全、网络协议和无线网络的模块，细化网络工程课程，以开设新的专业课程；在此基础上，建立锐捷网络工程实训基地、锐捷网络学院和国际联合实验室。

3. “嵌入式与移动互联网实验室”建设

以与企业联合办学模式，开设移动互联网方向；以联合投资的方式构建安卓、IOS 和 Windows Phone 移动互联网实验平台。

4. “创新实验室”建设

引入机器人教学平台、智能终端比赛平台、云计算平台等大赛硬件平台，以满足学生各类专业竞赛的环境要求。

5. “开放实验室管理平台”建设

满足学生网上预约实验、网上虚拟实验和教师网上指导评价的需求；购置开放实验室管理平台，整合现有的软件工程、网络工程和信息技术等开放实验平台。

六、实施的具体措施

1. 实践课程内容需要更新

从欧美日等发达国家的人才培养标准及 21 世纪的工程环境来看，工程专业课程内容亟待更新。另外，现代科学技术发展大大加速，知识更新周期缩短，人类知识总量已达到 3～5 年翻一番的程度。知识的更新也要求课程内容及时地做出更新与调整，改变实践教学内容滞后的问题。

2. 课程体系结构需要优化

对于课程体系的结构改革，应该更强调“顶层设计、整体优化”。从人才培养的全局来看，缺乏“顶层设计、整体优化”指导的课程改革，很可能是无序和低效的。那么，当前课程改革的首要任务,就是根据专业培养计划中所拟定的培养目标和学生能力标准，重新审定、合理调整总的课程设置，既做加法，也做减法，明确每门课程在培养计划中的地位和边界，再对具体课程进行改革。学科课程之间，应该是相互联系相互支撑的。在课程体系的建设上，应该强调“问题导向”，问题导向基本上以满足社会需求为主。它是以解决社会迫切需要解决的且带有根本性普遍性的问题为特色。为此，必须打破学科界限，最大限度地综合现有资源，包括科学知识和技术。

3. 理顺理论课程与实践环节之间的关系

除了上面课程体系的整体优化，还应该理顺理论课程与实践环节之间的关系。对于学生的培养来说，计算机专业的工程教育要完成两个方面的任务：一是要教给学生基本的数理知识和专业基础知识，如数理基础、程序设计、电路原理等；二是要让学生尝试像工程师一样思考，形成工程师的思维，包括：设计能力，创造性，理解顾客需求，时间成本，对社会与环境的影响，沟通能力，职业伦理等。同时，实践课程在信息类专业课程体系中具有十分重要的地位，它和理论课程共同构成了大学课程的完整体系。两者既互相联系、又相对独立，是大学课程不可分割的两个组成部分,共同发挥着培养人才的作用。

工程师要把工程工作做好，需要通过学习、经验和实践，通过这三个阶段或三个环节，才能把这个事做好。在做中学，在做中思，让“做”“学”“思”交融。学生的工程设计能力、沟通交流能力、团队合作能力等，都应该自然融入到整个课程体系中。在工程认知模式下，理论与实践之间的结合是一个问题。应该说，理论课程与集中性实践教学环节相结合的办法，在计划经济时代，为国民经济建设培养了大批人才，发挥了很大的作用。目前国际上影响较大的 CDIO 工程教育培养模式，为了加强理论与实践之间、课程与课程之间的联系，实施了一体化课程计划。一体化课程计划是培养个人、人际交往能力以及产品、过程和系统的建造能力的系统方法。

4. 注重综合类实验和工程设计

一个完整的工程系统，有设计开发、生产、销售运行等相互关联的基本环节。工程设计在工程实践循环中处于中心地位，因为它一方面与现实的生产制造和运行相联系，另一方面也与美学和社会伦理道德规范相联系，与比较抽象的数学和物质科学的概念、理论和工程技术相联系。工程的创造性、现实性、科学性和艺术性将集中地体现在工程设计和优秀工程师身上。应该重视工程设计类课程，并体现在具体的课程中。国外工程专业的课程体系中，普遍设有三到四门设计类课程，从概念设计到过程设计较为完整。

9.3 “锐捷网络工程实践实训基地”建设及解决方案

计算机科学与技术系　何书前

一、建设背景及意义

党的十六大明确提出了“以信息化带动工业化，以工业化促进信息化”方针。随着社会信息化进程的推进，计算机网络及信息系统在政府机构、企事业单位及社会团体的运作中发挥着越来越重要的作用。信息化水平的提高在带来巨大发展空间的同时，也带来了严峻的挑战。

随着互联网技术的广泛普及和应用，通信及电子信息产业在全球迅猛发展起来，从而也带来了网络技术人才需求量的不断增加，网络技术教育和人才培养成为高等学校一项重要的战略任务。在学校的信息化建设中，网络建设是最前沿的，因此网络工程实验室的规范建设是当务之急。同时，由于信息系统本身的脆弱性和不断出现的复杂性，信息安全、网络安全的问题也日趋严重，掌握网络安全技术及发展势在必行。

1. 建设一流的网络实验室是产学研相结合的一种重要形式，不仅有利于科研、教学，而且有利于提高学生的动手能力，增强他们在就业中的竞争实力并拓宽就业渠道，为社会输送紧缺型人才。

2. 通过网络实验室的教学和业务培训，使实验中心教师的业务水平大幅度提高，紧跟网络技术发展的最新方向。

3. 基于该实验平台开展一些面向社会进行软件、实验、开发等认证培训或增值服务，向其他行业提供技术交流、课题研究支撑，承担服务于本区域社会人才和信息化建设的任务，从而树立学校在学术界和社会的良好品牌形象。

二、实验室现状分析

目前，学院与锐捷网络公司合作，建立了网络工程实验室。该网络工程实验室是基于学校本科教学需求而设计的，具有专注于实践型实训教学、高效和便捷安全、先进的教学管理平台等无可比拟的优势。

网络工程实验室所承担的实验课程为：《计算机网络技术》《网络与系统集成技术》《网络工程》《网络与信息安全》 和《无线网络技术》等；所使用的主要设备为锐捷网络公司的10组、华为网络公司和神州数码的组网络技术设备（参照网络技术实验配置设备分组）。另外，配置了网络安全服务器和相关资源1套和12组综合布线实验箱；学生计算机为HP计算机，共24台；其中，只有锐捷网络公司提供了实验室管理软件和实验教学资源；其他厂家的设备实践教学以教师参照厂家认证教程修改形成的资源。“锐捷网络的实验室管理系统”提供了在线实际实验的开放功能，满足学生随时随地做实验的要求。

从实验课程的实施过程上来看，该实验室基本能满足计算机网络类课程实验需要，但还存在以下问题。

1. 实验设备及环境

目前，学院网络工程实验室的实验组为16组，配套计算机为24台，存在套数较多，但计算机数量不够，一次能满足24人同时实验。另外，厂家不同，系统不同，造成的配置差异较大，不能同时做实验，最多只能满足10组同一品牌设备实验。

网络设备对实验室的环境要求非常高，包括温度、湿度和灰尘密度等要求。实验室的空调系统未能按要求运行起来，造成实验过程中的问题较多，如，实验室温度过高造成的设备烧坏，湿度问题造成的设备不稳定以及实验室空气质量不好学生无法正常实验等问题。

2. 实验指导队伍缺乏

目前，网络工程实验室担任实验指导的老师为课程主讲老师，在实验指导过程中，由于学生人数较多，导致实验辅导较为困难。

3. 实验室开放困难

目前的实验室“锐捷网络实验室管理平台”尚不可提供100%的实验室开放。

三、实验室建设的指导思想、原则和目标

1. 指导思想

提供真实的网络实训教学环境，满足不同层次实训的需要，提供实训室配套的实训教学系统；实操技能型实训能在实训室完成，解决学生将来就业的通用性问题；网络工程实验室和职业教育认证培训相结合。

2. 建设原则

为达到网络工程实验室建设的目标，综合考虑近几年IP技术的发展和数据承载网络的发展，在设计构建中，应始终坚持以下原则：

（1）高可靠性。网络系统的稳定可靠是应用系统正常运行的前提保证，在网络设计中选用高可靠性网络产品，合理设计网络架构，制订可靠的网络备份策略，保证网络具有故障自愈的能力，最大限度地支持系统的正常运行，使得网络在高负荷情况下仍然具有较高的吞吐能力和效率，延迟低。

（2）标准性及开放性。通讯协议和接口符合国际标准。支持国际上通用标准的网络协议（如TCP/IP）、国际标准的大型的动态路由协议（如BGP，OSPF）等开放协议，有利于保证与其他网络之间的平滑连接互通。方便接入不同厂商的设备和网络产品。在网络中，即使有多个网络并存，采用统一的标准，也能使这些网络融合到一起，实现业务整合及数据集中。

（3）灵活性及可扩展性。根据未来业务的增长和变化，网络可以平滑地扩充和升级，最大限度地减少对网络架构和现有设备的调整。易于增加新设备、新用户，易于和各种公用网络连接，随系统应用的逐步成熟不断延伸和扩充，充分保护现有投资利益。

（4）先进性。学校作为最前沿社会应用学科和就业技能技术传播的场所，要求网络工程实验室要配备最先进的网络设备，能够开展最新技术的学习、教学和实践活动，对网络工程实验室的设备，网络方案的技术先进性要求非常高。同时还应跟踪当前计算机网络和通信技术的最新发展，能够开设一些高水平的网络和通信实训课程。

（5）可管理性。对网络实行集中监测，分权管理，并统一分配宽带资源。选用先进的网络管理平台，具有对设备、端口等的管理，流量统计分析，并可提供故障自动报警。整个网络可以进行远程控制。

（6）安全性。制订统一的骨干网安全策略，整体考虑网络平台的安全性。可以通过各业务子网隔离，全网统一规划IP地址，根据不同的业务划分不同的子网。具有保证系统安全，防止系统被人为破坏的能力。支持AAA功能、ACL、IPSEC、NAT、路由验证、CHAP、PAP、CA、MD5、DES、3DES、日志等安全功能。

（7）综合性和统一性。要求在一个网络工程实验室内完成上面提到的众多网络实训，并且最好是由一个厂家的设备来组建。

3. 建设目标

最终建成一个高水平的综合型网络工程实验室，在其平台上运行多种实训系统，使

其成为满足不同层次教学需要的面向全校学生开放的计算机网络技术实训基地和人才培养基地。网络工程实验室主要用来开展网络实训，其总体设计应当满足各类面向网络实训的需求，因此，完备性是网络工程实验室建设的基本目标。据此我们把建设目标分为以下五个层次：

第一个层次：实训类别的完备。在网络工程实验室中可以做的网络实训有三类：网络"双师"教师实训、网络教学实训和网络培训实训，具体实训类别与功能如表 9.3 所示。

表 9.3　三类网络实训类别

	实训类别	实训的功能
1	网络"双师"教师实训	
2	网络教学实训	面向日常教学的网络实训
		面向综合的毕业或课程设计的网络实训
3	网络培训实训	以学生"双证"网络职业认证的认证培训体系为基础

第二个层次：实训模拟情境的完备。网络的实际建设有一大特点，就是网络线路的复杂性及协议的多样性。为了能够给师生提供最好的实训效果，要求网络工程实验室尽可能多的模拟这些复杂环境。在网络工程实验室的构建中，要能够模拟宽带数据城域网及大型园区网的组网方式和业务思路，并可以构建多种类型的局域网、广域网及相关网络应用。

第三个层次：实训功能的完备。建立一个适应计算机网络技术发展的、覆盖各个层次教学和实训要求的公共实训中心，在高速网络组建、网络管理、网络设计、网络安全、网络应用等层次提供全面的实训环境，通过一系列的验证型、综合测试型和技能型实训，使学生掌握计算机网络技术的实训技能，强化对所学知识的理解，并且通过最先进的技术把数据、语音和视频业务整合在一起。

第四个层次：实训布局的完备性。在实训室中完成从边缘的接入层、汇聚层、核心交换层、广域网络整个网络体系的实训。

第五个层次：效益的完备性。不仅可以实现"双师"教师教学的社会效益，还可以实现经济效益。为了网络工程实验室的自身可持续的发展，和充分利用设备资源，在建设网络工程实验室的同时，就要寻找一个合作伙伴共同建立网络认证培训分院，开展网络认证培训。

四、实验室建设方案

1."锐捷网络工程实验室"的解决方案

随着网络工程教学实验需求量的增长，网络实验室的管理、网络实验组合及相关实验资料的配套等都成为网络实验室建设的关键问题。为此，锐捷网络率先在业界推出的以 RACK 实验台为网络实验基本单元的实验室设计理念，在高校网络工程实验室的建设中得到了成功应用，同时在 RACK 实验台的这个基本单元上，锐捷网络还帮助中国高校实现了现代意义上的技术最先进、人们最关注、未来最热门的网络实验模拟环境。

针对网络工程实验室的现状，锐捷网络率先推出"RACK 项目情景式实训台"为网络实训基本单元的实训室设计理念。在网络实验室的建设中，锐捷网络实验室解决方案是把实验室分为教师区域、学生区域和实验的 RACK 实验台区域。锐捷独有的 RACK

实验台设计分为三类：标准实验台，无线综合实验台，安全、IPV6 综合实验台，学校可以根据实际需要来有针对性地选择实验台的组合。

网络工程实验室建设共分为七类，即提供一个“项目情景教学法-模块化实训台”，该模块化实训台的具体模块组合如表 9.4 所示。

表 9.4　“项目情景教学法－模块化实训台”的具体模块

分类	模块名称	实训、实验项目
1	标准实训台	基础实验台+路由、交换技术实验
2	功能实训台 A	标准+VOIP 实验模块
3	功能实训台 B	标准实训台+安全实验模块
4	功能实训台 C	标准实训台+无线实验模块
5	功能实训台 D	标准实训台+网管实验[未配置]
6	功能实训台 E	标准实训台+IPV6 实验模块
7	功能实训台 F	标准实训台+存储实验模块

其中：着重讲解安全中加密技术、防火墙技术、VPN 技术、无线接入安全和入侵检测技术，通过一个个具体的网络实训案例来论述每一种安全技术在大型网络的应用和实施，让学生在掌握每一种技术的基础上了解网络安全的整体架构和综合使用。

2. 本实验室的解决方案

学校可以根据实际需要选择实训台，本次方案中配置了 10 组标准实验台，另外还配置了存储、无线、安全、VPN、认证等多个实验模块，今后还可以无缝扩展其他模块。

整个实训环境都是模拟当前最新的网络技术应用环境设计，不但能满足目前网络技术实训室需要，而且后期可以进行平滑升级，通过添加部分网络设备和模块来组建更为复杂的网络技术实训室，为学生提供更多的实训内容，实现更复杂的网络实训。

3. 服务器设计方案

建议采用三种操作系统的服务器来完成计算机系的应用需求和实训需求。

（1）采用专用的 PC 服务器（不需要高档次的），安装 Windows 2003 系统，安装 IIS 组件，用来完成 WWW 服务的功能。可以按照需求，安装不同的组件，来提供更多的功能，如：路由、ftp、web、视频服务器等。

（2）采用专用的 PC 服务器（不需要高档次的），安装 Linux 系统，MySql 数据库以及启用 DNS 功能，用来做实训室的域名解析服务。启用 Wu-FTP 功能，提供 FTP 服务。根据需求可安装大量的免费软件来实现 SSH、电子邮件、web 服务、新闻服务器、DHCP 服务、DNS 等功能。

（3）使用高配置的专用服务器，安装 Solaris X 系统，以及 Qmail 系统，提供 Email 的功能。根据需求可安装大量的免费软件来实现 SSH、电子邮件、web 服务、新闻服务器、DHCP 服务、DNS 等功能。（服务器的成本较高，根据需求配置）

4. 使用“RG-LIMP 实验室综合管理平台”

RG-LIMP 是锐捷网络针对实验室行业开发的一款网络实验室管理系统。该系统基于目前流行的 J2EE 架构开发。RG-LIMP 采用 B/S 的软件架构，基于 WEB 浏览器访问，可以实现“Any where、Any PC”的管理和使用，是集高性能、高稳定、高安全、高易用性、贴近业务、功能强大等特性于一身的管理系统。

RG-LIMP 提供了实验学生、实验设备、实验资料、实验课程、实验结果于一体的管理功能。能够有效控制实验学生行为、自动分配和控制实验设备、方便地分发实验资料；帮助老师合理地安排实验课程。通过图形化的界面，学生可以在任何地方通过浏览器访问系统。此外 LIMP 还提供了一个强大的实验结果管理机制，设置可以让老师在家里处理学生的作业和实验报告。

目前，学院网络工程实验室所承担的实验课程为《计算机网络技术》《网络与系统集成技术》和《网络工程》等，若进行了服务器和教学管理平台资源更新，本实验室可以开设的课程有《服务器管理》《网络安全与管理》等课程，同时，锐捷网络安全教学实践平台，可作为教育部组织的全国大学生信息安全大赛的参赛平台。

5. 成立“锐捷网络工程实践实训基地”（锐捷网络学院）

向学校申请成立“锐捷网络工程实践实训基地”；与国内高校建立锐捷网络联合实验室，并向锐捷网络认证中心提出申请成为锐捷网络学院，锐捷网络认证中心将按照相应的规定为锐捷网络学院提供周到的教学服务和支持。

五、结束语

总之，结合师范院校计算机专业的专业特点和目前企业对网络人才的需求，我们对师范类院校的网络工程实验室的建设提出了组建综合型网络工程实验室的概念，一方面构建网络技术相关课程的综合实践教学平台,满足工程应用型本科人才的实践教学要求；另一方面注重产学研结合，与企业、兄弟院校结合，实现应用与资源共享，在提高教师科研能力和教学能力的同时，增强学生的就业竞争力。

9.4 “网络与信息安全”课程实验教学研究与解决方案

计算机科学与技术系　张　瑜

一、引言

随着 Internet 技术的发展，网络安全威胁形势已日渐严峻，网络安全问题已成为网络用户必须面对的问题。从现实层面来说，这要求计算机相关专业学生必须熟练掌握网络安全理论与技术。随着社会信息化进程的不断加快推进，社会对计算机应用技术、网络安全与管理等高层次人才需求也不断增加。从人才培养层面来说，网络安全技术也成了 21 世纪计算机及相关专业大学生必备的专业技能,这对计算机及相关专业大学毕业生的网络安全技术水平的要求也提到了新的高度。因此，国内很多高校的计算机相关专业均已开设了网络安全技术课程。

鉴于此，我们结合海南师范大学的办学定位和海南地区的网络安全人才培养的要求，通过实验、课程设计和毕业设计等各个实践环节有效配合和衔接，在计算机网络工程方向实践教学体系下加强网络安全的实践能力，提高学生的应用及管理水平，通过实验来理解理论知识，通过实验来加强理论知识，并提出一整套行之有效的网络安全实验教学解决方案。

二、网络安全技术及实验教学现状分析

网络安全技术是以计算机技术为核心，涉及操作系统、网络技术、密码技术、通信技术等多种学科的综合性学科。教学内容主要包括：数据加密、计算机病毒与防治、黑客入侵技术、网络协议安全、防火墙技术、入侵检测技术和计算机取证技术等。可见，网络安全技术是一门实践性很强的课程，必须通过实验来加深学生对理论知识的理解和掌握。因此，网络安全技术实验教学对于培养学生的创新精神和实践能力有着独特的不可替代的作用。

鉴于网络安全技术课程的实验教学的重要性与突出作用，国内的很多高校教师对于网络安全技术的实验教学也开始进行了相关研究与探索。谌黔燕等人对网络安全课程中的实践教学进行了研究与探索；汪北阳[8]对网络安全实验教学的方法进行了研究；廉龙颖]对网络安全技术的实验教学过程进行了系统研究；陈荣赏等人对应用型本科院校的网络安全课程教学进行了研究；姚罡等人]对网络安全实验教学的改革模式进行了探索与研究。

上述研究从不同层面不同视角对网络安全技术的实验教学进行了研究与探索，但缺乏整体性、系统性和针对性，没有结合各高校的办学定位和区域优势，导致未能较好地构建面向应用和服务理论的网络安全实验教学体系。

此外，国内高校网络安全技术实验教学模式仍以授课或简单孤立的实验为主，从而导致实验教学缺乏整体性、系统性和针对性。这样的教学模式存在以下问题：

1. 偏重理论知识的传授，不太强调实践能力的培养。

2. 实验内容单一，而且彼此相对独立。网络与信息安全是一个整体概念，必须培养专业技术人员的整体安全意识，专业技术人员必须具有综合的安全技能。

3. 不强调实验环境的真实性。现实的信息系统环境不允许专业技术人员出现失误，真实的实验环境将有助于培养学生的安全意识。

如何创建实验环境，如何选择适合学生的实验内容，如何更好地将理论教学的知识点有机地融入到具体的实验中去，如何对学生进行网络安全实验考核，使学生不仅能够通过实验理解和掌握理论教学的内容，还能通过实验了解和掌握一定的工程技术知识，培养和锻炼学生的分析能力、综合解决问题的能力和实际动手能力，就成为我们在网络安全技术实验教学研究中的主要问题。

三、实验教学解决方案

1. 建设目标

通过研究网络安全技术实验教学过程中的重要问题，即实验环境的搭建、实验内容的设置、实验方法的革新和实验考核的改进，提出一整套行之有效的网络安全实验教学解决方案，建设一个满足网络安全技术教学要求的实验教学体系，使得网络安全实验教学充分融合理论教学的重要知识点，打破理论教学的课程界限，更好地体现学科的综合性，更多地面向工程实际，使教师通过实验教学能够真正培养学生的独立思考能力、综合运用能力、实际动手能力、发明创造能力和团队协作能力，从而提高学生分析问题和解决问题的能力。

2. 建设内容

本方案研究和建设内容主要包括：①实验环境的搭建；②实验内容的合理设置；③实验方法的改革创新；④实验考核的有效实施。相关内容如图 9.3 所示。

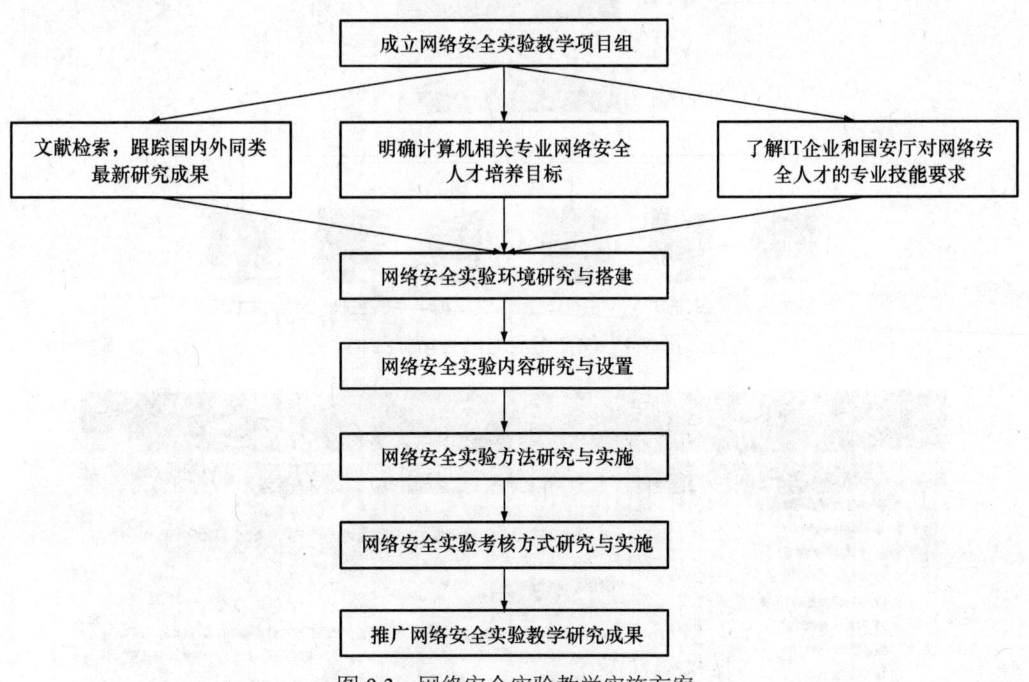

图 9.3　网络安全实验教学实施方案

（1）实验环境的搭建

没有相关的实验环境，网络安全技术实验根本无从下手。因此，网络与信息安全实验环境的搭建非常重要。在实验环境搭建上，主要考虑以下两方面因素：①实验室计算机应具备真实的网络环境；②网络安全实验具有攻击性和破坏性。为此，我们建议从硬件与软件两方面进行建设。

在硬件方面，需搭建一个网络环境。为此，需要购置服务器、路由器（包括无线路由器）、交换机、计算机等硬件设备。在软件方面，为兼顾科研与教学需要，需购置一个网络与信息安全实验平台。考虑到目前及未来的科研教学需求，该实验平台应包括如下模块：

① 网络攻防模块。主要包括网络信息收集、漏洞扫描、漏洞利用、提升权限、入侵检测、网络后门、计算机取证、蜜罐蜜网、缓冲区溢出等。

② 病毒攻防模块。主要包括文件病毒、脚本病毒、宏病毒、网络蠕虫、Rootkit、病毒分析等。

③ 密码学及应用模块。主要包括对称密码、非对称密码、Hash 算法、PKI 技术、信息隐藏等。

④ 无线安全模块。主要包括 Wi-Fi 基础应用、Wi-Fi 安全分析等。

鉴于上述需求，我们建议购置诸如“中软吉大”网络信息安全教学实验系统作为此类的实验平台。该实验平台集硬件与软件为一体，硬件组成与网络拓扑结构如图 9.4 所示，信息安全实验软件工具如图 9.5 所示。

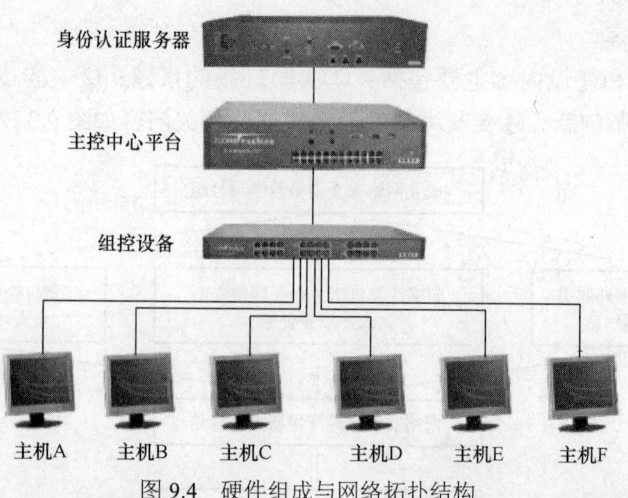

图 9.4　硬件组成与网络拓扑结构

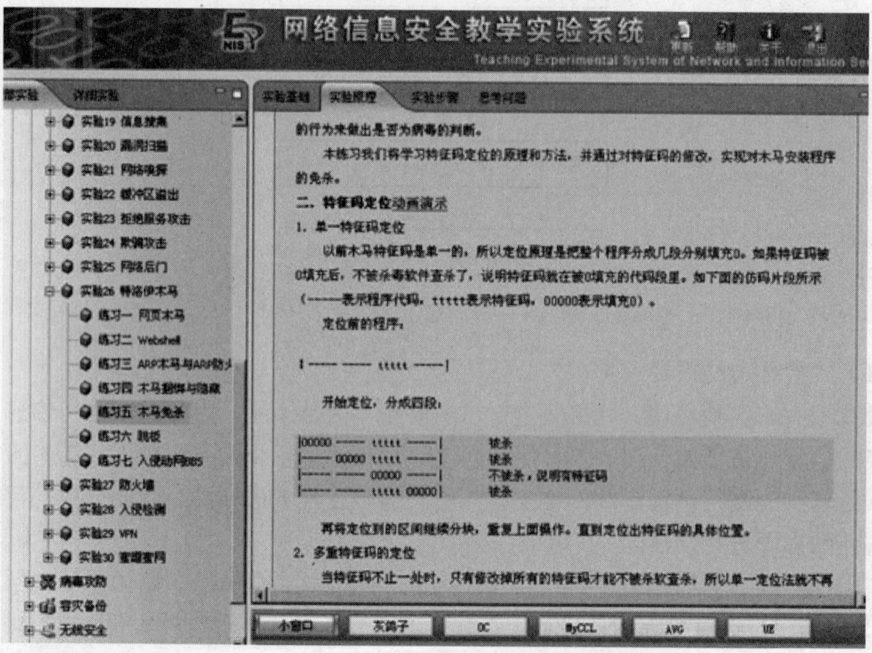

图 9.5　网络信息安全实验软件系统

（2）实验内容的设置

为体现网络安全技术实验教学的基础性与创造性，实验内容包括：基础性实验、研究创新性实验。

① 基础性课程：实验目的是培养学生的专业基本技能，使其能够适应社会对于网络安全专业人才的需求。为了体现知识点之间的联系，该部分实验采用模块化的内容设计方式，主要包括：网络攻防实验、病毒攻防实验、密码算法实验三个模块，不同模块间的内容相对独立。同时，在实验项目的设计上选择一些综合运用各类安全技术的对抗性实验。对抗性实验既可激发学生的兴趣，又能提高学生灵活运用所学知识来解决实际问题的能力。

② 研究创新性实验：要求学生综合应用多门课程的知识，针对某些有创意的想法，

在教师指导下完成设计和实现工作，帮助学生提高创新意识和创造能力。创新提高型实验内容来源于教师的科研项目、学生的自主科研选题、社会实践活动和企事业应用需求，实验内容是不断变化的。例如：无线网络攻防、计算机取证系统设计与实现、Rootkit检测技术、病毒扫描引擎设计与实现等。

（3）实验方法的改革

实验方法主要采用：引导而不具体指导、分组实验、列参考资料，供学生自学。

① 引导而不具体指导：为了更好地培养和锻炼学生的独立工作能力和创造性思维能力，在实践教学中，我们采用引导而不具体指导的实验方法，没有给学生具体的实验方法与步骤，也不要求学生按某个固定方法步骤进行实验，而是根据实验目的给学生提供了一个框架性的实验指导和一个简略的参考步骤，供学生参考。让学生去完成每一步的具体内容，这样就为学生充分发挥主观能动性留下很多空间。

② 分组实验：分组实验的组织和计划内容包括：确定实验完成的计划进度表；明确每位组员要完成的工作；定期组织组员讨论实验中遇到的问题并共同确定解决方案；及时与指导教师联系并获得教师的指导等。这种实验方式摆脱了学生在实验过程中的孤立性和被动性，使学生可以通过相互交流讨论开拓视野，提高动手动脑的兴趣。同时也锻炼了学生的组织能力、交流能力和协作能力。

③ 列出参考资料，供学生自学，以培养学生检索信息能力和自学能力，开拓学生视野。由于网络安全实验涉及较多的安全和工程知识点，同时，由于不同的硬件生产厂家的硬件在结构和配置命令方面都不相同，组网方法也各有千秋，学生会在初涉实验时感到无从下手。为此，我们除在实验指导书中说明了实验预备知识外，还列出了相关参考资料，让学生通过资料的查询、收集完成相关的实验内容，从而培养学生的学习能力和资料检索运用能力，开拓学生的视野。

（4）实验考核的实施

实验教学的考核，既是保证实验教学质量的必要条件，也是检验实验教学质量的主要方法。学生以个人的实验报告或程序代码作为任务完成网络安全实验，教师对其进行相关考核。教师不能简单批改后就置之不理，对好的成果应进行展示、交流、讨论、分析、评点，要不吝啬鼓励的话语。由于我们的网络安全实验项目大多是小组协作完成，因而要重视小组评价，只有当小组所有成员都达到目标时，才算获得成功。这种共同的目标促进了学生互相帮助，培养了学生的团结协作意识和能力。

四、总结

本方案结合海南师范大学的办学定位和海南地区的网络安全人才培养的要求，通过实验、课程设计和毕业设计等各个实践环节的有效配合和衔接，通过实验来理解理论知识，通过实验来加强理论知识，并提出一整套行之有效的网络安全实验教学解决方案。内容主要涉及：①实验环境的有效搭建；②实验内容的合理选择；③实验方法的改革创新；④实验考核的有效实施。整个网络安全实验教学体系以提高实践能力、增强综合应用知识、解决具体问题的能力为目标，以加深基础知识、增强综合应用知识能力、提高创新研究能力为主线进行构建。这对计算机相关专业的建设和培养合格的网络与信息安全人才具有重要而现实的意义。

9.5 “嵌入式与移动互联网”课程实验教学研究与解决方案

计算机科学与技术系　邓正杰

一、引言

嵌入式系统是目前发展非常快速的一个方向，它融合了计算机软件、硬件技术,通信技术和微电子技术，应用前景非常广泛。高校开设嵌入式系统方向课程并进行嵌入式系统实验，对于培养学生的软硬件开发能力、工程实践能力有非常重要的作用。嵌入式系统的一个主要分支——移动互联网，基于嵌入式系统的可移动性，把移动通信和互联网两者结合起来，成为一体。当前，嵌入式与移动互联网实验室将服务于两项实验研究：拥有特定功能的单个嵌入式系统研究与设计、拥有通信网络功能的移动终端互联的系统研究与设计。

嵌入式系统正在迅速发展。可移动通信的嵌入式系统形成移动互联网，可使用到大量的实际应用中。嵌入式与移动互联网实验室就是为了进行嵌入式系统和移动互联网相关教学和科学研究而建设的。本文分析了当前这两个方向的现状、实验室应有的服务内容，并提出实验室建设的规划。针对实验室相关课程的开展，提出一些辅助方式。然后，讲述当前实验室的现状与问题，并列举出需要采购的设备清单。最后，是对本实验室建设的总结与展望。

二、嵌入式系统及发展趋势

嵌入式系统，首先作为一个系统，它根据一个固定的计划、一个程序或一系列的规则，处理执行一个或多个工作之方法，系统也可以是根据计划或程序来整合所有硬件的协同工作。例如：手表、洗衣机、汽车电子、电脑（含 OS）。具有通信功能的可移动嵌入式系统，当接入到互联网上，就可跟其他终端互相连接、传播信息、互动。嵌入式系统一般是由硬件与软件所构成的一个元件，处理一些不需由人们来操作且特定的一些功能。融合软/硬件技术、通信技术与半导体微电子技术，是信息技术 IT（Information Technology）之最终产品。

从应用之层面，根据 IEEE 的定义，嵌入式系统是“控制、监视或者辅助装置、机器和设备执行的装置”，也可说是软件与硬件的综合体。它以应用为中心、以电脑技术为基础、软件硬件可随需要而更新、适应应用系统对功能、可靠性、成本、体积、功耗严格要求的专用电脑系统。

嵌入式系统主要区分硬件与软件两个部分，其架构如图 9.6 所示。

其中，嵌入式操作系统和应用软件与一般性的 PC 有很大的区别，要实现特定功能的应用。

现在嵌入式操作系统的一个主流方向是基于 Linux 开发出来的。嵌入式 Linux 内核核心可以分为六部分：进程管理，内存管理，文件系统，程序间通信，网络，设备驱动。这六个部分间之关系，如图 9.7 所示。

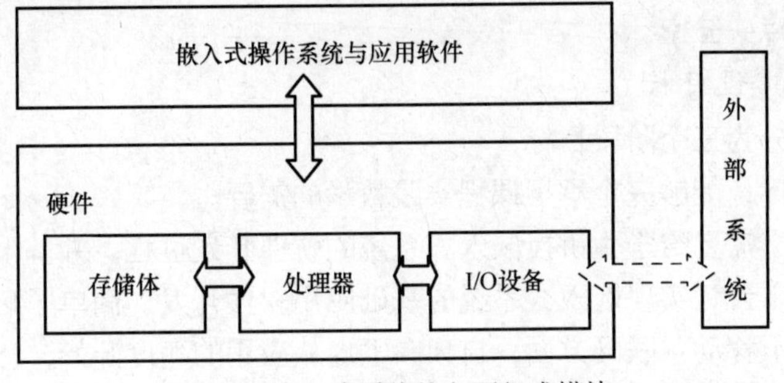

图 9.6　嵌入式系统的主要组成模块

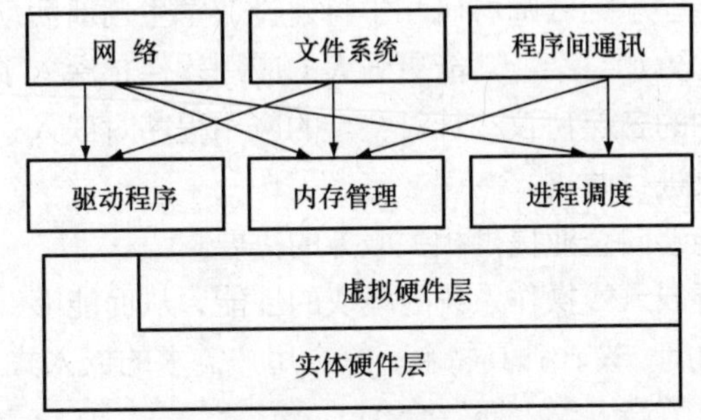

图 9.7　典型嵌入式操作系统组成结构

而移动互联网研究，除了立足于嵌入式系统技术，还有3G/4G、WIFI、GPS、Web2.0等。另外，现在主流的嵌入式操作系统Android，不仅有Google的长期支持，而且由于其开源性，有众多的硬件厂商和运营商的支持，现在已经有了大量的免费软件。当然，若要实现自已特定的功能，还是需要学习相应的开发技术，并量体裁衣地实现。

三、实验室现状及存在问题

目前，本实验室拟开设的实验课程为《ARM体系结构和编程》《嵌入式实时操作系统》《嵌入式系统设计与开发》和《移动互联网应用开发》等；所使用的主要设备为武汉创维特公司的嵌入式技术实验箱和FriendlyARM开发板，各有11套。从课程实验的要求上来看，本实验室存在如下问题：

1. 实验设备缺乏部分功能模块。目前，我院嵌入式技术实验室的嵌入式技术实验箱缺乏通信模块、FPGA模块等，导致课程实验中部分实验无法进行，严重影响了教学效果。对于移动互联网，现在还未有相应的硬件实验设备。

2. 实验室环境。目前，本实验室缺乏多媒体教学环境，不利于实验教学开展。

3. 指导教师。嵌入式与移动互联网方向发展迅速，需要给教师提供相应的培训机会，以了解当前发展现状、最新技术的使用等。

四、实验室的解决方案

嵌入式系统和移动互联网是我院重要的专业方向课程，旨在培养学生掌握扎实的计算机科学、嵌入式系统、网络工程和软件工程的基本理论和知识，具备从事嵌入式系统和移动互联网系统的分析、设计、开发、管理和维护等工作的能力。本实验室的建设应紧紧围绕课程的建设指导思想，力争把本实验室建设成为既满足课程实验，又满足科学研究的综合性重点实验室。

1. 实验室建设目标

实验室建设分为三个阶段目标：

第一阶段目标：能够完全承担课程实践教学的需要。

在该阶段中，需要给学生讲授嵌入式系统的软件开发过程，并基于硬件实验箱以及相应的软件开发平台，实现嵌入式系统的基础应用软件开发，简单了解嵌入式操作系统的整体架构。对于移动互联网方面，自顶向下地从应用的角度开始，让学生思考应用如何开发，并使用相应的软件进行实现。

第二阶段目标：能够承担教师科研和学科建设，学生创新活动的需要。

在该阶段中，开发更加复杂、功能更强大的应用软件；深入了解嵌入式操作系统的各个模块、移动互联网的各层协议；针对特定的应用程序对嵌入式操作系统的模块进行性能分析，尝试对模块进行改进。

第三阶段目标：能够向企业提供相关服务的需要。

在该阶段中，分析嵌入式操作系统的模块的性能，从而能够针对特定应用进行操作系统裁减；从应用的角度，设计独具特色、符合用户需求的嵌入式系统、移动互联终端；和相关企业联系，寻求“产、学、研”合作。

2. 多样化的辅助教学方式

相关课程36个学时，讲课、基础实验和综合实验各占1/3。此外，还可进行一些辅助学习的教学途径。

（1）开辟与课程配套的论坛。借助现在发达的网络，作为理论课堂的有益补充，教师可在论坛上发布各种课程信息、辅助读物等，并且还可以便捷、迅速地和学生讨论、答疑。学生也可在论坛上相互讨论，共享资源信息，活跃学习气氛。从长远来考虑，还可以不断地积累学习资料、问题和解答，可供其他学生、以后的学生进行自学、参考。

（3）鼓励学生遇到问题上网查找资料。互联网就像一个庞大的知识库。书本的知识是经过不断验证、总结的结果。嵌入式系统和移动互联网正处于迅速发展阶段，会经常出现新概念、新技术。若要了解它们最新的问题和解答，往往可以在互联网上找到。另外，通过网络，可以找到一些在做同样研究的学者，可以和他们进行交流，进一步拓宽视野和加深学习的深度。

（3）举办嵌入式系统技术讲座。邀请来自其他高校或研究单位的成果突出的学者、各大公司企业的技术人员来做报告，使学生能够接触到最新的知识和实用的技术，并了解社会对人才的具体需求。

3. 需购置的实验室设备清单

为保证相关课程实验教学和科研实验的正常进行，目前本实验室急需购置新设备，所需购置设备如表9.5、表9.6所示。

表9.5　　嵌入式系统相关添置设备清单

序号	设备名称	品牌	数量	单位	单价（元）	总价（万元）
1	FPGA扩展模块	武汉创维特	11	个	400	0.44
2	GPS扩展模块（含天线）	武汉创维特	11	个	450	0.495
3	GPRS扩展模块	武汉创维特	11	个	600	0.66

续表

序号	设备名称	品牌	数量	单位	单价（元）	总价（万元）
4	USB 摄像头	武汉创维特	11	个	200	0.22
硬件设备小计（万元）						1.815
5	新购置扩展模块安装费					0.3
总计（万元）						2.115

表 9.6　移动互联网相关添置设备清单

序号	设备名称	品牌	数量	单位	单价（元）	总价（万元）
1	EMB9G45 实验箱	深圳英蓓特	1	个	8000	0.80
2	3G WCDMA 模块	深圳英蓓特	1	个	800	0.08
3	CAM 摄像头模块	深圳英蓓特	1	个	300	0.03
4	GPS 模块	深圳英蓓特	1	个	500	0.05
5	GPRS 模块	深圳英蓓特	1	个	500	0.05
6	蓝牙模块	深圳英蓓特	1	个	100	0.01
7	Wi-Fi 模块	深圳英蓓特	1	个	200	0.02
硬件设备小计（万元）						1.04
8	ARM Realview MDK 开发套件					0.04
总计（万元）						1.08

其中，表 9.6 中给出移动互联网具体购买的套数，可以根据开课时学生人数来确定。

五、结束语

该建设方案以本科教学为中心，兼顾科学研究的需要，注重提高学生工程实践、创新意识和科技创新能力，以培养系统设计应用型人才为目标。希望能够购买相应的设备，并为教师提供培训机会，从而使本实验室发挥其作用。

9.6　软件工程实践能力“分层次、阶梯式”教学解决方案

软件工程系　韩冰

一、问题分析

实践教学的目的就是让学生通过实践，巩固知识，培养实践技能，提高综合素质。软件工程专业原有的实践教学体系中，主要以课程实验，课程设计和见习实习为主，但其中存在着课程脱离、技能培养不统一、不连贯以及缺少就业技能训练等问题。为了更好地实现教学目标，软件工程系将以培养学生“职业技能”和“工程意识”为中心，采用“系统化、分层次、阶梯式”的实践教学模式，辅以校企合作的方式逐步加强学生实践能力和创新精神的培养，加深理论知识的理解和贯通的同时，进行综合利用，并积累一定的实际项目研发和项目管理经验，最终达到学院的人才培养目标。

二、人才培养目标和指导思想

1. 人才培养目标

软件工程专业，培养掌握计算机科学及软件工程专业基础理论，具备一定的系统软件和应用软件的分析、设计和开发的能力，具有创新、创业意识和团队协作精神，能适应技术进步和社会需求变化的高素质、实用型、具有国际竞争能力的软件工程专门人才。具体素质要求如下：

（1）掌握软件工程的知识与技能，具备软件工程师从事工程实践所需的专业能力。

（2）知识获取能力：具备终身学习能力、信息获取能力、适应学科发展的能力等。

（3）知识应用能力：具备需求分析和建模的能力、软件设计和实现的能力、软件评审与测试的能力、软件过程改进与项目管理的能力、设计人机交互界面的能力、使用软件开发工具的能力等。

（4）创新能力：在基础研发、工程设计和实践等方面具有一定的创新意识和能力。

2. 指导思想

从“面向工程、遵循规范、熟知领域、擅长交流”的培养目标出发，将企业对软件人才的需求融入到学院的教学教育过程中，注重对学生的实践能力和综合素质的培养，缩小人才培养和企业用人需求之间的差距。

软件工程专业采用“面向需求、突出特色、强调工程、分流培养”的指导思想，积极构建多样化的软件工程人才培养模式，并按学生未来发展目标构建专业方向课程模块，强调培养学生的专业技术技能和解决实际问题的能力。总体上按三个阶段进行培养：

（1）第一阶段：以理论教学为主的专业基础知识的学习，重点是夯实基础；此阶段的工程实践重点是巩固程序设计核心课程知识，培养学生的技术应用能力。

（2）第二阶段：集中学习软件工程知识，同时学习数据库、编译技术、面向对象分析与设计等基础技术，注重理论与实践相结合；此阶段的工程实践重点是软件开发和软件工程技术的应用方面。

（3）第三阶段：以专业方向为主的专业知识学习与综合实践训练，强调学生的动手能力、创新意识的培养和学生的个性发展与素质提高；此阶段的工程实践重点是强化学生的软件工程综合素质和职业综合素质，在完成毕业设计论文的同时，提升就业竞争力。

三、实践能力层次培养模式

实践能力层次培养模式分为三个阶段，项目难度和规模、行业和领域深度逐步提高，从个体的开发技术、工程意识，到团队的工程管理和协作开发技能，从编程任务和算法设计到行业领域项目研发，从多个维度加强实践能力和创新精神的培养，逐步达到学院的人才培养目标。实践能力层次培养体系中的具体内容和要求，如图 9.8 所示。

在各阶段的工程实训实践中，可选择难度、规模、行业、涉及课程等不同的实践项目，学生也将在行业领域、工程管理、IT 技术等方向上逐步提升，逐步过渡到严格的企业管理环境中，与市场接轨。在实践过程中，将按照详细的项目计划严格执行，包括案例式课程教学计划、项目进度计划等，同时遵循项目管理规范和有关的管理制度，学生将体验多个角色分工和团队合作，体验多次迭代的开发过程，完成项目研发和工程实践技能的提升。

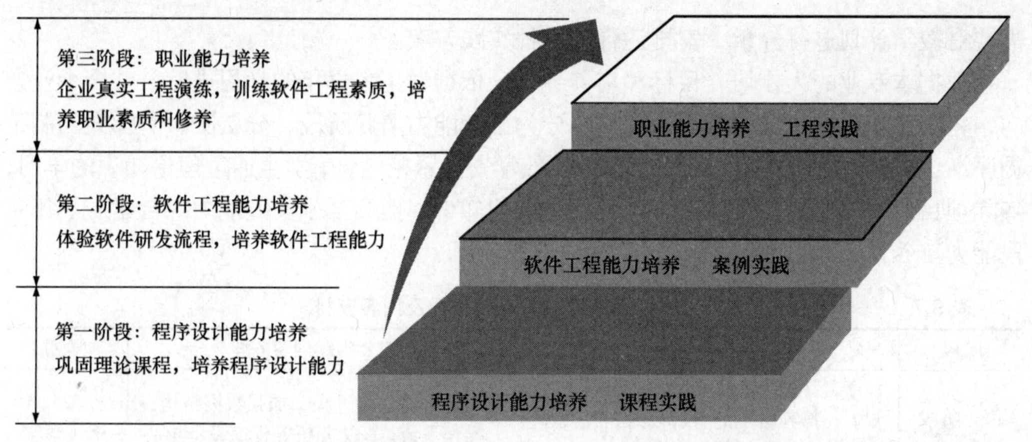

图 9.8　实践能力层次培养体系

为了能够更好地贯彻各个阶段的能力培养，可以采用“校企合作”的方式，将企业的工程经验和工程案例引入实践教学中，结合专业本身的培养目标，充分发挥学校的教学资源和企业的工程资源，将学生学习和企业需求相接轨。通过实际工程项目再现的方式加深对企业的认知，增强学生的学习兴趣，提高学习质量和实际操作能力，为学生今后的就业打好基础，提高就业竞争力。

四、实践能力层次培养方案

1. 方案制定原则

信息科学技术学院对学生的培养重在“技能培养”和“工程意识培养”，通过工程实践（工程实践是载体），可以达到“技能培养”和“工程意识培养”相互协调的培养目标。总体原则突出强调以下两个方面：

第一，实践能力层次培养方案以实践能力的逐步提升为主线，以综合能力的提高为目标，分层次、分阶段，一个阶段一个台阶。取消原有以课程实验加分散式的课程设计为主的实践教学方式的模式，代之以“课程实验+能力集中培养式”的综合实践的教学模式。综合实践的开展则以项目研发为主线，以项目管理过程为主导，结合理论教学内容，进行“技能培养”和“工程意识培养”。实践的内容也主要包括专业技能、工程知识等内容，同时体验企业的项目研发氛围和职业要求，培养团队协作沟通能力和创新能力，积累实践项目经验。

第二，实践能力层次培养方案紧密结合信息科学技术学院的人才培养目标和行业需求，根据每学年教学安排，按年级制定循序渐进的综合性实践内容，分层次、阶梯式培养实践和创新能力。从业界最新的开发工具、编程实践开始，到加强个体软件过程和专业基础核心技术的训练，再到软件工程、项目管理过程、软件开发设计技术等中小型项目实践，最后再通过一个较大的项目开发，加强软件工程、项目管理、开发设计技术和团队协作沟通能力，在工程实践中加强基础理论知识，掌握软件工程方法和最新技术，加强实践能力和创新精神，培养出具有较强实用性和竞争力的软件人才。

2. 实践能力层次培养阶段的目标及内容

按照学院的教学计划和课程情况，以学年为阶段，每学年教学任务的侧重点不同，需要对教学计划进行分析，安排适合的工程实践方案。

根据本专业的人才培养目标和培养计划，依据学生各学年的学习进度，结合专业方向，将学生本科四年依据能力培养目标分为三个能力培养阶段，分层次、阶梯式的制定循序渐进式的工程实践内容，并与学院的教学安排紧密结合，学生通过理论知识的学习，实际项目的演练过程，吸收理论课程所学到的知识，提高学生实践能力综合素质。每阶段能力培养目标如表 9.7 所示。

表 9.7　实践能力层次培养目标及内容安排

阶段	能力培养目标	综合实践内容安排	学期
第一阶段（巩固式）	程序设计能力：巩固程序设计核心课程知识，培养学生的计算思维，提高学生编程能力（包括面向对象程序设计，数据结构，操作系统，算法分析与设计）	结合个体软件过程，加强数据结构、操作系统、算法分析等程序设计核心课程的项目实践内容	第一学年
第二阶段（体验式）	软件工程能力：体验软件开发生命周期全过程，提高项目实现能力，理解项目管理流程和规范	以软件工程和企业软件开发流程为主线，安排企业应用、游戏开发、电子商务、移动应用等不同行业的中小规模实际项目研发等实践内容	第二学年
第三阶段（实战式）	职业能力：通过企业真实项目的实战模拟演练，提高学生的软件工程综合素质（包括需求分析、系统设计、系统实现和测试技术等）；通过职场利益、职业规划、面试技巧、简历编写指导等职业素质课程，提高学生的职业素质和修养，提升就业软竞争力	将学生专业实习和毕业设计结合起来，学生将参与开发并完成一个真实项目，在实践过程中，接触和感受 CMMI 软件开发流程和规范 每个项目均可拆分为 5—8 个不同的课题，供学生做为毕业论文的课题，学生根据自己在项目组中的工作任务和角色，完成毕业设计论文	第三学年

五、具体实施措施

1. 修订培养计划和教学大纲

在培养计划的层面重新修订实践教学体系，将课程设计、专业见习、专业实习和毕业设计纳入到实践能力培养体系中做统一的安排和部署。确定每个能力培养阶段具体时间、学分、培养目标及实施方案，重新设计教学大纲，对应用性课程及工程性课程，增加实践综合设计部分，增强课程的实践性。

2. 建立校企合作实践教学基地

寻求合适的企业，将企业的工程培训经验和项目管理过程引入实践教学中，借用企业丰富的项目案例和工程人员，结合本专业培养目标，制定可行的校企合作计划，将学校教学和企业实训结合起来，提高学生的综合实践能力。

3. 提高教师工程素质，引进双师型教师

为了更好地将工程能力的培养贯彻到日常的教学中，教师本身的工程素质将对教学起到重要的作用。为此，需要提高教师自身的工程素质。同时，适当的引入同时具有工程师和教师资格的双师型人才，这样不仅可以解决教师在教学中工程经验的缺乏，同时也可以带动其他教师工程素质的提高。

4. 建设综合性的实践教学和管理平台

为了更好地将实践能力培养体系贯彻到教学中，需要有一个实践教学和管理平台作

为载体，通过该平台来实现和管理新的实践教学模式，提高教学效率及教学效果。

9.7 “软件工程实践中心”总体规划与建设

软件工程系　韩冰　文斌　吴洪丽　蒋永辉

一、实践中心现状

软件工程专业目前有三个实验室，分别是软件系统开发实验室，软件项目管理与测试实验室，嵌入式开发实验室。共拥有计算机120台，嵌入式实验箱10套。

1.“软件系统开发”实验室

本实验室目前可开设的课程实验有：高级语言程序设计、面向对象程序设计、数据结构、操作系统、数据库原理、编译原理、算法分析与设计、程序设计与算法训练、软件设计课程设计等。

2.“软件项目管理与测试”实验室

本实验室目前可开设的课程实验有：软件工程概论、软件项目管理、软件测试与软件维护、面向对象分析与建模技术、软件工程需求分析课程设计、软件测试课程设计等。

3.“嵌入式技术与开发”实验室

本实验室目前可开设的课程实验有：嵌入式开发技术、嵌入式微处理器原理、嵌入式操作系统等。

二、实践中心建设目标

软件工程实践中心未来将建设成为“产、学、研”相结合的实践中心，就是将学生的日常实践教学、教师的科研和学科建设，学生创新活动以及向企业提供相关服务结合起来，充分发挥学院的设备和人才优势。

本实验中心建设分为三个阶段目标：

第一阶段目标：能够完全承担课程实践教学的需要。

第二阶段目标：能够承担教师科研和学科建设的需要。

第三阶段目标：能够向企业提供相关的服务。

三、实践中心建设方案

1. 指导思想

以满足海南国际旅游岛发展对高等学校人才在软件工程能力、工程素质和创新能力要求为目标，以工程型、创新型人才培养为宗旨，坚持“以人为本”，倡导学生自主学习，鼓励创新；坚持“夯实基础、注重能力、突出创新、着眼未来”的原则，培养学生的实践能力和创新能力；确立“面向需求、突出特色、强调工程、分流培养”的软件人才培养模式；立足海南省，把我院软件工程实践中心建设成开放的人才培养基地、促进实验教学改革。

2. 建设基本思路

依托“软件工程”和“计算机科学与技术”两个一级学科、软件工程本科专业的建设，进一步改革实验教学内容，创新实践教学体系，强化实践与创新训练，改革实践考核方式，提升学生计算机实践动手技能和创新创业能力；进一步加强网络资源建设，实现实验教学管理的网络化和智能化；深化校企合作，加强计算机学科实践，改革人才培养模式，为海南省信息产业培养工程型人才，适应海南省 IT 产业人才需求。

3. 建设主要内容

（1）改革实验教学内容，加强实验教学课程建设。

根据软件工程实践教学特点与专业建设要求，以社会需求为导向，以能力和素质培养为主线，优化实验教学各环节，改革实验教学内容。根据社会应用需求设置专业方向，针对具体的方向实践需求，设置从专业基础课程到专业核心课程的完整实践教学体系，保障从基础到应用全过程的一致性和系统性。

（2）加强产学研合作，促进实验教学水平和质量的提高。

建立校企合作基地，在共建实验室、实习实训基地建设、项目开发、联合人才培养等方面进行广泛合作，建立培训培养基地，通过产、学、研的结合，改革实验实践教学环节，服务软件工程实践教学，提高实验教学水平和教学质量。

（3）改革学科创新实验，提高学生实践动手能力和创新能力。

结合学生专业实际，鼓励并指导学生积极开展学科创新。中心设置专门的“创新实验室”，全天为学生开放，并配备专业骨干教师进行指导，学生自主完成密切联系社会实际需求的任务，积极参与各类实践应用设计竞赛，提高学生综合实践动手能力和项目开发能力，培养并提高实践创新能力。

（4）改革实验方法与手段，促进实验室运行模式和管理方式的现代化和科学化。

充分利用现代教学手段，结合多媒体与网络技术、虚拟技术，改革实验教学方法与手段，促进实验室运行模式与管理方式的现代化和科学化。

完善网络化的实验教学和实验室管理信息平台，实现网上辅助教学、虚拟实验和网络化管理，建立有利于激励学生学习和提高能力的管理机制，创造学生自主实验、个性化学习的实验环境，建立实验教学的科学评价机制，完善实验教学质量保证体系，健全实验设备运行维护的软硬件保障措施，实现实验室全方位开放管理，以满足学生“自主研学”的需要。

（5）加强实验教学资源共享，扩大对外开放。

整合校内资源，依托网络实验教学环境，向校内外提供各类教学资源共享。重点提供各类文本、音视频的精品课程资源，提供虚拟实验系统，提供基于网络的实验课程学习、实验、考核与管理，扩大对校内外的开放实验，进一步提升中心的示范和辐射作用。

9.8 “软件系统开发”实验室建设发展规划

项目建设负责人　文斌　张秀虹

软件系统开发实验室未来将建设成为“产、学、研”相结合的协同创新中心，将学生的日常实践教学、教师的科研和学科建设、学生创新活动以及向企业提供相关服务结合起来，充分发挥信息学院的设备和人才优势。

"软件系统开发"实验室建设分为三个阶段目标。

1. 第一阶段目标：能够完全承担软件工程专业课程实践教学的需要

（1）实验室定位

该阶段实验室定位：软件工程实践技能（基础）培训中心。主要培养学生通过实践理解软件工程中各个工作流程相关的理论、方法、技术、软件环境、工具、标准、规范等基础，并具备与之相对应的研发技能。要求学生熟练掌握主流的面向对象分析、设计和开发技术，并能结合领域驱动开放方法、模型驱动开发方法及软件构件技术，了解面向领域和模型的软件开发方法。熟悉常用软件体系结构，能应用业界常用的软件框架和软件模式指导软件开发工作。

（2）实验室主要功能

实验室主要功能：软件系统分析、设计和编程实现。实验室管理机制由学院实验中心集中管理，软件工程系负责技术支撑，任课教师具体负责教学实践任务落实。

（3）实验室的配置

目前，实验室硬件设施主要有计算机系统 60 台、电子白板、网络设备指纹考勤机等。软件开发工具配置有：

- 软件建模工具 Rational ROSE 2007（或 MagicDRAW 15）；
- 主流面向对象程序设计语言集成开发环境，如 MyEclipse（Java）、Visual C++等；
- Web 工程开发环境（如 J2EE、NET、PHP 等）；
- 网络实践开发环境（如易思博的实践案例教学平台）。

2. 第二阶段目标：能够承担教师科研和学科建设，学生创新活动的需要

海南师范大学信息学院软件工程学科发展主要瞄准网络化时代软件开发技术展开科研工作和学科建设。其中，软件系统开发实验室承担网络化软件开发技术学科建设任务主要分为两大方面：软件服务工程方向和移动互联网应用方向。

方向 1：软件服务工程主要研究软件服务的理论、方法、技术与应用、软件工程过程服务、面向服务的计算及服务工程。

方向 2：移动互联网应用主要研究以智能手机、平板电脑等客户终端为载体、移动网络为传播通道的软件应用模式和服务创新。

实验室管理机制：软件工程系教师依据学科方向和项目申请实验室软硬件设施资源，按需使用，谁使用谁负责。实验室需要规划建设以下软硬件设施方可满足此阶段目标：

（1）硬件设施

- 需要添置网络服务器两台（机架式服务器，如戴尔 PowerEdge R710（Xeon E5606/8GB/800GB），具体型号待采购时确定），同时配备服务器机柜和 RAID 磁盘阵列一套；
- Wi-Fi 无线接收器两套；
- 二维激光条码扫描枪；
- RFID 移动数据终端一套；
- 专业扫描仪（如 HP 5590，平板式+馈纸式，2400×2400dpi）

（2）软件配置

- 服务器节点操作系统 Red Hat Enterprise Linux 5/AIX/Windows；

- VMware（威睿）虚拟机软件；
- 最新版 MyEclipse 开发系统（带 Android Development Tools （ADT），用于移动互联网应用软件开发）；
- 云服务开发平台。

3. 第三阶段目标：能够向社会提供相关科技应用和咨询服务，成为协同创新中心

面向海南国际旅游岛着力发展信息服务业的契机，积极发挥高校人才和科研创新优势致力于服务地方社会经济领域，为生态化、信息化的国际旅游岛建设做出高等教育界应有的贡献。

软件系统开发实验室为完成此阶段目标，应在运行机制和软硬件环境方面大胆改革创新，具体建设方案如下：

（1）运作机制

① 成立专门的实验室管理机构，指定实验室负责人和主要成员，安排一定的研发任务，可以计算和替代部分教学工作量。

② 实验室资源实行实验室主任负责制。

③ 提前适当选留部分优秀本科毕业学生，作为实验室临时聘用人员，经费由研发项目支付，学院适当补贴基本生活费。

④ 遵循国家协同创新中心发展要求，一是整合资源、协同发展，通过实验室建设充分释放人才、资本、信息、技术等方面的活力，努力建设成为具有一定影响力的学术高地和人才培养基地；二是立足实践，开拓视野，理论与实践结合，结合海南的实际情况开展学术研究，努力建设成为海南省经济社会发展的“智库”，更好地服务于国际旅游岛建设和绿色崛起战略；三是创新管理体制机制，保持创造活力，形成有利于协同创新的环境。

（2）增加建设的硬件设施

① 实验室环境改造：建立企业式办公、开发环境，通过隔板划分开发和交流空间，适当增添一些舒适性设施，如静电地板、启用空调等；

② 增加外设，如激光打印机一体机、传真机等；

③ 分批更新开发用计算机，达到当时最新流行配置；

④ 节点服务器模块添加。

（3）增加建设的软件设施

① IBM JAZZ 软件工程套装（包括需求、设计、开发等模块）；

② 企业防病毒软件；

③ 其他行业领域专用开发工具。

9.9 “软件测试”实验室建设发展规划

项目建设负责人　罗自强

软件测试实验室未来将建设成为“产、学、研”相结合的实验中心，将学生的日常实践教学、教师的科研和学科建设，学生创新活动以及向企业提供相关服务结合起来，

充分发挥学院的设备和人才优势。软件测试实验室建设分为三个阶段目标：

1. 第一阶段目标：能够完全承担课程实践教学的需要

通过在学院建立软件测试实验室，培养学生掌握软件测试核心技能（即手工功能测试和测试用例设计），提高学生就业率。

如何培养软件测试核心技能？手工功能测试和测试用例设计作为测试核心技能，不能仅通过学习几个工具而掌握，而是需要专业的软件测试课程体系教学，以及融合软件测试核心技能的教学辅助工具，通过学生在实验室内的动手练习和项目实战，才能够成为被软件企业所接受的基本合格软件测试工程师，真正提高学生的就业竞争力。

（1）软硬件建设

软件：具有广泛代表性的多种重要操作系统（各种 UNIX、OS/2、NetWare、各版本 Linux、FreeBSD、Windows 系列）；常见的数据库管理系统（Oracle、SQL、MySQL、PostgreSQL、Firebird、IBM DB2 等等）；大量的应用软件；虚拟机软件；系统监控工具和自动化测试工具（TestPlatform、HP Quality Center 10、HP Quick Pro 10、HP LoadTest 10）。

硬件：计算机 60 台；服务器 2 台；交换机 1 台；路由器 1 台；打印机 1 台；投影仪 1 台；扫描仪 1 台等。

（2）实验指导书建设

在综合分析软件测试技术课程特点和培养目标的基础上，总结多年的教学实践经验，精心编写详细的实验指导书。

2. 第二阶段目标：能够承担教师科研和学科建设，学生创新活动的需要

软件测试实验室实战课程的开发，建议学院选择专业的测试公司，由测试经验丰富的测试专家协助，结合具体的项目度身定制，比如，结合 Android 平台及应用软件、ERP 软件、CRM 软件、金融增值服务软件、工业控制软件等各种具体的软件项目，保证项目实战的内容贴近软件企业的真实工作环境，并结合相应的测试工具，开发出来有针对性的实战课程，让学生能够针对一个相对完整的软件项目开展软件测试工作。

3. 第三阶段目标：能够向企业提供相关服务的需要

需要进一步完善的软硬件环境，比如十多种架构的服务器；多种类型的网络连接设备；自动化测试工具如 TestPlatform、HP Quality Center、HP Quick Pro、HP LoadTest 等需要采购正版软件。

9.10 “软件项目管理”实验室建设规划

项目建设负责人　吴洪丽

一、实验室建设的指导思想

按照我院人才培养方案，《软件项目管理》是一门技术和管理交叉型、指导软件开发项目的组织与管理的学科，旨在培养软件项目管理人才。通过对本课程的学习，使学生掌握有关软件项目管理的基本理论，熟悉软件项目管理的方法、流程和工具；培养在软件开发组织中管理软件开发项目的基本能力，并将软件项目管理的理论应用于软件项

目的实践，提高分析、解决问题的能力。软件项目管理实验室的建设，应紧紧围绕课程建设的指导思想，致力于培养具有工程实践能力的、可以从事软件设计、软件开发、项目管理的复合型人才。实验室建设时，应围绕教学目标，实现教学目的，满足教学要求并能 3～5 年内满足技术的发展。

二、实验室建设方案

为使软件项目管理实验室达到建设目标，应从实验室设备、实验队伍和实验教学改革等多方面进行建设，现分别阐述如下。

1. 实验室设备

在基本模式上，软件项目管理实验室，应满足实验教学、屏幕监视、教学示范、交流以及科研等功能。实验室的布置如图 9.9 所示，硬件设备要求如下：

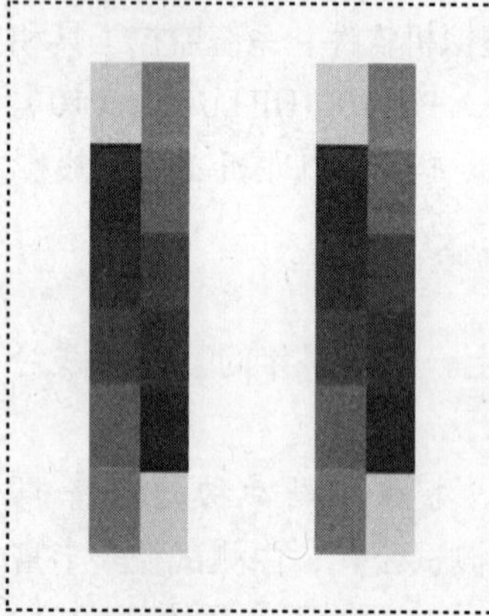

图 9.9 实验室的布置示意图

（1）服务器

服务器部分，先期拟采用两台服务器，作为相关软件项目管理软件的服务器。一台装 windows server，一台装 linux，分别满足不同软件系统的要求。

（2）教师机和学生机

学生机与教师机处在同一局域网内，教师机与投影仪相连接，方便进行课堂讲解工作，学生机将连接服务器，对实验室采用的教学软件和数据进行操作。

（3）多媒体教学设备

配备主流的投影设备，一方面可以用于教学讲解，另一方面也可以方便地对本实验室的各种软件和设备进行多媒体展示。

在实验室的布置上，根据项目管理课程自身的特点，以及科学研究的需要，将实验室布置如 1 图所示，方便团队交流。

2. 实验指导教师队伍

实验指导教师队伍建设是实验室建设中非常重要的一个环节。软件工程专业是一个实践性很强的专业，软件项目管理课程，指导教师在具备基本的理论知识的同时，应具备一定的项目开发以及项目管理实战经验。为提高教师的辅导能力，应进一步加强师资队伍建设，加强实验室队伍建设，优化人员结构，提高实验教师、实验技术人员的业务水平，培训并提高实验指导老师的专业技能。

实验室建设和实验教学改革的关键在实验教师和实验人员，学院应重视实验队伍的建设。按要求配足实验教师和实验技术人员。学院应安排专项经费为他们提供培训、进修等学习机会。在业务考核、技术职务晋升等方面要有相应的政策，努力提高实验队伍的学历、职务层次。实验教师和实验技术人员在实验教学技术等方面所取得的成果（如实验方案创新、自制仪器设备等）和其他教学、科研成果学院应考虑同等对待。

3. 实验教学改革

在实验教学方面，拟以项目为驱动，通过实施一个完整的项目工作来进行教学活动以及实验活动，教学以及实验过程，采取小组讨论、协作学习的方式进行，在教学和实验过程中，进行项目驱动教学的改革。在此过程中，加强实验教学环节，推进实验教学改革，重视实验教学大纲、实验教材、实验指导书的建设，规范实验教学，保证实验开出率达90%以上。

同时，学院可考虑规范实验课考核制度。对实验课的考核，一方面，对学生考虑将实验成绩按照一定规定比例记入课程总分，不能以实验报告代替实验考核，凡实验考试不及格者不得参加理论课考试；另一方面，对辅导实验课程的教师的课酬与理论课同等待遇。

4. 实验室软件环境

在实验室软件环境的搭建过程中，既要考虑主流的应用，也应考虑到目前中国 IT 业界的现状：中小企业偏多，对于开发以及管理类软件投资较少的现实。软件项目管理，涉及软件生命周期中的每一个阶段，其管理工具主要包含：

- 项目管理工具：Redmine、MS Project
- 需求管理工具：Telelogic DOORS
- 配置管理工具：ClearCase
- 源码分析工具：JUNIT
- 测试管理工具：ClearQuest

9.11 “嵌入式技术与开发”实验室发展建设规划

项目建设负责人：蒋永辉　邓正杰

嵌入式技术是目前发展非常快速的一种技术，它融合了计算机软/硬件技术,通信技术和微电子技术，应用前景非常广泛。高校开设嵌入式技术方向课程并进行嵌入式技术实验，对于培养学生的软硬件开发能力、工程实践能力有非常重要的作用。

一、嵌入式技术实验室现状

目前，我院嵌入式技术实验室拟开设的实验课程为《ARM体系结构和编程》《嵌入式实时操作系统》和《嵌入式系统设计与开发》等；所使用的主要设备为武汉创维特公司的嵌入式技术实验箱和FriendlyARM开发板，各有11套。从课程实验的要求上来看，本实验室存在如下问题：

1. 实验设备缺乏部分功能模块

目前，我院嵌入式技术实验室的嵌入式技术实验箱缺乏通信模块、FPGA 模块等，导致课程实验中部分实验无法开出，严重影响教学效果。

2. 实验室环境

目前，我院嵌入式技术实验室缺乏多媒体教学环境，不利于实验教学开展。

二、嵌入式实验室建设规划

实验室建设分为三个阶段目标：

第一阶段目标：能够完全承担课程实践教学的需要

在该阶段中，需要给学生讲授嵌入式系统的软件开发过程，并基于硬件实验箱以及相应的软件开发平台，实现嵌入式系统的基础应用软件开发，简单了解嵌入式操作系统的整体架构。

相应的工作：1. 完善实验设备以及相应的软件平台；2. 建立课程实验体系；3. 购置一定数量的嵌入式系统开发相关的书籍。

第二阶段目标：能够承担教师科研和学科建设，学生创新活动的需要

在该阶段中，开发更加复杂、功能更强大的应用软件；深入了解嵌入式操作系统的各个模块；针对特定的应用程序对嵌入式操作系统的模块进行性能分析，尝试对模块进行改进。

相应的工作：1. 组织嵌入式系统兴趣小组；2. 组织指导教师的专业技能培训；3. 参加世界上嵌入式系统开发相关的会议。

第三阶段目标：能够向企业提供相关服务的需要

在该阶段中，分析嵌入式操作系统的模块的性能，从而能够针对特定应用进行操作系统裁减；从应用的角度，设计独具特色、符合用户需求的嵌入式系统；和相关企业联系，寻求“产、学、研”合作。

相应的工作：1. 组织指导教师的专业技能培训；2. 联系企业、寻求合作。

三、实验室建设内容与思路

嵌入式技术是我院重要专业方向课程之一，旨在培养学生掌握扎实的计算机科学、嵌入式系统和软件工程的基本理论和知识，具备从事嵌入式系统的分析、设计、开发、管理和维护等工作的能力。嵌入式技术实验室的建设应紧紧围绕本课程的建设指导思想，力争把本实验室建设成为既满足课程实训，又满足科研实验的综合性的重点实验室。

嵌入式系统，首先作为一个系统，它根据一个固定的计划、一个程序或一系列的规则，处理执行一个或多个工作之方法，系统也可以是根据计划或程序来整合所有硬件的协同工作。例如：手表、洗衣机、汽车电子、电脑（含 OS）。

嵌入式系统一般是由硬件与软件所构成的一个元件，处理一些不需由人们来操作且特定的一些功能。大多是以电脑为基础的系统（Computer-Based）的应用程序或产品。内含软体（OS、AP）于 ROM 之中的单一微电脑机板，执行特种功能。融合电脑软/硬件技术、通讯技术与半导体微电子技术，是信息技术 IT（ Information Technology）之最终产品。

从应用之层面，根据 IEEE 的定义：嵌入式系统是“控制、监视或者辅助装置、机器和设备执行的装置”，亦可说是软件与硬件的综合体。它以应用为中心、以电脑技术为基础、软件硬件可随需要而更新、适应应用系统对功能、可靠性、成本、体积、功耗严格要求的专用电脑系统。当今称嵌入式系统是针对具有操作系统的嵌入式系统。

嵌入式系统主要区分硬件与软件两部分，其架构如图 9.10 所示。

其中，嵌入式操作系统和应用软件与一般性的 PC 有很大的区别，要实现特定功能的应用。现在嵌入式操作系统的一个主流方向是基于 Linux 开发出来的。嵌入式 Linux

内核核心可以分为六部分：进程管理，内存管理，文件系统，程序间通信，网络，设备驱动。这六个部分间之关系，如图 9.11 所示。

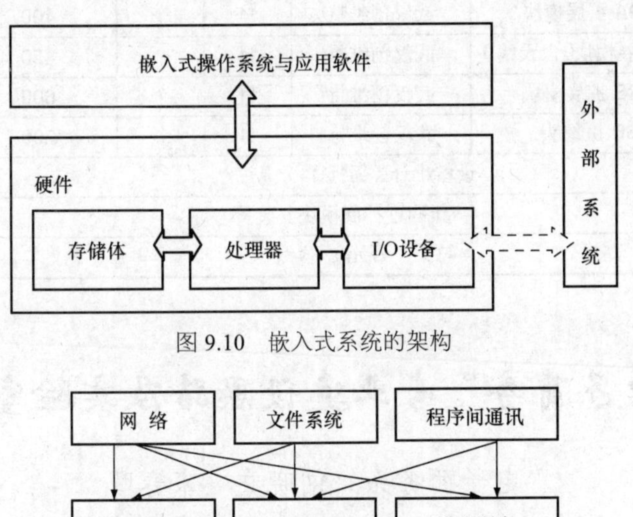

图 9.10 嵌入式系统的架构

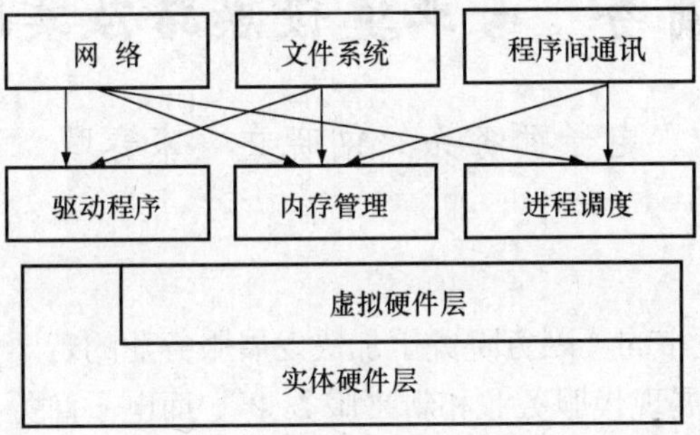

图 9.11 嵌入式 Linux 内核部分

在嵌入式系统上的软件开发，包括系统软件和应用软件的开发，一般可通过下面的流程图得以实现，如图 9.12 所示。

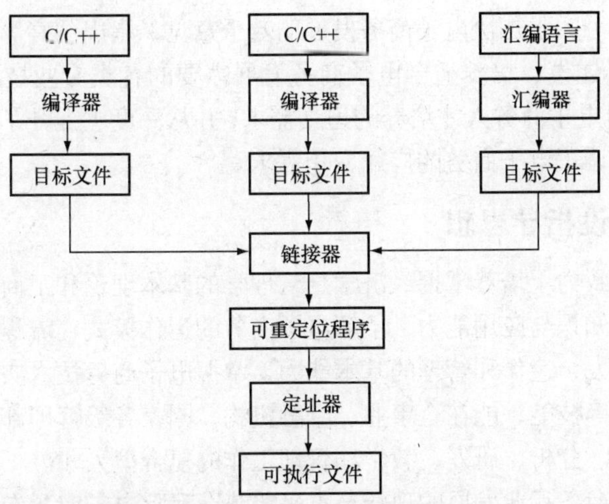

图 9.12 嵌入式系统的软件开发流程

四、实验室购买设备清单

为保证嵌入式技术课程实验教学和科研实验的正常进行，目前本实验室急需购置新设备，所需购置设备如表 9.8 所示。

表 9.8　　嵌入式技术实验室添置设备清单

序号	设备名称	品牌	数量	单位	单价（元）	总价（万元）
1	FPGA 扩展模块	武汉创维特	11	个	400	0.44
2	GPS 扩展模块（含天线）	武汉创维特	11	个	450	0.495
3	GPRS 扩展模块	武汉创维特	11	个	600	0.66
4	USB 摄像头	武汉创维特	11	个	200	0.22
设备小计（万元）						1.815
5		新购置扩展模块安装费				0.3
总计（万元）						2.115

9.12 “电子商务”专业建设思路及实验室规划方案

电子商务系　刘晓文　宋春晖

一、引言

国务院 2007 年发布的《国务院关于加快发展服务业的若干意见》及《政府工作报告》中强调要“大力发展现代服务业和新兴服务业”，而电子商务正是以信息科技为特征的代表新兴现代服务业的典型。海南省政府在 2010 年发布的《海南国际旅游岛建设发展规划纲要》中提出了关于“积极发展服务型经济”“形成以旅游业为龙头、现代服务业为主导的特色经济结构”的新任务。电子商务是促进传统服务业改造升级以及发展新兴现代服务业的重要手段。

国务院发布的《关于加快电子商务发展的若干意见》指出“高等院校要进一步完善电子商务相关学科建设，培养适合电子商务发展需要的各类专业技术人才和复合型人才”，反映了我国对电子商务人才培养的迫切需求，并从深度上提升了电子商务的专业化要求，从广度上强调了电子商务的广阔应用需求。

二、专业建设指导思想

电子商务专业致力于培养掌握经济学、管理学的基本理论和工商管理的基础知识，具备信息技术理论知识与应用能力，了解电子商务的运作模式、流程和支撑技术，具备电子商务规划、开发、运作和管理的基本能力，掌握电子商务技术实现方案、电子商务运营管理方案制订等技能，能在企事业、金融机构、国家各级管理部门等单位从事网络商务与服务的策划、分析、研发、教学和管理工作的复合型人才。

综合当前电子商务行业发展的现状与未来趋势，我院电子商务专业将遵循以下指导思想进行规划和建设，即三个“结合”和三个“符合”：

（1）专业建设坚持素质培养和技能培养相结合。

（2）专业建设坚持政产学研相结合。

（3）专业建设坚持校内校外相结合。

（4）专业建设符合社会经济发展对电子商务人才培养的现实需求。

（5）专业建设符合海南国际旅游岛建设对电子商务人才培养的特殊需要。

（6）专业建设符合我院信息技术学科背景的现实。

三、专业建设定位

电子商务专业是一门实践性很强的交叉复合型学科，突出特点在于其背景学科的交叉融合性和专业知识技能的复合创新性。如何进行交叉复合专业的建设、如何培养符合社会实际需要的专业人才、如何克服电子商务应用领先于教学的现状，是电子商务专业建设重点要解决的难题。由于我院电子商务专业信息学院，在强调保持专业学习的综合性及交叉性，经济、管理、信息技术并重的同时，同时充分挖掘我院在信息学科与教育学科方面的优势资源，提出以下定位：

1. 满足新兴现代服务业对电子商务规划、开发、运作、管理人才的需求

例如：旅游电子商务、现代物流业、信息服务业、会展服务业等，这些新兴现代服务业迫切需要具备“懂技术又懂商务”综合素质的电子商务规划、开发、运作和管理人才。

2. 满足传统行业改造升级对电子商务规划、开发、运作、管理及培训人才的需求

例如：银行业、商贸流通业等。这些传统企业面临互联网革命引发的一系列新的挑战，具备“懂技术又懂商务”综合素质的电子商务人才不仅可以直接参与应对这些挑战，还可以以培训人员的角色，帮助老一代员工掌握新型服务模式和工具，适应传统企业服务升级的要求。

四、专业建设思路

电子商务专业不同于其他传统专业的特点在于学科理论在不断更新完善中，多种学科知识、技能交叉综合，新技术、新商务模式不断涌现。结合前述的专业建设思想和定位，提出以下专业建设思路：

1. 从知识结构、内容、人才培养的现实需求等角度出发，构建科学、灵活的电子商务专业课程体系。同时，为了适应电子商务发展快速变化的要求，在综合知识模块基本稳定的前提下，结合实际需求，有序地调整专业的相关课程的设置，始终保持专业的总体培养目标与人才培养的现实要求相一致。

2. 构建“实验、实训、实习、创业”的一体化实践教学体系，重视实验实践教学，强化学生实践技能的培养；完善校内实验环境和实训基地，广泛与企业合作建立校外实训基地。在培养学生“宽知识”综合素质的同时，以一体化实践教学体系为支撑，以校内实训、企业实习、科研项目、社会服务项目和创业项目为驱动，培养和锻炼学生的实践技能。

3. 在教学中通过多渠道引入校外教育教学资源，创建介于第一课堂讲授和企业实践之间的第二课堂平台，采用外请专家讲座、企业和社会竞赛、校园活动与交流等形式，让学生能将理论用于实践。将市场需要的新理念、新知识，按照专题报告或讲座、系列讲座、选修课程等方式纳入课堂教学或课程体系，为学生提供更多的实用前沿知识。

4. 以社会经济发展和市场需求为导向，鼓励学生“一张文凭，多种证书”，重视提

高学生的就业能力和相关积累。

5. 强化师资队伍建设，包括精品课程建设、教师进修与培养建设、教师科研与教学能力培养建设，鼓励教师参加社会实践，建立一支“双师型”队伍。

6. 加强国内及国际合作办学渠道的建设。利用学院及学校的相关资源，以探讨采取学生交流（3+1）、联合培养（2+2，2+3）等多种形式开展本科层次的合作办学。积极与省内和国内相关企业合作开展电子商务创业实训。

五、实验室现状分析

电子商务专业目前所使用的实验室是与本校经管学院共用的实验室，实验室配备 60 台计算机，并且与经管学院共用《博星网络营销平台》，用于网络营销课程教学，电子商务专业的其他专业课程的实验也大部分在此实验室内完成。

就教学模拟软件而言，2003 年左右由新办专业专项经费，购进了厦门一方软件公司开发的三套《电子商务模拟平台》《网络营销模拟平台》《现代物流模拟平台》模拟教学软件，用于电子商务概论、网络营销、物流管理等专业课程的实验使用。《网络营销模拟平台》《现代物流模拟平台》由于平台的不稳定及对用户数的限制，目前已经处于瘫痪状态，只用过一两年而已。相比较而言《电子商务模拟平台》相对稳定，从 2004 年至今，一直在使用，但是也经常会出现一些问题，该软件的开发时间较早，一些操作过于复杂、而有些环节又不够，与现实脱节情况较为严重，此外，该软件开发公司现已经不存在，即便想通过售后升级也无法实现。

《博星网络营销平台》虽然相对较新，但是此平台与真正的网络营销的模拟实验相比，还远远不够，只是登录一些相关的网站进行信息的浏览，已经不能满足专业课程的要求。电子商务专业其他的专业课程，如电子支付与网络金融、电子商务案例分析等课程在实验方面也需要相关的模拟软件的支撑，但是到目前为止，并没有实现。

电子商务专业作为一个较新且与实践结合较为紧密的专业，专业课程需要与实际结合。但目前的实验环境使得大部分课程的教学多以书本教学的模式为主，使得学生对这些技术在实际项目中的应用缺乏感性的认识，使学生难以理解和掌握，教学效果并不理想。

六、实验室建设目标及功能定位

力争在恢复原有实验室的基础上建立电子商务综合模拟实验室，再新增加一个电子商务系统开发实验室，以满足实践教学需求。本实验室的建设目标是：

（1）实验教学：为学生提供实践操作平台，进行电子商务专业方向相关课程的实验教学，加深学生对电子商务相关课程的进一步理解以及系统设计和开发有关课程的理解，培养学生的实际应用能力。

（2）实验管理：充分利用电子商务实验室的设施，在此基础上建设开放式的电子商务教学与实验管理平台，这样可以进一步提高电子商务系的教学质量、丰富其教学手段和教学内容。

（3）科研实验：在满足相关课程实践教学要求的同时，为学生留下进行创新性实验的空间与可能，并兼顾教师从事研究活动，有利于“产、学、研”相结合。

1. 电子商务综合模拟实验室

功能定位：实际的电子商务与物流活动的模拟，使学生参与到虚拟的商业活动之中，增加对商业活动的直接感受，例如模拟网络营销、物流管理、网上支付、ERP管理等，模拟的目的一方面在于增强实际操作的理解，另一方面在于满足理论知识的应用巩固。

建设的必要性：根据09版电子商务专业本科培养计划规定和《普通高等学校电子商务本科专业知识体系》，电子商务专业的学生要掌握通信与网络技术、电子商务系统规划与开发技术、现代商务管理与网络营销技术，成为能够从事现代商务管理、电子商务运作、电子商务系统规划和开发工作的复合型人才。同时，电子商务本科学生不仅需要掌握电子商务方面的基础知识，而且需要全面了解电子商务的前后台运作，而电子商务综合模拟实验室恰好可以满足这方面的需要，建设电子商务综合模拟实验室符合本专业的培养目标和专业方向，是电子商务专业人才培养的一个非常重要、必不可少的实验环境。

本实验室通过电子商务的相关模拟软件来构建课程实验，通过模拟软件使学生对于电子商务的后台运作有更为直观的了解，模拟软件对于学生理解什么是真正的电子商务是非常关键的。本实验室是一个全方位、立体化的教学平台，通过培养电子商务应用平台、第三方支付平台以及电子商务案例分析平台等，使学生将所学的知识与实际结合，激发学生的学习兴趣，调动学生学习的积极性，对提升专业教学水平有很大的好处。

2. 电子商务系统开发实验室

功能定位：以培养学生创新能力和动手实践能力为目标，围绕5门电子商务专业主干课程：《网页设计与制作》《动态网站建设》《管理信息系统》《JAVA程序设计》《电子商务系统分析与设计》，以及3门实践课程《网页设计与制作课程设计》《动态网站建设课程设计》《电子商务系统分析与设计课程设计》，构建一个集创新性、全方位、综合化于一体的教学平台，把知识、技能、技术、能力培养融为一体，在提升专业教学水平的同时，有效缩短与用人单位需求的距离。

七、实验室建设内容

1. 电子商务综合模拟实验室（2012年建设）

电子商务综合模拟实验室将主要以电子商务专业的相关模拟软件为主，使学生将理论与实际结合。具体内容包括：

（1）《电子商务模拟平台》需要包括B2B、B2C、C2C等不同电子商务模拟的前后台，此模拟平台主要侧重的是过程的完成，而对于中间的支付环节、物流环节，并不需要过细，其两者的前后台更为详细，需要由《第三方支付平台》《第三方物流平台》来实现，此方面的软件对于后续学生通过自主开发的电子商务系统与实际的结合意义重大。

（2）《网络营销模拟平台》《电子商务案例分析平台》如果能集成在电子商务模拟平台也可以，如果不能，也需要有专门的平台。

当然，电子商务综合模拟实验室中不仅仅需要这几个模拟软件，其实它还应包括电子商务专业的其他专业课程所需要的模拟软件，包括财务、期货证券、MIS、ERP和CRM等方面的模拟软件，这些软件的使用使学生对于可通过模拟来理解的内容帮助很大。当然，有些软件是免费获得的开源软件，这对于学生培养系统开发的能力有较好的作用。

2. 电子商务系统开发实验室（2013 年建设）

遵循“思路创新、统筹规划、满足教学、先有后精”的建设原则，坚持边建设边投入教学，可以按不同阶段分期建设，既保证实验室早日投入使用，解决实验能力薄弱的当务之急，又可逐步建立起一个设备先进并覆盖电子商务系统开发各个层面和全流程的综合实验室。

实验室硬件环境建设：

（1）硬件配置

- PC 机 60 台、电脑桌椅 60 套、主控制台 1 套；
- 高端服务器 1 台、三层交换机 3 台、机柜 1 台；
- 投影仪 1 台。

（2）软件配置

- 操作系统：Microsoft Windows 2003 Server、数据库系统：Microsoft SQL Server 2003、瑞星杀毒软件各一套；
- 实验室管理软件 1 套。

实验室软件环境建设：

针对培养学生创新能力和动手实践能力的目标，通过购买和引入开源系统等手段，围绕 5 门电子商务专业主干课程：《网页设计与制作》《动态网站建设》《管理信息系统》《JAVA 程序设计》《电子商务系统分析与设计》，以及 3 门实践课程《网页设计与制作课程设计》《动态网站建设课程设计》《电子商务系统分析与设计课程设计》，逐步建立起以上课程实践教学所需的软件环境。如表 9.9 所示。

（1）网页设计与制作实践课程相关软件平台与工具。

（2）动态网站建设实践课程相关软件平台与工具。

（3）管理信息系统及项目管理实践课程相关软件平台与工具。

（4）电子商务系统分析与设计实践相关软件平台与工具。

表 9.9　“电子商务系统开发”实验室的教学软件配置

实验室名称	功能定位	开设的课程及内容
电子商务系统开发实验室	网页设计与制作实践课程相关软件平台与工具	
	动态网站建设实践课程相关软件平台与工具	各类动态网站服务器端软件，如：XAMPP，Tomcat，Websphere，JBoss 等
		各类动态网站开发语言，如： PHP，Java 等
		各类面向移动商务应用开发的工具，如：Android 应用开发平台，ios 应用开发平台
	管理信息系统及项目管理实践课程相关软件平台与工具	各类管理信息系统分析与设计工具软件，如：Power Designer, Rational Rose, Microsoft Visio, Diagram Designer 等
		项目管理工具，如：Microsoft Project 等
		开源的基于 WEB 的项目管理平台，如 dotProject、Tutos 和 Trac 等
		商业性质的各类用于演示和试验的管理信息系统，如用友或金蝶等软件公司的进销存系统、ERP 系统、CRM 系统、人力资源管理系统等
		免费开源的用于演示和试验的管理信息系统，如开源的 ERP 系统（Opentaps）、开源的 CRM 系统（SugarCRM）等
	电子商务系统分析与设计实践相关软件平台与工具	电子商务系统案例库及源码库建设
		各类开源的电子商务系统，如网上商城 Ecshop 和 Magento 等，团购网站等

相关实验课程实验大纲及实验教程的编写。

相关实验课程教学管理模式的创新与建立。

9.13 “教育技术学专业”实验教学示范中心的规划与设计

教育技术系　罗志刚　冯建平

一、实验教学总体情况

现代教育技术实验中心始建于 1999 年，经过多年的建设与发展，现以形成教师教学技能训练中心、教学软件设计与开发实验室、教育电视节目制作实验室和国际 LATINA/Lab（数字化教学研究）联合实验室四个训练中心和实验室，拥有固定资产 400 多件，总投资 84 万元。承担全院 4 个年级 600 多学生的 27 门专业课的实验教学及桂林洋校区 4 个学院 8 个专业 20 个班约 1000 多名师范生的教学技能实验教学任务。

现代教育技术实验中心以先进的现代教育理念为先导，构建了理论教学与实践教学相结合、课内实训与课外自主实验相结合的，由基础性实验、设计实验和综合性实验、个性化实验三个层次组成的，贯穿大学四年的实验教学体系，保证学生职业技能、职业素养的全面培养。基础性实验：结合大学一、二年级开设的现代教育技术、计算机应用基础等课程，开展教师基本技能实验，教育信息技术（网络信息检索、教学媒体使用、多媒体素材制作、演示文稿制作等）实验。设计性、综合性实验：结合大学三、四年级开设的学科教学论及教育实习、见习等教学环节，开展多媒体课件设计、微课教学、说课、试讲等综合性、设计性实验。个性化实验：结合大学高年级开设的教师教育拓展课程及相关校性选修课程，指导部分学生从事网络教学资源的开发和利用（如网页、学习网站、网络课程的创建等）。通过训练，学生的教学技能、课件制作水平都有显著提高，在全国及省级课件大赛上多次获奖。

加强国内和国际交流合作，信息学院和海南省中小学校、省教研院合作，一方面组织学生观摩中学信息技术课堂技能比赛，另一方面将《Inter&未来教育核心课程》与师范生的职前教育结合起来，已经培训了教育技术专业两个年级的学生，很大程度上提高了学生的信息技术课堂教学技能。同时，与挪威奥斯陆学院合作建立了国际 LATINA/Lab（数字化教学）联合实验室，两校间每年定期开展学术交流，互派老师和学生交流学习，到今年已经进行了 3 轮次的教学交流，共有 12 位国外教师和研究生以及国内其他高校 12 位研究生来我校交流学习，我校也选派了 10 位教师和学生去挪威交流学习，学习并引入国外先进的教学理念，开阔了眼界，增长了见识。

二、实验教学改革的理念和目标

1. 丰富学生的创新知识、培养学生的创新能力、塑造学生的创新人格、引导学生的创新行为，不断满足大学生希望充分发挥自身创造潜能的主体需求，满足各类教育机构对创新型信息技术教育人才的迫切需要。

2. 以培养创新型教育人才为中心，以我院现代教育技术实验中心为依托，本着“改革课程体系是开展创新教育的保证、信息技术实践和数字媒体软件应用是创新的基础、开展各项创新活动是培养创新人才有力的措施”的原则，挖掘创新教育人才培养的理论基础，构建创新人才培养的新模式；大力开展第二课堂活动，实施以学生为主体、以老师为指导、以自主探究和团队协作为主要学习方式的教学改革，打造一支实践能力强、理论水平高、勇于探索的创新导师队伍，建设创新实践平台和创新人才培养基地，形成促进学生自主创新和主动实践的长效机制。

3. 始终贯彻“实践能力、创新精神、综合素质”的实验指导理念，拓展基于竞赛活动的学生教育教学实践能力提升机制，提高学生综合素质，开创校内外实验实践教学双基地，培养高素质的实践创新型人才。

4. 人才培养坚持“产·学·研”联动、开放、合作培养机制，借鉴学习国际先进教学理念和方法，实施与国际知名学校和企业合作培养，探索了多层次、多类型的开放式国际化创新人才培养模式，产生显著的人才培养效果和社会效益。

三、实验教学示范中心建设的主要内容

1. 构建“学生为主体+信息技术实践+数字媒体应用+课外创新活动”的立体式教学模式框架，提出并实施“五个结合”的创新型人才培养模式。

研究和挖掘创新人才培养的理论体系，突破“基础—专业基础—专业课”的直线教学模式，构建“学生为主体+信息技术实践+数字媒体应用+课外创新活动”的立体式实验教学模式框架。如图 9.13 所示。提出了“五个结合”的创新型人才培养模式，五个结合是：理论系统传授与探索研究结合，教学与科研结合，课内与课外结合，校内与校外结合，国内与国外结合。

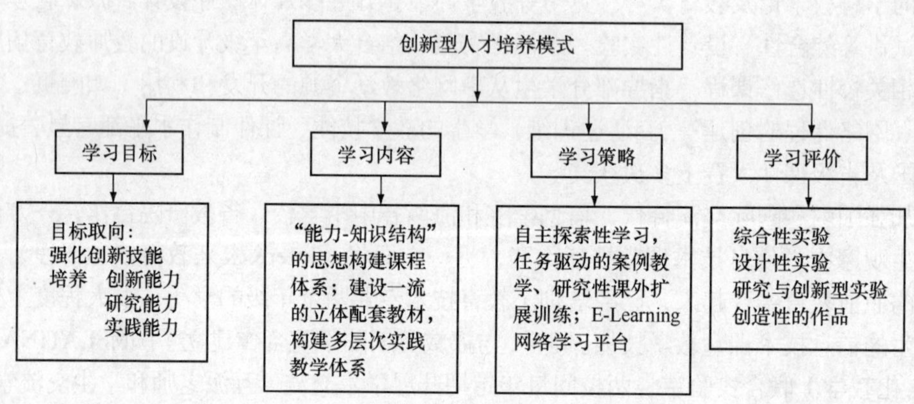

图 9.13 创新型人才培养模式的构建框架

经过理论建构和为期四年的教改实验跟踪研究，要构建信息技术类师范生创新人才培养的素质模型，研究创新能力培养的基本理论和一般规律，提出“基于活动理论和布鲁姆教学目标的 Web 数字化教学模式探究”“研究性学习、创新型教育在课程教学体系中的实践与应用”“运用绩效技术提高多媒体教学的效果”“创新素质的提高需要学生主动建构和主动实践”等一系列促进创新能力培养的教育思想，为创新教育和教改实践夯实理论基础。

2. 建设“一条主线、三个层次、开放管理”，课内课外相结合、循序渐进、四年不断线的多层次实践教学体系。并施行了“学生主体、开放管理、创新导向”的实验教学模式。

构建“一条主线、三个层次”，课内课外相结合、循序渐进、四年不断线的实践教学体系。其中：“一条主线”是指所有的实践教学活动都围绕培养学生的创新精神和实践动手能力而展开；“三个层次”是指把实践教学活动分为基础、专业、综合三个层次，涵盖实验、实习、技能训练、毕业论文（设计）、社会实践等环节。同时结合“三个层次”的实践教学还开展学科竞赛、课外科技创新等课外实践教学活动。这一体系与学生成长的规律以及学生的知识构建过程相适应，坚持循序渐进、四年不断线，科学合理，切实可行。

本着依托现代教育技术中心，依照“工程训练为基础、能力提高为重点、创新意识培养为核心”的原则，构建课内课外结合、校内校外结合的多层次、立体化、开放式的“3+8+X”实践教学体系。如图 9.14 所示。其中“3”是创新教育实践教学体系设计的 3 个层次（基础层、综合层、研究与创新层）；“8”是形成 8 个综合课程设计型实验模块；“X”是大学生课外科技实践及科技创新。

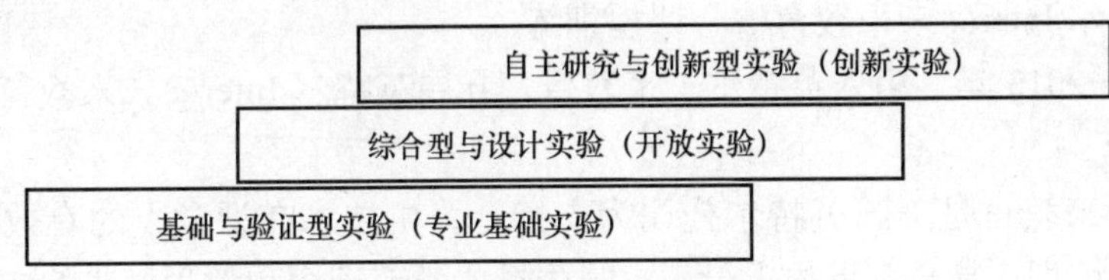

图 9.14 多层次实践教学体系

其中：

第一层（基础层），教学目的是通过基础和专业基础实验或实践，使学生掌握基本实验知识和实践技能；

第二层（综合与设计层），教学目的是培养学生系统的设计思想，提高处理复杂问题的能力；

第三层（自主研究与创新层），教学目的是通过学生自主选择课题，参加教师的科研、创新、竞赛等，培养学生团队意识和创新能力。

以上三个层次前后衔接，循序渐进，保证学生得到充分的、不间断的实践训练。

3. 启动“产·学·研”联动人才培养机制，搭建开放式创新人才培养实践环境。

构建“创新型人才”培养的实践环境，如图 9.15 所示。

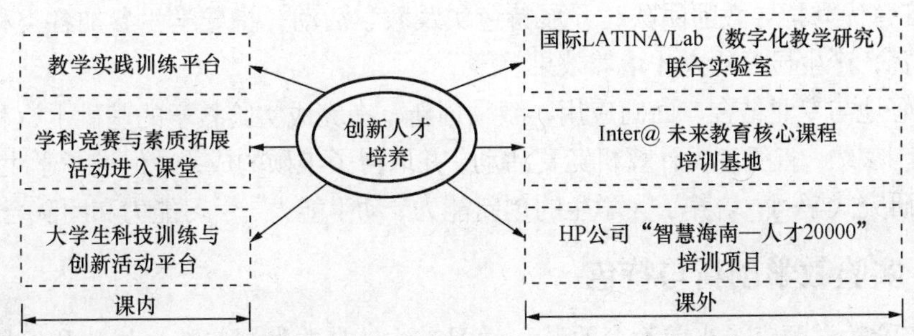

图 9.15 开放式创新人才培养实践环境

该开放式创新人才培养实践平台主要内容包括：

（1）教学实践训练平台

依托现代教育技术实验教学中心，开放式实验教学环境，构建适应创新教育的教学实践训练平台。从创新能力培养的规律出发，在改造传统实验的基础上可增设了一批新的实验，形成10个综合课程设计型实验模块和课程设计大纲。

（2）学科竞赛与素质拓展活动进入课堂

每年度为学生组织开展一系列的科技实践竞赛活动，包括：

➢ 中国大学生计算机（文科）设计大赛：平均每年3—5项全国获奖；

➢ 多媒体课件制作比赛：平均每年3—5项省级获奖；

➢ DV（视频）创意大赛：平均每年2—3项省级获奖。

4. 借鉴国际先进教学理念和方法，成立国际联合实验室，启动LATINA数字化学习训练、英特尔Inter@未来教育核心课程训练。

瞄准国际先进水平，与国际知名学校挪威·奥斯陆大学合作，成立LATINA/Lab（数字化学习研究与开发）联合实验室，启动了海南师范大学-挪威奥斯陆大学学院LATINA（2010—2015年），建立多层次、多类型的国际化创新人才培养体系。

（1）英特尔Inter@未来教育核心课程训练

▸ 2012—2013年，引入英特尔未来教育，开展英特尔Inter@未来教育核心课程的培训。

英特尔未来教育是美国英特尔公司为支持计算机技术在课堂上的有效利用而设计的一个全球性培训，是当今世界上最新、最先进的教育理念和教学模式的实践活动。其目标是对一线的学科教师进行实践培训，使他们能够更好地将信息技术使用与学科教学紧密结合起来，提高课堂教学效果，促进探究式学习方式。

（2）LATINA数字化学习训练

▸ 2013年，首届国际数字化学习夏季班在本联合实验室进行。本届学习班把挪威奥斯陆大学学院著名的数字化学习课程移植到海南，有2位国外教授全英文授课，学院教育技术专业15名学生参加学习班。

▸ 2014年，首届国际数字化学习冬季班在本联合实验室进行。本届学习班把挪威奥斯陆大学学院著名的数字化学习课程移植到海南，计划有5位国外教授全英文授课，及来自欧洲、非洲和亚洲的十多名研究生来与大家一起分享、交流课程，招收国内学生30人（其中海南师范大学15人）。教学采用国外Web数字化教育新模式，提倡主动学习、参与合作、体验分享的形式。

5. 培育优秀指导教师团队，开展特色实践教学活动，指导学生参加各类科技创新活动和比赛，产生显著的人才培养效果。

为更好地与专业结合、面向应用，激励创新，在完成实验教学的基础上，积极组织学生参加国家级、省级各类计算机竞赛活动，并取得了丰硕的成果。促进了学生自主式、团队式和研究式学习，培养了大学生的创新能力、动手能力、学习能力和团队合作精神。

四、实验教学创新与特色

1. 实验教学顺应了当前教育改革和学习方式转变的发展趋势，构建和发展了创新人才培养的理论体系和实践教学体系，对培养学生的创新能力、塑造学生的创新人格和引导学生的创新行为具有较好的理论意义和实践指导价值。

2. 实验教学突破了传统封闭的直线人才培养模式，形成了“学生为主体+信息技术实践+数字媒体应用+课外创新活动”的立体式人才培养模式。

3. 实践教学以“创新能力培养”为主线，构建了课内课外相结合、校内校外相结合的开放式创新型人才培养实践环境。

4. 人才培养坚持“产・学・研”联动、开放、合作培养机制，借鉴学习国际先进教学理念和方法，实施与国际知名学校和企业合作培养，探索了多层次、多类型的开放式国际化创新人才培养模式，产生显著的人才培养效果和社会效益。

五、教学效果与成果

近4年来，学生在各类大赛活动中表现出精湛的计算机设计水平和较高的信息技术综合应用能力。学生获得各类省级以上竞赛奖32余项，发表科研论文20余篇，参加各类科技实践活动500余人次，历年就业率均在95%以上。

本章参考文献

[1] 熊聪聪，畅卫功，刘尧猛，张强. 物联网技术下计算机网络工程专业建设的探讨[J]. 中国轻工教育，2011，4:9-11.

[2] 杨建良. 普通高校计算机网络实验室的规划与设计[J]. 实验室研究与探索，2009，Vol28，No.4:71-74.

[3] 谭励，于重重. 高校综合网络实验室建设方案的设计与实施[J]. 实验室研究与探索，2005，Vol24，No 8:p42-45.

[4] 潘玉奇，周劲，郑艳伟. 计算机网络实验室建设的研究[J]. 实验室研究与探索，2007，Vol 26，No12:228-230.

[5] 曾平，戴承平. 江苏省盐城技师学院网络实验室建设的探索与实验内容的探讨[J]. 网络与信息，2010，No.7:22-24.

[6] 蔡久评，况和平，周强. 开放型计算机网络实验室建设[J]. 实验室研究与探索，2011，Vol 30，No.5:166-170.

[7] 王军. 面向工业级物联网的特色网络工程专业建设[J]. 煤炭技术，2011，Vol 30，No.10:12-13.

[8] 黄重水，张旭东，叶阳. 网络工程专业教学实验室建设探讨[J]. 计算机教育，2012，No.1:75-78.

[9] 姜腊林，王静，徐蔚鸿. 网络工程专业物联网方向课程改革研究[J].计算机教育，2011，No.19:48-50.

[10] 邹永康，王月浩. 无线传感网络工程实验中心规划建设初探[J].重庆文理学院学报，2012，Vol.31，No.2:69-71.

[11] 张棋飞. 新的社会形势下网络工程专业的发展思考[J]. 湖北经济学院学报，2012，Vol.9，No.1:168-169.

[12] 谌黔燕，郝玉洁，王建新，刘勇.“网络安全”课程中的实践教学研究与探索[J]. 计算机

教育，2007，No.1.

[13] 尹少平. 谈大学网络安全课程教学与实训[J]. 电脑知识与技术，2006，No.20.

[14] 张焕国，黄传河，刘玉珍，王丽娜. 信息安全本科专业的人才培养与课程体系[J]. 高等理科教育. 2004，No.2.

[15] 王海晖，谭云松，伍庆华，黄文芝. 高等院校信息安全专业人才培养模式的研究[J]. 现代教育科学，2006，No.5.

[16]刘森，慕春棣. 自动化专业的嵌入式系统教学探讨，实验技术与管理，2007，Vol24，No.1. 115-117，http://www.doc88.com/p-331763885162.html

[17] 深圳市英蓓特信息技术有限公司，Android 3G 移动互联网实验室共建计划书，2011.4，[EB/OL] http://wenku.baidu.com/view/29fd5f6daf1ffc4ffe47acc9.html